BIRGIT ZIMMERMANN

Am Ende des Seils

ROMAN

HarperCollins

1. Auflage 2023
Originalausgabe
© 2023 by HarperCollins in der
Verlagsgruppe HarperCollins Deutschland GmbH, Hamburg
Gesetzt aus der Stempel Garamond
von GGP Media GmbH, Pößneck
Druck und Bindung von CPI books GmbH, Leck
Printed in Germany
ISBN 978-3-365-00428-9
www.harpercollins.de

Frauen am Berg sind der Ruin des Alpinismus.

Paul Preuß, Bergsteiger, 1886–1913,
aus »Damenkletterei«, 1912

Karfreitag, 10. April 1936

Von Schliersee her näherte sich eine schwarze Wolkenwand. Hedi beschleunigte ihr Tempo. Zug um Zug zog sie sich an der Felswand höher. Bis zum Gipfel war es nicht mehr weit. Die kleine Kapelle dort würde ihr vor dem Gewitter Schutz bieten. Doch nun wurde es binnen weniger Minuten so dunkel, als hätte jemand im Tal das Licht abgeschaltet. Und dann öffnete der Himmel seine Schleusen. Die Temperatur stürzte jäh ab. Hedi kletterte weiter, legte immer mehr Höhenmeter zurück, bis der Regen in Schneeflocken überging. Wind und Eiskristalle schnitten ihr ins Gesicht. Dort hinten – die Felsnase! Sie querte zu dem Unterschutz und kauerte sich darunter. Den Rucksack hielt sie wie einen Schild vor sich. Während Windböen und Schneeflocken über sie hinwegwehten, fragte sie sich wieder, warum sie sich das überhaupt antat. Warum saß sie jetzt nicht in der warmen Stube und las ein gutes Buch?

Im Nachhinein hätte sie nicht sagen können, wie lange sie den Naturgewalten ausgesetzt gewesen war. Irgendwann hörte das Gewitter so schlagartig auf, wie es begonnen hatte, und über dem Wendelstein zeigte sich wieder ein zartes Blau. Ein paar vorwitzige Sonnenstrahlen ließen den Schnee wie Diamantsplitter glitzern. Ihre Finger fühlten sich leblos an, ihre Zehen taub. Dennoch stieg sie weiter. Als sie schließlich unversehrt auf dem Gipfel stand, fiel ihr die Antwort auf ihre Frage wieder ein: Bergsteigen bedeutete für sie Freiheit, Freiheit und Verbundenheit mit der Natur. Über ihr das grenzenlose Firmament, vor ihr in der lichtblauen Weite die Chiemgauer

Alpen, der Wilde Kaiser, das Karwendelgebirge – alle Berge wie ein einziges Meer aus weißen, zerklüfteten Gipfeln. Und unter ihr die Welt mit all ihren Problemen, die von hier oben klein und unbedeutend erschienen.

Übermütig streckte sie die Arme dem klaren Blau entgegen und stieß einen Jodler aus. Dann ließ sie sich am Fuß des verwitterten Holzkreuzes nieder. Voll inneren Friedens schloss sie die Lider. Die Sonnenwärme, diese Stille, das Gefühl, dem Schöpfer all dieser Schönheiten so nah zu sein!

In dieser Stimmung verweilte sie, bis die Kirchenglocken in Bayrischzell mahnend läuteten. Schließlich stand sie auf und zündete in der Gipfelkapelle zum ersten Todestag ihrer Eltern zwei Kerzen an.

Bevor sie sich an den Abstieg machte, warf sie noch einen Blick zurück. Unter dem Gipfelkreuz hatte Thomas sie zum ersten Mal geküsst. Wie lange war das her! Doch selbst heute noch spürte sie manchmal seine Lippen auf ihren.

Eineinhalb Stunden später radelte Hedi von der Talstation der Wendelstein-Bahn nach Hause. Wie frisch gewaschen lag Bayrischzell vor ihr. Die Schindeldächer der Bauernhäuser glänzten in der Mittagssonne. Von den Höfen drang ihr der vertraute Geruch von Milch und Dung in die Nase.

Sie radelte durch den Ort, in dem sonntägliche Ruhe herrschte, vorbei an den zwei Gasthäusern und der Kirche, die ihren spätgotischen Turm wie einen mahnenden Finger in den wolkenlosen Himmel streckte. Hinter Liesl Grubers kleinem Laden bog sie rechts ab in den Wiesenweg zum Hof ihrer Großeltern. Dort stiegen die beiden gerade vom Traktor, mit dem sie zur Kirche gefahren waren.

Auf dem faltigen Gesicht ihrer Großmutter breitete sich ein Strahlen aus. »Da bist du ja wieder, Kind. Wir haben uns schon Sorgen gemacht wegen des Gewitters.«

Hedi lachte. »Halb so schlimm.«

»Wie war deine Andacht auf dem Gipfel?«

»Schön, wie immer.«

Hedis Großvater, der zu Ehren des Feiertages sein altsilbernes Charivari an der Lederhose trug, zwinkerte seiner Enkelin wissend zu. »Wie hat deine Mutter oft gesagt: Auf den Bergen ist Freiheit. Der Hauch der Grüfte steigt nicht hinauf in die reinen Lüfte.«

Hedi lächelte versonnen. »Schiller. Die Braut von Messina. Das hat sie immer zu Vater gesagt, wenn er in die Berge ging.«

Der alte Landauer nickte. »Sie war eine gebildete Frau, deine Mutter. Genau wie du.«

»Aber Hedi hat auch sehr viel von ihrem Vater«, warf Hedis Großmutter mit zärtlichem Lächeln ein und bekreuzigte sich. »Unser Alois war auch lieber in der Natur als in der Kirche.«

Hedi wunderte sich oft, wie gut die beiden den Tod ihres einzigen Sohnes verkraftet hatten – wobei ihnen der feste Glaube an Gott geholfen haben mochte.

»Wann reisen die beiden Brüder aus Köln an?«, wechselte sie das Thema.

»Gegen sechzehn Uhr.« Johanna Landauer wedelte mit der schwarz behandschuhten Hand. »Bis dahin haben wir noch genug Zeit, die beiden Zimmer herzurichten.«

»Das habe ich schon heute Morgen gemacht, bevor ich losgegangen bin.«

Die Bäuerin tätschelte ihrer einzigen Enkelin die Wange. »Danke, du bist ein gutes Madl.« Dann rückte sie ihr schwarzes Hütchen über dem weißen Nackenknoten gerade und straffte sich. »In einer Stunde können wir essen.«

Nachdem Hedi sich frisch gemacht hatte, verweilte sie einige Minuten in innerer Einkehr vor dem Bild ihrer Eltern, das auf ihrer Frisierkommode stand. An diesem Tag vor einem Jahr waren sie auf ihrer allerersten Urlaubsfahrt mit ihrem ersten, nagelneuen Auto hinterm Brenner aus der Kurve geschleudert worden. Beide waren noch am Unfallort gestorben. Auch heute noch fühlte sich ihr Tod für sie unwirklich an. Wie vieles hätte es noch zu sagen gegeben! Energisch schüttelte sie den Kopf und ging hinunter in die Küche.

Während des Essens erfuhr Hedi all die Neuigkeiten, die auf dem Kirchplatz an diesem Morgen die Runde gemacht hatten. Als ihre Großeltern sich zum Mittagsschlaf hinlegten, setzte sie sich vors Haus in die Sonne. Im Tal herrschte Feiertagsstille, nur in den Obstbäumen zwitscherten ein paar Spatzen. Die Osterglocken und Hyazinthen in den Blumenkästen, der zartgrüne Schimmer auf den südseitigen Hängen – alles kündigte den nahenden Frühling an. In der Luft lag eine Leichtigkeit, ein belebendes Prickeln – so als würde bald etwas passieren, das ihr Leben in neue Bahnen lenken würde. Lächelnd schlug Hedi die Zeitschrift des Alpenvereins auf. Auf der vierten Seite blieb ihr Blick an einer Überschrift hängen:

DIE EIGERNORDWAND – DAS LETZTE PROBLEM DER ALPEN

Hedis Herzschlag beschleunigte sich. Sie begann zu lesen:

Auch in diesem Jahr will sich wieder eine Seilschaft der schwierigen Aufgabe stellen, als erste die Eigernordwand zu durchsteigen. Die bisher gescheiterten Versuche scheinen eine italienische Viererseilschaft nicht davon abzuhalten, im Juli einen Versuch zu wagen, die Wand zu bezwingen. Sollte ihr der Durchstieg tatsächlich gelingen, werden die Italiener bei den Olympischen Spielen im August in Berlin mit einer Goldmedaille rechnen können. Ein erfolgreicher Durchstieg wird von der Fachwelt jedoch noch stark angezweifelt ...

Hedi ließ die Zeitung sinken. Die Eigernordwand ... Es war der Traum ihres Vaters gewesen, dieses Problem der Alpen als Erster zu lösen – zusammen mit ihr sowie Thomas und Anderl Leitner, seiner eingeschworenen Viererseilschaft. »Dann zeigst du der Welt, dass auch eine Frau das schaffen kann!«, hatte er gesagt. Doch dazu war es nicht mehr gekommen.

Hedi schluckte. Und nun sollten andere ihnen zuvorkommen? Plötzlich floss ihr Blut schneller durch die Adern, ihre Gedanken überstürzten sich. Wenn es erst einmal einer Seilschaft gelingen würde, die Wand erfolgreich zu durchsteigen, wäre der Nimbus der Eigernordwand für immer gebrochen.

»Griaß di, Hedi!« Eine munter klingende Männerstimme riss Hedi aus ihren Überlegungen.

Sie zuckte zusammen, sah hoch und blinzelte verwirrt. Gerade noch hatte sie an ihn gedacht!

»Was starrst du mich denn so an?«, fragte Anderl Leitner verunsichert, während er sein Fahrrad an die Hauswand lehnte.

Seine störrischen Haare waren zerzaust, und seine geröteten Wangen verrieten, dass er die Strecke von Schliersee hierher in einem Höllentempo hinter sich gebracht hatte. Hedi lächelte. Ganz gleich, was Anderl tat, er tat es mit ungebremster Kraft.

In seiner Lederhose und dem Sonntagsjanker kam er breitbeinig auf sie zu. Niemand hätte beim Anblick seiner gedrungenen Gestalt vermutet, dass er flink und leicht wie ein Gamsbock im Hochgebirge klettern konnte.

»Ich habe gerade an dich gedacht«, antwortete sie, während sie auf der Holzbank zur Seite rückte.

»Wie komm ich denn zu dieser Ehre?«

Sie lachte. »Was machst du hier? Ich dachte, du wärst heute Nachmittag mit Lena zusammen.«

»Die ist mit ihren Eltern bei Verwandten, und ich bin auf dem Weg nach Kiefersfelden, einen Spezi besuchen. Da dachte ich, ich schau mal kurz bei euch vorbei.«

»Mit dem Fahrrad?«

»Mein Motorroller wollte mal wieder nicht anspringen.«

»Magst du ein Schnapsl?« Hedi zeigte auf die Kruke mit dem Obstler, die auf dem Fensterbrett stand.

Anderl grinste verwegen. »Da sag ich nicht Nein.«

Sie stand auf und holte zwei Stamperl. Als sie wieder vors Haus trat, nickte Anderl ihr anerkennend zu. »Fesch schaust aus in dem rosa Dirndl. Wenn ich nicht schon eine Freundin hätt …«

»Was dir alles so auffällt …« Lachend tat sie seine Worte ab und schenkte ein. »Mach die Komplimente lieber deiner Lena.«

Anderl verzog sein Gesicht mit der leicht aufwärts strebenden Nasenspitze und den vielen Sommersprossen. »Ich weiß, ich weiß … Die Komplimente sollte ich sowieso lieber Johannes überlassen. Der kann sich besser ausdrücken, und als größter Hallodri im Tal versteht er auch mehr davon.« Nachdem er den Obstler in einem Zug hinuntergekippt hatte, fügte er hinzu: »Apropos Brüder … Thomas kommt übernächstes Wochenende.«

Thomas … Allein der Name ließ Hedi innerlich zusammenzucken. Hastig trank sie das Glas aus. Dann sah sie Anderl betont desinteressiert an. »Übernächstes Wochenende? Deine Mutter hat doch nächstes Wochenende Geburtstag.«

»Da passt es dem Herrn Vermessungsingenieur aber nicht.«

Sie räusperte sich, um ihrer Stimme einen festen Klang zu geben. »Wie geht es ihm denn in Berlin?«

»Gut, denke ich. Er lässt ja nicht viel von sich hören.«

»Das ist bestimmt ein gutes Zeichen.« Sie blickte hinüber zur Rotwand, als gäbe es da etwas Interessantes zu entdecken.

»Heute ist doch der Todestag deiner Eltern«, sagte Anderl nach ein paar Schweigesekunden.

Hedi nickte stumm.

»Tut es noch weh?«

Berührt von seiner Einfühlsamkeit lächelte sie ihn liebevoll an. »Ich war heute Vormittag auf dem Wendelstein und hab in dem Kirchl zwei Kerzen angezündet.«

»So gehört es sich.«

Bevor sich die Trauer wieder in ihr Herz schleichen konnte, wechselte sie rasch das Thema: »Eigernordwand ... Sagt dir das was?«

Anderl zog die weißblonden Brauen zusammen. »Freilich. Wie kommst du jetzt darauf?«

»Weißt du noch, dass mein Vater sie mit uns zusammen angehen wollte?«

»Natürlich.« Er senkte den Kopf und fuhr sich mit der Rechten durch sein rotes Haar. »Ich denk noch oft an deinen Vater. Ich hab ihm viel zu verdanken. Ohne ihn wär ich heute wohl ein Laufbursche im Hotel oder vielleicht Senner, aber kein examinierter Bergführer. Er hat mir so viel beigebracht und mir damals die ersten Kunden besorgt.«

Hedi zeigte auf die Zeitschrift, die neben ihr auf der Bank lag, und erzählte ihm von dem Artikel. Dann rückte sie auf die Sitzkante vor. »Sag mal, Anderl, was hältst du davon, wenn wir die Eigernordwand machen würden? Bevor die Italiener sie uns wegschnappen. Zum Beispiel im Juni. Wärst du dabei?«

»Wer ist wir?«

»Na, du, ich und ... und Thomas. Unsere eingespielte Seilschaft.« Mit klopfendem Herzen hielt sie inne, selbst erschrocken über diesen forschen Vorschlag.

Anderls wasserblaue Augen leuchteten auf. »Das finde ich gut. Wir drei, so wie früher. Im Andenken an deinen Vater. Ich weiß nur nicht ...«

»Ob Thomas ...?« Zweifelnd sah sie ihn an.

»Genau. Aber fragen kostet ja nix. Wenn er in vierzehn Tagen kommt, sprech ich ihn drauf an. Eigentlich müssten ihm die Berge inzwischen fehlen.« Er streckte ihr seine Rechte entgegen. »Schlag ein! Ich bin dabei.«

Ostersamstag, 11. April –
Freitag, 17. April 1936

Das Wetter blieb über Ostern und in den darauffolgenden Tagen schön. Bayrischzell füllte sich mit Touristen, auch auf dem Landauer Hof waren vier der zehn Pensionszimmer belegt. Erst am Ende der Woche, nachdem alle Gäste abgereist waren, kam Hedi wieder zur Ruhe. Und zum Nachdenken. Sie saß mit einem Glas Roten auf dem Balkon vor ihren beiden Zimmern und ließ die Woche Revue passieren. Es machte sie stolz, dass die Gäste ihr wieder für ein paar Tage ihr Leben anvertraut hatten. Die meisten waren ehemalige Kunden ihres Vaters, die wussten, dass sie von ihm eine gute Ausbildung bekommen hatte. Trotzdem bevorzugten die Männer meist männliche Bergführer. In die alpinen Fähigkeiten der Frauen hatten die wenigsten Vertrauen. Und Frauen kamen kaum zum Klettern in die Berge.

Das muss sich ändern, sagte sich Hedi entschlossen. Wir bergsteigenden Frauen müssen viel stärker in die Öffentlichkeit treten. Gedankenverloren führte sie das Weinglas an die Lippen. Aus dem Kamin drang der Geruch von verbranntem Holz in ihre Nase. Er mischte sich mit dem harzigen Duft der Fichten, die oben am Waldrand standen. Während sie den Zweigelt über die Zunge rollen ließ, wanderten ihre Gedanken dorthin, wo sie eigentlich nicht hinsollten. Die samtene Luft erinnerte sie an die glücklichsten Sommerabende ihres Lebens. In einer Woche würde Thomas kommen. Ob sie ihn wiedersehen würde?

Leise seufzte sie in sich hinein. Wie lange schon kannte sie die drei Leitner-Brüder! Den waghalsigen Anderl, der von

Kindheit an im Schatten seiner beiden älteren Brüder stand, den ernsten und in sich gekehrten Thomas und den schönen Johannes, der bei den Madln nichts anbrennen ließ. Hedis Vater und der alte Leitner waren Jugendfreunde gewesen. Irgendwann hatte ihr Vater Thomas und Anderl eingeladen, mit ihm und ihr zusammen Gipfeltouren zu unternehmen. Als sie im Herbst 1934 die Nordwand der Grandes Jorasses zusammen gemacht hatten, war zwischen ihr und Thomas etwas entstanden, das über eine Seilkameradschaft hinausgegangen war. Diese Anziehung war mit jeder neuen Begegnung stärker geworden. Ihr erster Kuss auf dem Wendelstein ... Zärtlichkeiten am Waldrand ... Leidenschaft ... und schließlich der jähe Abschied. Sollte sie den Eiger tatsächlich mit ihm zusammen machen? Würden sie dort anknüpfen können, wo sie aufgehört hatten? Wollte sie das überhaupt? Sie wusste nur, was sie nicht wollte: noch einmal so leiden wie vor einem Dreivierteljahr, als er gegangen war.

Während Hedi all diese Gedanken durch den Kopf gingen, senkte sich die Nacht übers Tal. Am blauschwarzen Himmel leuchteten abertausend Lichter auf, und Hedi war zumute, als würde jedes einzelne ihr aufmunternd zublinken.

Samstag, 18. April 1936

Am Samstagmorgen zeigte sich ein wolkenloser Himmel über Bayrischzell, der Hedi für einen unruhigen Schlaf entschädigte. Die Morgensonne überzog die Berglandschaft mit goldenem Schein, und die Vögel zwitscherten um die Wette. Nachdem Hedi die Hühner gefüttert hatte, machte sie sich zurecht. Das lichtblaue Dirndl brachte ihre weiblichen Formen zur Geltung, ein wenig Wimperntusche vertiefte das Enzianblau ihrer Augen, und der roséfarbene Lippenstift ließ ihren Mund schimmern. Zuletzt noch fünfzig Bürstenstriche, und ihre Locken fielen wie Seide über ihre Schultern. Mit zwei Kämmen steckte sie sie seitlich aus dem Gesicht. Danach drehte sie sich vor dem mannshohen Spiegel einmal um sich selbst. Die Frau, die sie sah, gefiel ihr.

»Nimm den Traktor«, sagte ihr Großvater, als er ihr das Geschenk für die Leitner-Wirtin in die Hand drückte. »Sag herzlichen Glückwunsch und dass das Geschenk stellvertretend für deine Eltern ist.« Hedi legte das von ihrem Großvater gezimmerte Holzbrett mit dem selbst geräucherten Speck, Honig und Vogelbeerschnaps auf den Traktorsitz neben den Blumenstrauß, den sie bei der Gruber-Liesl gekauft hatte.

Das Leitner Hotel lag an einem Wiesenhang oberhalb des Schliersees. Es war eines der größten im Ort.

»Schaust du auch mal wieder rein?«, fragte Moni, die hinter der Rezeption stand, erfreut. Die beiden kannten sich schon seit der Schulzeit.

»Die Wirtin hat doch heute Geburtstag«, entgegnete Hedi.

»Die Familie sitzt draußen. Der Johannes ist auch da«, fügte Moni mit verschwörerischem Blick hinzu.

Wie alle Madln im Ort hatte auch sie es auf den ältesten der Leitner-Brüder abgesehen. Aber Johannes hatte sich bisher auch von der hübschen Moni nicht einfangen lassen. Obwohl er schon Mitte dreißig war und seine Mutter sich sehnlichst einen Enkel wünschte, wollte er sich auf keine Frau festlegen.

Hedi ging durch den holzgetäfelten Flur mit den stattlichen Geweihen an den Wänden zur Hintertür, die in den Biergarten führte. Die Leitners saßen am Stammtisch unter der Linde, über der bereits ein grünlicher Schimmer lag. Alle sahen Hedi überrascht entgegen, und Johannes sprang auf. Wieder einmal dachte Hedi, welch schöner Mann er doch war. Groß, schlank, blond mit männlichen Gesichtszügen und strahlend blauen Augen.

»Hedi! Ich hatte gehofft, dich heute zu sehen!« Er küsste sie auf beide Wangen und trat einen Schritt zurück. »Wie hübsch du wieder ausschaust! Wie der Frühling höchstpersönlich.«

»Hedi! Welch eine Überraschung!« Maria Leitner umarmte Hedi. Auch ihr Mann Quirin hieß sie herzlich willkommen und Anderl warf ihr eine Kusshand zu. Nur Evas Begrüßung fiel verhaltener aus. Mit dünnem Lächeln sagte die älteste der vier Geschwister: »Grüß dich, Hedi.«

Nachdem Hedi das Geschenk überreicht hatte, kam im Nu eine Kellnerin und brachte eine neue Karaffe Roten.

»Wie geht es deinen Großeltern?«, erkundigte sich Maria.

Hedi mochte die mütterliche, sanfte Frau. »Sie sind gesund und kommen zurecht. Es war sicher eine gute Entscheidung, nach dem Tod meiner Eltern die Bauernschaft aufzugeben. Inzwischen kümmert sich Großvater nur noch um die Hühner und seine Bienen und Großmutter um die Gäste. Und in meiner schulfreien Zeit helfe ich ihnen natürlich.«

»Wenn du nicht gerade in den Bergen herumsteigst«, ergänzte Anderl zwinkernd.

»Genau.« Hedi lachte und wandte sich an Johannes. »Wie geht es dir denn? Dich sieht man ja nur noch selten im Tal.«

Johannes stieß den Zigarettenrauch in die klare Luft. »Im Braunen Haus gibt es viel zu tun.«

Mit einem Mal war es mucksmäuschenstill am Tisch. Alle senkten den Blick.

Hedi räusperte sich. »Singst du noch?«

»Freilich! In München gibt es einen neuen Club, in dem viele Parteigenossen verkehren. Dort trete ich mit meinen eigenen Liedern auf und mit denen der Comedian Harmonists. ›Veronika, der Lenz ist da‹ ist immer noch ein Kassenschlager.«

»Dass deine Parteigenossen die Comedian Harmonists mögen …«, wunderte sich Hedi. »In der Gruppe sind doch auch jüdische Sänger.«

»Waren. Die jüdischen Mitglieder sind inzwischen emigriert, und die arischen Sänger treten jetzt unter dem Namen Meistersextett auf.«

»Dass man hier in Deutschland Menschen Berufsverbote erteilt, nur weil sie anderen Glaubens sind, finde ich einfach unmöglich«, sagte Eva mit blitzenden Augen.

»Nun ja …« Johannes öffnete das silberne Zigarettenetui mit seinen eingravierten Initialen und wollte gerade weitersprechen, als eine Stimme sagte:

»Griaß di God.«

Hedi zuckte zusammen. Diese raue Stimme hätte sie unter tausend anderen sofort erkannt.

»Thomas? Was machst du denn hier?«, rief Anderl erstaunt aus.

»Bub! Dass du doch noch gekommen bist!« Maria streckte die Arme nach ihrem zweitältesten Sohn aus.

»Grüß dich, Thomas.« Johannes stand auf und klopfte seinem Bruder auf die Schulter. »Du wolltest doch erst nächste Woche kommen.«

»Setz dich, Bub«, sagte Maria eilfertig und zeigte auf den freien Platz.

Nachdem Thomas seinen Vater, Anderl und Eva begrüßt hatte, setzte er sich Hedi genau gegenüber.

Die Begrüßungszeremonie hatte Hedi Zeit gegeben, sich wieder zu fangen. Immer noch hatte Thomas eine Wirkung auf sie, der sie sich nicht entziehen konnte. Seine imposante Größe, seine markanten Gesichtszüge, das pechschwarze Haar, das er aus der Stirn gekämmt trug, die dicht bewimperten seegrünen Augen … Er war ein Mann, der Kraft und Sinnlichkeit ausstrahlte. Und dieser Mann saß ihr nun völlig unerwartet gegenüber und sagte kühl: »Griaß di, Hedi.«

Das Herz schlug ihr im Hals, sein Blick ging ihr durch und durch. Seinem distanzierten Verhalten nach schien er jedoch nicht sonderlich erfreut zu sein, sie hier im Kreis seiner Familie zu sehen.

»Grüß dich, Thomas«, erwiderte sie mit belegter Stimme.

Thomas wandte sich wieder den anderen zu. »Wie ihr seht, hat es doch noch geklappt.«

»Ich habe sowieso nicht verstanden, wieso du ursprünglich nicht konntest. Feiert man in Berlin keine Geburtstage?«, fragte seine Schwester spitz.

»Bist du mit dem Zug gekommen?«, wechselte Johannes schnell das Thema.

»Mit dem Motorrad.« Thomas griff in seine braune, abgewetzte Lederjacke und zog eine Packung Eckstein hervor.

Johannes hob die Brauen. »Ist das nicht sehr unkomfortabel?«

»Für ein Auto reicht's noch nicht.« Thomas ließ sein Feuerzeug aufschnappen, zündete sich eine Zigarette an und stieß den Rauch scharf aus.

»Obwohl du in Berlin mehr verdienst als in München?«, fragte sein Vater, während er ihm von dem Zweigelt einschenkte. »Ich dachte, du wärst dort der stellvertretende Chef.«

Thomas ging über diesen Einwand hinweg, hob sein Glas und lächelte seiner Mutter zu: »Auf dich, Mutter.«

»Danke, mein Bub.« Maria nickte ihm herzlich zu. »Dass du gekommen bist, ist mein schönstes Geschenk. Soll ich dir eine Brotzeit herrichten lassen? Du hast bestimmt Hunger nach der langen Fahrt.«

»Danke, jetzt noch nicht.« Thomas trank einen Schluck, zog an seiner Zigarette und sah Hedi an. »Und wie geht es dir?« Seine Frage klang eher höflich als ehrlich interessiert.

»Ähm … gut.« Hedi spürte ein Zittern in sich. Thomas' unerwartetes Auftauchen riss sie in einen Strudel von Gefühlen, die sie längst überwunden zu haben glaubte.

»Und deinen Großeltern?«

»Ebenso«, erwiderte sie knapp. Sein kühles Verhalten verletzte sie. Und mit einem Mal bäumte sich alles in ihr auf. War das Band, das sie einst so eng verbunden hatte, tatsächlich für immer zerrissen? Ganz abgesehen von ihrem kurzen Liebesverhältnis waren sie über viele Jahre hinweg Teil einer eingeschworenen Seilschaft gewesen, hatten sich am Berg gegenseitig ihr Leben anvertraut!

»Wie gefällt es dir in Berlin?«, fragte sie mit herausforderndem Blick.

»Viel Arbeit.«

»Ich beneide dich«, sagte Johannes. »Die Stadt soll ja geradezu pulsieren. Die vielen Vergnügungsstätten, keine Sperrstunde. Da kann München nicht mithalten.«

»Und dann auch noch die vielen Paraden der Nationalsozialisten«, entgegnete Thomas ironisch. »Überall ist die NSDAP gegenwärtig.«

»Ich finde diesen Mann einfach schrecklich«, schaltete sich Eva hitzig ein und schlug nach einer Fliege, die sich auf ihr Weinglas setzen wollte. »Wie gut, dass wir hier im Tal von diesem ganzen Theater nichts mitbekommen.«

»Vorsicht, Eva, wir haben einen glühenden Verehrer Hitlers in unserer Mitte«, sagte Anderl grinsend mit Blick auf Johannes.

»Für mich ist es immer noch völlig unverständlich, warum unser Bruder in die Partei eingetreten ist und dort Karriere machen will«, sagte Eva abfällig, wobei sie Zuspruch heischend ihren Vater ansah, dessen erkorener Liebling sie war. Doch der alte Leitner streute sich gerade eine Prise Schnupftabak auf seinen Handrücken und bemerkte ihren Blick nicht.

Johannes zog an seiner Zigarette und schwieg.

Seine Mutter seufzte. »Ich finde das alles ein bisschen beängstigend.«

»Ich auch«, pflichtete ihr Mann ihr mit düsterer Miene bei, schnupfte energisch und musste niesen.

»Es geht das Gerücht um, dass hier im Sudelfeld, nur fünf Kilometer von uns entfernt, schon bald ein SS-Ferienheim entstehen soll«, sagte Maria mit besorgter Miene.

»Gott bewahre!«, rief Eva entsetzt aus. »Dann hätten wir die hier direkt vor unserer Haustür.«

»Die Menschen lieben Hitler.« Johannes lächelte freundlich in die Runde. »Die Deutschen sehen ihn als Retter aus der Arbeitslosigkeit, Inflation und dem Hunger des vergangenen Jahrzehnts. Und er …«

»Man soll den Tag nicht vor dem Abend loben«, unterbrach sein Vater ihn barsch mit einer seiner geliebten Volksweisheiten. »Hitler ist erst drei Jahre an der Macht und neue Besen kehren gut.«

»Auf alle Fälle gibt er dem Land nach dem politischen Wirrwarr der Weimarer Republik wieder eine Richtung. An Politikern übt halt jeder gern Kritik.« Johannes nickte Thomas auffordernd zu. »Nun erzähl mal was über das Berliner Nachtleben.«

Thomas drückte seine Zigarette aus. »Es ist turbulent und vielfältig.« Und während er über Tanzpaläste, Nachtclubs und Varietés sprach, fragte sich Hedi, ob er dort auch selbst verkehrte. Nein, das konnte sie sich nicht vorstellen. Thomas liebte die Stille der Natur, genau wie sie.

Die Unterhaltung wurde von einer Kellnerin unterbrochen. »Frau Leitner, der Bürgermeister und zwei Gemeinderatsmitglieder wollen Ihnen gratulieren. Soll ich sie in den Garten führen?«

»Wir gehen in die Stube«, entschied Quirin und stand auf, genau wie seine Frau und seine Tochter. Bevor er sich umdrehte, sah er Anderl mahnend an. »Du musst heut noch den Zaun reparieren.«

»Mach ich, Vater.«

»Ich habe auch noch was zu erledigen«, sagte Johannes rasch und erhob sich ebenfalls. »Wann beginnt die Feier heute Abend?«

»Gegen sechs«, antwortete seine Mutter. Sie nickte Hedi auffordernd zu. »Du bist hoffentlich auch dabei. Schließlich gehörst du quasi zur Familie.«

Hedi rang sich ein Lächeln ab. »Vielen Dank, aber ich kann heute Abend leider nicht.« Den ganzen Abend in der Gesellschaft von Thomas zu verbringen, der sie offensichtlich links liegen ließ, war für sie unvorstellbar.

Als nun auch Thomas den Gartenstuhl zurückschob, hielt Anderl ihn am Jackenärmel fest. »Bleib sitzen. Wir haben noch was zu besprechen. Hedi, du und ich.«

Thomas zog die schwarzen Brauen zusammen.

Hedi schluckte. Ergab es überhaupt noch Sinn, mit ihm über ihre Idee zu reden? Momentan konnte sie sich beim besten Willen nicht vorstellen, mit ihm wieder eine Seilschaft zu bilden.

»Hedi will im Juni die Eigernordwand machen«, erzählte Anderl, nachdem die anderen sich entfernt hatten.

»Die Eigernordwand?« Thomas sah Hedi an, als würde er sie zum ersten Mal an diesem Vormittag bewusst wahrnehmen. »Wie kommst du denn darauf?«

Sie erzählte ihm von dem Artikel in der Zeitschrift des Alpenvereins. »Und da mein Vater immer davon geträumt hat, dieses letzte Problem der Alpen als Erster zu lösen, möchte ich den Italienern zuvorkommen.«

»Alois wollte mit Hedi zusammen der Welt beweisen, dass es auch eine Frau schaffen kann«, fügte Anderl hinzu. »Und wir sollten dabei sein. Ich hab schon zugesagt. Jetzt ist es an dir …«

Thomas atmete tief durch, trank sein Glas Roten aus und lehnte sich mit vor der Brust verschränkten Armen zurück. Hedi kannte diese Geste: So drückte er Zurückhaltung aus. Schließlich fand sein Blick zu ihr zurück, und zum ersten Mal las sie in ihm wieder etwas von der Wärme, mit der er sie früher angesehen hatte.

»Ich kann gut verstehen, dass du den Traum deines Vaters erfüllen möchtest«, begann er mit seiner rauen, eher leisen als lauten Stimme. »Aber ist das Risiko nicht zu groß? Vor zwei Jahren mussten drei Männer aus Sachsen nach einem Sturz aufgeben, und vergangenes Jahr starben zwei Münchner dort an Erschöpfung im Schneesturm. Wenn ihr mich fragt, ist die Wand noch nicht bereit.«

Anderl lachte auf. »Noch nicht bereit … Das ist doch Schmarrn! Ein Berg oder eine Wand müssen bezwungen werden, ob sie wollen oder nicht.«

»Was hat uns Hedis Vater beigebracht?« Thomas sah seinen Bruder eindringlich an. »Der Berg hält immer noch die Trumpfkarte. Er gewährt nur dann Erfolg, wenn er bereit dazu ist. Aber abgesehen davon …« Er legte die Unterarme auf den Tisch und beugte sich zu Hedi vor. »Die Eigernordwand ist extrem schwierig. Nicht nur weil sie so steil ist. Sie ist bekannt für Wetterstürze, Lawinen und Steinschlag. Außerdem hat sie Eisfelder. Wir drei sind Felskletterer. Wir haben nur wenig Erfahrung im Eis. Glaubt mir. Das ist Mord. Und erst recht im Juni, wenn noch Sturzbäche und Steinlawinen unterwegs sind. Da muss man am Eiger ja noch mit Schnee rechnen.« Er lehnte sich wieder zurück und fügte hinzu: »Außerdem bekomme ich im Juni keinen Urlaub.«

Anderl zuckte mit den Schultern. »Dann machst du einfach krank.«

»Das mach ich ganz bestimmt nicht«, erwiderte Thomas mit Nachdruck.

»Ich habe im Juni auch noch keine Sommerferien«, sagte Hedi. »Aber ich werde meinen Direktor bitten, mir für diese Expedition ein paar Tage freizugeben.«

»Oder wir machen die Wand im Juli oder August«, schlug Anderl vor.

Hedi drückte den Rücken durch. »Ich will doch den Italienern zuvorkommen.«

Anderl tippte sich an die Stirn. »Stimmt, die machen sie ja im Juli. Und Anfang August sind die Olympischen Spiele in Berlin. Da können wir nicht riskieren, dass die Goldmedaille für den Bergsport an Italien geht. Die möchte ich in den Händen halten. Also müssen wir wohl oder übel Mitte bis Ende Juni in die Wand.«

»Darf es auch die Adlerplakette vom Deutschen Reichsausschuss für Leibesübungen sein?«, fragte Thomas ironisch.

Hedi schlug die Augen gen Himmel. »Olympische Spiele! Eine Goldmedaille ist mir so was von egal. Vielleicht finden die ja auch gar nicht statt. Ich habe gelesen, dass das Pariser Komitee zur Verteidigung der olympischen Idee und die amerikanische Menschenrechtsbewegung den Boykott der Olympischen Spiele fordern. Wegen des nationalsozialistischen Geistes, der in Deutschland herrscht, der sich gegen Schwarze und Juden wendet.«

»Und ich hab gelesen, dass man mehr Nationen und mehr Sportler denn je bei den Spielen erwartet«, konterte Anderl mit kindlich-trotziger Miene.

»Ich denk darüber nach«, sagte Thomas schließlich in das knisternde Schweigen hinein.

Hedis Herz machte einen Sprung. Und während sie ihm zusah, wie er mit seinen schönen Händen eine Zigarette anzündete und ihm dabei eine schwarze Strähne in die Stirn fiel, ging eine Welle von Zärtlichkeit durch ihr Herz. Sie wusste noch genau, wie weich sich sein Haar unter ihren Fingern angefühlt hatte, wie seine Haut gerochen hatte, nach Sandelholz und Zitrone, wie warm und fest sein Mund auf ihrem gelegen hatte, sein gestählter Körper an ihrem … Und mit einem Mal erkannte sie: Sie liebte Thomas immer noch.

Diese jähe Erkenntnis jagte ihr einen riesigen Schrecken ein. Doch gleichzeitig spürte sie dieser Liebe nach, ließ ihre Wärme durch ihren Körper strömen und fühlte sich nach langer Zeit wieder lebendig. Da schaute sie hoch und bemerkte seinen

Blick. Seine Miene war ausdruckslos, doch seine seegrünen
Augen verrieten seinen inneren Aufruhr. Ein paar Augenblicke lang lagen ihre Blicke ineinander. Dann stand Thomas abrupt auf. Mit der Zigarette im Mundwinkel sagte er: »Ich
bring mal mein Gepäck ins Haus. Wegen des Eigers sag ich
euch Bescheid.«

Hedi war, als hätte sie einen Schlag ins Gesicht bekommen.
Warum war er jetzt wieder so abweisend? Nein, so wollte sie
ihn nicht gehen lassen!

»Wie lange bleibst du?« Die Frage sprang ihr wie von selbst
über die Lippen.

Er nahm die Zigarette aus dem Mund. »Bis morgen Nachmittag.«

Sie brachte ihr schönstes Lächeln zustande, das ihre perfek-
ten Zähne zeigte und Grübchen in ihre Wangen zauberte. »Ich
habe dich noch gar nicht gefragt, ob es dir in Berlin gefällt.«

»Doch, hast du.«

Tapfer schluckte sie seine Antwort herunter. »Ich meine, ob
dir die Berge fehlen.«

»Ich arbeite viel.«

»Machst du noch Sport?«

»Boxen.«

»Du boxt?« Anderl riss die Augen auf. »So richtig? Wie
Max Schmeling?«

Da lachte Thomas zum ersten Mal. Wie sehr sie dieses tiefe,
warme Lachen liebte!

»Nicht wie Schmeling, aber es geht voran. Das Boxen stählt
die Arm- und Schultermuskulatur, die man ja auch beim Klettern braucht.«

Die plötzlich entspannte Stimmung verlieh Hedi Mut, um
mit verschmitztem Blick zu fragen: »Dann trainierst du also
quasi schon für die Eigernordwand?«

Ihre Blicke trafen sich. Wieder zog sich der Moment in die
Länge. Thomas' Blick glitt langsam über ihr Gesicht, und sie

glaubte, in seinen Augen etwas von der Zärtlichkeit vergangener Zeiten zu lesen. Dann jedoch wurde seine Miene wieder abweisend. »Hedi, ich brauche Zeit. Wie gesagt – ich melde mich.« Mit diesen Worten warf er den Rucksack über die Schulter, drehte sich um und ging aufs Hotel zu.

Sie widerstand dem Drang, ihm nachzublicken. Hilflos sah sie Anderl an. Der legte den Arm um sie und meinte zuversichtlich:

»Das wird schon. Ich sag dir Bescheid, sobald er was von sich hören lässt.«

Nach ihrem Besuch bei den Leitners fuhr Hedi nach Fischbachau. Der kleine Ort lag nur wenige Kilometer von Schliersee entfernt. Sie musste unbedingt mit Erika reden. Von Kindheit an hatten sie Freud und Leid miteinander geteilt. Als sie vor dem alten Pfarrhaus mit der verblassten Lüftlmalerei und dem großen Garten anhielt, wurde ihr sofort leichter ums Herz. Sie sprang vom Traktor und öffnete das quietschende Gartentor. Wie immer bei schönem Wetter stand die Haustür offen, und der köstliche Duft von warmem Topfenstrudel stieg ihr in die Nase. Die Holzdielen knarrten vertraut, als sie den langen Flur betrat. Im nächsten Moment erschien auch schon Amalie Angerer in der Küchentür.

»Hedi! Wie schön, dass du uns auch mal wieder besuchst!«, rief sie überrascht aus. »Kommst viel zu selten in der letzten Zeit.«

»Grüß Gott, Frau Angerer.« Hedi umarmte sie. »Sie wissen doch, die Schule und der Hof … Ich wollte zur Erika. Ist sie da?«

»Oben in ihrer Stube. Die wird sich freuen.«

Hedi stieg die ausgetretenen Holzstufen hinauf in den ersten Stock. Erika empfing sie schon am Treppenabsatz – klein, rundlich, mit exaktem schwarzem Pagenschnitt und großen schwarzbraunen Augen, in denen Erstaunen stand.

»Wie schaust du denn aus?«, fragte Erika in ihrer direkten Art. »Du bist ja ganz blass um die Nase.«

»Na, so schlimm wird's wohl nicht sein«, erwiderte Hedi leicht pikiert. »Kann ich reinkommen?«

Sie ließ sich in den Schaukelstuhl fallen, der vor der geöffneten Balkontür stand. Mit einem Mal fühlte sie sich erschöpft. Ihre Freundin setzte sich auf den Schreibtischhocker. Aus der Tasche ihrer weiten Hose zog sie eine Schachtel Ramses.

»Willst du auch eine?«

»Nicht jetzt.«

In aller Ruhe zündete sich Erika eine Zigarette an und blies den Rauch mit genießerischer Miene durchs offene Fenster. Hedi war dankbar, dass sie ihr Zeit ließ, zur Ruhe zu kommen. So schwiegen die beiden eine Weile und hörten den Vögeln zu, die in den Obst- und Holunderbäumen munter zwitscherten. Schließlich sagte Hedi:

»Ich habe Thomas gerade gesehen.«

»Nur gesehen oder auch gesprochen?«

»Auch gesprochen.«

»Der wollte doch erst in einer Woche kommen.«

»Er hat's sich anders überlegt. Seine Mutter hat sich natürlich riesig gefreut.«

»Und?«

Hedi seufzte tief, bevor sie Erika von dem Besuch bei den Leitners erzählte. »Thomas hat mich kaum beachtet. Nur zweimal hatte ich kurz den Eindruck, dass es hinter der kühlen Fassade anders aussehen könnte. Aber ...«

»Und du?«, unterbrach Erika sie.

»Ach Erika, plötzlich ist alles wieder da. All die Gefühle, die Sehnsucht, das Bedürfnis, ihn zu berühren. Warum sind wir Frauen nur immer so gefühlvoll? Oder können sich die Männer nur besser verstellen?«

»Frag mich nicht. Männer sind für mich ein großes Geheimnis.« Erika schnippte die Asche in eine kleine Zinnschale.

»Aber was Thomas angeht, kann ich sein Verhalten sogar verstehen. Du hast ihn ganz schön zurückgewiesen am letzten Abend, bevor er nach Berlin gegangen ist. Vielleicht ist er immer noch verletzt.«

»Dazu hat er ganz bestimmt keinen Grund«, begehrte Hedi auf. »Wer ist denn in einer Nacht- und Nebelaktion weggezogen? Ich oder er? Mir erst einen Tag vor seiner Abreise gestehen zu wollen, dass er eine Stelle in Berlin angenommen hat …! Wir waren monatelang ein Liebespaar!«

»Stimmt, das war wirklich nicht die feine englische Art. Aber vielleicht hatte er einen Grund dafür. Du hast ja hinterher nicht mehr mit ihm reden wollen. Stattdessen hast du auf dem Dorffest den ganzen Abend mit Johannes getanzt.«

Hedi senkte den Kopf. »Das habe ich später ja auch bereut. Obwohl Thomas auf seinen Bruder nie eifersüchtig war.«

»Aber vielleicht auf den Guggenberger Willi, mit dem du auch ganz schön geschäkert hast.«

»Willi! Der interessiert mich doch heute gar nicht mehr. Und mit Johannes versteh ich mich halt gut. Er ist ein Freund für mich, genau wie Anderl.«

»Kann eine Frau Johannes überhaupt als Freund betrachten – so fesch, wie der ausschaut?«

»Ich ja. Für mich war Thomas immer der Attraktivere. Es kommt ja nicht aufs Äußere an. Thomas und ich … Da war eine Seelenverwandtschaft. Und meinerseits ist da heute leider immer noch sehr viel Anziehung.«

»Seht ihr euch noch mal?«

»Nein. Er fährt morgen wieder zurück. Aber er will sich überlegen, ob er mit Anderl und mir zusammen die Eigernordwand macht.«

»Wie bitte?«

»Das habe ich dir noch gar nicht erzählt. Also …« In wenigen Sätzen teilte Hedi ihrer Freundin ihren Plan mit.

Erika griff sich an die Stirn. »Seid ihr deppert? Die Eigernordwand? Im Juni? Und überhaupt … Da haben sich doch schon andere die Zähne dran ausgebissen. Das ist Selbstmord!«

Hedi setzte sich aufrecht hin. »Nun übertreib mal nicht. Wir sind keine Anfänger. Denk dran, wie viele Gipfel und Wände wir mit meinem Vater gemacht haben!«

»Das war doch aber alles nichts gegen die Eigernordwand. Die wird nicht umsonst als letztes Problem der Alpen bezeichnet.«

»Aber mein Vater …« Hedis Blick verlor sich mit wehmütigem Ausdruck im blauen Himmel.

»Der wollte bestimmt nicht, dass du dich umbringst.«

»Wahrscheinlich wird eh nichts draus, weil Thomas nicht mitmacht.«

Erika zuckte mit den Schultern, und Hedi zündete sich nun doch eine Zigarette an. Sie schwiegen eine Weile.

»Gestern habe ich Karl Huber in der Bücherei in Miesbach getroffen«, sagte Erika nach einer Weile.

Erleichtert über den Themenwechsel sah Hedi sie erwartungsvoll an. »Und?«

»Wie immer war er nett und freundlich und lustig, aber ich glaube, im Innern ist er ein tieftrauriger Mensch.«

»Kein Wunder bei dem Vater. Direktor Huber ist halt ein unangenehmer Zeitgenosse.«

»Karl wirkt auf mich ziemlich einsam. Außer seiner Mutter, seiner Musik und seiner Arbeit hat er nicht viel Abwechslung. Keine Freunde, keine Freundin …«

»Na ja, er ist ja gerade erst zwei Monate aus Augsburg zurück. Vielleicht hat er sich nach den vielen Jahren noch nicht wieder richtig hier eingelebt.« Hedi sah ihre Freundin forschend an. »Aber wie ich dich kenne, willst du das jetzt ändern, oder?«

Erika lachte schallend. »Vielleicht. Ich finde, er sieht ziemlich gut aus, er ist intelligent und einfach sehr liebenswürdig.

Und in den Jahren in Augsburg ist er männlicher geworden. Früher war er ja eher so ein Milchbubl.« Sie beugte sich Hedi entgegen. »Stell dir vor! Er fährt jede Woche einmal nach München. Für Opernbesuche, Konzerte und Liederabende … Ich habe ihm vorgeschlagen, dass wir das ja mal zusammen machen könnten. Zuerst war er überrascht, ja fast erschrocken.« Erika kicherte belustigt, dann fuhr sie munter fort: »Aber dann schien er gar nicht so abgeneigt zu sein. Ich glaube, er ist sehr schüchtern. Deshalb muss ich die Initiative ergreifen.«

»Was du ja auch bereits getan hast.«

»Ich versteh gar nicht, dass er noch nicht verbandelt ist. Als Poststellenleiter in Miesbach ist er doch eine gute Partie.«

»Vielleicht ist er besonders wählerisch. Oder seine Mutter besonders eifersüchtig, sodass sie jede Bindung zu verhindern weiß. Weißt du nicht mehr? Schon früher war Karl als Muttersöhnchen bekannt.«

»Na ja, mal sehen.« Erika drückte ihre Zigarette aus. »Ich könnte mir durchaus vorstellen, etwas mit ihm anzufangen.«

Hedi lachte. »Wirklich? Obwohl die Männer für dich ein Geheimnis sind?«

»Ich finde, Karl ist anders. Ich kann mich mit ihm sehr gut unterhalten. Fast wie von Frau zu Frau.«

»Na, dann versuch mal dein Glück. Aber denk dran, wenn das mit euch was werden sollte, bekommst du meinen Vorgesetzten zum Schwiegervater.«

Erika winkte lässig ab. »Den würde ich mir schon erziehen.«

»Da wünsch ich dir jetzt schon gutes Gelingen«, erwiderte Hedi trocken und wechselte das Thema. »Sag mal, was macht eigentlich deine Jugendarbeit?«

Erika wies mit dem Kinn auf den Schreibtisch, der überlief von Papieren und Büchern, und erwiderte zwinkernd: »Zum Leidwesen des hiesigen Pfarrers – sprich meines Vaters – werde ich mich diesbezüglich zukünftig anders orientieren.«

»Wie meinst du das?«

»Na ja, die christliche Jugendarbeit wird doch immer mehr zu einem Teil der Hitlerjugend und des Bundes Deutscher Mädchen. Sporttreiben oder Musizieren dürfen wir ja nicht mehr, wir sind ausschließlich für die religiöse Erziehung zuständig. Und wer an der christlichen Jugendarbeit teilnehmen will, muss vorher eine HJ- oder BDM-Veranstaltung besucht haben. Damit die Jugendlichen schon indoktriniert vom nationalsozialistischen Gedankengut zu uns in den Gemeindesaal kommen und so gegen unsere – eventuell negative – Beeinflussung gefeit sind.« Erikas dunkle Augen sprühten Feuer. Und sie war längst noch nicht fertig. »Stell dir vor! Gestern war doch tatsächlich eine Aufsichtsperson des BDM bei unserem Jugendtreffen, die mal sehen wollte, ob es da auch mit rechten Dingen zugeht. Und sie hat mich ganz subtil davor gewarnt, zukünftig etwas anderes als ausschließlich Bibelstunden abzuhalten.«

»Und?«

»Ich hatte Glück. Wir haben tatsächlich gerade in der Bibel gelesen.« Erika lachte bitter auf. »Aber das ist nicht, was ich will. Das, was ich schon als Lehrerin an politischer Aufklärung nicht vermitteln kann beziehungsweise darf, möchte ich den Mädchen bei der Jugendarbeit hier mitgeben: Vorsicht und Kritik gegenüber den Nationalsozialisten.«

»Erika, das ist gefährlich«, sagte Hedi mit eindringlichem Blick.

Ihre Freundin winkte ab. »Immer mehr meiner Schülerinnen und auch der Madln hier im Tal treten in den BDM ein und kommen nicht mehr zur Jugendarbeit. Der Beitritt zur Hitlerjugend und zum BDM ist zwar offiziell noch keine Pflicht, aber das verbreitet sich unter den Jugendlichen wie eine Seuche. Dem will ich gegensteuern. Die Madln müssen wissen, dass diese beiden Organisationen Erziehungsanstalten der Nazis sind. Mit ihnen will man ein neues deutsches Volk heranziehen, in dem Frauen nichts als Kinder gebären und den Männern ein trautes Heim schaffen sollen. Das kann doch nicht sein! Weißt du, was Hitler vergangenes Jahr auf dem Nürnberger Frauenkongress verkündet hat? Ich hab's erst gestern in einer dieser nationalsozialistischen Schriften hier gelesen. In etwa: *Die Gleichberechtigung der Frau besteht darin, dass sie in den ihr von der Natur bestimmten Lebensgebieten jene Hochschätzung erfährt, die ihr zukommt.* Mit diesen von der Natur bestimmten Lebensgebieten sind Ehe, Kinder und Küche gemeint. Gleichberechtigung! Das ist doch ein einziger Schmarrn! Und genau das will ich den Mädchen in meiner christlichen Jugendarbeit vermitteln.« Erika schnaubte verächtlich durch die Nase, bevor sie Hedi die Zigarettenpackung entgegenhielt. »Auch noch eine?«

»Ja.« Hedi ließ sich von ihr Feuer geben und sah den Rauchkringeln nach, die aus dem Fenster wehten. Dabei suchte sie nach Argumenten, um ihre Freundin von deren Plan abzubringen. Schließlich begann sie ruhig: »Das, was du vorhast, ist aufrührerisch. Du weißt, wie die mit ihren Gegnern umgehen.«

»Aber irgendwas muss man doch dagegen tun!«

Hedi nahm einen tiefen Zug. »Ich finde es klüger, das Selbstbewusstsein der Mädchen und jungen Frauen zu stärken, statt gegen die Ideologie der Nationalsozialisten anzukämpfen. Dann erkennen sie letztendlich selbst, welch untergeordnete Rolle ihnen die Nationalsozialisten in diesem neuen deutschen Volk zubilligen. Wobei man gerechterweise sagen muss, dass es bis zur Freiheit der Frauen weltweit sowieso noch ein weiter Weg ist.«

»Und wie können wir diesen Weg verkürzen?«

»Hier bei uns vielleicht durch den hochalpinen Bergsport.« Erika riss die Augen auf. »Wie meinst du das denn?«

»Schau … In den Großstädten haben Frauen viel mehr Möglichkeiten, sich weiterzuentwickeln und ein anderes Leben zu führen als das der Ehefrau und Mutter – trotz nationalsozialistischer Erziehung. Aber wir leben nun mal hier in den Bergen.«

»Aber was hat das Klettern im Fels damit zu tun? Ganz abgesehen davon, dass es gefährlich ist. Da kann es um Leben und Tod gehen.«

Hedi lachte. »Sich zu befreien ist immer ein Abenteuer auf Leben und Tod. Das hochalpine Bergsteigen lehrt, dass man vieles schaffen kann, wenn man es wirklich will.« Hedi rückte auf die Sesselkante vor und sah Erika eindringlich an. »Bereits Mitte des 19. Jahrhunderts hat es Frauen gegeben, die im Bergsteigen die Möglichkeit gesehen haben, sich gegen die damals gängige Rollenvorstellung zu wehren. Denn beim Bergsteigen lernten sie zum ersten Mal Gefühle wie Unabhängigkeit und Freiheit kennen. Um nicht abzustürzen, mussten sie nur an sich selbst denken und ihre Pflichten als Ehefrau, Mutter und Hausfrau zurückstellen. Dadurch gewannen sie mehr Selbstbewusstsein. Glaub mir, dieses Selbstbewusstsein ist zusammen mit dem Bedürfnis nach Freiheit und Unabhängigkeit die wichtigste Voraussetzung dafür, die Lehre der Nationalsozialisten kritisch zu betrachten. Wenn wir den Mädchen und Frauen dazu verhelfen, können wir langfristig viel mehr bewirken, als wenn wir die Ziele dieser Partei schlechtmachen. Deshalb möchte ich auch nach den Osterferien mit meinen Schülerinnen regelmäßig in die Berge steigen, statt im Turnunterricht Bodenturnen oder Gymnastik zu machen.«

Erika sah mit nachdenklicher Miene zum Fenster hinaus. Dann kehrte ihr Blick zu Hedi zurück. »Denkst du etwa an die Gründung eines alpinen Frauenvereins? Irgendwann hast du schon mal davon gesprochen.«

Hedi seufzte. »Das wäre mein Traum. Nach dem Vorbild des Ladies' Alpine Clubs in London, der 1907 gegründet wurde und zu dem Männer keinen Zugang hatten.« Sie sah ihre Freundin bedeutsam an. »Weißt du eigentlich, dass wir Frauen zu den meisten Sektionen des Deutschen Alpenvereins immer noch keinen gleichberechtigten Zutritt haben? Das ist doch unglaublich!«

Erika drückte entschlossen die Zigarette aus. »Darüber werde ich nachdenken.«

Sonntag, 19. April 1936

Das schöne Wetter hielt sich auch noch am Sonntag. Erst gegen Abend zogen Wolken auf, die für die neue Woche einen Wetterwechsel ankündigten. Nachdem Hedi ihren Unterricht für die erste Woche nach den Osterferien vorbereitet hatte, setzte sie sich zu ihrer Großmutter nach draußen. »Wo ist denn Großvater?«, fragte sie.

»In der Stube. Er hört *Die Fledermaus* von Johann Strauss«, antwortete Johanna, ohne von ihren klappernden Stricknadeln aufzublicken. »Wie gut, dass wir unser altes Radio noch nicht gegen einen dieser neuen Volksempfänger eingetauscht haben. Die senden ja fast nur nationalsozialistische Propaganda.«

Hedi zeigte auf das Strickzeug. »Was strickst du da?«

»Handschuhe für dich. Im Hochgebirge kann es auch im Frühling noch eisig sein.«

Hochgebirge? Hedi dachte sofort an den Eiger. Hatte ihre Großmutter etwa den sprichwörtlichen siebten Sinn? Dann war dies der Zeitpunkt, ihr von ihrem Plan zu erzählen.

»Da wir gerade vom Hochgebirge reden …«, begann sie zögerlich.

Nachdem Hedi berichtet hatte, legte Johanna ihr Strickzeug in den Schoß und hob langsam den Blick. »Die Eigernordwand?« Ihre Stimme war erst kaum mehr als ein Flüstern.

34

Dann straffte sie sich. Ihr Blick gewann an Stärke. »Sollen wir dich etwa auch noch verlieren?«

Erschrocken über die jähe Reaktion ihrer Großmutter griff Hedi nach Johannas knochiger Hand und drückte sie. »Reg dich nicht auf. Vielleicht wird ja gar nichts draus. Nur ...« Sie seufzte. »Erinnerst du dich? Vater und ich hatten das schon länger vor.«

Die Großmutter entzog ihr die Hand und schüttelte energisch den Kopf. »Das war ein Traum. So wie unser Alois viele Träume hatte. Er hatte bestimmt nicht wirklich vor, sein eigenes Fleisch und Blut in den Tod zu schicken.«

Wider Willen musste Hedi lachen. »Wie das klingt! Als würde man beim Klettern zwangsweise den Tod finden. Meine Eltern zum Beispiel sind mit dem Auto verunglückt.«

»Ach, Madl ...« Johanna ließ die Schultern fallen und seufzte aus tiefstem Herzen. »Überleg dir das noch mal. Ich hab kein gutes Gefühl dabei. Und bitte ... Sag dem Großvater erst mal noch nichts.«

Als Hedi nach dem Abendessen auf dem Balkon noch eine Zigarette rauchte, bemerkte sie einen Bartgeier, der über dem Landauer Hof kreiste. Wie ein Scherenschnitt zeichnete er sich vor dem wolkenverhangenen Abendhimmel ab. Bedrückt zog Hedi die Schultern zusammen. Das Bild erschien ihr wie eine in den Himmel geschriebene Vorwarnung.

Vielleicht sollte sie die Eigernordwand doch nicht machen. Was, wenn ihr dabei tatsächlich etwas zustoßen würde? Konnte sie es mit ihrem Gewissen vereinbaren, ihre Großeltern allein zurückzulassen? Sie hatten nur noch sie. Lena, die jüngere Schwester ihres Vaters, lebte schon seit Jahren in England. In den 20er-Jahren hatte sie einen Engländer kennengelernt, der wie viele seiner Landsleute zum Bergsteigen ins Tal gekommen war.

Als Hedi später im Bett lag, ließen die Gedanken sie nicht einschlafen. Vielleicht wird Thomas ja absagen, sagte sie sich schließlich. Ohne ihn würde sie den Durchstieg der Wand nicht wagen. Denn wenn Anderl ohne Kunden unterwegs war, ließ er seinem halsbrecherischen Kletterstil gern freien Lauf. Nur im Beisein von Thomas zügelte er sich.

Montag, 20. April 1936

Als Hedi am Montagmorgen zur Arbeit radelte, regnete es in Strömen. Kaum hatte sie das Schulgebäude betreten, als auch schon Direktor Huber im Stechschritt auf sie zukam.

»Guten Morgen, Fräulein Landauer, da sind Sie ja! Wie waren die Ferien?«, erkundigte sich der Mittfünfziger, der einen Kopf kleiner war als sie, aufgeräumt.

»Sehr schön. Und bei Ihnen?«, fragte sie höflich zurück, während sie den triefenden Umhang aufhängte.

»Ebenso«, lautete die knappe Antwort. Huber rückte seine Goldrandbrille auf der langen Nase in Position und räusperte sich bedeutungsvoll. Nach drei Jahren Zusammenarbeit mit ihm kannte sie dieses Verhalten: Der Direktor wollte ihr etwas Wichtiges mitteilen.

»In den Ferien habe ich über Ihren Vorschlag nachgedacht, statt des wöchentlichen Turnunterrichts mit den Schülern klettern zu gehen.«

Überrascht sah sie ihn an.

»Ich stimme Ihrem Vorschlag zu«, fuhr er fort. »Auch Ihrer fortschrittlichen Idee, dabei Jungen und Mädchen in einer Gruppe zu führen. Dann können sich Ihre Madln von meinen Buben noch etwas abgucken«, fügte er gönnerhaft hinzu.

»Oder Ihre Buben von meinen Madln«, entgegnete sie, ohne darüber nachzudenken, dass sich ihr Vorgesetzter als unangreifbare Autorität empfand. »Denn die Mädchen sind am Berg meistens geschickter und ausdauernder«, setzte sie hinzu.

Auf Hubers Miene stand geschrieben, wie wenig ihm ihre Bemerkung passte. Schließlich zwang er sich zu einem steifen Lächeln. »Ich finde es jedenfalls sehr erfreulich, dass Sie dazu beitragen wollen, das Bewegungsbedürfnis unserer Jugend zu befriedigen und deren Freude an Leistung und Leistungsvergleich gerecht zu werden. Und was die Mädchen angeht ... Unser Land braucht natürlich auch Heldinnen.«

Seine Worte berührten sie unangenehm. Wie in allem, was er von sich gab, schwang auch in diesen Worten der Tenor der nationalsozialistischen Partei mit, der er angehörte. Dennoch antwortete sie freundlich:

»Ich freue mich sehr, dass ich das Projekt umsetzen kann. Dann werde ich in den nächsten Tagen die Eltern informieren und ...«

»Das übernehme ich«, unterbrach Huber sie. »Ich muss ja auch die Schulbehörde in Kenntnis setzen, deren Zustimmung ich jedoch voraussetze. Herr von Tschammer und Osten, unser Reichssportführer, hat erst vor Kurzem in einem Rundschreiben an die Schulen betont, wie wichtig der deutsche Tat- und Kampfalpinismus für die Erziehung der deutschen Jugend ist.«

Der deutsche Tat- und Kampfalpinismus – am liebsten hätte Hedi laut gelacht. »In Ordnung«, sagte sie tonlos. »Dann schließe ich jetzt mal meine Klasse auf.«

Als sie an Huber vorbeigehen wollte, stellte er sich ihr in den Weg. Seine steingrauen Augen wurden schmal. »Glauben Sie nicht, dass es an der Zeit wäre, wenigstens in den Nationalsozialistischen Lehrerbund einzutreten?«

Hedi schluckte. Diese Frage hatte sie schon seit Langem gefürchtet. Sie zwang sich zu einem strahlenden Lächeln, um dessen Wirkung auf Männer sie sich bewusst war.

»Wissen Sie, Herr Direktor …«, begann sie langsam mit Unschuldsblick, »ich bin halt von ganzem Herzen Bergsteigerin. Und Bergsteiger sind ganz und gar unpolitische Menschen.«

»Dann sollte sich das in Zukunft ändern, Fräulein Landauer«, lautete die schneidende Antwort ihres Vorgesetzten.

Dieses Gespräch verfolgte Hedi den ganzen Vormittag. Ihr Chef erwartete für sein Entgegenkommen eine Gegenleistung. Das passte zu ihm. Er setzte sie unter Druck, und das trübte ihre Freude darüber, ihre Schüler – und unter ihnen besonders die Mädchen – an den Bergsport heranzuführen. Vermutlich würde Huber bezüglich ihres Parteieintritts nicht mehr lockerlassen. Spätestens, wenn sie ihn wegen der Durchsteigung der Eigernordwand um ein paar freie Tage bat, würde sie sich entscheiden müssen.

Als Hedi mittags nach Hause kam, sah Johanna ihrer Enkelin sofort an, dass etwas sie bedrückte. Beim Essen erzählte Hedi ihren Großeltern von dem Gespräch mit dem Direktor.

»Der deutsche Tat- und Kampfalpinismus …«, wiederholte sie aufgebracht. »Wenn ich das schon höre! Als wenn es beim Klettern um Kampf geht! Und falls dieser Huber tatsächlich glaubt, ich trete in die Partei ein, dann hat er sich geirrt.«

Ihr Großvater legte das Besteck auf dem Teller zusammen und schüttelte seufzend sein weißes Haupthaar. »Wenn man das alles so hört … Das ist kein gutes politisches Klima, in dem unsere Jugend aufwächst. Dieses propagierte Heldentum hat doch eine ganz gefährliche Verleugnung von Gefahren zur Folge, das kann besonders bei jungen Menschen zur völligen Selbstüberschätzung führen. Das gilt auch fürs Klettern. Das solltest du deinen Schülern unbedingt beibringen, wenn du mit ihnen in die Berge gehst.«

»Das mach ich, Großvater.«

Dienstag, 21. April –
Freitag, 1. Mai 1936

Die nächsten Tage wurden Hedi lang. An jedem neuen Tag hoffte sie auf ein Zeichen von Thomas, auf einen Brief oder einen Anruf im Hotel seiner Eltern – obwohl ihr Verstand ihr immer wieder sagte, dass er für seine Entscheidung Zeit gefordert hatte. Da die Schlechtwetterfront über Oberbayern einfach nicht weiterziehen wollte, konnte sie auch ihr Projekt mit den Schülern nicht verwirklichen. So reihte sich ein Tag gleichförmig an den anderen. Auch von Anderl hörte sie nichts. Er war mit Kunden in Südtirol unterwegs. Erika und ihre Großmutter vermieden das Thema Eigernordwand, als wollten sie sie gar nicht erst wieder auf diesen Gedanken bringen, und schließlich glaubte Hedi selbst nicht mehr daran, dass aus der Eigerexpedition noch etwas werden würde.

Während dieser Zeit des Stillstands verging kein Abend, an dem sie nicht an Thomas dachte – und das nicht nur, weil sie auf seine Entscheidung bezüglich des Eiger wartete. Immer wieder spielte sie das unerwartete Wiedersehen mit ihm im Geiste durch. Immer wieder ließ sie seine Worte, seine Gesten, seine Blicke Revue passieren in der Hoffnung, darin doch noch irgendetwas zu entdecken, das ihr bisher entgangen war – einen verstohlenen Hinweis, ein Zeichen, dass es ihm, den sie immer noch so sehr begehrte, genauso mit ihr erging.

Dann tauchte Anderl auf dem Landauer Hof auf.

»Hast du was von Thomas gehört?«, lautete Hedis erste Frage.

»Noch nicht. Aber ich bin ja auch erst seit gestern Abend wieder zurück.«

Sie bat ihn in die Stube, in der der Tiroler Kachelofen eine angenehme Wärme verströmte.

»Wie war es in Südtirol?«, erkundigte sie sich mehr aus Höflichkeit als wirklich interessiert und lauschte seinem begeisterten Bericht nur mit halbem Ohr.

»Hörst du mir überhaupt zu?«, sagte Anderl schließlich enttäuscht.

»Bitte entschuldige. Nimm es nicht persönlich, aber ich ...« Hilflos sah sie ihn an. »Übermorgen ist es vierzehn Tage her, dass Thomas hier war. Glaubst du, dass aus unserer Durchsteigung noch was wird? In sechs Wochen haben wir bereits Mitte Juni. Dann müssten wir doch spätestens loslegen.«

»Stimmt.« Anderl seufzte und stand auf. »Sei mir nicht bös, ich muss noch bei der Lena vorbeischauen, aber ich verspreche dir, dass ich mich drum kümmere. Thomas muss endlich Stellung beziehen. Sonst blasen wir die Sache ab. Nur wir zwei ...« Mit besorgter Miene schüttelte er den Kopf. »Dafür ist die Wand zu gefährlich.«

Gegen Ende der Woche, gerade rechtzeitig zum Maifeiertag, setzte sich die Sonne endlich gegen die Wolken durch. Über Nacht entrollten die Bäume ihre hellgrünen Blätter, die Nadelhölzer zeigten frische Spitzen, und auf den Wiesen reckten Gänseblümchen und Wiesenschaumkraut ihre Blüten der Sonne entgegen. Am Freitag, dem 1. Mai, begleitete Hedi ihre Großeltern in die Kirche, verabschiedete sich jedoch direkt nach dem Gottesdienst. Ihr stand nicht der Sinn danach, sich mit den anderen Dörflern um den geschmückten Maibaum zu scharen, Bier zu trinken und sich zu unterhalten. Als sie auf dem Hof ankam, atmete sie erleichtert auf. Hier war die Blasmusik nur noch aus der Ferne zu hören. Ansonsten herrschte eine friedliche Feiertagsruhe.

Hedi setzte sich mit einem Roman von Hans Fallada vors Haus in die Sonne. Kaum hatte sie den Buchdeckel aufgeschlagen, als sie ein Motorengeräusch vernahm. Es wurde lauter, und nur wenige Sekunden später entdeckte sie ein Motorrad, das durch die Wiesen auf den Hof zufuhr. Als sie das Berliner Kennzeichen erkannte, begann ihr Herz schneller zu schlagen. Thomas! Er war gekommen – was nur bedeuten konnte, dass er mit ihr die Eigernordwand machen wollte. Anderl, fast zwei Köpfe kleiner als sein Bruder, hockte als Beifahrer hinten auf dem Bock. Hedis Puls jagte, als die beiden von der Maschine stiegen.

»Überraschung!«, rief Anderl strahlend.

Bei Thomas' Anblick verspürte Hedi sofort wieder Schmetterlinge im Bauch. Er strahlte etwas Wildes, Unbezähmbares aus. Und wieder konnte sie ihn sich nicht in einer Großstadt vorstellen. Er gehörte hierhin, in die Natur, in die Berge.

Als die Brüder vor ihr standen, nahm Thomas seine schwarze Sonnenbrille ab. Aus freundlichen Augen sah er sie an. In ihnen stand nichts mehr von der Distanz, die sie bei ihrem ersten Wiedersehen gespürt hatte. Allein das schon entschädigte sie für all die Ungewissheit der vergangenen vierzehn Tage.

»Setzt euch, ich hol uns was zu trinken«, brachte sie mit vor Aufregung belegter Stimme hervor.

Der Gang ins Haus gab ihr Zeit, sich innerlich zu sammeln. Mit fahrigen Händen bereitete sie rasch eine Brotzeit zu, hauchdünn geschnittener Speck, Bergkäse und Vinschgauer. Zusammen mit drei Gläsern und einer Flasche Rotem stellte sie alles auf ein Tablett und trug es hinaus. Anderl hatte inzwischen seinen Janker ausgezogen und Thomas seine abgewetzte braune Lederjacke, unter der er einen schwarzen Pullover trug. Während Anderl munter erzählte, wie sein Bruder am frühen Morgen plötzlich vor ihm gestanden habe, musste sie sich beherrschen, nicht ständig auf Thomas' gebräunte Haut zu blicken, die der V-Ausschnitt seines Pullovers freilegte.

»Am frühen Morgen?«, wiederholte sie mit trockener Kehle, nur um etwas zu sagen.

»Ich bin gegen Mitternacht losgefahren«, erwiderte Thomas.
»Und wie lange bleibst du dieses Mal?«

»Bis morgen. Am Sonntag muss ich beruflich nach Dresden.«

Um sich ihre Enttäuschung nicht anmerken zu lassen, griff sie nach der Flasche und schenkte ihnen ein. »Greift zu!«

»Immer gern.« Anderl steckte sich gleich drei Scheiben Speck in den Mund. »Thomas ist beim Durchstieg dabei. Deshalb ist er gekommen«, verriet er ihr kauend und mit triumphierender Miene, als wäre dies nur sein Verdienst.

Sie musste lachen. »Lass deinen Bruder doch mal selbst erzählen. Oder hat er in Berlin das Reden verlernt?« Sie zwinkerte Thomas verschmitzt zu.

»Du weißt doch, dass ich nicht der Gesprächigste bin«, entgegnete Thomas, bevor er sich eine Zigarette ansteckte. Dann lächelte er sie an. Wie sehr hatte sie dieses Lächeln vermisst! Wie sehr wünschte sie sich, es möge sie ihr ganzes Leben lang begleiten – immer noch!

»Stimmt«, sagte sie leise, während sie ihren Blick zum Waldrand wandern ließ. Dabei strafte ihre Erinnerung an die dort oben gemeinsam verbrachten Stunden seine Worte Lügen. Im vergangenen Sommer war er keineswegs schweigsam gewesen. Vielmehr war er nicht müde geworden, von seiner Liebe zu ihr zu sprechen. Die schönsten Koseworte hatte er für sie erfunden. Meine Bergamazone, meine schöne Gipfelstürmerin …

»Jetzt lasst uns mal über den Eiger reden«, sagte Anderl in das plötzliche Schweigen hinein.

»Das ist eine gute Idee«, erwiderte Hedi rasch und rückte auf die Stuhlkante vor. »Zuerst einmal: Ich freue mich so sehr, dass wir das jetzt zusammen angehen. Das ist ganz im Sinne meines Vaters. Wie ich schon gesagt habe, sollten wir die Wand am besten Mitte Juni machen. Meinetwegen auch Ende Juni, aber unbedingt vor den Italienern.«

»Einverstanden.« Thomas blies den Rauch in die flirrend-leichte Frühlingsluft. »Ich werde mir ein paar Tage unbezahlten Urlaub nehmen. Deshalb wäre die Woche um Fronleichnam gut. Also von Donnerstag, den 11. Juni, bis Dienstag, den 16.«

Hedis Herz machte einen Freudensprung. »Das passt.«

»Und deine Schule?«, fragte Anderl.

Sie winkte ab. »Das regele ich schon. Aber sollten wir nicht vorher noch ein paar gemeinsame Trainingstage einlegen, um uns wieder aufeinander einzuspielen?«

Thomas nickte zustimmend. »Daran habe ich auch schon gedacht. Wie wären die Tage um Christi Himmelfahrt? An dem Freitag könnte ich mir freinehmen.«

»Das ist ja schon in drei Wochen.« Hedi strahlte ihn an. »Wunderbar! An dem Freitag habe ich schulfrei.«

»Dann hätten wir das schon mal geklärt«, meinte Anderl zufrieden, während er ein Stück Käse abschnitt. »Und ich kann mir ja meine Termine legen, wie ich will. Vorausgesetzt, mein Vater hat nicht wieder angeblich unaufschiebbare Aufgaben für mich vorgesehen«, fügte er bitter hinzu.

Thomas schlug ihm aufmunternd auf die Schulter. »Das regele ich dann für dich.«

»Wo wir trainieren, können wir uns ja noch überlegen«, kam Hedi zum Thema zurück. »Lasst uns erst mal alles zur Nordwand besprechen. Ich denke, wir sollten vier Tage veranschlagen. Und zwar vier Tage mit gutem Wetter am Stück. Einen Tag, damit eventueller Neuschnee als Lawinen abgehen kann, plus drei Tage für den eigentlichen Durchstieg samt Abstieg.«

»Allerdings könnte das Wetter unseren Plan durchkreuzen.« Thomas drückte die Zigarette im Aschenbecher aus. »Deshalb meine Bedingung: Sollte es nicht passen, gehen wir nicht rein. Wir setzen nicht unser Leben aufs Spiel. Abgemacht?« Sein Blick bohrte sich zuerst in Anderls Augen, dann sah er Hedi an.

»Abgemacht«, stimmte sie zu. »Das hätte mein Vater auch nicht gewollt.«

»Anderl?«

»Ist ja schon gut. Das sehe ich genauso«, erwiderte Anderl leicht trotzig, wobei er dem fordernden Blick seines Bruders auswich.

»Gut, dann machen wir weiter«, fuhr Hedi fort. Schon seit Langem hatte sie sich nicht mehr so energiegeladen gefühlt wie an diesem Nachmittag. Thomas, Anderl und sie würden wieder eine Seilschaft sein! Wenn das ihr Vater wüsste! »Als Nächstes sollten wir über die Route reden«, schlug sie vor.

»Gute Idee«, sagten Thomas und Anderl wie aus einem Mund.

Hedi sprang auf. »Ich hab von meinem Vater eine Karte des Eigers geerbt. Darauf hatte er schon eine mögliche Route eingezeichnet. Wartet, ich hole sie schnell.«

Sie war bereits im Hausflur, als sie erneut ein Motorengeräusch vernahm. Neugierig, wer der Besucher sein könnte, trat sie wieder nach draußen. Ein Motorrad kam aufs Haus zugebraust, bremste scharf ab und wirbelte dabei eine Staubwolke auf. Aus dieser Wolke trat ein paar Sekunden später ein junger Mann. Hedi hatte ihn noch nie zuvor gesehen.

»Hias!«, rief Anderl begeistert aus. »Das find ich pfundig. Ich war mir nicht sicher, ob du so schnell kommen könntest.«

Der Motorradfahrer war klein, drahtig und blond. Er hatte einen exakten Haarschnitt und ein verwegenes Gesicht mit hervorspringender Nase, ausgeprägten Wangenknochen und himmelbauen Augen, die keck in die Welt schauten.

»Also …« Anderl stand auf und stellte sich breitbeinig hin, als gäbe es etwas ganz Besonderes zu verkünden. »Das ist der Brandler Hias, ein Kollege von mir und Mitglied der Alpenvereinssektion München.«

Hias' rechter Arm schnellte hoch. »Heil Hitler.«

»Griaß di«, gab Thomas gelassen von sich, dem sich Hedi mit einem verblüfften »Grüß Gott« anschloss.

44

»Hias ist Spezialist für Eisfelder«, erklärte Anderl. »Und ich dachte, er könnte deshalb gut zu unserer Seilschaft passen.« Hedi schnappte nach Luft. Sie sah Thomas an. Ihre Blicke trafen sich und sie las in seinen Augen, dass er über Anderls eigenmächtiges Handeln genauso verwirrt und empört war wie sie.

Hias grinste selbstbewusst und nickte Thomas zu. »Ja, ich würd gern bei euch mitmachen.« Dann wandte er sich mit bewunderndem Blick an Hedi. »Und du bist also die Tochter vom Landauer Alois. Ich hab deinen Vater verehrt, leider aber nie persönlich kennengelernt. Er war einer der Besten. Kunden wie den belgischen König mitsamt seinem Sohn haben nur wenige von uns.« Mit übertriebener Höflichkeit verbeugte er sich vor ihr. Dann schenkte er ihr ein verwegenes Lächeln und fuhr fort: »Aber was dich angeht, Madl … Du brauchst dich auch nicht zu verstecken. Du schaust aus wie die Leni Riefenstahl, die berühmte Bergsteigerin und Schauspielerin. Hat dir das schon mal jemand gesagt?«

Hedi fehlten die Worte. Was war denn das für ein eingebildeter Gockel? In ihr schoss die Wut hoch. Wie konnte Anderl ihre Dreierseilschaft ohne vorherige Absprache um einen Bergkameraden erweitern!

»Ja, das ist die Landauer Hedi«, stellte Anderl sie seinem Spezi vor. »Und das ist mein älterer Bruder Thomas.« Mit verunsicherter Miene sagte er zu den beiden: »Das kommt jetzt vielleicht ein bisschen plötzlich für euch, aber nachdem sich heute Morgen rausgestellt hat, dass wir die Wand nun tatsächlich machen, hab ich den Hias benachrichtigt. Ein Eisspezialist in der Seilschaft wäre doch nicht verkehrt, oder?«

»So eine Gelegenheit darf man sich nicht entgehen lassen«, sagte Hias mit einem breiten Lächeln an Thomas gewandt. Ein Ruck ging durch seine kleine Gestalt, als er ernst hinzufügte: »Ich will die Wand für unser Vaterland machen – als Zeugnis des unbeugsamen Siegeswillens der deutschen Jugend.«

»Wir sind nicht politisch«, entgegnete Thomas sachlich. »Wir sind Bergsteiger, und am Berg haben Worte keine Macht.«

Hias wirkte verdutzt. »Aber euch ist doch klar, dass wir an einem Wendepunkt der Weltgeschichte stehen?«, ereiferte er sich dann. »Wir müssen politisch denken. In Europa geht das rote Gespenst rum. Mit den Bolschewiken in der Sowjetunion haben wir uns inzwischen ja abgefunden, aber wenn die Linken auch in Frankreich …«

»Gib bittschön a Ruah«, unterbrach Thomas ihn da grollend in breitestem Bayrisch, woraufhin Hias tatsächlich sofort verstummte. Um Zuspruch heischend sah er in die kleine Runde, aber Anderl schwieg. Genau wie Hedi. Sie fühlte sich durch Hias' Propagandarede wie erschlagen.

»Aber es darf nicht passieren, dass der Ruhm der Durchsteigung an Italien geht«, sagte Hias im Ton eines trotzigen Kindes, das gerade gemaßregelt worden war.

Thomas sah seinen Bruder scharf an. »Warum hast du mir heute Morgen nichts vom Hias gesagt?«

»Ich … Ich wollt euch überraschen«, stammelte Anderl. »Ich dacht, ihr freut euch.«

»Eine Seilschaft beruht auf gegenseitigem Vertrauen und dem Einverständnis aller Beteiligten. Du kannst nicht einfach über unsere Köpfe hinweg bestimmen«, erwiderte Thomas schneidend.

Hias, der sich inzwischen auf die Holzbank gesetzt hatte, lächelte Thomas versöhnlich an. »Einverstanden. Lassen wir die Politik aus dem Spiel. Aber ihr werdet mich brauchen. Glaub mir. Der Sedlmayr und der Mehringer, die wie ihr reine Felskletterer waren, hatten in der eisdurchzogenen Wand letztes Jahr keine Chance.«

»Stimmt.« Thomas nickte. »Die waren im Stufenschlagen und der Sicherung mit Eishaken zu langsam, weil sie keine Übung hatten. Deshalb wurden sie vom schlechten Wetter überrascht.«

»Sag ich ja.« Mit zufriedener Miene lehnte sich Hias zurück und sah sich auf dem Hof um. »Wo ist denn eigentlich der junge Landauer?«

»Der junge Landauer?«, wiederholte Hedi verblüfft.

Hias sah sie an. »Anderl hat gesagt ...«

Da trat sie an den Tisch und stemmte die Hände in die Taille. »Es gibt keinen jungen Landauer, nur eine junge Landauerin. Wir machen die Wand zu dritt – Thomas, Anderl und ich.«

»Moment mal! Du willst mit in die Wand?« Hias fielen fast die blauen Augen aus dem Kopf.

Hedi straffte sich. »Richtig.«

»Die Durchsteigung war Hedis Idee«, fügte Thomas ruhig hinzu.

Hias' Miene verdüsterte sich. »Warum hast du mir das nicht gesagt?«, fragte er Anderl barsch.

»Dann wärst du ja net gekommen«, lautete dessen kleinlaute Antwort.

Da schüttelte Hias energisch den Kopf. »Mit einem Madl steig ich grundsätzlich nicht in den Fels. Und schon gar nicht in diese gefährliche Wand. Da gehört keine Frau hin.«

»Dann hätten wir das Thema ja vom Tisch«, konterte Hedi spitz.

»Hedi hat von ihrem Vater alles gelernt«, sagte Anderl hastig. »Sie hat bereits die Ortlerspitze, den Montblanc, die Große Zinne, die Nordwand des Matternhorns ...«

»Du musst keine Reklame für mich machen«, fiel Hedi ihm aufgebracht ins Wort.

Hias hob lässig die Schultern. »Das mag ja alles sein, aber ich bin schon immer gegen Frauen am Berg gewesen. Sie haben nicht die bergsteigerischen Fähigkeiten wie wir Männer, und außerdem bringen sie Streit und Unruhe in die Gruppe.«

»So ein Schmarrn!«, rief Hedi aus. »Nur zu deiner Kenntnisnahme: Bereits 1808 stand die erste Frau auf dem Mont

Blanc. 1871 bestieg die erste Frau das Matterhorn und heute klettert Paula Wiesinger im sechsten Grad voraus. Das sind nur drei Bespiele dafür, dass wir Frauen durchaus bergsteigerische Fähigkeiten haben. Und in Geschicklichkeit und Ausdauer sind wir euch Männern sogar überlegen.«

Hias sah sie kühl an. »Frauen sollen in der Liebe zu ihren Kindern, Ehemännern und Familien aufgehen. Das ist ihre Bestimmung. Denn Selbstlosigkeit, Aufopferung und Mütterlichkeit gehören zu ihrer angeborenen Natur.«

In diesem Moment wäre Hedi ihm am liebsten an die Gurgel gegangen. »Du spinnst doch«, sagte sie stattdessen nur, bevor sie den Wein in ihrem Glas in einem Schluck hinunterstürzte.

»Außerdem verliert die Frau durch den harten Bergsport jegliche weiblichen Reize«, fuhr Hias mit einem glatten Lächeln fort. »Frauensport sollte das Muttertum unterstützen und nicht behindern. Und die Frau schon mal gar nicht vermännlichen. Zudem fehlt der Frau zum Bergsport der Siegerwille.« Er verstummte, als fiele ihm gerade etwas ein. Dann legte er den Kopf schief und ließ seinen Blick aufreizend langsam über Hedis Figur gleiten, deren weibliche Rundungen das Dirndl betonte. »Wobei man ja bei dir noch keinen Weiblichkeitsverlust feststellen kann.« Mit einem Zwinkern fügte er hinzu: »Vielleicht sollte ich für dich doch mal eine Ausnahme machen.«

»Musst du nicht«, erwiderte sie kalt. »Mit einem Mannsbild wie dir möchte ich keine Seilschaft bilden – Eisspezialist hin oder her.«

Unbeeindruckt von ihrer Reaktion strich sich Hias mit nachdenklicher Miene über das glatt rasierte Kinn. »Wenn ich's mir recht überlege, hätte Hitler vielleicht sogar Gefallen daran, wenn eine schöne, blonde deutsche Frau die Eigernordwand durchsteigen würde. Er ist ja ein großer Anhänger des Tat- und Kampfalpinismus.«

»Genug jetzt.« Thomas' tiefe Stimme klang selten laut. »Noch einmal: Die Politik hat bei unserer Expedition nichts zu suchen. Uns dreien geht es ausschließlich ums Bergsteigen, ums Naturerlebnis. Und was unsere Seilschaft angeht ... Am Berg muss man sich auf seine Partner verlassen können. Daher tun sich Bergsteiger ungern mit Leuten zusammen, über deren Verlässlichkeit sie sich nicht ganz sicher sind. Und das können Hedi und ich uns bei dir nicht sein.«

Dass Thomas sie beide in einem Atemzug nannte, spülte eine warme Welle in Hedis Herz. Wie früher schien er sie beide wieder als zusammengehörig zu sehen.

»Bitte keine Vorurteile über meine Verlässlichkeit!« Hias lächelte ihn gewinnend an. »Wir lernen uns doch gerade erst kennen.«

»Ich kann mich für Hias verbürgen«, nahm Anderl seinen Spezi in Schutz. »Hias ist ein zuverlässiger Bergkamerad. Und wie gesagt, in Anbetracht der Eisfelder ...«

»Vielleicht sollten wir alle bis morgen darüber nachdenken«, schlug Thomas vor. Sein Blick schien Hias zu durchbohren, als er hinzufügte: »Aber vorweg schon meine Bedingungen für eine Viererseilschaft: Keine Politik, und Hedi wird hundertprozentig als gleichberechtigte Bergsteigerin anerkannt.«

Mit einem Mal wirkte Hias wie ein begossener Pudel. Er stand auf, blieb unschlüssig am Tisch stehen, sah zuerst Hedi, dann Thomas und zuletzt Anderl an. »Gut, das ist gerade nicht so gut gelaufen zwischen uns, aber ich würde wirklich gern dabei sein«, sagte er dann ruhig und ernst und wirkte sogleich sympathischer. »Ich mache euch einen Vorschlag: Wir können ja erst mal ein Training zusammen machen, damit wir uns am Berg kennenlernen. Und danach entscheidet ihr, ob ich mitmachen darf oder nicht.«

»Anderl sagt dir morgen Bescheid, ob wir das Training zu viert machen«, beendete Thomas die Diskussion.

Thomas' Worte ließen Hedi ruhiger werden. Wieder einmal wurde ihr bewusst, dass er eine natürliche Autorität besaß, mit der er Menschen in ihre Schranken zu weisen vermochte.

»Einverstanden.« Hias nickte. »Aber noch mal: Ich würde mich freuen, wenn ihr mich am Eiger dabeihaben wollt. Und noch ein Tipp fürs Training: Da würde sich die Watzmann Ostwand gut eignen. Die kenn ich so gut wie meine Westentasche.« Er zögerte kurz, wartete anscheinend auf eine Reaktion der anderen. Als diese ausblieb, verabschiedete er sich – ohne den rechten Arm wieder hochschnellen zu lassen – mit einem tonlosen »Also dann – servus«.

Mit gesenktem Kopf ging er zu seinem Motorrad und fuhr in angemessener Geschwindigkeit vom Hof.

Hedi ließ sich auf die Holzbank fallen.

»Hias ist tatsächlich ein guter Eisgänger«, verteidigte Anderl seinen Kollegen, während er sich einen Vogelbeerschnaps einschenkte. Nachdem er ihn in einem Zug ausgetrunken hatte, sah er Hedi und seinen Bruder an. »Deshalb hatte ich ihm gesagt, dass er heute bei unserer Besprechung dabei sein könnte. Aber damit habe ich ja anscheinend mal wieder was falsch gemacht.«

»Du hättest uns nicht vor vollendete Tatsachen stellen dürfen«, sagte Hedi.

Thomas fuhr sich mit beiden Händen durchs Haar, lehnte sich zurück und verschränkte die Arme vor der Brust. »Vergangene Woche war ich im Archiv der Berliner Sektion des Deutschen Alpenvereins. Da habe ich noch einmal darüber gelesen, wie gefährlich die Eisfelder in der Eigernordwand sind. In Anbetracht dessen wäre wirklich zu überlegen, ob Hias eine Bereicherung für uns sein könnte.«

»Er ist kein schlechter Kerl«, sagte Anderl treuherzig. »Ich hab schon manchen Gipfel mit ihm gemacht. Er ist halt ein Hitleranhänger und gegen Frauen am Fels.«

»Das sind für mich zwei schlechte Eigenschaften zu viel«, erwiderte Hedi trocken. »Mit Hias wird es nur Probleme ge-

ben. Das kann man sich doch jetzt schon an fünf Fingern aus-
rechnen.« Sie seufzte laut auf, bevor sie etwas leiser hinzufügte: »Und ich hatte mich so darauf gefreut, dass wir drei die
Wand machen – im Andenken an meinen Vater. Was hat Hias
mit meinem Vater zu tun?«

Da legte Thomas seine Hand auf ihre. Die Wärme, die von
ihr ausging, durchflutete ihren Körper. Sein Blick hielt ihren
fest, als er sanft sagte:

»Hedi, dein Vater war im Fels genauso gut wie im Eis. Mit
ihm zusammen hätten wir nichts zu befürchten gebraucht. Ich
gebe es ungern zu, aber Hias hat recht. Sedlmayr und Mehringer sind letztes Jahr an den Eisfeldern gescheitert. Dein Vater
würde es sicher gutheißen, wenn wir einen Eisspezialisten bei
uns hätten.«

Während Hedi immer noch der wohligen Wärme nach-
spürte, die Thomas' kurze Berührung in ihr ausgelöst hatte,
sagte Anderl:

»Bezüglich der Watzmann Ostwand hat Hias auch nicht
unrecht. Die eignet sich bestens als Trainingswand. Die
Hauptschwierigkeit ist ihre Höhe, achtzehnhundert Meter.
Man braucht eine gute Kondition. Vergangenes Jahr war ich
mit Kunden dort. Wie die Eigernordwand hat sie auch Eisfelder und ist dafür bekannt, dass das Wetter schnell umschlagen
kann.«

»Ich habe gehört, dass es in den vergangenen Jahren pro
Jahr mindestens einen Toten dort gab«, wandte Thomas mit
bedeutsamem Blick ein.

Anderl nickte. »Ich sag ja, sie ist schwierig. Aber längst
nicht so schwierig, wie die Eigernordwand sein soll. Außerdem sind wir von hier aus schnell da.«

Die drei schwiegen eine Weile, jeder von ihnen hing seinen
Gedanken nach.

»Ich könnte Christi Himmelfahrt am späten Nachmittag
hier sein«, sagte Thomas schließlich.

»Dann fahren wir am Freitagnachmittag zum Königssee und lassen uns mit dem letzten Boot nach St. Bartholomä übersetzen«, schlug Anderl eifrig vor. »Dort zelten wir und steigen am Samstag in den frühen Morgenstunden in die Wand ein. Abends sind wir wieder hier.«

»Und am Sonntagmorgen fahre ich zurück«, murmelte Thomas. Er sah Hedi an. »Oder hast du einen anderen Vorschlag?«

»Nein. An die Watzmann Ostwand hatte ich auch schon gedacht, aber die Sache mit Hias …« Sie seufzte in sich hinein.

Thomas stand auf. Er schien es plötzlich eilig zu haben. »Die Route zur Durchsteigung der Eigernordwand können wir ja noch in Ruhe besprechen.« Er drückte seine Zigarette aus. »Was Hias angeht …« Er wandte sich an Hedi. »Willst du noch eine Nacht darüber schlafen?«

Sie hob die Schultern. »Deine Argumente leuchten mir schon ein. Aber ich habe eine Bedingung.«

»Und die wäre?«

»Dass wir ihn aus der Seilschaft ausschließen, sobald er die Regeln nicht einhält.«

»Einverstanden.« Thomas nickte Anderl auffordernd zu. »Einverstanden?«

»Meinetwegen«, brummte sein Bruder.

Hedi streckte die rechte Hand aus. »Schlagt ein.«

Nachdem die drei einen festen Handschlag getauscht hatten, verabschiedete sich Thomas. »Anderl wird mich auf dem Laufenden halten. Mach's gut.«

Hedi sah ihn erstaunt an. »Aber wir wollten doch noch über den Eiger sprechen?«

»Wenn wir vom Watzmann zurück sind«, erwiderte er. Er schenkte ihr ein verbindliches Lächeln, drehte sich um und ging auf seine Maschine zu.

»Ich melde mich in den nächsten Tagen«, versprach Anderl ihr, bevor er seinem Bruder hinterhereilte.

Enttäuscht sah sie den beiden nach, wie sie vom Hof fuhren. So ein jäher Abschied! Fast so, als wollte Thomas keine Minute länger als nötig mit ihr verbringen. Warum nur verhielt er sich so widersprüchlich? Aber andererseits – was hatte sie erwartet? Dass er sie zum Abschied leidenschaftlich in die Arme reißen würde? Eigentlich musste sie doch zufrieden sein. Nun konnte sie den Traum ihres Vaters erfüllen. Mit oder ohne Hias. Nur – was war mit der Liebe zwischen Thomas und ihr? War sie für immer verloren? Ob Thomas sich überhaupt noch an ihre Beziehung erinnerte? An die stillen Stunden auf weißen Gipfeln – dem Himmel so nah; an ihr tiefes, gegenseitiges Verständnis, ihre Zärtlichkeiten, ihre Leidenschaft?

Um sich von diesen Gedanken und Sehnsüchten abzulenken, nahm sie wieder ihren Roman zur Hand. Doch sie kam beim Lesen nicht über die ersten Seiten hinaus. Zwischen die Zeilen drängte sich immer wieder ihre Sehnsucht nach Thomas. Sie liebte ihn. Sie wollte ihn nicht nur jetzt, sondern ein Leben lang, am Tag wie auch bei Nacht. Es war unwirklich, aber andererseits wahrer als alles, was sie je empfunden hatte. Sie hielt inne, schüttelte leise lächelnd den Kopf. Da vernahm sie auch schon eine warnende Stimme, die ihr riet, wieder zur Vernunft zu kommen. Doch die Stimme war nur ein Flüstern, das von ihren aufwallenden Gefühlen übertönt wurde.

Samstag, 2. Mai –
Mittwoch, 20. Mai 1936

Am Samstagmittag war Hedi mit Erika im Café *Frohsinn* in Miesbach verabredet. Sie konnte es kaum erwarten, ihrer Freundin von Thomas' Besuch zu erzählen. Hedi schlenderte vom Bahnhof zum Marktplatz, in dessen Mitte sich der Maibaum mit den bemalten Zunftzeichen erhob. Da es sonnig und mild war, setzte sie sich nach draußen vor die Konditorei. Von Erika war noch nichts zu sehen. Hedi bestellte Kaffee und beobachtete die Leute. Auf dem Märchenbrunnen saßen zwei alte Damen und ein verliebtes Paar, das keinerlei Blicke für die vier Tiere hatte, aus deren Mäulern Wasserstrahlen sprudelten – den Krebs mit seinem verschnörkelten Schild, die Schnecke, den Frosch und die Schildkröte.

»Entschuldige, ich bin mal wieder zu spät«, riss Erikas gehetzte Stimme Hedi aus ihrer Betrachtung. »Wartest du schon lange?«

Hedi lachte sie an. »Nicht viel länger als üblich.«

»Du weißt doch, wie das ist. Nach dem Unterricht will jeder noch irgendwas von einem.«

»An unserer kleinen Schule gibt es nur den Huber und mich. Und der will immer schnellstmöglich ins Wochenende.«

Erika setzte sich ihr gegenüber und legte ihre schwarze Aktentasche auf den Stuhl neben sich. Die beiden Freundinnen bestellten Eierlikörtorte, für die das *Frohsinn* bekannt war.

»Ich werde es machen wie du. Ich werde mit den Madln klettern gehen«, plauderte Erika gleich los.

»Das finde ich gut. Kommende Woche mache ich mit den Schülern den Südwestgrat vom Taubenstein. Das ist eine kurze, leichte Übungskletterei.«

»Ich muss mal sehen, wohin wir gehen. Zum Taubenstein müssten wir hier von Miesbach aus erst mit dem Zug fahren. Das wäre zu umständlich.«

Nachdem die Kellnerin den Kuchen serviert hatte, fielen die beiden Freundinnen darüber her.

»Ich muss dir was erzählen«, sagte Hedi nach ein paar Bissen. »Stell dir vor! Gestern ...« Sie versuchte, den Besuch von Thomas, Anderl und Hias möglichst knapp und sachlich wiederzugeben.

Erika aß derweil schweigend weiter.

»Und? Was sagst du dazu?«, fragte Hedi, der das Schweigen zu lange dauerte.

»Meinst du die Sache mit Hias?«

»Nein, dass Thomas mitmacht.«

»Da hast du die Antwort auf deine Frage, wie Thomas zu dir steht. Niemand bildet mit einer eine Seilschaft, mit der er nichts mehr zu tun haben will.«

»Stimmt, aber ich will mit ihm auch wieder eine Liebesbeziehung haben. Obwohl ...« Sie verstummte.

»Obwohl ...?« Erika sah sie fragend an.

»Er war freundlich, und es fühlte sich auch alles wieder ziemlich vertraut an, aber ich glaube, er begehrt mich nicht mehr.« Sie beugte sich über den Tisch und fügte mit unterdrückter Stimme zwinkernd hinzu: »Dabei wäre ich am liebsten auf der Stelle mit ihm ins Bett gesprungen.«

»Vielleicht ist ihm sein Beruf gerade wichtiger als eine Liebesbeziehung. Außerdem lebt er in Berlin. Er kann unmöglich jedes Wochenende kommen.«

»Nicht jedes Wochenende, aber vielleicht einmal im Monat.« Hedi lehnte sich seufzend zurück. »Glaubst du, er findet mich nicht mehr anziehend?«

»Wie soll ich das beurteilen? Vielleicht hat er inzwischen auch eine andere«, mutmaßte Erika in ihrer direkten Art.

»Niemals«, entgegnete Hedi gleichermaßen überzeugt wie leicht pikiert darüber, dass Erika so etwas überhaupt dachte. »Thomas ist anders als Johannes oder Anderl. Dafür ist er viel zu verschlossen. Und als Johannes ihn bat, vom Nachtleben in Berlin zu erzählen, hörte es sich nicht so an, als wäre er allabendlich unterwegs.«

»Dann warte erst mal ab. Vielleicht kommt ihr euch am Watzmann ja wieder näher. Aber wenn ich ehrlich bin …« In einer Geste der Hilflosigkeit hob sie die Schultern. »Mir gefällt es überhaupt nicht, dass ihr die Eigernordwand machen wollt.«

»Inzwischen denke ich auch, dass Hias' Erfahrungen im Eis ein Gewinn in punkto Sicherheit sein werden – so unmöglich ich seine Ansichten auch finde.«

»Und was sagen deine Großeltern dazu?«

»Denen hab ich noch nicht erzählt, dass es jetzt spruchreif ist.« Hedi seufzte bekümmert. »Ich hoffe, sie können mich letztendlich verstehen.«

Noch am gleichen Abend erzählte Hedi ihren Großeltern von ihrer Entscheidung. Lange Zeit sagten die beiden nichts. Dann sah ihr Großvater sie mit einem zärtlichen Lächeln an.

»Du bist wie dein Vater, Madl. Der hatte auch diese Sucht. Mach es. Mich beruhigt, dass der Thomas dabei ist. Er ist verantwortungsvoll und besonnen. Er wird schon ein Auge auf dich haben.«

»Ich kann schon allein auf mich aufpassen«, erwiderte Hedi. »Vater hat mir alles beigebracht, was ich am Berg brauche, Technik und die richtige Einstellung zum Felsen. Alles andere, wie das Wetter zum Beispiel, kann auch Thomas nicht beeinflussen.«

Der alte Landauer zog an seiner Pfeife und schwieg.

»Du musst verstehen, dass ich von der Idee nicht gerade begeistert bin«, sagte Johanna weniger nachsichtig. »Wir haben nur noch dich.«

Da bekam Hedi wieder ein schlechtes Gewissen. »Das weiß ich ja«, lenkte sie leise ein und legte ihre Hand auf die ihrer Großmutter. »Glaubt mir, es wird gut gehen. Wir haben uns versprochen, kein Risiko einzugehen.« Sie lächelte die beiden mit all ihrer Liebe an. »Vater hat immer gesagt: Wenn wir den Berg respektieren, tut er uns nichts. Und diesen Satz habe ich verinnerlicht.«

Ihr Großvater nickte ihr aufmunternd zu. »Du machst es schon richtig, Madl.«

Johanna widmete sich wortlos wieder ihrer Strickerei. Hedi wusste, dass es kein Argument gab, das ihr die Angst und Sorge nehmen könnte. Mit einem Mal schmälerte das Wissen darum, dass sie den liebsten Menschen, die sie noch hatte, mit ihrem Entschluss Kummer bereitete, ihre Vorfreude auf die Expedition. Und dennoch war da diese Sucht, wie ihr Großvater es genannt hatte, die sie nicht anders entscheiden lassen konnte.

Am Mittwoch der neuen Woche kletterte Hedi mit ihren Schülerinnen und Schülern auf den Taubenstein. Wie sie erwartet hatte, stellten sich die Mädchen besonders gut an. Sie besaßen zwar nicht die körperliche Kraft der Jungen, waren aber flink, geschickt und ausdauernd – und keinesfalls bereit, den Jungen in ihren Kletterkünsten nachzustehen. Mit gebräunten Wangen und leuchtenden Augen berichteten die Kinder dem Direktor am nächsten Morgen, wie gut ihnen diese Art von Sportunterricht gefallen hatte. In der Pause rief Direktor Huber Hedi in sein Büro, einen kleinen, niedrigen Raum, in dem es nach alten Akten und Staub roch.

»Fräulein Landauer, ich möchte Ihnen gratulieren. Die Resonanz unserer Schüler auf den gestrigen Tag war durchweg positiv. Sogar den Mädchen hat das Bergsteigen gefallen.« Er straffte sich und schenkte ihr ein wohlwollendes Lächeln. »Wir beide wissen, dass der Sportunterricht ein wichtiges Unterrichtsfach ist. Er fördert nicht nur die Gesundheit, sondern auch die Leistungsfähigkeit unserer Jugend und – ganz im Sinne unseres Führers – das Gemeinschaftsgefühl. Zumal gerade der Bergsport durch seine kräftigende und abhärtende Wirkung wieder ein kerniges Geschlecht entstehen lässt. Ich fände es daher begrüßenswert, wenn Ihr Beispiel auch in anderen Schulen Nachahmer finden würde.«

Bei so viel Lob fasste sich Hedi spontan ein Herz und sprach ihren Vorgesetzten auf ihre Beurlaubung Mitte Juni an.

Als sie von ihrem Vorhaben berichtete, weiteten sich Hubers graue Augen hinter den dicken Brillengläsern ungläubig. »Sie wollen die Eigernordwand durchsteigen? Potztausend! Wenn Ihnen das tatsächlich gelingt, und dann auch noch als Frau, würde unser Führer Sie dafür persönlich ehren. Sie haben die Altersgrenze des Gebärens ja noch lange nicht erreicht, deshalb stehen Ihre alpinen Ambitionen auch noch in keinem Gegensatz zur Mutterrolle.«

Voller innerlicher Abwehr hatte sie seinen Worten zugehört. Trotzdem zwang sie sich zu einem Lächeln. »Dann würden Sie mir also die freien Tage gewähren?«

Da spitzte Huber die Lippen und wiegte mit bedenklicher Miene den Kopf. »Wenn Sie Mitglied der Partei oder wenigstens des Nationalsozialistischen Lehrerbundes wären, wäre das gar kein Problem. Aber unter den gegebenen Umständen kann ich das nicht allein entscheiden. Ich gebe Ihnen Bescheid.«

»So ein Mistkerl!«, schimpfte Hedi ein paar Stunden später, als sie mit Erika im Garten des Pfarrhauses saß. »Der will mich erpressen.«

»Vielleicht bekommt er für jedes neue Parteimitglied ein Kopfgeld«, witzelte Erika.

»Ich bin mir sicher, dass er mir für den Eiger nur freigibt, wenn ich vorher zumindest dem Lehrerbund beitrete.«

»Und, willst du diesen Preis zahlen?«

»Natürlich nicht. Aber andererseits will ich den Durchstieg unbedingt machen. Verstehst du das?«

»Um ehrlich zu sein, nein.«

»Irgendetwas muss ich mir einfallen lassen«, murmelte Hedi, bevor sie sich eine Zigarette ansteckte.

»Aber melde dich bloß nicht krank. Dann weiß der Huber sofort, dass du lügst. Und damit riskierst du deine Stelle.«

»Natürlich nicht.« Hedi stieß den Rauch scharf aus. Plötzlich hellte sich ihre Miene auf. »Erika – ich glaube, ich weiß eine Lösung.«

»Und welche?«

Hedi sprang auf. »Ich muss sofort telefonieren.« Sie sah auf ihre Armbanduhr. »Um diese Zeit könnte ich ihn noch erreichen.«

Ein paar Minuten später stand Hedi im Postamt in Fischbachau und ließ sich mit dem Braunen Haus in München verbinden, der Parteizentrale der NSDAP.

»Ich hätte gerne Herrn Leitner gesprochen«, sagte sie zu der Telefonistin am anderen Ende der Leitung.

»Wen darf ich melden?«

»Hedi Landauer.«

»Ich verbinde.« Hedi atmete erleichtert auf. Johannes schien also noch im Haus zu sein.

Es knackte ein paarmal in der Leitung, und dann fragte Johannes hörbar besorgt: »Hedi? Ist was passiert?«

»Es ist alles in Ordnung«, beruhigte sie ihn schnell. »Bitte entschuldige, dass ich dich auf der Arbeit anrufe, aber ich brauche unbedingt deine Hilfe.« In kurzen Worten brachte sie ihr Anliegen vor.

»Ihr wollt die Eigernordwand durchsteigen?«, wiederholte Johannes fassungslos. »Donnerwetter! Ihr habt Schneid.«

»Das geht jedoch nur, wenn ich für die Zeit in der Schule freibekomme. Bitte, Johannes, du kennst doch so viele Leute in der Partei. Kannst du mir dabei helfen?«

Lange war es still in der Leitung, und Hedi hörte nur ihr Herz pochen. Dann endlich sagte Johannes:

»Ich kann's versuchen. Ich kenne Carl Krümmel ganz gut. Er leitet das Amt K, das für die körperliche Erziehung in den Schulen zuständig ist. Der könnte der richtige Mann dafür sein.«

»Bitte, Johannes! Sonst kann ich die Wand im Juni nicht machen. Und mir liegt wirklich viel daran, der italienischen Seilschaft zuvorzukommen.«

Am Sonntagnachmittag kam ein grüner DKW F5 auf den Landauer Hof gefahren. Hedi war gerade vom Wendelstein zurück. Ungläubig blickte sie dem glänzenden Fahrzeug entgegen. Kaum jemand im Tal besaß ein Auto – umso neugieriger war sie, wem es gehören mochte. Sie staunte nicht schlecht, als Johannes ausstieg. Lachend breitete er die Arme aus. »Darf ich vorstellen? Meine neue Liebe!«

»Warum fährst du ein Miesbacher Kennzeichen?«, fragte sie erstaunt.

»Mein erster Wohnsitz ist immer noch im Hotel«, erklärte Johannes ihr. »Reine Bequemlichkeit.«

Nachdem Hedi den nagelneuen DKW gebührend bewundert hatte, setzten sich die beiden vors Haus. »Magst du was trinken?«, fragte Hedi.

»Nein, danke. Ich kann nicht lange bleiben. Ich muss zurück nach München. Ich war nur kurz bei der Familie, um mein Auto vorzustellen.«

»Dann bist du also nur wegen des Wagens gekommen?«, fragte Hedi enttäuscht. Insgeheim hatte sie gehofft, er würde ihr gute Nachrichten überbringen.

Er lachte sie an. »Nein, ich wollte dir eine gute Nachricht überbringen.«

»Und?«

»Du wirst offiziell in der Woche vom 12. bis zum 19. Juni für die Durchsteigung der Eigernordwand vom Schuldienst freigestellt.« Johannes zwinkerte ihr draufgängerisch zu. »Bekomm ich dafür jetzt ein Busserl?«

»Du bekommst sogar zwei.« Mit diesen Worten fiel sie ihm um den Hals und küsste ihn auf beide Wangen. Dann lehnte sie sich erleichtert zurück und strahlte ihn an. »Wie hast du das denn geschafft?«

»Glückliche Umstände.« Während er die langen Beine übereinanderschlug, sah er sie verschwörerisch an. »Aber das ist noch nicht alles. Ich habe noch eine gute Nachricht.«

»Und welche?«

»Ich hab natürlich bei uns im Haus ganz stolz von eurer bevorstehenden Durchsteigung erzählt, und davon hat dann auch Rudolf Heß erfahren. Der hat ja sein Büro bei uns im 1. Stock. Herr Heß war so begeistert von der Idee, dass vier junge Deutsche, und darunter sogar eine Frau, die Nordwand angehen und den Sieg fürs Deutsche Reich holen wollen, dass er sich umgehend mit Herrn von Tschammer und Osten in Verbindung gesetzt hat, der – und jetzt hör gut zu! – eure Expedition finanzieren wird. Das heißt, die Partei bezahlt euch die beste Ausrüstung, die Zugfahrt in die Schweiz sowie den Aufenthalt dort, und die Presse wird eure Durchsteigung Schritt für Schritt begleiten und eure Leistung in der Öffentlichkeit würdigen.«

Unfähig zu reagieren, starrte Hedi ihn an. Die Worte, die Johannes mit Begeisterung ausgesprochen hatte, fügten sich in ihrem Kopf nur langsam zu einem Ganzen zusammen. Die NSDAP übernahm alle Kosten, und die Presse berichtete über sie? Damit würde ihre Nordwanddurchsteigung zum öffentlichen Ereignis werden.

»Ich weiß nicht …«, stammelte sie. »Ich glaube, das will ich nicht.«

Johannes sah sie verdutzt an. »Das willst du nicht? Aber das ist doch eine große Chance für euch. Draufgängertum und klettertechnisches Können allein genügen bei solch einer Wand nicht, um besser zu sein als die anderen. Eine hochwertige, moderne Ausrüstung ist enorm wichtig für den Erfolg. Und nicht zuletzt für eure Sicherheit. Anderl war ganz begeistert.«

Hedi spürte, wie ihre anfängliche Verwirrung einem starken Widerwillen wich. »Nein, damit bin ich nicht einverstanden«, sagte sie entschlossen. »Unsere Ausrüstung ist vollkommen in Ordnung. Schließlich zählt auch heute noch ein guter Bergsteiger mehr als seine Ausrüstung. Außerdem ist diese Expedition eine Privatsache, die nicht in die Zeitung gehört. Ich will nicht, dass ihr Erfolg den Nationalsozialisten als Beweis für die Überlegenheit der arischen Rasse dient. So nennt ihr das doch, oder?« Das Blut war ihr in die Wangen geschossen. Sie hatte das Gefühl, der Kopf würde ihr gleich platzen. »Falls an unserer Ausrüstung noch etwas fehlt, können wir das schon selbst bezahlen«, fuhr sie erregt fort. »Und ich will auch nicht von der Presse beobachtet werden, während ich durch die Wand steige, esse oder meine Notdurft verrichte. Wir sind doch keine Tiere im Zoo! Ich mach die Wand nur für mich, im Andenken an meinen Vater.«

Johannes nahm das silberne Zigarettenetui aus der Tasche seines Leinensakkos, klappte es auf, nahm eine Zigarette heraus und zündete sie an. Das alles tat er betont langsam, so als wollte er ihr Zeit geben, sich zu beruhigen. Während er den Rauchkringeln nachsah, sagte er ruhig: »Vergiss nicht, dass du es der Partei zu verdanken hast, dass du die Durchsteigung überhaupt außerhalb der Schulferien machen kannst. Eine Hand wäscht die andere – würde mein Vater sagen.«

Mit einem Mal fühlte sich Hedi wie eine Maus in der Falle. »Weiß Thomas das schon?«

»Ich hab ihn sofort angerufen.«

»Und was sagt er dazu?«

Johannes zuckte mit den Schultern. »Er sagt ja nie viel. Er schien jedoch nicht so vehement dagegen zu sein wie du.« Er zog Luft durch die Nase und reckte das Kinn – eine Geste, die verriet, dass er beleidigt war. Hedi mochte sie nicht. Sie hatte etwas Affektiertes an sich und passte nicht zu seinem sonst so männlich-eleganten Auftreten. »Und ich dachte, du würdest dich freuen«, fügte er nun hörbar gekränkt hinzu.

Hedi schluckte. »Über die Beurlaubung freue ich mich doch auch, und ich bin dir sehr dankbar dafür, aber das ganze Drumherum …«

»Alles hat seinen Preis, meine Liebe.«

»Aber …« Tränen der Enttäuschung schnürten ihr den Hals zu. Sie fühlte sich hilflos. »Ich muss erst mal darüber nachdenken«, brachte sie schließlich leise hervor.

»Nun gut, dann denk darüber nach.« Ruckartig stand er auf und sah sie an. Und je länger sein Blick auf ihr ruhte, desto weicher wurde er. Schließlich hob er die Hand und streichelte zärtlich ihre Wange. »Ach Hedi …« Er seufzte leise. »Glaub mir, ich weiß, wie du dich jetzt fühlst. Aber es gibt in diesem Fall nur das eine oder das andere: Entweder du verzichtest auf die Eigernordwand im Juni, oder du akzeptierst die Bedingungen. Das Geld musst du ja nicht annehmen, aber die Presse ist nicht mehr zurückzupfeifen. Die wird an euch dranbleiben. Und du hast ganz recht: Natürlich wird sich die Partei euren Erfolg – solltet ihr den haben – auf die Fahne schreiben.« Er hob die Schultern und wirkte mit einem Mal deprimiert. »So ist diese Zeit nun mal.«

Mit diesen Worten drehte er sich um und ging zu seinem Wagen.

In dieser Nacht fand Hedi keinen Schlaf. Alles in ihr sträubte sich gegen die Vorstellung, unter den Augen des *Völkischen Beobachters* die Eigernordwand zu durchsteigen. Die Reporter würden auf der Aussichtsterrasse des Hotel Bellevue auf der Kleinen Scheidegg stehen, die einen unverstellten Ausblick auf die Wand bot, und durch ihre Fernrohre jeden ihrer Schritte verfolgen – in ungeduldiger Erwartung, eine möglichst dramatische Geschichte serviert zu bekommen. Zum ersten Mal wurde Hedi in aller Klarheit bewusst, dass die NSDAP ein feinmaschiges Netz über das ganze Land und seine Menschen gelegt hatte, aus dem es kein Entrinnen gab. Sie hatte Johannes um einen Gefallen gebeten, er hatte ihn ihr erfüllt und damit unbeabsichtigt etwas ins Rollen gebracht, das weder er noch sie wieder aufhalten konnte. Wie hatte ihre Mutter so oft gesagt? *Herr, die Not ist groß! Die ich rief, die Geister, werd ich nun nicht los.*

Entschlossen drehte sie sich auf die Seite und zog die Decke über den Kopf. Morgen würde sie Thomas anrufen. Vielleicht hatte er eine Idee, wie sie der Presse entwischen konnten.

Am Montagmittag radelte Hedi nach Unterrichtsschluss zum Postamt und ließ sich mit Thomas' Firma verbinden. In Berlin meldete sich eine angenehme Frauenstimme. »Vermessungsbüro Steiner. Christine Steiner am Apparat.«

»Grüß Gott. Mein Name ist Landauer. Ich möchte gern Herrn Leitner sprechen«, sagte Hedi höflich.

Zwei, drei Sekunden lang war es still am anderen Ende der Leitung, dann fragte Frau Steiner spitz: »Um was geht es denn?«

Hedi zögerte. Was ging diese Frau das an? Wahrscheinlich führte die Ehefrau von Thomas' Chef ein strenges Regiment im Büro.

»Das ist privat«, erwiderte sie knapp.

»Privat also …« Es folgten wieder ein paar Sekunden Schweigen. Durfte Thomas etwa in der Firma keine Privatgespräche führen?

»Ich stelle Sie durch«, meldete sich Christine Steiner nun in geschäftsmäßig glattem Ton.

Es knackte ein paarmal an Hedis Ohr. Die Zeit, bis sich Thomas meldete, kam ihr vor wie eine Ewigkeit, ihre Hände wurden ganz klamm.

»Guten Tag, Hedi.« Thomas klang förmlich und kurz angebunden, was ihr einen Stich versetzte.

»Ich muss dich kurz sprechen und hoffe, dass du dadurch keine Schwierigkeiten bekommst«, begann sie.

»Schwierigkeiten mit wem?«

»Na ja … Mit deinem Chef vielleicht. Seine Frau war nicht gerade freundlich …«

Es folgte ein kurzes Zögern, dann fragte er: »Was gibt's?«

Da brach es aus ihr heraus. »Erst Hias, und jetzt haben wir auch noch die Nazi-Presse am Eiger an der Backe. So hab ich mir das nicht vorgestellt. Und die finanzielle Unterstützung der Partei will ich auch nicht haben. Ich will unabhängig und frei sein. Ich will nicht zu einem Erfolg gezwungen sein, weil wir Geld angenommen haben. Wie siehst du das denn?«

Thomas schwieg lange. Sie hörte das Aufschnappen seines Feuerzeuges, dann antwortete er endlich:

»Du bist längst abhängig. Die Partei hat dich vom Dienst freigestellt.«

Sie schwieg betroffen. Wie recht er hatte! Wieder dauerte es ein paar pochende Herzschläge lang, bis Thomas weitersprach: »Johannes wollte uns ganz bestimmt nicht schaden, aber dadurch, dass du dich an ihn gewendet hast, hat sich die Sache verselbstständigt. Das Geld der Partei werde ich auch nicht annehmen. Die Anwesenheit der Presse ist mir egal. Vielleicht ist sie sogar von Vorteil. Falls einem von uns etwas passieren sollte, haben die uns im Blick und rufen schnell Hilfe. Aber falls du dich mit all dem nicht anfreunden kannst, können wir den Plan auch fallen lassen.«

Da stand sie nun in der engen, glutheißen Telefonzelle, und während sie wieder dem Knacken und Surren in der Leitung lauschte, hoffte sie darauf, dass Thomas ihr mit ein paar verständnisvollen Worten trotz der sechshundert Kilometer Entfernung ein bisschen näherkommen würde.

»Überleg's dir«, sagte er stattdessen nüchtern. »Anderl kann mir Bescheid geben, wie du dich entschieden hast. Dann können wir ...« Hedi hörte eine weibliche Stimme im Hintergrund. Thomas antwortete etwas, was sie nicht verstand. Dann sagte er hastig: »Ich muss auflegen. Servus.«

Als Hedi das Postamt verließ, war ihr übel. Sie hätte nicht zu sagen vermocht, ob das an der stickigen Luft in der Kabine oder an Thomas' Verhalten lag.

Abends im Bett zog sie Bilanz. Die neuen Voraussetzungen für die Durchsteigung der Eigernordwand hatten ihrer Begeisterung noch einmal einen starken Dämpfer versetzt. Wollte das Schicksal ihr nahelegen, den Plan aufzugeben? Schmarrn. Sie gehörte nicht zu den Menschen, die dem Schicksal die Lenkung ihres Lebens überließen. Sie gestaltete ihr Leben selbst. Sie würde die Nordwand machen.

Donnerstag, 21. Mai (Christi Himmelfahrt) – Samstag, 23. Mai 1936

Als Hedi an Christi Himmelfahrt zwischen ihren Großeltern auf der Kirchenbank saß und der Pfarrer seine Schäfchen ermahnte, stets nach den zehn Geboten zu leben, fragte sie sich, ob Thomas um diese frühe Uhrzeit wohl schon auf dem Weg zum Schliersee war. Vielleicht würde er dann am Nachmittag bei ihr vorbeikommen. Wie sehr sehnte sie sich danach, mit ihm zu reden!

Doch sie wartete vergebens. Erst am Freitagnachmittag kam er sie zur verabredeten Zeit zusammen mit Anderl und Hias abholen. Es war ein wunderbarer Tag für einen Ausflug. Die Sonne schien, der Himmel war klar, und die Vögel zwitscherten aus vollen Kehlen. Schon seit einer Stunde saß Hedi in Knickerbockern, rot-weiß karierter Bluse und Bergstiefeln vor dem Haus, den Rucksack mit Ausrüstung und Proviant zu ihren Füßen. Ihre Großmutter hatte sich zu ihr gesellt, doch keine von ihnen sagte etwas. Hedi war das Schweigen unangenehm, wusste sie doch nur zu gut, was Johanna bewegte. Schließlich sagte die Bäuerin:

»Ich hab kein gutes Gefühl dabei, dass du mit drei Burschen zum Watzmann fährst. Und auch noch über Nacht bleibst. Das schickt sich nicht. Früher war dein Vater dabei.«

»Den gibt's aber heuer nicht mehr. Soll ich deshalb das Bergsteigen aufgeben?«

»Die Leute werden reden.«

»Sollen sie. Mir geht's ums Klettern.«

»Thomas und du – ihr seid mal verbandelt gewesen. Und das weiß hier jeder.«

»Genau. Wir sind mal verbandelt gewesen, sind es aber nimmer mehr. Sieh es mal so: Ich fahre mit Bergkameraden, weil ich keine Bergkameradinnen habe. Wir sind eine Seilschaft. Das ist nichts Unschickliches.«

Bevor das Gespräch weitergehen konnte, fuhren zu Hedis Erleichterung zwei Motorräder auf den Hof. Auf einem saß Hias, auf dem anderen, mit dem Berliner Kennzeichen, Thomas und Anderl. Ich muss doch wohl hoffentlich nicht mit Hias fahren, ging es Hedi jäh durch den Kopf.

Die drei stiegen ab und wechselten ein paar herzliche Worte mit Johanna, die sich schließlich mit beredtem Bick von Hedi verabschiedete, ehe sie sich ins Haus zurückzog. Anderl und Hias platzten vor Begeisterung und Tatendrang. Von Hias' Abneigung gegenüber Frauen am Berg war nicht mehr die Rede. Er schien sich an die Regeln halten zu wollen.

Thomas wirkte wie immer ruhig und sachlich. In seinem Verhalten konnte Hedi nicht das kleinste Anzeichen von Wiedersehensfreude erkennen. Ihm ging es um die Sache, um das Bergsteigen, ob er es mit ihr zusammen tat, war ihm egal. Wie anders dagegen erging es ihr! Sie empfand ein geradezu schmerzhaftes Bedürfnis, ihre Hand auf die gebräunte Haut seines muskulösen Unterarms zu legen, den die aufgekrempelten Ärmel seines Leinenhemdes freigaben.

»Dein Gepäck laden wir in meinen Beiwagen«, sagte er in ihren Gefühlsaufruhr hinein, schnappte sich ihren Rucksack sowie Seile, Haken und Steigeisen und ging zu seiner Maschine. Mit hämmerndem Herzen sah sie ihm nach. Die knackig sitzende lederne Kniebundhose lenkte ihren Blick auf seinen Po und seine gebräunten muskulösen Waden.

»Können wir?«, hörte sie Anderl fragen. Als sie sein breites Grinsen sah, wurde sie rot. Ob man ihr anmerkte, wie sie zu Thomas stand? Vielleicht merkte Thomas es auch. Sie straffte sich. »Klar, ich bin bereit.«

»Du kannst gern mit mir fahren«, bot Hias ihr eilfertig an.

Hilflosigkeit machte sich in ihr breit. Sie wollte Hias nicht vor den Kopf stoßen, aber wie viel lieber würde sie …

»Hedi fährt mit mir«, unterbrach Thomas ihre Gedanken. »Mein Bruder treibt mich immer zu Höchstgeschwindigkeiten an.«

»Das passt.« Hias gab Anderl einen freundschaftlichen Knuff in die Seite. »Meine Zündapp hat 22 PS und fährt bis zu 125 Stundenkilometer. Bis die beiden in Königssee ankommen, haben wir schon unser zweites Weißbier getrunken.«

»Aufi geht's!«, rief Anderl ausgelassen und schwang sich auf den Bock. »Wir sehen uns im *Gasthaus Post* in Königssee wieder, bei Schweinsbraten und Weißbier.«

Auf der BMW, hinter Thomas' breitem Rücken, fühlte sich Hedi sofort wieder sicher und geborgen. Nur dass sie nicht – wie früher – die Arme um Thomas' Mitte schlang und sich an ihn schmiegte. Ihre Hände lagen auf seinen Schultern und sie achtete darauf, dass sich ihre Körper nicht berührten. Als sie aus dem Dorf herausfuhren, schloss sie für ein paar Augenblicke die Augen und konzentrierte sich ganz auf das leise Brummen des Motors und das sanfte Rauschen des Windes. Mit einem Mal fühlte sie sich unbeschwert. Sie freute sich auf die vierundzwanzig Stunden, die vor ihr lagen. Stunden, in denen sie ihrem großen Ziel, der Durchsteigung der Eigernordwand, ein bisschen näher kam; Stunden, in denen sie vielleicht auch Thomas wieder näherkam. Es lag so viel Ungesagtes zwischen ihnen. Zumindest wollte sie ihm erklären, warum sie an seinem Abschiedsabend nichts mehr mit ihm hatte zu tun haben wollen. Und vielleicht würde er sie ja verstehen, ihr verzeihen und alles würde wieder so wie früher werden …

Die Fahrt zum Königssee ging durch kleine Dörfer. Vorbei an Biergärten, wo unter ausladenden Lindenkronen eine heitere Stimmung herrschte; entlang kleiner Seen, deren Spiegel wie freudig glänzende Augen in den Himmel schauten; durch Täler mit blühenden Wiesen zu Füßen schiefergrauer Felsen. Nach eineinhalb Stunden kamen sie in Königssee an. Anderl und Hias saßen bereits bester Laune im Biergarten der *Post* und winkten ihnen entgegen.

»Wir haben mit dem Essen auf euch gewartet«, sagte Hias. »Wir nehmen Schweinsbraten mit Knödeln.«

»Ich auch«, erwiderte Thomas, während er seine Zigaretten aus der Lederjacke kramte. »Magst du eine?« Er hielt Hedi die Schachtel Eckstein entgegen.

Sie nickte. Als er ihr Feuer gab, berührte seine Hand kurz ihre, und ein Kribbeln breitete sich warm und wohlig in ihrem

Körper aus. Wie gern hätte sie in diesem Moment seine Hand festgehalten und ihre Wange hineingeschmiegt!

»Hedi! Willst du auch Schweinsbraten?« Anderl gab ihr einen Stups.

Sie schrak zusammen. »Ich … ich nehme eine Weißwurst und einen roten Gespritzten«, sagte sie schnell und zog an ihrer Zigarette. Schluss jetzt, rief sie sich innerlich zur Ordnung. Wenn das so weiterging, würde sie sich morgen nicht auf die Ostwand konzentrieren können.

»Wo kann ich mein Motorrad abstellen?« Thomas sah Hias fragend an.

»Auf dem Hinterhof. Der Wirt hat nichts dagegen.«

»Und wo zelten wir?«, erkundigte sich Hedi.

»Ich kenn einen guten Platz im Eisbachtal, etwa eine halbe Stunde vor der Eiskapelle«, antwortete Anderl. »Dort hab ich schon mit Kunden genächtigt.«

»Klingt gut.« Thomas nickte.

»Wann steigen wir denn morgen ein?«, fragte Hedi.

»So früh wie möglich, bevor die Tageserwärmung die Lawinengefahr immer größer macht«, schlug Anderl vor.

»Ja, kurz vorm Morgengrauen«, pflichtete Hias ihm bei.

»Also halb fünf. Einverstanden?« Thomas schaute in die Runde. Sein Blick blieb bei Hedi hängen, und er lächelte sie an.

»Einverstanden.« Sie lächelte zurück, und für den Bruchteil einer Sekunde fühlte sie sich ihm plötzlich wieder ganz nah.

»Kennst du die Wand?«, fragte Hias.

Hedi schüttelte den Kopf. »Nur vom Hörensagen durch meinen Vater.«

»Willst du morgen im Vorstieg gehen?«

Voller Skepsis zog sie die Brauen zusammen. »Warum fragst du? Traust du mir das nicht zu?«

Da hob Hias beide Hände, als wollte er sich ergeben, und lachte. »Gott bewahre! Ich sag nix mehr gegen Frauen am Berg. Ich will mit euch noch zum Eiger.«

Hedi stimmte in sein Lachen ein. »Im Fels geh ich gern im Vorstieg, aber im Eis überlass ich es lieber dir. Du bist schließlich der Eisspezialist unter uns, oder?« Spitzbübisch zwinkerte sie ihm zu.

Hias zwinkerte zurück. »Ich glaub, wir werden uns schon einig, gell?«

Nachdem die vier gegessen hatten, schlenderten sie zur Anlegestelle *Seelände*, von wo aus die Boote nach St. Bartholomä abfuhren. Auf dem Weg dorthin kam ihnen ein Mann von etwa fünfzig Jahren entgegen. Die Kleidung, die schräg geschulterten Seile und die Haken, Karabiner und Steigeisen an seinem Gürtel verrieten, dass er von der Watzmann Ostwand kam. Als sie auf einer Höhe mit ihm waren, blieb er stehen. »Griaß euch miteinand. Ihr schaut aus, als wolltet ihr auch in die Wand.«

»Morgen in der Früh«, erwiderte Anderl. »Warst du heut drin?«

Der Mann nickte. Mit Blick auf Hedi fragte er: »Das Madl auch?«

»Das Madl auch«, bestätigte Hedi ihm belustigt.

»Pfundig!« Der Fremde nickte anerkennend. Er sah Thomas, Anderl und Hias bedeutsam an. »Wisst ihr, dass die Frauen uns Männern am Berg sogar in mancherlei Hinsicht überlegen sind?«

»Wissen wir. In Geschicklichkeit und Ausdauer«, antwortete Hias wie aus der Pistole geschossen und mit so überzeugter Miene, dass Hedi sich ein Lachen verkniff.

»Wie ist denn zurzeit die Beschaffenheit der Wand?«, erkundigte sich Thomas.

»Es ist noch reichlich Winterschnee vorhanden, daher haben sich auf den Bändern im oberen Teil noch nicht allzu viele Randklüfte gebildet. Aber morgen soll das Wetter ja umschlagen.«

»Davon hab ich bis jetzt aber noch nix gehört«, wandte Anderl erstaunt ein.

Der Bärtige nickte bekräftigend. »Da könntet ihr droben Probleme bekommen.«

»Schmarrn.« Hias straffte sich. »Bergprobleme werden nicht ergrübelt, sondern bekämpft. Mit Pickel, Hanf und Eisen. Ihre Lösung verlangt ein …« Sichtlich erschrocken hielt er inne und fügte hastig hinzu: »Aber zuletzt entscheidet ja immer der Berg.«

Hedi sah Thomas an. In seinen Augen las sie ein heiteres Funkeln, das ihr verriet, dass auch er ein Lachen unterdrückte.

»Ihr müsst weiter, das letzte Boot fährt gleich ab«, sagte der ältere Mann fürsorglich. »Ich wünsch euch für morgen viel Glück.«

»Bergheil«, verabschiedete sich Hias zackig.

Der Fremde zögerte. Dann sagte er mit traurigem Lächeln: »Wisst ihr, dieser schöne, jahrhundertalte Bergsteigergruß kommt mir in diesen Zeiten nur noch schwer über die Lippen. Darum sag ich jetzt lieber Servus.«

»Servus«, erwiderten Hedi, Thomas und Anderl wie aus einem Mund, während Hias mit gesenktem Kopf weiterging.

Die vier waren die einzigen Fahrgäste an Bord des kleinen Bootes, das Kurs auf St. Bartholomä nahm. Der Abend war mild, mit einer sanft streichelnden Brise, die den süßen Duft der blühenden Obstbäume über den Königssee trug. Über das Steinerne Meer fielen die letzten Sonnenstrahlen und ließen die Watzmann Ostwand leuchten. Der alte Kahn glitt leise durchs Wasser. Auf der Mitte des Sees blies der Bootsführer in sein Alphorn. Die tiefen, langgezogenen Töne bescherten Hedi ein sehnsuchtsvolles Ziehen im Herzen. Romantischer hätte der Abend nicht sein können. Verstohlen blickte sie zu Thomas hinüber. Sein Blick war nach innen gerichtet, als würde er über ein Problem grübeln. An was mochte er denken? Auch Anderl und Hias schwiegen. Bei den beiden war sie sich sicher, dass ihre Gedanken nur um das große Ziel kreisten, das sich auf der gegenüberliegenden Seite des Sees wie ein riesiger schwarzblauer Schatten aufbaute – die Watzmann Ostwand. Bald tauchten auch die Umrisse der kleinen weißen Kirche von St. Bartholomä auf, dann fuhr der Kahn auch schon knirschend in den Kies am Ufer, und sie stiegen aus.

»Aufi geht's ins Eisbachtal!«, rief Anderl und stiefelte forsch durch die Wiese voran. Hedi, Thomas und Hias folgten ihm im Gänsemarsch. Nach einer Viertelstunde überquerten sie den Eisbach über eine Holzbrücke. Hier wurde der Weg steiler und führte in den Wald hinein. Zwischen dunklen Fichten und Laubbäumen, die ihr helles Grün in der Abendluft wiegten, schritten sie schweigend der bizarren Bergwelt entgegen.

»Gleich geht's rechts ab auf eine kleine Lichtung«, rief Anderl über die Schulter zurück.

Während im Wald schon die Schatten der Dämmerung herumgeisterten, war es auf der Lichtung noch hell. Rasch bauten sie ihre Zelte auf. Um das Männerzelt kümmerten sich Anderl und Thomas. Hias half Hedi, was ihr einen leichten Stich versetzte. Offensichtlich wollte Thomas nicht mit ihr allein sein. Tapfer schluckte sie die Enttäuschung herunter.

»Wir spielen noch eine Runde Karten«, sagte Anderl, als er Hedi eine Laterne in ihr Zelt brachte. »Hast du Lust?«

»Nein, danke. Ich leg mich gleich hin und stimme mich auf den morgigen Tag ein.«

»Passt schon.« Anderl lächelte sie an. »Wenn du was brauchst … Wir sind ja nur ein paar Schritte entfernt. Einfach rufen.«

»Mach ich.« Sie sah ihm nach, wie er auf das Zelt zuging, vor dem Hias saß und ihr winkte. Sie winkte zurück. Wo war Thomas? Ob er sich schon hingelegt hatte? Ohne sich von ihr zu verabschieden?

Mit einem tiefen Seufzer zog sie die Stickjacke enger um ihren Körper. Aus dem Eisbach stieg Kühle empor. Da stand sie nun vor ihrem Zelt. Sie konnte noch nicht schlafen, zu viele Gedanken, zu viele Gefühle wühlten sie auf. Ein bisschen frische Luft und Bewegung würden ihr helfen, zur Ruhe zu kommen.

Mit wehem Herzen ging sie am Eisbach entlang zum Rand der Lichtung. Da entdeckte sie ihn. Im schwindenden Licht des Tages hob sich Thomas gerade noch als Schatten vor der Schwärze des Waldes ab. Er saß auf einem Baumstumpf und schnitzte. Unwillkürlich musste sie lächeln. Wie bekannt ihr dieses Bild vorkam! Auf ihren gemeinsamen Expeditionen hatte er immer irgendeine kleine Figur geschnitzt. Sie zögerte, wollte schon umkehren. Da trat sie auf ein Stück trockenes Holz. Das Geräusch ließ Thomas aufblicken.

»Entschuldige, ich wollte dich nicht stören«, sagte sie verlegen.

»Du störst nicht. Komm!«

Hedis Herz begann in einem anderen Rhythmus zu schlagen. Sie machte die letzten Schritte auf ihn zu und setzte sich ihm gegenüber auf einen Baumstamm. Thomas schnitzte weiter. Sie schwiegen. Wie oft hatten sie schon so in trauter Zweisamkeit dagesessen und sie hatte ihm beim Schnitzen zugeschaut! Am samtschwarzen Himmel zeigten sich die ersten Sterne. Wie ein stiller Wächter hing der Mond am Firmament und warf sein silbriges Licht auf die Lichtung. Glühwürmchen flogen durch die Luft, es roch nach Moos und feuchter Erde. Der Abend hätte nicht schöner sein können.

»Hast du den kleinen Hund eigentlich noch?«, fragte Thomas, ohne aufzublicken, in ihr Schweigen hinein.

»Freilich«, erwiderte sie. Nach kurzem Zögern fügte sie hinzu: »Er steht auf meinem Nachttisch.«

Thomas hatte den Schäferhund für sie geschnitzt, nachdem Wolf, der sie zehn Jahre ihres Lebens begleitet hatte, an Altersschwäche gestorben war – nur wenige Tage nach dem Tod ihrer Eltern. Dass Thomas sie darauf ansprach, berührte ihr Herz.

Sie beugte sich vor. »Und was soll das werden?«

Er sah sie an. »Ein Engel.«

»Der möge dich immer beschützen«, sagte sie leise.

Ihre Blicke verfingen sich, hielten einander fest, ein paar kribbelnde, berauschende, unwirkliche Sekunden lang. Hedi wagte nicht, sich zu bewegen. Zum ersten Mal war sie sich ganz sicher, dass Thomas dasselbe empfand wie sie – diese elektrisierende Anziehungskraft, die so stark war, dass sie meinte, sie mit den Händen greifen zu können. In seinen grünen Augen brannte eine fiebrige und zugleich zornige Intensität. War er ihr etwa immer noch böse?

»Thomas, ich muss dir was sagen«, brach es da aus ihr heraus. »An dem Abend, bevor du nach Berlin gegangen bist, war ich so verletzt und wütend. Kannst du dir vorstellen, wie das für mich war? Anderl plappert in der großen Runde am Tisch aus, dass du am nächsten Tag schon in Berlin bist, und ich wusste noch gar nichts davon. Ich war wie vor den Kopf geschlagen. Warum hast du mir nichts von deiner neuen Stelle erzählt? Wir hätten doch darüber reden müssen. Ich meine ...« Ihre Stimme erstickte.

»Du hast recht, das war ein Fehler«, sagte Thomas, während er weiterschnitzte. »Aber ich hatte selbst erst zwei Tage vorher davon erfahren. Mein Chef hat mich gefragt, ob ich bereit sei, eine Zeit lang in Berlin zu arbeiten, weil sein Vetter dort kurzfristig einen Ingenieur brauchte.« Er schaute von seinem Schnitzwerk auf und sah sie bedeutsam an. »Es ist eine leitende Position, das ist eine einmalige Chance für mich. Da kann ich Erfahrungen sammeln, um mich in ein paar Jahren bei uns selbstständig zu machen.«

»Das verstehe ich ja alles, aber trotzdem hättest du mit mir darüber reden müssen. Wir ... wir waren doch fest verbandelt.«

»Ich wusste einfach nicht, wie ich es dir sagen sollte. Ich kenne doch dein Temperament und dachte mir, dass es dir nicht recht sein würde. Ja, es war feige von mir, es so lange hinauszuschieben. Aber natürlich hätte ich es dir an diesem Abend noch gesagt. Da ist mir mein Bruder nur zuvorgekommen.«

Sie seufzte. »Ich habe mich auch nicht gerade toll verhalten«, gestand sie ein. »Hast du mir inzwischen verziehen?«

»Natürlich.« Er hob seine beiden Schnitzmesser vom Boden auf und erhob sich. »Lassen wir es damit gut sein. Wir haben uns beide falsch verhalten.«

Verwirrt blickte sie zu ihm hoch. »*Lassen wir es damit gut sein?* Was meinst du damit?«

Er hob die Schultern. »Dass es Vergangenheit ist.«

Sie stand ebenfalls auf. »Ja, aber jetzt haben wir die Gegenwart. Und die Zukunft …« Sie hörte selbst, wie panisch sie klang. »Was ist mit der?«

Sie standen sich gegenüber, so nah, dass sie seinen Duft von Sandelholz und Zitrone riechen konnte. Entschlossen hielt sie seinen Blick fest. Sie wollte eine Antwort. Da hob er die Hand, als wollte er sie berühren. Sie streckte ihre nach seiner aus, Thomas ergriff sie und presste seine Lippen in ihre Handfläche. Ermutigt durch diesen Kuss, legte sie ihre andere Hand auf seinen Nacken und zog sein Gesicht zu sich heran. Doch Thomas wich jäh zurück.

»Ich muss schlafen, um morgen in Form zu sein«, sagte er rau. »Das solltest du auch tun. Bis morgen.« Mit diesen Worten ließ er sie stehen und ging mit langen Schritten auf die Zelte zu.

Hedi legte eine Hand an ihren Hals, auf die Stelle, die plötzlich immer enger wurde. Warum lief er vor ihr weg? Sie hatten sich doch gerade ausgesprochen, hatten einen Schritt aufeinander zu gemacht. Wahrscheinlich hatte Erika recht: Thomas wollte gar keine Beziehung. Die Arbeit in Berlin besetzte sein ganzes Denken und Fühlen. Dennoch! Sie hatte genau gemerkt, dass auch er noch Gefühle für sie hatte. So sehr konnte sie sich doch nicht irren! Vielleicht musste sie ihm einfach mehr Zeit geben?

Während sich ihre Augen mit Tränen füllten, blickte sie hilflos und aufgewühlt in den Himmel, von dem die Sterne blinkend auf sie herabsahen – so, als würden sie über sie lachen.

Als die Viererseilschaft am nächsten Morgen durch das dunkle Tal zur Eiskapelle wanderte, war im Osten bereits der erste Lichtschein zu sehen. Von Weitem hätte man nicht erkennen können, dass zu der Seilschaft eine Frau gehörte. Alle trugen sie beigefarbene Anoraks, Knickerbocker, Gamaschen aus Segeltuch und graue Filzhüte; Hedi hatte ihr Haar darunter zusammengebunden. Das Klirren der Haken, Karabiner und zehnzackigen Steigeisen an ihren Gürteln war das einzige Geräusch in dem dunklen Fichtenwald. Nach einer halben Stunde kamen sie bei der Eiskapelle an, einer Anhäufung von Lawinenschnee, der sich während der Sommermonate in Eis verwandelte. Hier war die Kaltluft, die vom Watzmann in den Eisgraben hinunterfloss, deutlich spüren. Aber nicht nur die Kälte ließ Hedi schaudern, auch der Anblick der Watzmann Ostwand, die jetzt zum Greifen nah vor ihnen aufragte. Je weiter ihr Blick in Richtung Gipfel wanderte, desto höher schien sie in den Himmel zu wachsen. Grau, in unendliche Weite wuchtend, dunkle Kaminreihen, steile Schneefelder …

»Das ist sie«, sagte Hias voller Ehrfurcht

»Ja, das ist sie«, wiederholte Anderl und rieb sich die Hände. »Packen wir's an!«

Nach einer Viertelstunde hatten sie die erste Randkluft erreicht. Inzwischen war es dämmrig, sodass sie die Schneebrücke, über die sie zu den ausgewaschenen Felsen klettern mussten, gut erkennen konnten. Sie seilten sich an. Hedi ging im Vorstieg, nach ihr Anderl, der munter sang und pfiff und von dem Kaiserschmarrn schwärmte, den er abends essen wollte. Hinter ihm folgte Hias, Thomas sicherte am Schluss. Es ging höher und höher, über Grasnarben und Felsstufen. Hedi genoss den Aufstieg, hier war sie wieder in ihrem Element. Sie konzentrierte sich ganz auf Griffe und Tritte, schaltete alle anderen Gedanken aus. Nachdem sie ein Schuttkarr gequert hatten, erreichten sie ein großes Eisfeld mit lang gezogener Zunge. Die Morgensonne ließ die Eiskristalle wie Diamanten funkeln.

»Jetzt übernehme ich«, sagte Hias, während er sich aus dem Seil löste. Er lachte die anderen fröhlich an. »Jetzt zeig ich euch mal, was Eisklettern ist.«

Hedi, die gerade die Steigeisen unter die Kletterschuhe schnallte, schaute auf und verdrehte die Augen, als ihr Blick auf Thomas' traf. Als wenn sie noch nie im Eis geklettert wären! Thomas zwinkerte ihr im stillen Einverständnis zu. Sie lächelten sich an. Es war ein Augenblick voller Intimität, der Hedi innerlich jubeln ließ.

»Seid ihr bereit?«, fragte Hias voller Erwartung. Flink wie ein junger Gamsbock nahm er das steile Firnfeld in Angriff.

Hedi schlug beide Eispickel über sich ein und zog sich daran hoch. Sobald sie das Steigeisen ihres linken Schuhs in das Eis getreten hatte, streckte sie den rechten Arm mit dem Eispickel wieder in die Höhe, um ihn weiter oben einzuschlagen, und zog das rechte Bein nach. Als sie das Eisfeld fast geschafft hatten, stellte sie wieder einmal fest, dass das Klettern im Eis sehr viel anstrengender war als im Fels. Das spürte sie besonders in den Armen.

Plötzlich hörte sie einen Schrei. Anderl hatte ihn ausgestoßen. Sie drehte sich zu ihm um.

»Hias!«, schrie jetzt auch Thomas voller Entsetzen. Bevor Hedi seinem Blick folgen konnte, kam Hias auch schon in nur zwei Meter Abstand von ihr auf dem Rücken liegend an ihr vorbeigesaust.

»Dreh dich auf den Bauch, ramm den Pickel rein!«, schrie Anderl, der vergeblich seine Hand ausstreckte, um Hias festzuhalten.

Aber Hias tat nichts dergleichen. Durch die Steilheit des Geländes nahm er immer mehr Fahrt auf. Fassungslos starrte Hedi ihm nach. Warum versuchte er nicht, abzubremsen? Stattdessen wurde er immer schneller. Dann verfingen sich seine Steigeisen in einer Schneewehe, er überschlug sich und rutschte auf dem Bauch liegend und nun mit dem Kopf voran weiter. Am unteren Ende des Eisfeldes war eine klar umrissene Abbruchkante, hinter der es in die Tiefe ging. Entsetzt wie hilflos sahen sie zu, wie Hias mit rasender Geschwindigkeit darauf zuschlidderte. Hedi löste sich als Erste aus der Starre. »Bremsen«, brüllte sie aus Leibeskräften. »Hau den Pickel rein!«

»Stopp!« und »Dein Eispickel!«, schrien auch Thomas und Anderl.

Kurz vor dem Abgrund rammte Hias endlich mit ausholender Bewegung den Pickel ins Eis – und kam zum Halten. Er stand auf, schüttelte sich, winkte den anderen zu und stieß einen Jodler aus.

Anderl lachte erleichtert. »Verrückter Hund!«

»Ist der wahnsinnig?«, fragte Hedi erbost. »Der hätte …«

»Keine Sorge, Hias kennt sich aus. Obwohl ich mir dieses Mal auch nicht so sicher war …«, fügte Anderl hinzu.

»Idiot«, knurrte Thomas nur, wandte sich ab und kletterte die letzten Meter langsam und konzentriert weiter.

Nachdem sich die vier am oberen Rand des Eisfeldes zur Rast niedergelassen hatten, sah Thomas Hias mit scharfem Blick an. »Das machst du kein zweites Mal. Wir sind hier nicht im Zirkus.«

Hias lachte unbeschwert. »Ich bin nur ausgerutscht. Ich kenn das Feld hier und wusste, wie lange ich mir die Rutschpartie erlauben konnte. Ist doch nix passiert.«

»Trotzdem«, begehrte Hedi auf. »Wir sind eine Seilschaft, in der sich jeder für den anderen verantwortlich fühlt. Du kannst uns nicht nur aus Spaß oder Geltungsdrang solche Angst einjagen.«

»Es tut mir leid«, sagte Hias mit der schuldbewussten Miene eines kleinen Jungen, doch schon zeigte sich auf seinem Gesicht wieder ein Lachen. »Statt zu schimpfen, genießt lieber diesen herrlichen Ausblick!«

Der war tatsächlich sehenswert. Die Morgensonne stand an einem wolkenlosen Himmel. Tief unter ihnen ruhte der dunkelblaue Spiegel des Königssees, auf dem die Boote wie Kinderspielzeuge ihre Bahnen zogen. Die kleine Kirche von St. Bartholomä lag wie ein perlmuttfarbenes Schmuckstück in hellgrünen Wiesen, auf denen Kühe weideten, und in der Ferne flimmerten silbrig die Gletscher von Großglockner und Großvenediger.

»Hast ja recht«, stimmte Hedi ihm mit versonnenem Blick zu.

»Ich brauch jetzt eine Brotzeit«, verkündete Anderl und öffnete seinen Rucksack. Plötzlich verspürten alle Hunger und packten ihren Proviant aus. Brot, Speck, Käse sowie hart gekochte Eier gingen von Hand zu Hand, und Anderl zauberte eine Flasche Zweigelt hervor.

»Die Hälfte haben wir fast geschafft«, sagte Hias, der sich zufrieden an einen Felsbrocken lehnte. »Jetzt geht's erst mal über ein paar treppenartig übereinandergelagerte Bänder, dann nach rechts durch Kamine, Schluchten, Verschneidungen und Felsrippen. Wenn das Wetter im Laufe des Tages nicht noch umschlägt, sollte das alles kein Problem werden.«

»Wenn wir die Eigernordwand auch unter so günstigen Bedingungen vorfinden, könnte uns der Durchstieg tatsächlich gelingen«, sagte Anderl.

»Die Gefahr der Wetterumstürze ist zwar bei beiden Wänden ähnlich«, entgegnete Thomas mit ernster Miene, »aber wir dürfen nicht vergessen, dass der Eiger ein Viertausender und der Watzmann nur zweitausendsiebenhundert Meter hoch ist. Bei der Eigernordwand liegt unser Einstieg schon auf zweitausend Meter Höhe. Das bedeutet, dass wir uns dort in ganz anderen Höhendimensionen bewegen und deshalb auch schwierigere Bedingungen vorfinden.«

»Das wird schon«, meinte Hias zuversichtlich. Er sah Hedi an und lüftete den Tirolerhut. »Und den Frauen am Berg muss ich Abbitte tun. Du machst saubere Arbeit, Madl. Kommst ganz nach deinem Vater.«

Hedi schwankte zwischen Belustigung und Verärgerung. Trotz seines Kompliments hatte sie immer noch den Eindruck, dass er sie nicht ganz ernst nahm.

Nachdem sie eine Zigarette geraucht hatten, ging es weiter. Sie bildeten zwei Seilschaften. Anderl stieg voraus und Hias sicherte ihn. Den beiden folgten Hedi und Thomas am gemeinsamen Seil. Hedi stieg im Vorstieg die etwa dreißig Meter Seillänge hoch. Als sie einen Standplatz erreicht hatte, schlug sie Haken ein und sicherte sich selbst mit ihrem Karabiner. Dann zupfte sie dreimal am Seil, woraufhin Thomas sie aus der Partnersicherung nahm. Sie holte das Seil ein und nahm Thomas in die Sicherung. So kamen sie zügig voran – bis plötzlich ein urweltliches Donnern sie aus ihrem Rhythmus riss.

»Steine!«, schrie Anderl von oben.

Hedi blickte hoch, sah, wie er und Hias sich die Rucksäcke über die Köpfe hielten und sich an den Felsen drückten. Als sie die Gefahr realisierte, stand Thomas auch schon neben ihr auf dem schmalen Band, auf dem sie sich gerade befand. In einer einzigen Bewegung zog er sie mit sich auf den Boden und legte sich über sie. Da jagte die Steinlawine auch schon unter Dröhnen und Stauben ihre Geschosse in rasender Geschwindigkeit über sie hinweg in die Tiefe. Riesige Blöcke fielen aus der Wand, schlugen irgendwo unten auf und zer-

splitterten in abertausend Stücke. Über, unter und neben ihnen krachte, heulte und donnerte es. Die ganze Wand, der
ganze Watzmann, schien auf sie einzustürzen. Hedi spürte
Thomas' Gewicht auf sich, seinen Kopf ganz nah neben ihrem,
seinen Atem an ihrer Wange. Wie früher, wenn wir uns liebten,
ging ihr unwillkürlich durch den Kopf. Sein Körper gab ihr
Schutz, während die Welt um sie herum unterzugehen drohte.
Jede Sekunde erwartete sie den Steinblock, der ihrer beider
Leben für immer auslöschen würde, und dennoch fühlte sie
sich seltsam ruhig und geborgen. Es schien eine Ewigkeit zu
dauern, bis die Lawine verebbte. Hedi wagte nicht, den Kopf
zu heben, und Thomas schien es genauso zu gehen. Still und
bewegungslos blieben sie unter dem kurzen Felsvorsprung
auf dem schmalen Band liegen. Erst jetzt bemerkte sie, dass sie
ihre Arme um Thomas' Körper geschlungen hatte und er
seine um ihren. Fest aneinandergeschmiegt wie nach einem
Liebesakt.

»Lebt ihr noch?«, hörte sie Anderls Stimme von oben.

Da erst löste sich Thomas von ihr, rollte zur Seite und stand
auf. Auch Hedi richtete sich auf und musste sofort husten. Sie
befanden sich inmitten einer Staubwolke.

»Bei uns ist alles in Ordnung!«, rief Thomas zurück. »Und
bei euch?«

»Auch alles gut«, vermeldete Hias. »Steigen wir weiter?«

Thomas sah Hedi an, die immer noch auf dem Boden saß.
Er reichte ihr die Hand und zog sie hoch. »Alles gut?«

Sie nickte. Er hob ihren Hut auf und setzte ihn ihr behutsam aufs wirre Haar. »Dann los«, sagte er mit einem Lächeln,
das sie wie ein Streicheln auf ihrem Gesicht empfand. Er hob
die Hand und berührte kurz ihre Wange. »Da haben wir ja alle
noch mal Glück gehabt. Dem Himmel sei Dank.«

Nach diesem Erlebnis erreichten sie am frühen Nachmittag
ohne einen weiteren Zwischenfall die Watzmann Südspitze.

Sie gaben einige Jodler von sich, tranken den Rest Rotwein und bauten einen Steinmann.

»Schaut mal!« Thomas zeigte nach Westen.

Während sich über ihnen noch ein strahlendes Blau ausbreitete, schoben sich aus der Ferne Wolken heran.

»Das ist eine der typischen Überraschungen in dieser Wand, durch die schon manche Seilschaft in Bergnot geraten ist«, sagte Hias mit besorgter Miene.

»Packen wir's.« Anderl stand auf und sammelte seine Sachen ein.

Sie schafften den Abstieg im Trockenen. Die Wolken waren weitergezogen, ohne sich über dem Watzmann zu entladen. Pünktlich zur letzten Überfahrt kamen sie in St. Bartholomä an. Als sie, gestärkt durch Kaiserschmarrn und Weißbier, den Biergarten der Post verließen, warf der herannahende Abend bereits seine Schatten über den See. Die letzten Sonnenstrahlen tauchten den grauen Felsen der Watzmann Ostwand hoch oben in einen geheimnisvollen, rosaroten Glanz.

Hedi lächelte selig, während die BMW leise schnurrend über die Landstraße in Richtung Bayrischzell glitt. Wieder einmal hatten Thomas und sie sich gegenseitig ihr Leben anvertraut. Auch wenn sich Thomas ihr gegenüber sehr zurückhaltend verhielt, hatte sie in den vergangenen Stunden gespürt, dass er ihr innerlich auch noch verbunden war. Hier ein Blick, da ein Lächeln, hin und wieder zarte Berührungen und besonders sein Verhalten, sie vor der Steinlawine zu beschützen ... Irgendwie waren sie immer noch ein Paar. So kam es ihr zumindest vor. Während ihr diese Gedanken durch den Kopf gingen, konnte sie nicht widerstehen. Sie nahm die Hände von seinen Schultern und schlang die Arme um seine Mitte. Am liebsten hätte sie sich eng an seinen Rücken geschmiegt, aber das wagte sie dann doch nicht. So lehnte sie nur leicht den Kopf an seine Schulter. Da löste er seine rechte Hand vom Lenker und berührte kurz ihre Wange. Diese zärtliche Geste trieb ihr vor Glück die Tränen in die Augen. Sie kam ihr vor wie eine stumme Liebeserklärung.

Als sie am Landauer Hof ankamen, war dort schon alles dunkel. Nur die Außenlaterne brannte noch und verstreute ein heimeliges Licht. Thomas trug Hedis Gepäck ins Haus. Trotz der körperlichen Anstrengung, die hinter ihr lag, fühlte sich Hedi noch hellwach und irgendwie aufgekratzt. Die Nacht war warm. In der Luft lag der süße Duft des Flieders. Irgendwo in den Bäumen am Waldrand rief sehnsuchtsvoll ein Käuzchen. Es war eine Nacht wie für die Liebe gemacht.

»Trinken wir noch ein Schnapsl auf die gelungene Durchsteigung?«, fragte sie erwartungsvoll.

»Ich fahr jetzt lieber«, antwortete Thomas. »Morgen muss ich in aller Früh zurück.«

Es fiel ihr schwer, sich ihre Enttäuschung nicht anmerken zu lassen.

»Hias ist ohne Zweifel ein guter Bergsteiger«, sagte Thomas. »Auch wenn er genauso leichtsinnig ist wie Anderl. Wir sollten ihn mitnehmen zum Eiger. Was meinst du?«

»Das sehe ich genauso«, erwiderte sie steif.

Da erschien ein Lächeln auf seinen markanten Zügen und er blickte ihr zwei, drei Sekunden direkt ins Gesicht. »Du wirst deinem Vater in der Eigernordwand alle Ehre machen«, sagte er sanft. »Ich hatte ganz vergessen, welch begnadete Kletterin du bist.«

Sein Kompliment freute sie. Einerseits. Andererseits hätte sie lieber etwas anderes von ihm gehört.

»Wir sehen uns in drei Wochen«, verabschiedete er sich.

Er wollte sich schon abwenden, da hielt sie ihn am Ärmel fest. »Wart doch bitte noch. Wir haben über so vieles noch nicht gesprochen. Was machen wir zum Beispiel mit der Partei?«

Erstaunt sah er sie an. »Wie meinst du das?«

»Ich meine, das Geld, das die uns geben wollen, für die Ausrüstung und so …«

»Du hast doch gesagt, dass du kein Geld willst.«

»Will ich auch nicht. Was mir an Ausrüstung fehlt, kaufe ich mir selbst.«

Er lächelte sie an. »Siehst du, so mach ich es auch. Und wie es Anderl und Hias halten, kann uns wurscht sein.«

Uns … Dieses eine Wort allein tat ihr schon gut. »Und die Presse?«, fragte sie

»Darüber haben wir am Telefon gesprochen. Die werden wir nicht mehr los. Aber oft erledigen sich Probleme ja auch von selbst. Vielleicht gibt es bis dahin irgendein Ereignis, an dem der *Völkische Beobachter* viel mehr interessiert ist als an unserer Nordwanddurchsteigung.« Er trat einen Schritt zurück und hob die Hand. »Also dann … Servus.«

Während er zu seinem Motorrad ging, kam sich Hedi plötzlich einsam und verlassen vor. Tränen stiegen in ihr hoch. Sie wollte nicht weinen, konnte aber nicht dagegen ankämpfen. Mit einem Ziehen im Herzen sah sie ihm nach, wie er durch die Wiesen in Richtung Straße fuhr. Doch dann leuchteten die Bremslichter der BMW auf. Sie hielt den Atem an, konnte es nicht glauben. Thomas wendete und kam zurück. Als er wieder vor ihr stand, sah er sie an – voller Liebe, aber gleichzeitig irgendwie hilflos. Schuldbewusst. Ganz behutsam wischte er die Tränen weg, die ihr über die Wangen rollten, zögerte sichtlich – und dann küsste er sie, leidenschaftlich und hungrig. Sie erwiderte seine Küsse genauso stürmisch, schmiegte sich an ihn, griff in sein Haar, streichelte sein Gesicht, seinen Rücken. Als der kurze Rausch der Leidenschaft immer mehr der Zärtlichkeit Platz machte, schmeckten Thomas' Küsse mit einem Mal anders. Sie spürte eine Zurückhaltung in ihnen, die sie sich nicht erklären konnte. Plötzlich schien Thomas wieder eine unüberwindbare Mauer um sich aufzubauen. Und schließlich löste er sich entschlossen aus ihrer Umarmung und trat zwei Schritte zurück.

»Entschuldige«, sagte er rau, ohne sie anzusehen, drehte sich um und fuhr vom Hof – dieses Mal, ohne noch einmal umzukehren.

Wie benommen blieb sie stehen. Was war das denn gerade gewesen? So hatte er sich früher nie verhalten. Sein jäher Abschied kam ihr vor wie eine Flucht. Eine Flucht vor ihr? Vor seinen Gefühlen für sie? War ihm die Arbeit inzwischen wichtiger als die Liebe?

Sonntag, 24. Mai 1936

Als Hedi am Sonntagmorgen aufwachte, kündigte sich der neue Tag bereits durch einen hellen Streifen über den Gipfeln an. Im Tal lagen noch tiefe Schatten. Hedi blieb liegen, zog sich zurück in den Raum zwischen Traum und Tag, in dem noch zarte Schleier alles Unangenehme verhüllten. Sie ließ sich Zeit, im Hier und Jetzt anzukommen und nahm, wie so oft, den kleinen geschnitzten Hund in die Hand. Und während sie mit den Fingerkuppen zärtlich die Formen nachzeichnete, die Thomas ihm gegeben hatte, dachte sie wieder über sein Verhalten nach. Einerseits die Vertrautheit zwischen ihnen, die gegenseitige Anziehung; andererseits seinen Rückzug. Während der vierundzwanzig Stunden, die sie zusammen verbracht hatten, hatte sie auf die leisesten Gefühlsregungen bei ihm geachtet. Sie konnte ihn einfach nicht einschätzen. War er womöglich immer noch verärgert darüber, dass sie an seinem Abschiedsabend mit dem Guggenberger Willi geschäkert hatte, und nur zu stolz, es zuzugeben? Aber warum hatte er sie gestern dann so leidenschaftlich geküsst?

Hedi sprang aus dem Bett. Sie brauchte Beschäftigung. All diese Gedanken und Spekulationen führten zu nichts. Entschlossen zog sie sich an, fütterte die Hühner und packte ihren Rucksack. Bevor sie aufbrach, deckte sie für ihre Großeltern den Frühstückstisch und schrieb ihnen eine Nachricht, dass sie gegen Mittag vom Wendelstein zurück sei.

Die Kirchturmuhr schlug sechs Mal, als Hedi durchs Dorf fuhr. Still und verschlafen lagen die Häuser zu beiden Seiten der Straße. Aus einem offenen Stallfenster drang das Klirren der Kette eines Rindes. Ein Kätzchen strich auf der Suche nach seinem Frühstück durch das helle Wiesengrün, und die ersten Sonnenstrahlen ließen unzählige Funken aus den taunassen Büschen am Wegesrand sprühen.

Als sie an der Wendelsteinbahnstation ankam, standen dort schon die Fahrräder der Mitarbeiter der Meteorologischen Station, die auf tausendsiebenhundert Meter lag. Für die Wetteraufzeichnungen musste sie rund um die Uhr besetzt sein. Hedi stellte ihr Rad zu den anderen und marschierte los. Nach der körperlichen Anstrengung vom Vortag entschied sie sich für den leichten Gipfelwanderweg.

Während sie energisch ausschritt, versuchte sie, ihren Kopf von den Problemen zu leeren und sich auf die Dinge zu konzentrieren, die in der neuen Woche anlagen. Kurz vor dem Gipfel gönnte sie sich eine Pause. Sie setzte sich auf eine Felsplatte. In der Sonne war es schon so warm, dass sie die Strickjacke auszog und die Wanderstrümpfe herunterkrempelte. Mit den hohlen Händen schöpfte sie aus dem Rinnsal neben dem Felsen kühles Wasser, das sie im Nu erfrischte.

Ob Thomas jetzt schon auf der Rückreise war? Dass er für die nächsten drei Wochen wieder völlig aus ihrem Leben verschwinden würde, tat ihr körperlich weh. Während sie mit schwerem Herzen zu den schneebedeckten Gipfeln des Kaisergebirges hinübersah, nahm sie aus dem Augenwinkel eine

Bewegung wahr. Und dann ereignete sich ein kleines Wunder: Linkerhand von ihr, neben einem Latschenkiefernbusch, lugte ein schwarzgraues Köpfchen mit kleinen, behaarten Ohren aus dem Boden. Ihm folgte ein buschiger, braungrauer Körper, etwa vierzig Zentimeter lang. Ein Murmeltier! Langsam kletterte es aus dem Erdloch heraus, schaute, witterte. Nach und nach kamen die anderen Tiere aus dem Bau. Acht an der Zahl. Sie krochen übers Gras, knabberten an den jungen Blättern der Almrosen, kratzten auf der Suche nach Insekten und Regenwürmern mit ihren langen Krallen den Boden auf. Währenddessen saß der Späher des Rudels aufrecht auf einem Stein und behielt die Umgebung im Auge. Hedi wusste, dass die scheuen Tiere einen schlechten Geruchssinn besaßen, dafür aber sehr gute Ohren.

Sie wagte kaum zu atmen. Ihr war nur allzu bewusst, dass die Natur ihr gerade ein seltenes Schauspiel bot. Fasziniert beobachtete sie die putzigen Tierchen. Doch die Idylle währte nur kurz. Plötzlich gab der Späher einen schrillen Pfiff von sich, woraufhin das Rudel blitzschnell wieder in seinem Bau verschwand. Angestrengt horchte Hedi in die Bergstille hinein. Der Späher musste ein Geräusch gehört haben. Jetzt vernahm sie es auch. Ein paar kleine Steine rollten den Hang hinunter, die ankündigten, dass jemand den Wanderpfad herunterkam. Wer mochte zu dieser frühen Stunde schon auf dem Gipfel gewesen sein?

Der Störenfried tauchte ein paar Lidschläge später hinter der Wegbiegung auf. Sie blinzelte, dachte zuerst an ein Trugbild. Doch Thomas' große Gestalt in der speckigen Lederhose und dem karierten Hemd ließ sich nicht wegblinzeln.

»Grüß dich«, sagte er ganz selbstverständlich, als wären sie hier verabredet gewesen. Dann lachte er sein dunkles Lachen. »Du schaust mich an, als wäre ich ein Geist.«

»Was machst du denn hier? Du wolltest doch heute in der Früh zurückfahren.«

Er strich sich das schwarze Haar aus der Stirn und seufzte. »Ich musste erst den Kopf freibekommen, bevor ich nach Berlin fahre.«

Immer noch sprachlos sah sie ihn an. »Und? Hast du?«

Er zeigte auf den Stein, auf dem sie saß. »Darf ich?«

»Freilich.«

So saßen sie ein paar Augenblicke lang dicht nebeneinander und schwiegen.

»Ich wäre gleich noch zu dir geradelt, wenn ich dich hier nicht getroffen hätte«, sagte Thomas nach einer Weile, in der Hedi spekulierte, was Thomas belasten mochte.

Dann gehörte also eines der Räder unten an der Station ihm.

Sie sah ihn von der Seite an. Im gleichen Moment drehte auch er den Kopf zu ihr herum. Ihre Blicke fanden sich, und Hedi las in seinen Augen endlich wieder die Zärtlichkeit und Liebe, die sie so lange vermisst hatte. Das Blut floss ihr schneller durch die Adern, und sie spürte wieder ganz deutlich, dass ihre Seelen immer noch im gleichen Takt schwangen. Das unsichtbare Band zwischen ihnen hatte bis heute gehalten. Mit all ihrer Liebe lächelte sie Thomas an und wartete darauf, dass er ihr Lächeln erwiderte. Doch er blieb ernst. »Ich muss dir etwas sagen.«

»Dann sag«, bat sie ihn und nahm seine Hand.

»Ich bin verlobt.«

Während sie ihn ansah, lächelte sie weiter. Ihre Ohren hatten die Worte gehört, doch sie wollten nicht in ihren Verstand dringen.

»Verlobt?«, fragte schließlich eine Stimme, die nicht ihre war. Immer noch hielt sie Thomas' Hand.

»Ja.« Er nahm auch ihre andere Hand und hielt nun beide fest in seinen, als befürchtete er, sie könne aufspringen und weglaufen. Dann sprudelten die Worte nur so aus ihm heraus. »Schon seit wir uns auf dem Geburtstag meiner Mutter wiedergesehen haben, will ich es dir sagen, aber irgendwie war nie der richtige Zeitpunkt. Ich bin froh, dass es jetzt raus ist.«

Immer noch hielt er ihre Hände fest, doch Hedi bemerkte es gar nicht. Mit rasender Geschwindigkeit stürzte sie in einen endlos tiefen Abgrund, in dem sie sich erst einmal orientieren musste. Thomas hatte eine andere? Der Schmerz war so gewaltig, dass er ihr den Atem nahm. Mit allem hatte sie gerechnet, aber nicht damit. Sie schüttelte den Kopf, zog ihre Hände zurück und rückte ein Stück von ihm ab.

»Mit wem?«, fragte sie tonlos.

»Mit Christine Steiner.«

Ungläubig starrte sie ihn an. »Mit der Frau deines Chefs?«

»Der Tochter. Komm her …« Mit einem einzigen Griff zog er sie zu sich heran und hielt sie an den Schultern fest. »Lass es dir erklären. Natürlich hat mich eifersüchtig gemacht und verletzt, wie du mit dem Guggenberger Willi geschäkert hast. Zumal du ja mal mit ihm verbandelt warst. Als ich dann in Berlin war, hab ich mich so in den Gedanken hineingesteigert, du könntest dich aus Wut auf mich wieder mit ihm zusammentun, dass ich mir all meine Gefühle für dich verboten habe. Da kam mir Christine gerade recht. Schon an meinem zweiten Arbeitstag begann sie, um mich zu werben. Und als mir dann auch noch der Aschauer Hubert, der mich kurz nach meinem Umzug nach Berlin dort besucht hat, erzählt hat, im Tal gehe das Gerücht rum, dass du und der Willi wieder ein Paar seid, habe ich mich auf Christine eingelassen in der Hoffnung, so leichter über dich hinwegzukommen.« Er verstummte, wirkte nach dem für ihn viel zu langen Monolog erschöpft.

Ungläubig starrte sie ihn an. »Wie konntest du nur glauben, dass ich mit dem Willi …?« Ihr fehlten die Worte.

Während sein Blick zum Horizont schweifte, zuckte er mit den Schultern. »Vielleicht, weil ich wusste, wie sehr dich mein Verhalten verletzt hatte. Ich dachte, du hättest mit mir abgeschlossen.«

Hedi schnappte nach Luft. Sie versuchte gegen den Schmerz, der in ihr aufloderte, anzuatmen. Verzweiflung breitete sich in ihr aus. Sie hatte das Gefühl, in einer endlosen Spirale zu stecken, in der sie immer tiefer glitt, als zöge sie etwas mit aller Kraft nach unten.

»Ich habe Christine gesagt, dass ich innerlich nicht frei bin«, fuhr Thomas fort. »Aber sie hat einen sehr starken Willen und glaubt, meine Liebe doch noch gewinnen zu können.«

»Und dann hast du dich mit ihr verlobt«, sagte sie tonlos vor sich hin.

»Vor zwei Monaten.«

Hedi fühlte sich so verlassen wie noch nie. Mit Thomas war wieder etwas Schönes, Leuchtendes und Warmes in ihr Leben gekommen – und das lag nun in Trümmern vor ihr.

»Als ich dich dann aber auf dem Geburtstag meiner Mutter wiedergesehen hab, wurde mir klar, dass ich dich immer noch liebe«, hörte sie ihn weitersprechen.

Langsam und ungläubig drehte sie ihm das Gesicht zu. »Du liebst mich immer noch?« Seine Worte schwirrten durch ihren Kopf, wollten sich dort aber noch nicht so richtig festsetzen. Zum ersten Mal fragte sie sich, ob sie dem Mann, dem sie schon so oft ihr Leben anvertraut hatte, noch Glauben schenken konnte. Wie hatte er sich so schnell einer anderen zuwenden können?

»Ich liebe dich und ich möchte mit dir zusammen sein. Nur mit dir.« Thomas nahm ihr Gesicht in beide Hände und hielt ihren Blick fest. »Morgen werde ich die Verlobung lösen. Das ist mir eben oben auf dem Gipfel klar geworden. Ich verspreche es dir.« Seine Züge wurden weicher, sein Blick zärtlicher. »Es gab keinen Tag in Berlin, an dem ich nicht an dich gedacht habe. Und eines musst du wissen und mir glauben: Ich bin mit Christine nicht bis zum Äußersten gegangen – wenn du verstehst, was ich meine. Das hätte ich nicht gekonnt. Für mich gibt es nur dich. Du bist mein Leben.« Er hielt inne, seine Augen lagen mit forschendem Ausdruck auf ihr, er schien auf ihre Antwort zu warten.

Sie spürte ein Kribbeln im Hals, das die aufsteigenden Tränen ankündigte. Ihr Herz lief geradezu über vor Liebe zu diesem Mann, der ihr so offen seine Liebe gestand, ganz ohne Angst, dabei unmännlich zu wirken. Dennoch war da tief in ihr noch eine Unsicherheit, die sie daran hinderte, sich glücklich in seine Arme zu schmiegen. Während sich ihr Blick in seinem verlor, fragte sie leise: »Meinst du es wirklich ernst?«

»Komm her …«, flüsterte er und zog sie an sich. Sie schloss die Augen, um ihn intensiver spüren zu können – seine Wärme, die Kraft und Entschlossenheit, mit der er sie festhielt. Da fiel alles von ihr ab, alle Sorgen, alle Zweifel, und es gab nur noch sie beide hier oben in der Bergeinsamkeit. Das Blut begann in ihren Adern zu rauschen. Sie schlang die Arme um ihn und schmiegte sich an ihn. Ihre Lippen fanden seine, leidenschaftlich und verlangend. In ihren Küssen lag all die Sehnsucht, die so lange an ihnen gezerrt hatte. Irgendwann lösten sie sich voneinander und sahen sich an, ungläubig wie glücklich. Eng aneinandergeschmiegt blieben sie noch eine Weile sitzen. Sie sprachen wenig, genossen die Gegenwart des anderen und fühlten sich dem Himmel nah.

»Ich muss los«, sagte Thomas. »Steigst du mit mir ab?«

Hedi schüttelte den Kopf. »Ich möchte noch hoch zur Kapelle.«

Sie sah ihm nach, wie er mit langen Schritten den Bergpfad hinunterlief und seine Gestalt immer kleiner wurde. Vor Glück hätte sie die ganze Welt umarmen können. Leichtfüßig, wie von einer schweren Last befreit, wanderte sie in anderer Richtung weiter bergauf, um wie jeden Sonntag in der Gipfelkapelle für ihre Eltern zwei Kerzen anzuzünden und innere Zwiesprache zu halten.

Montag, 25. Mai 1936

Am Montagnachmittag kam Erika auf dem Krupp-Roller ihres Vaters auf den Landauer Hof gefahren – wie immer in weiter Hose und einer weißen, streng geschlossenen Bluse. An diesem Tag zierte eine silberne Brosche in Form einer Schleife ihren Kragen, die Hedi an ihrer Freundin schon längere Zeit nicht mehr gesehen hatte.

»Oh, du trägst wieder deine Suffragettenbrosche«, stellte sie überrascht fest.

»Ja, ich habe sie gestern wiedergefunden. Aber jetzt erzähl mir vom Watzmann. Deshalb bin ich gekommen.«

»Lass mich vorher Kaffee machen, und dann setzen wir uns gemütlich hin.«

Während Hedi in der Küche den Kaffee aufbrühte, plauderte Erika mit Johanna, die gerade Leberkäse buk, dessen würziger Duft durchs ganze Haus zog. Dann gingen die Freundinnen wieder nach draußen in die Sonne.

»In der Ostwand haben wir keine Schwierigkeiten gehabt«, berichtete Hedi, während sie den Kaffee einschenkte. »Und unsere Viererseilschaft passt eigentlich gut zusammen – auch wenn Hias genauso ein Heißsporn ist wie Anderl. Aber er versteht was vom Klettern, das muss man ihm lassen. Und ich glaube, dass ihm der Durchstieg der Nordwand so wichtig ist, dass er sich zusammenreißen wird.«

»Und was ist jetzt mit Thomas?« Erikas dunkle Augen funkelten voller Neugier.

»Wir haben uns ausgesprochen und Thomas hat mir gesagt, dass er mich immer noch liebt«, antwortete Hedi sachlich.

»Dann seid ihr jetzt wieder ein Paar?«

Sie nickte zaghaft.

In der Nacht hatte sie kaum geschlafen. Immer wieder hatte sie sich die Frage gestellt, ob Thomas tatsächlich gleich am Montag seine Verlobung lösen würde. *Sie hat einen sehr starken Willen …* Dieser eine Satz war ihr immer wieder durch den Kopf gegangen. Würde Thomas stark genug sein, sich diesem Willem entgegenzustellen? Immerhin würde er damit seine Arbeitsstelle, die ihm so wichtig war, aufs Spiel setzen.

Erika zog die schwarzen Brauen zusammen. »So richtig glücklich kommst du mir aber nicht vor.«

Hedi drehte die Tasse auf dem Handteller und blickte auf ihren Grund, als würde im Kaffeesatz ihre Zukunft geschrieben stehen.

»Jetzt sag's endlich!«, forderte Erika sie energisch auf.

»Da ist noch was.« Nun erzählte Hedi, dass Thomas verlobt war. »Ich kann nur hoffen, dass er sein Versprechen hält und heute mit Christine Schluss macht.«

Erika lehnte sich zurück und zündete sich eine Zigarette an. »Wie willst du das überprüfen?«, fragte sie schließlich, während sie dem Rauch nachsah.

»Ich muss ihm vertrauen. Eigentlich habe ich immer an seine Liebe geglaubt. Obwohl …«

»Und binnen eines Dreivierteljahres verlobt er sich mit einer anderen?«

»Darüber habe ich auch die ganze Nacht gegrübelt.« Hedi sah ihre Freundin an. »Aber hast du nicht gesagt, dass Männer anders sind als Frauen? Christine Steiner hat sich ihm wohl an den Hals geworfen. Er hat sich auf sie eingelassen, um über unsere Beziehung hinwegzukommen. Außerdem dachte er ja die ganze Zeit, ich sei wieder mit dem Willi zusammen. Thomas hat mir versichert, dass er sie nicht liebt. Dass er nur mich liebt.«

Mit nachdenklicher Miene drehte Erika die Zigarette zwischen Zeigefinger und Daumen. Schließlich sagte sie: »Wenn er heute die Verlobung mit der Tochter seines Chefs löst, wird er morgen arbeitslos sein.«

»Wahrscheinlich.«

»Was ja kein Drama ist. Hier bei uns wird er bestimmt sofort wieder Arbeit finden.«

Hedi seufzte bekümmert. »Sein alter Chef wird ihn ganz sicher nicht mehr nehmen, nachdem er dessen Vetter so verärgert hat.«

»Es gibt ja nicht nur ein Vermessungsbüro in München. Zurzeit wird überall gebaut. Denk mal an die vielen Autobahnen und Siedlungen, die Hitler haben will. Da braucht's überall Vermessungsingenieure.«

Hedi stellte die Kaffeetasse auf den Tisch zurück und sah ihre Freundin bekümmert an. »Ich konnte mich heute Morgen gar nicht richtig konzentrieren. Ich bin furchtbar nervös. Ob er wirklich Wort hält?«

»Das kann ich dir wirklich nicht sagen. Männer verhalten sich oft ganz anders, als man erwartet.« Erika seufzte. Nach ein paar Schweigesekunden fragte sie: »Weiß der Huber eigentlich schon, dass du die Tage für den Nordwanddurchstieg von anderer Stelle bewilligt bekommen hast?«

Dankbar für diesen Themenwechsel antwortete Hedi: »Bisher hat er dazu noch nichts verlauten lassen. Er verhält sich wie immer. Stocksteif und launisch.« Sie zündete sich ebenfalls eine Zigarette an. Dann sah sie Erika durch den aufsteigenden Rauch an. »Was ist eigentlich mit Karl Huber? Hast du ihn noch mal gesehen?«

»Gestern.«

»Was?« Hedis Kopf schoss vor. »Und das sagst du mir erst jetzt?«

Erika lachte. »Wir haben bis gerade über dich geredet. Ich hätte es dir schon noch erzählt.«

»Also?« Hedi sah sie erwartungsvoll an.

»Wir haben uns gestern Nachmittag in München getroffen. Er ist schon morgens hingefahren, weil er einen Bekannten besuchen wollte. Dann haben wir bei Dallmayr Kaffee getrunken, sind durch die Straßen geschlendert und später ins Konzert gegangen. Mozart. Sehr schön. Leicht und beschwingt.«

»Und?«

Erika sah Hedi harmlos an. »Was und?«

»Na ja, seid ihr euch nähergekommen?«

Ihre Freundin spielte gedankenverloren an ihrer Brosche, deren Steine die Farben der Suffragettenbewegung trugen: Violett für Würde, Weiß für Reinheit und Grün für Hoffnung. Schließlich sagte sie: »Weißt du, es ist wie immer bei mir. Erst meine ich, endlich mal eine Beziehung haben zu müssen, und wenn sich mir dann die Möglichkeit bietet, will ich's nicht mehr.«

Hedi lachte. »Ich glaube, wir Frauen sind auch ganz schön schwierig.« Sie kannte Erikas Problem. Manchmal dachte sie, dass ihre Freundin gar keine Männer mochte. »Will Karl denn eine Beziehung mit dir?«

»Ich weiß es nicht. Er ist jedenfalls sehr charmant und nett zu mir. Beim Spaziergehen hat er mir seinen Arm angeboten, den ich natürlich auch genommen hab, er hat mir Komplimente gemacht – zum Beispiel für meine Brosche hier –, aber so richtig umworben hat er mich nicht. Was ich auch gut fand. Du weißt, ich mag keine Männer, die zu schnell zur Sache kommen. Ich brauche dafür Zeit. Ich glaube, in diesem Punkt sind Karl und ich uns ähnlich.«

»Dann könnte es doch passen«, erwiderte Hedi aufmunternd. »Für die Liebe ist die Freundschaft zwischen Mann und Frau eine ganz wichtige Grundlage. Und aus dieser Vertrautheit heraus ergibt sich dann das Sehnen danach, den anderen auch zu berühren. Vorausgesetzt, der Mann gefällt einem.«

»Ich finde Karl schon anziehend.« Erika drückte die Zigarette aus. »Mal sehen, wie es weitergeht. Nächstes Wochenende wollen wir zu einem Liederabend gehen. In einen dieser Clubs, die es in München gibt.«

»Ist Karl eigentlich in der Partei?«

Erika nickte. »Um Streit mit seinem Vater zu vermeiden. Aber im Grunde seines Herzens lehnt er die NSDAP genauso ab wie du und ich. Darüber haben wir schon gesprochen.«

Dienstag, 26. Mai – Freitag, 29. Mai 1936

Als Hedi am Dienstagmittag aus der Schule kam, galt ihr erster Blick dem Briefkasten neben der Hofeinfahrt. Zu ihrer großen Enttäuschung war er leer. Hätte Thomas ihr nicht gestern nach dem Gespräch mit Christine Steiner ein paar Zeilen schreiben können?

Auch am Mittwoch und Donnerstag blieb die ersehnte Nachricht aus. Vielleicht hatte Christine ihn umgestimmt. Oder Thomas hatte ihr auf dem Wendelstein etwas vorgemacht? Der Gedanke ließ sie innerlich zusammenzucken. Unmöglich, sagte sie sich dann, während sie das Fahrrad abstellte. So sehr konnte sie sich in ihm nicht getäuscht haben. Außerdem – warum hätte er das tun sollen? Den Eiger hätte sie so oder so mit ihm gemacht.

Als Anderl am Spätnachmittag auf seinem Motorroller angebraust kam, verflogen sofort all ihre Zweifel. Er brachte ihr bestimmt eine Nachricht von Thomas. Hedi konnte es kaum abwarten, dass ihre Großeltern sich endlich ins Haus zurückzogen, nachdem Anderl ein paar Begrüßungsworte mit ihnen gewechselt hatte.

»Hast du was von Thomas gehört?«, war ihre erste Frage.

»Nein, warum sollte ich? Wenn er am zwölften kommt, haben wir doch noch genug Zeit, um alles zu besprechen.«

Hedi schluckte. Hatte sie etwa allen Ernstes erwartet, dass Thomas seinen Bruder als Postillion d'Amour einspannen würde? Sie bemühte sich um ein Lächeln. »Warum bist du eigentlich hier?«

»Nur so, um mit dir über den Eiger zu reden. Lena will von dem Thema nix hören. Die hat Angst um mich. Und der Hias ist gerade mit Kunden in den Dolomiten unterwegs.« Anderl umarmte sie spontan. »Du, ich freu mich ja so. Stell dir mal vor, wenn wir im August im Olympiastadion in Berlin die Goldmedaille entgegennehmen! Glaub mir, danach werden sich die Madln um mich reißen, und ich werd mich vor Kunden nicht retten können.«

Hedi musste lachen. »Du bist ein Kindskopf«, sagte sie und knuffte ihn liebevoll in die Seite. »Du hast doch deine Lena.«

Anderl winkte ab. »Ach, die weiß das doch gar nicht richtig zu schätzen. Weißt du, ich wollt immer schon sein wie der Johannes, der jeder Frau den Kopf verdreht.«

Hedi seufzte. »Vielleicht solltest du froh sein, dass du so bist, wie du bist. Ob dein Bruder wirklich so glücklich ist? Bleib bei deiner Lena, heirate sie und gründe eine Familie. Ich glaube, das würde deiner Mutter gefallen.«

»Meinst?« Anderl sah sie so treuherzig an, dass sie wieder lachen musste.

»Ja, das meine ich.«

»Was ist denn eigentlich mit dir und Thomas?«

Sie hob die Brauen. »Wie meinst du das?«

»Ich hatte am Watzmann den Eindruck, dass ihr euch wieder näher seid.«

»Hat man das gespürt?«

»Bei dir auf alle Fälle. Thomas ist ja sehr verschlossen. Aber ich kenn ihn. Ihm hab ich auch angemerkt, dass er noch Gefühle für dich hat.«

Da konnte Hedi nicht anders und vertraute ihm ihre Sorgen an, erzählte von der Verlobung, die Thomas hoffentlich zu lösen gedachte.

»Wart ab, der wird sich bald melden«, sagte Anderl zuversichtlich. »Und dann wird die Nordwanddurchsteigung eure vorgezogene Hochzeitsreise.«

Hedi umarmte ihn. »Das ist ein wunderschöner Gedanke, Anderl«, sagte sie leise an seiner Wange.

Als Hedi am nächsten Tag mit den Großeltern am Mittagstisch saß, erzählte ihre Großmutter:

»Der Leitner Thomas ist wieder da. Ich hab's heut Morgen bei der Liesl im Laden gehört.«

Hedi hätte sich fast verschluckt. »Wann ... Ich meine, wie lange ...?« Sie verstummte. Ein Zittern durchlief sie. Wie konnte es sein, dass er sich noch nicht bei ihr gemeldet hatte? Sie ignorierte den forschenden Blick ihrer Großmutter und fragte mit erzwungener Ruhe: »Seit wann ist er denn hier?«

»Er soll in der Nacht gekommen sein.«

»Vielleicht hat er genug von der Großstadt«, meinte der alte Landauer, ohne von seinem Tafelspitz aufzublicken.

Hedi sah ihre Großmutter an. »Wer hat das gesagt?«

»Die Moni von der Rezeption. Die hat heut Morgen für ihre Mutter bei der Liesl eingekauft. Die Arme hat doch so schwer Rheuma.«

Nach dem Mittagessen, das Hedi mit jagendem Herzen hinter sich gebracht hatte, machte sie den Abwasch und räumte die Küche auf, während ihre Großeltern ihren Mittagsschlaf hielten. Beim Schrubben der Töpfe fasste sie einen Entschluss. Sie musste Thomas sehen. Diese Ungewissheit wollte sie sich nicht länger antun. Als sie fertig war, machte sie sich frisch, flocht die Haare zu einem langen Zopf, wechselte den Trachtenrock gegen ein Dirndl und fuhr mit dem Traktor in

Richtung Schliersee. Eine schlechte Nachricht war besser als gar keine, sagte sie sich entschlossen, während sie das Gaspedal bis zum Anschlag durchdrückte.

Dort, wo es links zum Spitzingsee hinaufging, kam ihr auf der langen Landstraße ein Motorrad mit Beiwagen entgegen. So viele dieser Art gab es nicht im Tal. Ob es Thomas war? Sie nahm den Fuß vom Gas, lenkte den Traktor an den Straßenrand und wartete mit hämmerndem Herzen. Der Motorradfahrer war tatsächlich Thomas. Als er sie erkannte, verringerte er die Geschwindigkeit und hielt auf gleicher Höhe an. Er sprang vom Bock und lief über die Fahrbahn zu ihr herüber. Als sie das Strahlen auf seinem Gesicht wahrnahm, wusste sie, dass er sein Wort gehalten hatte.

»Ich wollte gerade zu dir«, begrüßte er sie.

Voller Erleichterung lachte sie ihn an. »Hier bin ich«, erwiderte sie, bevor sie vom Traktor geradewegs in seine ausgebreiteten Arme sprang.

»Berlin gibt es nicht mehr«, erklärte er ihr atemlos, bevor er sie so fest an sich drückte, dass sie das Gefühl hatte, ihre beiden Herzen würden zu einem verschmelzen. Selig spürte sie dem Gefühl der Geborgenheit nach, das seine Arme ihr gaben, und wünschte, sie würden sie ab jetzt nie mehr loslassen. Als sie es schließlich doch taten, sagte Thomas:

»Heute Vormittag habe ich die Niederalm hergerichtet, da wohnt ja zurzeit keiner. Gleich bringe ich meine Sache hoch. Dort oben habe ich meine Ruhe. Im Hotel zusammen mit Vater … das würde wohl nicht lange gut gehen«, fügte er mit schiefem Lächeln hinzu.

Und wie war es? wollte sie schon fragen, doch sie konnte sich gerade noch beherrschen. Zu gerne hätte sie erfahren, wie Christine Steiner reagiert hatte, ebenso deren Vater, und wie es jetzt beruflich mit Thomas weitergehen würde. Doch die Straße hier war nicht der passende Ort, um über all das zu reden.

Als hätte er ihre Gedanken erraten, zwinkerte Thomas ihr verschwörerisch zu. »Wie wäre es, wenn du mich heute Abend in meiner bescheidenen Hütte besuchst? Dann erzähle ich dir alles.« Liebevoll strich er ihr über die Wange. »Ich kann mir vorstellen, dass du viele Fragen hast.«

Am späten Nachmittag gingen ihre Großeltern zu einer Geburtstagsfeier auf dem Nachbarhof. Bevor Hedi mit dem Traktor zur Niederalm fuhr, hinterließ sie ihnen eine Nachricht, sie sei bei den Leitners und gegen zweiundzwanzig Uhr zurück.

Die Niederalm lag oberhalb des Leitner Hotels. Seit dem Tod des Senners, der dort gelebt hatte, stand sie leer. Mit vor Aufregung hämmerndem Herzen fuhr Hedi den Forstweg hinauf, der sich durch blühende Wiesen schlängelte. Die asphaltierte Straße führte durch einen Fichtenwald, hinter dem sich eine lang gestreckte Senke befand. In ihr lag die Niederalm. Als Kind hatte sie sie öfter besucht. Der Senner war ein Onkel ihres Vaters gewesen.

Hedi verlangsamte die Geschwindigkeit, als sie die Holzhütte in der Ferne liegen sah. Welch eine in sich geschlossene, stille Welt! Ein kleines Paradies! Sollte das für die nächste Zeit ihr Liebesnest werden? Im vergangenen Sommer hatten sie ihre Liebe nur unter freiem Himmel ausleben können.

Langsam tuckerte sie auf den Weiher zu, der etwa zweihundert Meter vor der Hütte lag, und hielt an. Sein Kristallwasser glitzerte ihr entgegen. Hier waren sie als Kinder im Sommer geschwommen und im Winter Schlittschuh gelaufen. Thomas, Anderl, Johannes und sie. Zwischen den Steinen am Ufer wippten blaue Glockenblumen im Abendwind, als würden sie ihr grüßend zunicken. Sie stieg vom Traktor und nahm mit allen Sinnen die Umgebung in sich auf – die warme Luft auf ihrer Haut, die nach Gras und dem Harz duftete, das die Sonne während des Tages aus den Stämmen getrieben hatte; das Summen der Bienen; das Spiel der bunt schillernden Libellen über dem blauen Spiegel und am Horizont die weißen Gipfel. Gab es einen schöneren Platz, um die Liebe zu leben?

Thomas saß auf der Holzveranda, in einer Lederhose und einem weißen Leinenhemd, das Haar noch feucht vom Waschen. Als er aufstand und lächelnd auf sie zuging, stieg ein unbeschreibliches Glücksgefühl in Hedi hoch. Mit diesem Mann würde sie von nun an zusammen sein – heute, morgen und hoffentlich ihr ganzes Leben lang. Sie wollte so viele Stunden mit ihm verbringen, dass sie für die Ewigkeit und darüber hinaus reichen würden.

»Hedi«, sagte Thomas leise, als er sie in die Arme nahm. Er drückte sie an sich und küsste sie aufs Haar, das sie sich in zwei Zöpfen um den Kopf gesteckt hatte. Sie wusste, wie sehr er diese Frisur mochte.

Als er sie losließ, glitt sein Blick an ihrem lichtgrünen Dirndl hinunter. »Wie schön du bist! Und da behaupten böse Stimmen, Bergsteigerinnen würde es an Weiblichkeit fehlen.«

Sie lachte und gab ihm einen Kuss. »Ich habe uns etwas zu essen mitgebracht. Großmutters Leberkäs mit Kartoffelsalat und eine Flasche Wein.«

»Das klingt pfundig. Eigentlich wollte ich dich zum Essen einladen. Ich habe nämlich eingekauft.«

Verschwörerisch blinzelte sie ihm zu. »Vielleicht komme ich in den nächsten Tagen ja noch mal wieder.«

Sie gingen in die Hütte, wo Hedi ihren Korb auf dem roh gezimmerten Holztisch abstellte. Dann sah sie sich um – die schwarz gerußten Deckenbalken, das Regal mit dem Kochgeschirr, der Herrgottswinkel über der Holzbank, den Thomas liebevoll mit frischen Latschenkieferzweigen geschmückt hatte … »Hier sieht's noch genauso aus wie früher«, sagte sie erstaunt.

»Nur sauberer, nachdem ich alles geputzt habe. Außerdem habe ich eine neue Matratze und neues Bettzeug aus dem Hotel mitgebracht«, fügte er hinzu und sah sie vielsagend an.

Bei seinen Worten wurde ihr ganz anders. Sie sah ihm in die seegrünen Augen mit den dichten schwarzen Wimpern und spürte, wie sich ihr Pulsschlag erhöhte. Die Männlichkeit, die er ausstrahlte, jagte einen Schauer durch ihren Körper. In diesem Augenblick hatte sie nur einen Wunsch: mit ihm eins zu werden.

»Lass uns nach draußen gehen und ein Glas trinken.« Sein Vorschlag ernüchterte sie jäh wieder. Sie konnte nur nicken und folgte ihm.

Nachdem sie mit einem Glas Roten angestoßen hatten, begann Thomas zu erzählen: »Als ich am Montagmorgen ins Büro kam, musste ich sofort nach Dresden zu der neuen Baustelle fahren. Erst gestern Mittag bin ich zurückgekommen.«

Erstaunt sah sie ihn an. Und wann hast du es Christine gesagt? wollte sie fragen, doch da sprach er schon weiter: »Da bin ich sofort zu Christine gegangen und habe mit ihr gesprochen.«

Hedi schluckte. »Wie hat sie reagiert?«

»Für mich völlig überraschend. Ich hatte erwartet, sie würde kalt und stolz reagieren, aber stattdessen ist sie zusammengebrochen, hat geweint, geschrien, sich an mich geklammert und so viel Lärm gemacht, dass schließlich ihr Vater ins Büro gestürzt kam und mir umgehend gekündigt hat. Womit ich natürlich gerechnet hatte. Dann habe ich mich gestern Abend auf den Weg gemacht und jetzt bin ich hier.« Er hatte ruhig und sachlich gesprochen, wie es seine Art war. Aber hatte da nicht auch ein bedauernder Ton in seiner Stimme mitgeschwungen? Oder hatte sie sich das nur eingebildet?

Mit einem Mal bekam sie Angst. Hoffentlich würde Thomas diesen Schritt nicht irgendwann einmal bereuen und ihr dann vorwerfen, sie hätte ihn um eine gute Arbeitsstelle gebracht.

Sie nippte an ihrem Wein. »Ja, jetzt bist du hier«, entgegnete sie genauso sachlich. Sie beobachtete, wie er ein paar Schlucke schnell hintereinander trank. Danach ließ er das Gas auf seinem Handteller kreisen und fuhr fort:

»Wenn wir vom Eiger zurück sind, werde ich mir in München eine neue Stelle suchen. Das wird sicherlich nicht schwer sein.«

»Und was machst du bis dahin?«

»Im Hotel aushelfen. Da gibt es immer was zu tun.« Er lächelte sie an. »Außerdem haben wir ja noch einiges für unsere Expedition zu besprechen, was wir nun in aller Ruhe tun können.« Er hob die Schultern. »Vielleicht mache ich mich auch jetzt schon selbstständig. Obwohl die Zeit in der leitenden Position in Berlin ja eigentlich viel zu kurz war, um genug Erfahrungen für eine Selbstständigkeit zu sammeln.«

Was sollte sie dazu sagen? Klang aus seinen Worten nicht bereits ein deutliches Bedauern?

Sie saßen sich am Tisch schräg gegenüber. Hedi mit dem Rücken zur Hüttenwand und Blick auf den Weiher, Thomas am Kopfende des Tisches. Sie schwiegen, schauten beide in die Ferne. Hedi spürte, dass etwas zwischen ihnen stand. Denn eigentlich müssten sie sich doch jetzt vor Glück in die Arme fallen? Eine eiskalte Faust wollte ihr Herz schon zusammenpressen, als Thomas ihre Hand nahm und sie bedeutungsvoll ansah. »Hedi, ich habe diesen Schritt gemacht, weil ich dich liebe und mein Leben mit dir verbringen will. Aber du hast mir noch nicht gesagt, wie es bei dir ausschaut. Liebst du mich überhaupt so, dass du für immer mit mir zusammen sein willst?«

Seine Frage machte sie sprachlos. »Ja, weißt du das denn nicht? Spürst du das denn nicht?«, stammelte sie verwirrt. Da wurde ihr mit einem Mal bewusst, dass die verhaltene Stimmung zwischen ihnen von Thomas' Zweifeln an ihren Gefühlen herrührte. Erleichtert atmete sie auf und lächelte ihn mit all ihrer Liebe an. »Du bist der Mann, den ich will«, sagte sie zärtlich. »Heute und für alle Zeit. Und weißt du auch, warum?« Sie blinzelte ihm zu. »Weil ich dich so sehr liebe.«

Und plötzlich loderte die Lust wie eine Stichflamme in ihr auf. Sie wollte mit ihm schlafen, jetzt und hier. Viel zu lange hatte sie darauf gewartet. Sie stand auf und zog ihn an der Hand hoch. Er trat dicht vor sie, hob die Hand und strich mit den Fingern aufregend langsam über ihre Stirn, ihre Wange, den Hals entlang bis zum Ausschnitt ihrer Dirndlbluse. Sein Blick ließ ihren dabei nicht los. Sie stand so dicht vor ihm, dass sie seinen heißen Atem auf ihrem Gesicht spürte.

»Möchtest du es?«, murmelte er.

Als sie mit geschlossenen Augen nur stumm nickte, glitten seine Hände an ihren nackten Armen hinunter, bevor er ihre Taille umfasste und sie an sich zog. Da schlang sie die Hände um seinen Nacken und drängte sich ihm entgegen. Als sie seinen muskulösen Körper an ihrem spürte, machten das Glück und die Erregung sie schwindelig. Sie küssten sich wie im Fieber. Hedi war zumute, als würde jeder einzelne Nerv in ihrem Körper vibrieren. Ohne seine Lippen von ihren zu lösen, hob Thomas sie hoch und trug sie in die Hütte. Sie liebten sich auf dem Schaffell vor dem Ofen, in völliger Hingabe, nur eingehüllt von den letzten Sonnenstrahlen des Tages, die durch die offene Tür fielen. Während sie sich ihrer Liebe hingaben, glaubte Hedi, sich auf einem anderen Stern zu befinden, wo sämtliche Gesetze, die auf der Erde galten, außer Kraft gesetzt waren. Ein ungeahnter Lustrausch überfiel sie, als Thomas in sie eindrang. Und während er sich in ihr kraftvoll bewegte, verlor sie all die Scham und Scheu, die sie noch im vergangenen Sommer empfunden hatte, und gab sich hemmungslos ihrer Lust hin. Nachdem der Rausch vorüber war, blieben sie Arm in Arm liegen und flüsterten sich all die zärtlichen Worte zu, die sich Liebende zuflüstern, um das Schicksal zu beschwören.

Samstag, 30. Mai –
Freitag, 12. Juni 1936

Hedi war glücklich. Von nun an besuchte sie Thomas jeden Abend auf der Niederalm. Dass ihre Großmutter wirklich annahm, dass es bei diesen Treffen nur um die Planung der Nordwanddurchsteigung ging, glaubte sie nicht. Über Johannas Lippen kam jedoch kein kritisches Wort, wofür Hedi ihr dankbar war.

Hedi und Thomas aßen zusammen zu Abend, gingen spazieren und liebten sich.

»Jetzt haben wir auch Zeit, noch ein bisschen an unserer Kondition zu arbeiten«, sagte Hedi, während sie an einem dieser Abende durch den Hochwald gingen, wo es zu dieser Stunde still und friedlich war. Hin und wieder nur unterbrachen Vogelstimmen das Schweigen der Natur.

»Daran habe ich eben auch gedacht«, erwiderte Thomas und küsste sie aufs Haar.

»Was hältst du von der Westwand des Taubensteins? Im Vergleich zu seiner Südwand ist die von der Kletterschwierigkeit schon anspruchsvoller.«

Thomas nickte. »Wenn Anderl und Hias einverstanden sind, dann gern. Der liegt ja praktisch vor unserer Tür.«

»Oder die Fleischbank Ostwand im Wilden Kaiser«, fiel Hedi ein. »Vater hat sie mehrmals mit Hans Dülfer durchstiegen. Einmal war ich mit von der Partie. Sie ist zwar längst nicht so hoch wie die Watzmann Ostwand, aber äußerst steil mit zwei Quergängen und anspruchsvollen Ausstiegsrissen. Sie wäre auch ein gutes Training für die Eigernordwand.«

»Da hätten wir jedoch das Problem, dass wir in Kiefersfelden über die österreichische Grenze müssten. Da muss man bei der Einreise inzwischen eintausend Reichsmark zahlen.«

»Davon habe ich auch gehört. Dank der Nationalsozialisten, die die Unabhängigkeit Österreichs mit Propagandaveranstaltungen und Dynamitanschlägen bekämpfen.« Sie schüttelte verständnislos den Kopf.

»Wir könnten bei Landl über die Grenze fahren. Dort kennt Anderl die Grenzer. Die lassen uns bestimmt für ein paar Flaschen Obstler durch.«

Hedi blieb abrupt stehen. »Wie machen wir es eigentlich, wenn wir zum Eiger fahren? Da müssen wir doch auch durch Österreich, oder?«

»Nicht unbedingt. Die Zugstrecke führt über München zum Bodensee und dort dann über die Schweizer Grenze. Die dauert aber über zehn Stunden.«

»Und ist bestimmt teuer.« Hedi seufzte. »Da wir das Geld der Partei abgelehnt haben, werden wir genau haushalten müssen ...«

»Johannes hat sich bereits Gedanken darüber gemacht«, beruhigte Thomas sie. »Er will uns nach Grindelwald bringen. Und zwar über die Grenze in Landl.«

»Aber hoffentlich ohne Begleitung der Presse«, kam es Hedi spontan über die Lippen.

Er lachte. »Keine Sorge, ganz privat.«

Hedi sah hoch zu dem putzigen Eichhörnchen, das über ihnen von Ast zu Ast turnte. »Ich kann mich immer noch nicht an den Gedanken gewöhnen, dass uns die Presse auf Schritt und Schritt folgen soll. Oder zumindest deren Ferngläser und Kameras.«

»Johannes hat mir versprochen, sie so weit wie möglich von uns fernzuhalten. Aber ganz wird es nicht gehen, da schon zu viele von unserer Durchsteigung wissen. Und nur weil wir ihr Geld nicht annehmen, wird die NSDAP nicht darauf verzichten, unseren Durchstieg, sollte er gelingen, als Erfolg des Deutschen Reiches zu deklarieren.«

»Warum musste Johannes das auch rumerzählen«, murmelte Hedi missmutig.

»Schon vergessen?« Thomas blieb stehen und sah sie eindringlich an. »Ohne Johannes hättest du in dieser Zeit nie freibekommen. Oder wärst du lieber in die Partei eingetreten? Alles hat seinen Preis.«

Sie seufzte. »Ich weiß«, gestand sie leise und schmiegte sich an ihn. So gingen sie schweigend weiter.

»Ich verstehe immer noch nicht, warum Johannes überhaupt in die Partei eingetreten ist«, sagte Hedi nach einer Weile.

Thomas schwieg so lange, dass sie ihn forschend von der Seite ansah. »Kennst du den Grund?«

»Er wird schon einen haben«, erwiderte er schließlich und wich ihrem Blick aus.

Im nächsten Moment krachte es über ihren Köpfen, als würde ein Ast abbrechen. Beide zuckten sie zusammen. Als sie hochsahen, entdeckten sie einen mächtigen Falken, der sich aus einer Fichte in die Lüfte erhoben hatte. Sie lachten erleichtert und sahen dem Vogel nach, wie er sich vom Wind davontragen ließ.

Die Durchsteigung der Eigernordwand rückte schnell näher. Am Sonntag vorher übten die vier noch einmal an der Westwand des Taubenstein. Und wieder zeigte sich, dass sie als Seilschaft gut zueinander passten – auch wenn sie sonst in vielen Dingen unterschiedlicher Meinung waren. Später saßen sie noch auf dem Landauer Hof zusammen und aßen eine Brotzeit.

»Heut in einer Woche sind wir schon auf der Kleinen Scheidegg«, sagte Hias. »Ich kann's kaum erwarten.«

»Oder schon längst in der Wand«, fügte Anderl mit leuchtenden Augen hinzu.

»Das glaub ich nicht«, wandte Hedi ein. »Wir haben mindestens einen Tag zur Eingewöhnung eingeplant, und daran sollten wir uns halten. Gegen die Nordwand war der Taubenstein heute ein Kinderspiel.« Sie nahm eine Mappe von der Holzbank und legte sie auf den Tisch. »Schaut mal! Ich habe alles, was wir vorgestern Abend besprochen haben, aufgeschrieben und in der Schule auf einer Matrize vervielfältigt, damit jeder von uns die Listen hat.« Sie gab ihren Seilkameraden jeweils fünf aneinandergeheftete Blätter Papier. »Material-, Proviant-, Kleidungs- sowie Arzneiliste und die Route, die wir besprochen haben.«

Die drei blätterten alles durch. »Find ich gut«, sagte Hias, als er zum letzten Blatt kam, auf das Hedi die Eigernordwand gezeichnet hatte. Er sah Hedi bewundernd an. »Wo hast du das her?«

»Von einer Karte meines Vaters. Ich habe die Wand mit all ihren Abschnitten abgezeichnet, damit wir uns orientieren können. Die gestrichelte Linie ist die Mehringer-Sedlmayr-Route. Die beiden sind fast genau in Gipfelfalllinie in die Wand eingestiegen und über die erste Steilstufe zum ersten Eisfeld geklettert.«

Hias nickte anerkennend. »Sauber, Madl.«

»Vor Ort können wir die Route ja nach den vorherrschenden Gegebenheiten abändern«, sagte Anderl.

»Genau. Da ist noch etwas …« Hedi sah ihre Seilkameraden bedeutsam an. »Ich schlage vor, dass wir unsere Ausrüstung in Koffer und Taschen packen, damit wir in der Zahnradbahn, die uns von Grindelwald zur Kleinen Scheidegg hochbringt, nicht sofort als Eigernordwand-Kandidaten erkannt werden.«

Thomas und Anderl nickten zustimmend. Hias stand auf und salutierte zackig. »Dein Wort ist Gesetz. Du bist die Expeditionsleiterin.«

Hedi lachte. »Lass den Quatsch. Wir sind alle gleichberechtigt.« Dennoch freute sie sich über seine Akzeptanz und fügte herzlich hinzu: »Ich fand es übrigens gut von dir, dass auch du das Geld der Partei nicht angenommen hast. Das wollte ich dir noch sagen.«

Hias wirkte plötzlich verlegen – eine ganz neue Seite an ihm. Lässig winkte er ab. »Ist doch selbstverständlich. Am Eiger sind wir Kameraden. Und die halten zusammen.«

Als sich der Abend über das Tal senkte, verabschiedeten sich die Männer und Hedi trug das Tablett ins Haus. In der Stube saßen ihre Großeltern. Ihr Großvater las im Gemeindeblatt, ihre Großmutter strickte. Im Radio sang Marlene Dietrich mit rauchiger Stimme »Ich bin von Kopf bis Fuß auf Liebe eingestellt«. Hedi setzte sich auf die Holzbank und summte fröhlich mit.

»Thomas und du seid also jetzt wieder ein Paar«, sagte Johanna, ohne aufzublicken.

Überrascht hob Hedi den Kopf. Dann lächelte sie und antwortete mit fester Stimme: »Ja.«

Ihre Großmutter blickte ihr streng in die Augen. »Also seid ihr mehr als nur Bergkameraden, wenn ihr nächste Woche zum Eiger fahrt.«

Hedi seufzte in sich hinein. Die Schicklichkeit … Sie hielt Johannas Blick stand. Ein unangenehmes Schweigen breitete sich in der Stube aus. Was sollte sie dazu sagen?

»Erinnerst du dich noch, wie ich damals beim Fensterln von der Leiter gefallen bin und mir den Fuß gebrochen habe?«, hörte Hedi ihren Großvater in die Stille hinein fragen.

Hedi hob die Brauen. »Bei wem hast du denn da gefensterlt?«

Der alte Landauer lachte. »Na, bei wem wohl? Bei der Johanna natürlich. Am nächsten Tag haben wir Verlobung gefeiert. Da konnt' ich auf meiner eigenen Verlobung nicht mit meiner Braut tanzen.«

Hedis Blick wanderte zu ihrer Großmutter, die wie ein junges Mädchen errötete. Da konnte sie sich die Frage nicht verkneifen: »Opa hat bei dir gefensterlt? Und ihr seid noch nicht einmal verlobt gewesen?«

»Nicht nur einmal«, fügte ihr Großvater hinzu. »Nicht wahr, Johanna?«

Johanna schluckte. Hedi merkte, wie peinlich es ihr war. Schnell legte sie das Strickzeug in den Korb und stand auf. »Hans, wir gehen jetzt zu Bett.«

»Wie hat deine Mutter immer gesagt?« Der Landauer-Hans drehte sich in der Stubentür noch einmal zu seiner Enkelin um. »Wenn dir's in Kopf und Herzen schwirrt, was willst du Bessres haben! Wer nicht mehr liebt und nicht mehr irrt, der lasse sich begraben. Das ist von Goethe«, fügte er hinzu, bevor er die Tür hinter sich schloss.

Hedi musste leise lachen. Danke, Großvater!

Am Montagnachmittag bekam Hedi wieder Besuch von Erika. Die beiden jungen Frauen zogen sich hinters Haus in ein stilles Eckchen zurück, wo sie ungestört und ungehört über ihre Liebeserlebnisse plaudern konnten. Natürlich wusste Erika längst, dass Thomas sein Wort gehalten hatte.

»Ich kann dir gar nicht viel Neues berichten«, sagte Hedi, nachdem die beiden mit einer Apfelschorle angestoßen hatten. »Außer, dass ich sehr, sehr glücklich bin und mich aufs Wochenende freue, wenn wir zum Eiger fahren.« Sie drückte Erikas Hand. »Aber erzähl, wie es am Samstag mit Karl war. Ich bin schon ganz gespannt.«

Erika lehnte sich zurück und schlug die Beine übereinander. »Ich weiß nicht so richtig …«, begann sie zögernd. »Eigentlich hatten wir viel Spaß. Dieses Mal sind wir zusammen mit dem Zug nach München gefahren.« Sie verstummte, als müsste sie überlegen.

»Ich hoffe, auch wieder zurück«, sagte Hedi mit besorgtem Blick. »Oder habt ihr euch gestritten?«

Erika lachte. »Mit Karl kann man gar nicht streiten. Der ist einfach zu lieb.«

»Und deshalb auch langweilig?« Hedi sah ihre Freundin forschend an.

»Vielleicht.« Erika zündete zwei Zigaretten an und gab Hedi eine. Nachdem die beiden einen tiefen Zug genommen hatten, fuhr Erika fort: »Eigentlich sind wir beide nicht zurückgefahren. Ich habe bei meiner Cousine übernachtet, bei der Rosa. Und Karl bei einem Freund.«

»Dass er Freunde in München hat«, wunderte sich Hedi. »Der hat doch all die Jahre in Augsburg gelebt.«

»Ich habe ja zuerst gedacht, er hätte überhaupt keine Freunde, aber da habe ich mich geirrt. In dem Club, in dem wir waren, hat er eine Menge Leute gekannt. Und stell dir vor!« Mit großen Augen rückte Erika vor. »Weißt du, wer in dem Club gesungen hat?«

»Sag schon!«

»Der Leitner Johannes.«

»Ja, stimmt!«, rief Hedi aus. »Johannes tritt in einem Münchner Club auf, das hat er erzählt.«

»Er singt wirklich sehr gut und hat großen Applaus bekommen.«

»Hat er dich gesehen?«

Erika lachte. »Nicht nur gesehen. Wir haben auch noch zusammen ein Glas Sekt getrunken.«

»Du und Johannes?«

»Karl, Johannes und ich. Die beiden kennen sich recht gut.«

»Wahrscheinlich durch die Partei. Johannes hat gesagt, dass in dem Klub viele Parteigenossen verkehren.«

»Was mich etwas gewundert hat. Da treten ja auch Kabarettisten auf. Zwei von ihnen haben die NSDAP ganz schön durch den Kakao gezogen. Und alle haben gelacht.«

Hedi winkte ab. »Die geben sich nach außen hin alle gern tolerant. Aber wir wissen ja, was die mit ernsthaften Gegnern machen. Aber jetzt mal wieder zu Karl und dir …«

»Was soll ich dir berichten? Es ist nichts passiert. Wir haben uns einfach gut verstanden und wollen demnächst wieder was zusammen unternehmen.« Erika seufzte. »Vielleicht bin ich einfach nicht sein Frauentyp. Aber vielleicht denkt er auch, dass ich im Moment nur eine Freundschaft will.«

»So was braucht halt Zeit. Was sagen eigentlich deine Eltern dazu, dass du zu ihm Kontakt hast?«

Erika schlug die Augen gen Himmel. »Meine Mutter denkt schon an Enkelkinder. Aber mein Vater ist da ja zum Glück viel fortschrittlicher und toleranter.«

Hedi schluckte. Plötzlich holte sie der Schmerz der Vergangenheit wieder ein. »Wie meine Eltern«, sagte sie leise. »Die haben mir auch viel Freiheit gelassen. Meine Großmutter dagegen redet immer von Schicklichkeit.«

»Sie gehört eben noch einer anderen Generation an.«

Hedi lachte. »Als wenn es damals anders gewesen wäre!« Sie erzählte ihrer Freundin die Geschichte vom Fensterln, und beide lachten aus vollem Herzen.

»Natürlich fahren wir mit zwei Zelten zum Eiger«, fuhr Hedi fort. »Das Zweierzelt teilen sich die Männer, in dem Einmannzelt schlafe ich. Aber das heißt ja nicht, dass Thomas …« Sie zwinkerte Erika verschwörerisch zu.

»Ich verstehe. Ihr würdet ja auch dumm sein, so eine Gelegenheit verstreichen zu lassen.«

Samstag, 13. Juni 1936

Am Samstagmorgen kam Johannes' grüner DKW pünktlich um acht Uhr auf den Landauer Hof gefahren.

»Jetzt geht's los!« Anderl lachte übers ganze Gesicht, als er aus dem Auto sprang. Thomas und Hedi wechselten einen verliebten Blick und Hias griff beherzt nach Hedis Gepäck.

Was nicht in den Kofferraum passte, wurde aufs Dach geschnallt. Während die drei Männer Koffer und Taschen verstauten, lief Hedi noch einmal hoch in ihr Zimmer, um mit ihrem Vater Zwiesprache zu halten. Voller Zärtlichkeit betrachtete sie sein Foto und hielt sich zwei, drei Sekunden lang an seinen braunen Augen fest.

»Es geht los, Vater«, sagte sie halblaut und genoss das Gefühl des Aufbruchs, das ihre Brust ganz weit machte und ihre Hände vor freudiger Erwartung zittern ließ. »Wünsch uns viel Glück.«

Nachdem sie ihre Großeltern umarmt hatte, zwängte sie sich zwischen Hias und Anderl auf die Rückbank und Johannes fuhr vom Hof. Als sie sich umdrehte und ihren Großeltern noch einmal zuwinkte, schnitt ihr der Gedanke, sie vielleicht nie mehr wiederzusehen, wie ein Dolch ins Herz. Was würde dann aus ihnen werden? Da riss Anderl sie aus diesen schwarzen Gedanken. Er stieß sie kameradschaftlich in die Seite und sagte voller Begeisterung: »Jetzt werden wir das letzte Problem der Alpen lösen.«

»Na, na, mal nicht so laut«, bremste Johannes ihn. »Die Italiener sind auch sehr gute Bergsteiger.«

»Aber wir sind besser und schneller als sie«, sagte Hias seelenruhig. »Wir tragen den Sieg heim.«

»Wenn ihr ihn dann tatsächlich erringen werdet«, bemerkte Johannes trocken.

Thomas schwieg, ebenso wie Hedi. Jetzt, da es ernst wurde, fragte sie sich zum ersten Mal, was ihr Vater wohl dazu sagen würde, dass sie tatsächlich in diese schwierige Wand einstiegen. Wenn einer um die Gefahr dabei wusste, dann war er es gewesen. Hoffentlich würden sie alle gesund zurückkehren. Ihre Unversehrtheit zählte mehr als der Erfolg, als Erste die Wand durchstiegen zu haben. Darin war sie sich zumindest mit Thomas einig. Während sie aus dem Fenster auf die grünen Wiesen zu Seiten der schmalen Landstraße blickte, seufzte sie lautlos in sich hinein.

Der wenig frequentierte Grenzübergang bei Landl lag nur drei Kilometer von Bayrischzell entfernt. Anderl stieg aus und plauderte munter mit dem österreichischen Grenzer, den er vom Klettern kannte. Ruckzuck wechselten ein paar Flaschen Obstler ihren Besitzer und der Grenzbalken öffnete sich.

»Gut gemacht«, sagte Hias voller Respekt. »Da haben wir gerade viertausend Reichsmark gespart.«

»Den Obstler musst du abziehen«, konterte Anderl und alle lachten.

Die Fahrt in die Schweiz verlief kurzweilig. Hedi hatte die Zweifel, die sie überfallen hatten, wieder vergessen und alle waren in bester Stimmung. Sie scherzten, lachten und sangen flotte Lieder, die Thomas mit der Mundharmonika begleitete. So vergingen die acht Stunden Autofahrt wie im Fluge. Am Spätnachmittag trafen sie in Grindelwald ein. Zum ersten Mal sahen sie sich der gigantischen Eigernordwand gegenüber, die dem Ort im Winter tagelang in der Sonne stand.

»Fünf Kilometer breit und eintausendsiebenhundert Meter hoch«, sagte Hias voller Ehrfurcht.

Hedi nahm der Anblick den Atem. Halbrund wie ein Amphitheater erhob sich die legendäre Wand aus den Almwiesen über dem Grindelwalder Tal. Unnahbar und feindselig – und doch von majestätischer Schönheit. Keines der Fotos, die sie gesehen hatte, hatte das Monumentale wirklich wiedergegeben.

»Und da wollt ihr rein?«, fragte Johannes skeptisch.

Sie lächelte ihm beruhigend zu. »Es wird bestimmt gut gehen. Wir sind bestens vorbereitet.« Dann wechselte sie schnell das Thema. »Und du willst jetzt sofort wieder zurück?«

Johannes nickte. »Zwischendurch mach ich eine Pause, und dann werde ich gegen Mitternacht wieder in München sein.« Er sah sie bedeutsam an. »Falls ihr Hilfe braucht, meldet euch jederzeit. Hier … meine Privatnummer. Und sei nicht zu harsch zu den Presseleuten vom *Völkischen Beobachter*, die morgen anreisen werden«, fügte er an Hedi gewandt zwinkernd hinzu. »Die machen auch nur ihre Arbeit.«

»Die überlasse ich meinen Seilkameraden«, erwiderte sie leichthin und umarmte ihn. »Danke für alles.«

Sie winkten dem grüne DKW hinterher und gingen dann mit ihrem Gepäck in den kleinen Bahnhof hinein.

»Wollt ihr droben Urlaub machen?«, erkundigte sich der Schalterbeamte in bedächtigem Schweizer Dialekt.

Alle vier nickten stumm.

»Wie soll denn das Wetter werden?«, erkundigte sich Thomas.

»Die letzten Tage hat's droben Schnee gegeben. Jetzt soll's erst mal schön bleiben.«

Anderl zupfte grinsend an Hedis blonden Locken. »Wenn Engel reisen …«

»Ihr müsst euch beeilen. Die Bahn fährt gleich ab«, ermahnte der ältere Mann sie, woraufhin die vier zum Bahnsteig eilten.

Ein paar Minuten später rumpelte die Zahnradbahn mit ihren grünen Waggons aus dem blühenden Tal hinauf in eine Welt aus Fels, Eis und Schnee. Eiger, Mönch und Jungfrau zeigten sich an diesem Spätnachmittag in einem intensiven Licht. Der Wind trieb ein paar weiße Wolken über die drei Gipfel. Fasziniert betrachteten die vier die Schatten, die gespenstisch schnell über die gewaltige Bergwelt sprangen.

Als sie auf zweitausend Meter Höhe ausstiegen, lag die Eigernordwand zum Greifen nah vor ihnen.

»So gewaltig hab ich sie mir anhand der Fotos nicht vorgestellt«, sagte Anderl schließlich mit gedämpfter Stimme.

»Warum sprichst du denn so leise?«, fragte Hias.

»Wahrscheinlich will er den Oger nicht wecken«, erwiderte Hedi.

Hias sah sie verdutzt an. »Wer ist das?«

»Ein menschenähnlicher Unhold, nach dem der Eiger benannt sein soll. In einer Sage heißt es, dass dieser Oger seine lüsternen Pranken auf die Jungfrau legen wollte, aber der sittsame Mönch hinderte ihn daran.«

»Dann werden wir diesem Oger in den kommenden Tagen mal Benehmen beibringen und zeigen, wer hier der Herr ist«, erwiderte Hias, woraufhin die anderen lachten.

»Schaut mal, dort hinten ist das Hotel Bellevue!«, sagte Anderl ehrfürchtig.

Wie ein großer rustikaler Berghof lag das Luxushotel mit seiner Holzfassade und den grünen Fensterläden unterhalb der Felsen in einer Mulde.

»Und durch die Fernrohre auf der Terrasse wird uns dann in den nächsten Tagen die Presse begleiten«, fügte Hedi hinzu.

»Dort oben liegt eine Menge Schnee«, stellte Thomas mit Blick auf die Nordwand fest. »Wisst ihr, was das heißt?«

»Lawinen«, sagten alle drei gleichzeitig.

Thomas nickte mit besorgter Miene. »Die müssen wir erst mal abgehen lassen. Trotz des guten Wetters.«

»Wir dürfen aber auch keine Zeit verschenken«, mahnte Anderl, der so unruhig schien wie ein Rennpferd vorm Start, seit sie in Grindelwald angekommen waren.

»Jetzt lasst uns erst mal ein Plätzchen suchen, wo wir unsere Zelte aufschlagen können«, schlug Hedi vor, ehe Thomas seinen Bruder zurechtweisen konnte.

Nach ein paar Metern entdeckten sie am Fuße der Nordwand ein Zelt.

Hias blieb abrupt stehen. »Sakra! Wir sind nicht die Ersten.«

»Ist doch klar. Die wollen sich alle im August in Berlin die Goldmedaille abholen«, erwiderte Anderl grollend.

Hedi sah Thomas erstaunt an. »Eigentlich sind wir jahreszeitlich für die Wand noch viel zu früh. Die Italiener steigen erst in ein paar Wochen ein.«

»Also, ich hätte eigentlich mit mehr Ansturm gerechnet«, erwiderte er und sah sich um. »Lasst uns dort hinten bei den Fichten unser Lager aufschlagen.«

»Wer mag das sein?«, fragte Hias, während sie durch das Gras stapften.

»Werde ich gleich mal ausspionieren«, kündigte Anderl an. »Man muss schließlich seine Gegner kennen, um sie besiegen zu können.«

Hedi blieb stehen. »Mensch, Anderl, es geht doch hier nicht um einen Kampf.«

»Doch. In dieser Wand geht es um sehr viel Höheres als nur um die Befriedigung des persönlichen Ehrgeizes. Ich mach die Wand für unser Vaterland«, sagte Hias stolz.

Thomas sog die Luft scharf ein. »Bitte, keine Politik«, erwiderte er gepresst.

Hias schnaubte durch die Nase und schwieg. Hedi ging bedrückt weiter. Die Wand hatte sie alle nachdenklich gestimmt, und es herrschte plötzlich eine spannungsgeladene Atmosphäre unter ihnen. Hoffentlich würden sie sich nicht doch noch wegen ihrer unterschiedlichen Ansichten zerstreiten. Anders als beim Training waren sie hier mehrere Tage zusammen.

Die Zelte waren schnell aufgestellt. Nachdem Hedis stand, machten sich Thomas, Anderl und Hias an ihr eigenes. Derweil legte Hedi ihre Ausrüstung sorgfältig auf dem Boden aus. Eishaken, Mauerhaken, Karabiner, zwei Eispickel, Kletterhammer, Steigeisen, Hanfseile, Benzinkocher, Verbandszeug, Arznei. Die Proviantasche stellte sie in die Ecke, ihren Rucksack mit Kleidung und Pflege daneben. Dann ging sie hinaus. Thomas und Hias saßen vor dem Eingang des Männerzelts.

»Wo ist Anderl?«, fragte sie.

»Bei der Konkurrenz«, lautete Hias' Antwort, der auf dem Benzinkocher Kaffee kochte.

Hedi setzte sich neben Thomas, der die Wand durchs Fernglas betrachtete.

»Sie ist ganz schön düster, gell«, sagte sie leise zu ihm.

»Nichts als Schnee, Eis und Stein,« murmelte er.

Wie ein schwarzes Dreieck stand die Nordwand über der Kleinen Scheidegg. Allein die großen Schneefelder und die hellblau schimmernden Eisflächen brachten etwas Licht in den dunklen Felsen. Hedi ließ ihren Blick über Risse und Verschneidungen gleiten und suchte nach Strukturen, die einen bestmöglichen Aufstieg boten.

»Meinst du, wir sollten bei der Mehringer-Sedlmayr-Route bleiben?«, fragte sie Thomas.

Er ließ das Fernglas sinken und atmete tief durch. »Mich stört, dass wir auf so viele Fragen keine Antwort haben. Zum Beispiel, wie hoch und wie steil sind die Eisfelder? Kann man durch all diese Risse und Rinnen zum Gipfel klettern? Wie ist die Felsbeschaffenheit, wie hoch sind die Steilstufen?«

Hias reichte jedem einen Kaffeebecher. »Die Eisfelder sollten wir unbedingt schnell hinter uns bringen. Dort gibt es ständig Steinschläge. Ich würde auf alle Fälle dafür plädieren, bei der Mehringer-Route zu bleiben. Absteigen können wir dann über die Westflanke. Da sind schon einige runter, die auf dem Eiger gestanden haben.«

»Sehe ich genauso«, erwiderte Thomas. »Die Mehringer-Route führt auf fast geradem Weg durch die Nordwand zum Gipfel. Und abgesehen von den Eisfeldern, wo die beiden viel Zeit verloren haben, sind sie ja bis kurz vorm dritten Eisfeld gut durchgekommen.«

»Krieg ich auch einen Becher?«, fragte Anderl und setzte sich ins Gras. »Also, ich hab Informationen. In dem Zelt sind drei Franzosen, die wollen morgen in die Wand. Sie warten schon seit einer Woche auf passendes Wetter. Unten auf Alpiglen soll noch ein Norweger sein. Der ist seit gestern hier, schottet sich jedoch vollkommen ab.«

»Hast du ihre Ausrüstung sehen können?«, fragte Hias.

»Leider nein. Die haben sie unter Verschluss gehalten. Schließlich sind wir hier Gegner.«

»Dass ihr immer in solchen Kategorien denken müsst«, sagte Hedi verständnislos. »Kampf, Sieg … Ich bin hier, weil ich Freude daran habe, einen Zugang zu dieser bisher für unüberwindbar erklärten Wand zu bekommen; um eins zu werden mit der Natur. Natürlich auch, das will ich nicht verleugnen, um der Welt zu zeigen, was wir Frauen in diesem Sport leisten können. Und letztendlich auch, um das Werk meines Vaters weiterzuführen«, fügte sie leiser mit gesenktem Kopf hinzu.

Ohne auf ihre Worte einzugehen, fuhr Anderl fort: »Aber sie scheinen was zu können. Die haben alle Wände in den West- und Ostalpen gemacht und einige Viertausender.«

»Woher weißt du das?« Thomas sah seinen Bruder an.

»Einer spricht Deutsch.«

»Welche Route nehmen sie?«, erkundigte sich Hedi.

»Wollten sie nicht sagen.« Anderl sah Hedi an. »Die sehen uns als Konkurrenz – ob du nun willst oder nicht. Ich hab denen natürlich klargemacht, dass wir auch keine Anfänger mehr sind.«

»Das können die sich wohl denken«, erwiderte Thomas trocken. »Kein Anfänger würde auf die Idee kommen, diese Wand hier anzugehen. Und jetzt, da sie so vor mir steht, bin ich mir nicht mehr so sicher, ob wir den Durchstieg schaffen werden. Hier kommt es nicht nur auf Erfahrung und Technik an. Das hier ist was anderes als eine Ost- oder Westwand. Ihre Nordlage macht sie brandgefährlich.«

Hedi sah ihn forschend an. Stand er nicht mehr hinter ihrem Ziel? Hatte er die Motivation verloren? Hatte er gar Angst?

»Ich habe Hunger«, sagte sie rasch. »Ich finde, wir sollten jetzt erst mal eine Brotzeit zu uns nehmen und uns dann ein bisschen mit der Wand vertraut machen.«

Die Brotzeit verlief ziemlich schweigsam. Während sie Brot, Speck und Käse aßen, sagte Hedi zu Anderl: »Wir haben eben noch mal über die Route gesprochen und meinen, dass die Mehringer-Sedlmayr-Route am besten ist.«

»Ich find auch, wir sollten dabei bleiben«, pflichtete Anderl ihr bei. Voller Unternehmungslust rieb er sich die Hände. »Meinetwegen könnt's morgen früh schon losgehen.«

»Ohne mich.« Thomas schüttelte energisch den Kopf. »Ich brauche erst mal Tuchfühlung mit der Wand. Außerdem …« Er zeigte mit dem Taschenmesser hoch zum Horizont. »Seht ihr die Fischwolken dort hinten?«

Hedi nickte. »Sind am Himmel Wolken wie ein Fisch, dann regnet es vierundzwanzig Stunden gewiss. Erinnert ihr euch? Das hat mein Vater immer gesagt.«

»Klar kann es Regen geben«, begehrte Anderl hitzig auf. »Aber deshalb können wir ja nicht ewig warten.«

»Wir haben verabredet, dass wir mindestens einen Tag zur Akklimatisierung in dieser Höhe brauchen«, erinnerte sie ihn. »Der wäre morgen. Das bedeutet, dass wir frühestens am Montag reingehen.«

Thomas sah seinen Bruder bedeutsam an. »Und dabei bleibt's.«

Eine Weile aß jeder schweigend vor sich hin. Erst nachdem Hias eine Flasche Zweigelt aus seinem Gepäck gezogen und sie miteinander angestoßen hatten, lockerte sich die Stimmung wieder. Anderl holte ein Kartenspiel. »Lust auf ein Spielchen?«

Hias nickte freudig. »Immer.«

Hedi packte das Essen zusammen, und Thomas half ihr. »Ich wasch mal das Geschirr ab«, sagte sie und sah ihn an. »Gehst du mit?«

Zusammen schlenderten sie zu dem kleinen Bach, der zwischen den Fichten und der Wiese hinunter ins Tal plätscherte. Der Abend war schön. Über die Kleine Scheidegg wehte eine sanfte Brise, die den Duft von Heu, Nadelbäumen und Bergblumen mit sich brachte. Aus der Wiese leuchteten ihnen blau, weiß und gelb Alpenvergissmeinnicht, Margeritensterne und Arnika entgegen. Und unten im Tal lag Grindelwald idyllisch und friedlich wie ein kleines Nest zwischen den hohen grauen Felsen.

Während sie das Geschirr abwuschen, sagte Thomas ernst: »Anderl muss ein paar Gänge zurückschalten. Wenn wir den Durchstieg machen wollen, dann nur mit Sinn und Verstand.«

»Das sehe ich genauso.« Hedi legte Teller und Besteck ins Gras und umarmte ihn. Den ganzen Tag hatten sie sich kaum berührt. Sie brauchte jetzt seine Nähe, seine Wärme, denn sie spürte, dass er innerlich nicht bei ihr war.

»Wir machen es so, wie wir vereinbart haben«, fuhr sie sanft fort. »Wir gehen kein Risiko ein. Unser Leben ist wichtiger als dieser Durchstieg. Das hätte mein Vater auch so gesehen.«

Da schloss Thomas sie in seine Arme, und mit einem Mal fühlte sie sich ihm wieder ganz nah. Nachdem sie sich geküsst hatten, fragte sie:

»Warum hast du dich eigentlich auf dieses Unternehmen eingelassen? Du warst doch von Anfang an nicht hundertprozentig dafür.«

Er hielt sie an den Schultern ein Stück von sich weg, sodass er ihr in die Augen sehen konnte. »Wegen dir, mein Liebling. Ich kenn dich doch. Wenn du dir etwas in den Kopf setzt, willst du es auch durchführen. Und die Vorstellung, du hättest mit Anderl und Hias die Wand allein gemacht, hätte mich keine Nacht mehr schlafen lassen. Die beiden sind aus dem gleichen Holz geschnitzt. Die wollen Erfolge heimbringen, wenn auch aus unterschiedlichen Gründen. Anderl muss sich ständig was beweisen, und Hias fühlt sich für den Sieg des

Vaterlandes zuständig. Um ihre Ziele zu erreichen, schalten sie gern mal den Verstand aus.«

»Du bist also nur meinetwegen mitgekommen?«, fragte sie gleichermaßen erstaunt wie tief berührt.

Er lächelte sie zärtlich an. »Sozusagen als dein Leibwächter.«

Skeptisch zog sie die Brauen zusammen. »Dann macht dir das alles eigentlich gar keinen richtigen Spaß?«

»Du weißt, ich bin Bergsteiger mit Leib und Seele. Aber die Eigernordwand hätte ich zu diesem Zeitpunkt tatsächlich nicht gemacht. Die Vergangenheit hat gezeigt, dass sie noch nicht bereit ist.«

Hedi seufzte. Sie drehte sich um und lehnte sich mit dem Rücken an Thomas, während er von hinten seine Arme um sie schlang. So standen sie eine Weile eng aneinandergeschmiegt da und blickten hinüber zu der Wand, in der bereits einige Menschen ihr Leben gelassen hatten.

»Wird sie uns mögen oder abweisen?«, fragte Hedi leise. »Was meinst du?«

»Wenn wir die Antwort bekommen, könnte es vielleicht schon zu spät sein«, antwortete Thomas. »Aber jetzt sind wir hier und gehen auch rein. Nur nicht so schnell wie Anderl und Hias sich wünschen. Erst müssen alle Voraussetzungen stimmen.«

Arm in Arm schlenderten die beiden zurück zum Lager, begleitet von den weichen Klängen eines Alphorns, die aus dem Tal zu ihnen hochwehten. Inzwischen hatte die untergehende Sonne die Gipfel von Eiger, Mönch und Jungfrau in ein pastellfarbenes Rosa getaucht. Aus der Ferne vernahmen sie die Stimmen der Gäste, die auf der Hotelterrasse des Bellevues das Alpenglühen fotografierten.

Sie spielten noch eine Stunde mit den anderen Karten. Als sich Hedi verabschiedete, stand der Mond hoch am Himmel.

Er tauchte das Gras in ein bläuliches Silber. In der Hoffnung, Thomas würde noch einmal zu ihr kommen, ließ sie den Zelteingang offen, während sie bei Kerzenlicht ihr Nachtlager vorbereitete. Doch Thomas kam nicht mehr. Enttäuscht blickte sie zu dem Männerzelt hinüber, das mit der Dunkelheit verschmolz. Auch in dem Zelt der Franzosen brannte kein Licht mehr. Nur die Fenster des Hotels waren noch hell erleuchtet. Der laue Wind trug Klaviermusik und Gelächter über die Alm. Ob Thomas aus Schicklichkeit nicht gekommen war? Unwillkürlich musste sie an ihre Großmutter denken. Das würde Johanna gefallen.

Schließlich zog Hedi das graue Segeltuch vor den Eingang und schlüpfte in ihren Schlafsack. Das Bimmeln der Kuhglocken sang sie in den Schlaf.

Mitten in der Nacht wurde Hedi von einem dumpfen Grollen geweckt. Sie schaute auf ihre Armbanduhr, die einst ihrem Vater gehört hatte: kurz vor Mitternacht. Da war das Geräusch schon wieder, dieses Mal deutlicher. Dann ließ ein Donner wie ein Paukenschlag sie hellwach werden. Sie richtete sich auf, horchte. Wind fegte über die Kleine Scheidegg hinweg und zerrte am Segeltuch ihres Zeltes. Durch die Wand sah sie einen weißzackigen Blitz, der für zwei, drei Sekunden die Nacht erhellte. Ihm folgten gleich mehrere Donnerschläge, die an den Felsen widerhallten. Es hörte sich so an, als würden Eiger, Mönch und Jungfrau in sich zusammenstürzen. Hedi zog die Beine an und umschloss sie mit ihren Armen. Nun öffnete der Himmel seine Schleusen. Die Regentropfen prasselten wie Steine aufs Zeltdach, bald liefen Sturzbäche an den Wänden herunter. Gleichzeitig zischten Blitze über die Felsen hinweg, gefolgt von dröhnendem Krachen. Fröstelnd zog Hedi den Schlafsack um sich, als könnte sie sich so vor den entfesselten Naturgewalten schützen. Sie hatte schon so manches Gewitter in den Bergen erlebt, aber keines war ihr so unheimlich erschienen wie dieses. Plötzlich öffnete sich der Zelteingang und Thomas stand vor ihr. Mit zerzaustem Haar und pitschnass. Er setzte sich neben sie auf den Boden und nahm sie in die Arme. »Angst?«

»Ich doch nicht«, schwindelte sie. »Du etwa?«

Sie sahen sich an und lachten. In Thomas' schwarzen Wimpern hingen Wassertropfen. Hedi wollte sie wegwischen, doch als sie sein Gesicht berührte, hielt er ihre Hand fest und küsste die Innenseite ihres Handgelenks, genau die Stelle, unter der ihr Puls pochte. Sein zarter Kuss ließ ihr Verlangen hochlodern. Sie beugte sich Thomas entgegen. Er küsste ihren Mund, ihre Wangen, ihre Stirn, ihre halb geschlossenen Augen, während seine Hände unter ihr Schlafanzugoberteil glitten und zärtlich ihre Brüste streichelten. Seine sanften Berührungen stachelten ihre Lust an und ließen sie ihre Angst vor dem Gewittere vergessen. Thomas erkundete ihren Körper mit Lippen, Zunge und Händen. Sein Atem zwischen ihren Brüsten, seine Küsse auf ihren Leisten brachten sie schier um den Verstand. Sie sog seinen männlichen Duft ein und ließ ihre Hände über seinen Körper wandern. Sie liebten sich, als hätten sie die Liebe neu erfunden, gefangen in einem sinnlichen Zauber, der das kleine Zelt erfüllte. Schließlich erklommen sie gemeinsam den Gipfel der Lust.

Nach dem Liebesakt lagen sie sich in den Armen und lauschten den Herzschlägen des anderen. Das Gewitter war weitergezogen. Nur ein feiner Regen sang noch leise sein Lied. Wie gerne hätte Hedi die Welt angehalten, um diese kostbaren Augenblicke bis in alle Ewigkeit auszudehnen!

Sonntag, 14. Juni 1936

Als Hedi am Morgen aus dem Zelt trat, zeigten sich Eiger, Mönch und Jungfrau in Nebel gehüllt. Die Temperatur war gegenüber dem Vortag um etwa fünfzehn Grad gesunken. Es nieselte. Thomas, Anderl und Hias saßen unter dem Vordach des Männerzeltes vor dem Benzinkocher. Sie winkten ihr zu. »Frühstück!«

Selbst der heiße, starke Kaffee und die Spiegeleier konnten die bedrückte Stimmung zwischen ihnen nicht vertreiben.

»Sauwetter!«, schimpfte Hias, bevor er herzhaft in eine saure Gurke biss. »Was machen wir denn jetzt den ganzen Tag? Bei dem Nebel kann man die Wand nicht einmal mehr sehen.«

»Schlafen, Karten spielen und auf besseres Wetter hoffen«, entgegnete Anderl mit finsterer Miene. »Der heutige Tag sollte laut Hedi ja sowieso nur zur Akklimatisierung sein.«

Hedi ignorierte den Seitenhieb und sah Thomas an. »Ich würde gern mal mit der Eigerbahn fahren. Da drinnen ist es wenigstens trocken.«

»Gute Idee«, stimmte er ihr zu. Er sah Anderl und Hias an. »Ihr auch?«

»Ich will nicht durch den Eiger, sondern auf ihn. Und zwar durch seine Nordwand«, knurrte Anderl.

Hias schüttelte nur den Kopf.

Thomas stand auf. »Dann lassen wir euch beiden Zwiderwurzen jetzt mal allein. Sonst sind wir gleich alle schlecht gelaunt.«

Hedi stand auch auf und wollte gerade alles wegräumen, als Hias versöhnlich sagte: »Lass nur. Das machen wir.«

Wenige Minuten später gingen Thomas und Hedi in zuge-
knöpften Anoraks und langen Hosen zu dem kleinen Bahnhof hinüber, an dem die Bahn aus Grindelwald ankam und die
zum Jungfraujoch abfuhr. Fröstelnd warteten sie unter dem
Vordach auf die Abfahrt. Nach ein paar Minuten pfiff der
Zugschaffner und sie liefen durch den Regen zu dem Waggon
gleich hinter der Lokomotive. Dann setzte sich der Zug in
Bewegung. Schon bald tauchte die Lok in einen Tunnel ein.
Hedi und Thomas saßen Hand in Hand dicht nebeneinander
auf der Holzbank und schauten durchs Fenster in die Dunkelheit. Ein modriger Geruch drang ins Abteil, während sich die
schmalen Waggons mit ruhiger Gleichmäßigkeit durch das
Berginnere schoben. Nur das Knacken in ihren Ohren verriet
den beiden, wie schnell sie an Höhe gewannen.

»Ihr seid heute die ersten Fahrgäste«, sagte der Schaffner,
nachdem er ihre Karten kontrolliert hatte.

»Kein Wunder bei dem Wetter«, erwiderte Hedi und zeigte
ihm ihr schönstes Lächeln. »Dann haben Sie doch bestimmt
ein bisschen Zeit, um uns etwas über diese Bahn zu erzählen?«

»Freilich.« Der ältere Mann setzte sich ihnen gegenüber.
»Die Jungfraubahn ist zwischen 1896 und 1912 gebaut wor-
den und überwindet auf einer Länge von neun Kilometern
fast eintausendvierhundert Höhenmeter. Die ersten fast sechs
Fahrtkilometer und die ersten vier Stationen befinden sich im
Bereich des Eigers.«

»Welch eine Ingenieur- und Arbeitsleistung!«, sagte Hedi
bewundernd.

»Macht ihr hier Urlaub?«

»Wir wollen in den nächsten Tagen in die Nordwand«, erzählte sie dem Mann.

Bedeutsam sah er sie an. »Dann wisst ihr hoffentlich, dass
sich das Wetter nirgends so sprunghaft ändert wie in der Eigernordwand.«

»Wir haben davon gehört«, antwortete Thomas.

»Nach einem Wettersturz kann man selbst von Grindelwald aus Wasserfälle und Schneerutsche über die gesamten Breite der Wand sehen, die einen erforderlichen Rückzug hochgefährlich machen.«

Thomas lächelte ihn beruhigend an. »Wenn es nicht passt, gehen wir gar nicht erst rein.«

»Der Eiger hat seinen eigenen Kopf, den man respektieren muss. Im Sommer ist der Nachmittag zum Beispiel seine Zeit, um sich von losen Steinen, Eis und Schnee zu befreien. Pausenlos schießt er etwas die Wand hinunter.« Der Schaffner nickte bedächtig. »Überlegt's euch gut. Der Neuschnee der vergangenen Tage ist noch nicht fest mit dem alten Schnee verwachsen. Das bedeutet höchste Lawinengefahr.«

»Wissen Sie, wie das Wetter in den nächsten Tagen wird?«, erkundigte sich Hedi.

»Es soll besser werden.«

»Der Schalterbeamte in Grindelwald hat uns gestern gesagt, es würde schön bleiben. Und was haben wir heute? Regen.«

Da lachte der ältere Mann. »Das ist typisch Urs. Der prophezeit immer gutes Wetter, damit die Touristen bleiben.«

»Und Sie?« Hedi lächelte ihn keck an.

»Im Radio wurde heute Morgen gesagt, dass es besser werden soll.«

Plötzlich wurde es hell. Die Waggonbeleuchtung erlosch und die Bahn rollte aus. Sie waren an der Station Eigerwand angekommen, die auf 2865 Metern lag. Hedi und Thomas verließen den Zug und sahen sich in der großen Höhle um, in der der Geruch von feuchtem Gestein und Schmieröl hing. Fröstelnd traten sie hinaus an das Eisengeländer und befanden sich direkt in der Nordwand, durch die der Wind pfiff. Thomas legte schützend den Arm um Hedi. »Knapp eintausend Meter«, sagte er mit Blick in die Tiefe.

Hedi folgte seinem Blick. Der senkrechte schwarze Fels verschwand irgendwo dort unten in den Nebelschwaden.

Schneeregen fiel, Wind zerrte an ihren Haaren, kleine Lawinen zischten vorbei. Hedi spürte einen gewaltigen Sog, als ob die Tiefe sie anziehen würde, und lehnte sich an Thomas, der wie ein Fels in der Brandung auf dem schmalen Austritt stand. Gehalten von seinem Arm beugte sie sich ein Stückchen übers Geländer, streckte die Hand aus und berührte den Felsen. Sie lächelte Thomas an. »Meine erste Berührung der legendären Nordwand.«

Das Gestein war glitschig und bröselig, voller Risse, die mit Eis verklebt waren. In diesem Moment war Hedi sich zum ersten Mal gar nicht mehr so sicher, ob sie die Durchsteigung wagen sollten.

»Über diese Stelle in der Wand ist noch kein Mensch hinausgekommen«, sagte Thomas gedankenverloren.

»Vielleicht schaffen wir es«, erwiderte sie, aber es klang in ihren eigenen Ohren nicht sehr überzeugt.

»Und falls nicht …« Thomas drehte sie zu sich um, sodass sie sich in die Augen sehen konnten. »Falls nicht, haben wir über das Projekt wenigstens wieder zusammengefunden.« Seine Hand glitt über ihr Haar, das sie zu einem Kranz zusammengeflochten trug, und umfing ihre Wange. »Wenn wir vom Eiger zurück sind, ganz gleich ob erfolgreich oder nicht, will ich dich heiraten.«

Mit großen Augen sah sie ihn an. »Ist das … ein Heiratsantrag?«, stammelte sie überrascht.

Thomas lachte. »So müsste es sich anhören, oder? Auch wenn hier oben nicht gerade der romantischste Ort dafür ist.«

»Ja.« Sie legte die Arme um seinen Hals und strahlte ihn an. »Ich meine, ja, so hat es sich gerade angehört. Und ja, ich nehme ihn an.«

Nach ihrem Ausflug aufs Jungfraujoch fuhren Hedi und Thomas nach Grindelwald hinunter, wo für die Touristen auch sonntags die Geschäfte geöffnet hatten. Zur Besiegelung ihres

Eheversprechens suchten sie beim Juwelier Ringe aus. Sie mussten jedoch noch an ihre Fingergröße angepasst werden.

»Das dauert aber zwei Tage«, sagte die Verkäuferin bedauernd.

»Wir holen sie Ende der Woche ab«, erwiderte Thomas.

Die junge Frau zögerte. »Könnten Sie sie dann bittschön im Voraus bezahlen? Der Chef ist heute nicht da, und ich bin erst seit ein paar Wochen hier. Ich möchte nichts falsch machen.«

Thomas lachte. »Kein Problem.«

Überglücklich verließen Hedi und Thomas das Geschäft. Es regnete immer noch, nur dass es hier unten in Grindelwald nicht so kalt war wie auf der Kleinen Scheidegg.

Am Nachmittag kamen die beiden wieder im Lager an. Der Nebel hatte sich inzwischen etwas gelichtet, sodass man die Gipfel wieder sehen konnte. Überrascht stellten sie fest, dass Anderl und Hias während ihrer Abwesenheit Gräben um die beiden Zelte gezogen hatten.

»Damit das Regenwasser nicht reinläuft«, erklärte Hias, als sie alle im Männerzelt auf dem Boden saßen. Die Luft war kalt. Sie roch nach Feuchtigkeit, Stearinkerzen und geräuchertem Speck. Durchs Dach tropfte der Regen auf sie hinunter, Biwaksäcke und Kleidung waren inzwischen klamm. Alle sehnten sich nach einem warmen Kaminfeuer, aber im Gegensatz zu Hias und Anderl befanden sich Hedi und Thomas im Glücksrausch, der sie über alle Widrigkeiten hinwegtrug.

»Die Franzosen sind heute Vormittag abgefahren«, erzählte Anderl. »Die hatten die Nase endgültig voll.«

»Und der Norweger?«, fragte Hedi.

»Keine Ahnung«, antwortete Hias. »Wir sind eben mal runtergewandert.«

»Wir hatten übrigens Besuch vom *Völkischen Beobachter*«, berichtete Anderl weiter.

»Wie gut, dass ich nicht hier war«, entfuhr es Hedi.

»Die sind ganz wild auf die Geschichte«, fuhr er fort.

»Wir haben denen gesagt, dass wir ihnen wegen des Wetters noch nichts bieten können.«

»Frühestens in vier Tagen«, fügte Hias breit grinsend hinzu. »Dann sind wir ja schon längst in der Wand. Ich hoffe, das war in deinem Sinne.« Er zwinkerte Hedi verschwörerisch zu.

Sie lächelte ihn dankbar an. »Danke. Und was habt ihr ihnen sonst noch gesagt?«

Anderl winkte ab. »Das willst du gar nicht hören.«

Sie setzte sich aufrecht hin. »Doch, will ich.«

Hias' Miene verhärtete sich. »Du weißt, dass ich Mitglied der NSDAP bin. Natürlich habe ich gesagt, dass ich den Durchstieg für Deutschland mache. Was sonst?«

»Ja, was sonst«, antwortete sie trocken. Sie zündete sich eine Zigarette an und schwieg.

»Und heut Mittag haben wir etwas zu essen vom Hotel Bellevue bekommen«, wechselte Anderl das Thema. »Da kam plötzlich so ein hübsches Schweizer Madl und brachte uns eine warme Suppe. Außerdem sind wir alle heut Abend vom Hotelier Fritz von Almen eingeladen.«

»Das Madl hat gesagt, dem liegt sehr viel an den Bergsteigern, die zu seinen Füßen campieren«, fügte Hias hinzu. »Die Franzosen sollten auch dabei sein, aber die sind ja weg.«

Während Hedi voller Skepsis war, sagte Thomas entschlossen: »Eine solche Einladung können wir nicht ablehnen. Das wäre unhöflich.«

»Und außerdem saublöd«, pflichtete sein Bruder ihm bei. »Stellt euch mal vor: feines Essen, guter Wein, Wärme und Musik. Ganz so, wie es uns als Goldmedaillenanwärter gebührt. Und das alles umsonst.«

»Herr von Almen sieht uns doch nur als besondere Abendattraktion für seine Gäste, die uns in den nächsten Tagen dann von der Terrasse aus beobachten können, wie auf einer großen Leinwand«, wandte Hedi ein. »Das gefällt mir nicht. Außerdem haben wir nichts Passendes zum Anziehen.«

Thomas lachte und strich ihr zärtlich über die Wange. »Du bist auch in Knickerbockern, Bergstiefeln und dem Janker viel schöner als alle Frauen dort in ihren Abendkleidern. Darauf wette ich.«

»Genau«, sagten Anderl und Hias wie aus einem Mund. »Was schert uns unsere Bergkleidung?« Anderl zuckte gleichgültig mit den Schultern. »Jeder von denen weiß doch, dass wir hier sind, um die Wand zu machen.«

Dank fünfzig Bürstenstrichen fiel zumindest Hedis Haar lockig und glänzend über ihre Schultern. Dazu fand sie in einem Seitenfach ihres Kulturbeutels noch einen Lippenstift, der von ihrer letzten Reise mit Erika stammte.

Während ihre Seilkameraden sich nichts anmerken ließen, war sie ein wenig nervös, als sie gegen sieben Uhr das Hotel betraten. Die schweren Teppiche in der Empfangshalle, Kristalllüster, Ledersessel und livrierte Kellner schufen eine vornehme Atmosphäre. Hedi warf einen neugierigen Blick in den Salon, wo geraucht, Schach gespielt und Zeitung gelesen wurde. Unter den Gästen, die alle in Abendkleidung waren, fielen sie sofort als Bergsteiger auf. Fritz von Almen, ein freundlicher Mann mittleren Alters, führte sie unter den neugierigen Blicken der anderen in den Speisesaal. Hier herrschte die gleiche elegante Atmosphäre – Kristallleuchter, Silber, feinstes Porzellan, die Damen in Seide und Spitze, die Herren im Smoking. Unter der kunstvoll holzgetäfelten Zirbendecke schwebten Parfümwolken und gedämpftes Lachen. Ein Pianist spielte im Hintergrund dezent Salonmusik, Operettenmelodien und deutsche Schlager.

Fritz von Almen ging mit ihnen zu einem Tisch, an dem seine Stammgäste saßen – zwei schweizerische und zwei deutsche Ehepaare sowie ein Österreicher – und stellte sie vor. Während des Fünf-Gänge-Menüs, das so köstlich wie üppig war, musste sich die Seilschaft vielen Fragen stellen.

»Wie sind Sie denn zum Bergsteigen gekommen?«, erkundigten sich die beiden Schweizerinnen bei Hedi.

»Durch meinen Vater. Er war Bergführer«, erzählte sie ihnen. »Mit zwölf habe ich ihn aufs Kitzsteinhorn begleitet. Es war eine meiner ersten Touren mit ihm, und wir sind in einen fürchterlichen Schneesturm geraten, der uns beinahe zum Verhängnis geworden wäre. Dieses Erlebnis war für mich wie eine Bewährungsprobe und band mich für immer an die Berge.«

»Haben Sie denn gar keine Angst?«

»Nein. Wenn ich am Berg bin, fühle ich mich vielmehr eins mit dem Felsen.«

»Und was ist, wenn Sie mal nass werden?«

»Im Rucksack habe ich natürlich Kleidung zum Wechseln.«

»Und wie waschen Sie sich?«

Hedi schmunzelte. »Die Zähne putzen wir uns mit geschmolzenem Schnee, aber aufs Baden müssen wir leider verzichten.«

»Und … und wie ist es mit der Verrichtung der Notdurft?«

Da musste sie hellauf lachen. »Im Felsen gibt's viele Nischen.«

Die Männer am Tisch interessierten sich für andere Themen. Sie wollten wissen, wie viele Meter Seil sie dabeihatten und von welcher Dicke und ob sie mit Nagelschuhen oder weichen Kletterschuhen in die Nordwand einstiegen.

»Wir Schweizer betreiben den Bergsport ja aus reiner Freude am Bergerlebnis und mit großem Können«, warf der Industrielle aus Genf stolz in die Runde. Seine sehr viel jüngere Gattin warf Thomas immer wieder verstohlene Blicke zu. »Anders als ihr Deutschen. Völlig ohne Hilfsmittel wie Karabiner, Haken und Hanfseile. Und die Olympiamedaille fürs Bergsteigen lehnen wir genauso ab wie die Engländer«, fügte er hinzu, die flirtenden Blicke seiner Frau ignorierend.

»Warum soll man sich nicht jeder Art von Hilfsmitteln bedienen, um seine Ziele zu erreichen?«, fragte der Deutsche, ein

Flugzeugbauer aus Hamburg, der das goldene Parteiabzeichen der NSDAP an seiner Smokingjacke trug. Seine Frau, weich, rundlich und blond, hatte noch keinen Ton von sich gegeben. Ihre großen blauen Augen hingen bewundernd an ihrem Mann, dem man anmerkte, dass er Macht und Einfluss besaß. »Auch im Sport geht es um Kampf und Sieg.« Er hob sein Glas. »Ich trinke auf diese vier jungen Menschen mit ihren kerngesunden Körpern, soldatisch-kämpferischer Haltung und Kraftbewusstsein, mit dem sie hoffentlich in den kommenden Tagen die Goldmedaille für den Bergsport erkämpfen können. Eine solche Jugend braucht das Deutsche Reich. Und ich trinke besonders auf die junge Frau hier, die den Urtyp der teutonischen Frau verkörpert – schön, blond, sportlich und stark. Nachdem sie den Eiger besiegt hat, wird sie dem Deutschen Reich starke und mutige Kinder schenken, ihnen eine gute Mutter sein und ihrem Mann eine treue Gefährtin.« Nach dieser Ansprache kippte er den Inhalt seines Weißweinglases in einem Zug hinunter.

Hedi blieb fast der Bissen im Hals stecken. Sie fing sich gerade noch, nahm einen Schluck Wein und tupfte ihren Mund mit der Serviette ab.

Auch der Österreicher, ein bekannter Schriftsteller, sah den Norddeutschen irritiert an und erwiderte scharf: »In den Bergen ist die Luft rein und klar. Da gibt es kein nationales Heldentum. Kaum ein Ort ist weniger geeignet, die Herrennatur im Menschen hervorzukehren, als das Gebirge.« Er wandte sich an Hedi, die neben ihm saß. »Oder wie sehen Sie das?«

Sie lächelte ihn an. »Das sehe ich genauso wie Sie. Der Alpinismus ist kein Kampf oder Krieg. Die Grundlage des Bergsteigens muss immer die Liebe zur Natur und zum Berg sein. Der Sport hat nichts mit Politik zu tun.«

Die fleischigen Wangen des Flugzeugbauers bebten, als er schneidend erwiderte: »Als Deutsche sollten Sie sich beim Durchstieg der Wand dem Nationalsozialismus verpflichtet

fühlen. Sie sollten diese Heldentat für das Deutsche Reich erbringen, nicht für sich selbst.«

»Wir vier sind bergverwachsene Menschen«, hörte Hedi da
Thomas ruhig sagen. Er hatte bisher nicht an der Unterhaltung teilgenommen. »Und bergverwachsene Menschen lassen
sich nicht von nationalem Ehrgeiz drängen. Uns geht es hier
am Eiger darum, ein wirklich großes bergsteigerisches Erlebnis zu haben, auf das auch viele andere Alpinisten hintrainiert
haben.«

»Für viele von uns Schweizern war mit der Begehung durch
Lauper und Zürcher 1932 die Erschließung des Eigers eigentlich abgeschlossen«, meldete sich da Fritz von Almen zu Wort,
der um die Stimmung am Tisch zu fürchten schien. »Doch in
den darauffolgenden Jahren kamen immer wieder Bergsteiger,
die den Durchstieg der Nordwand versuchten. Und obwohl
es erst vergangenes Jahr hier zu einem tragischen Unfall gekommen ist, belagern seit Anfang Mai besonders viele Seilschaften den Eiger.«

Danach diskutierte man, was Mehringer und Sedlmayr
falsch gemacht hatten. Da der Wein in Strömen floss, wurde
die Stimmung am Tisch immer gelöster, und bald wurden nur
noch Anekdoten ausgetauscht, die nichts mehr mit Bergsteigen oder Politik zu tun hatten. Anderl flirtete mit der Gattin
des Schweizer Industriellen, die, nachdem Thomas ihre Blicke
ignoriert hatte, sich ganz fasziniert von Anderls ausgeprägten
Armmuskeln zeigte und diese ausgiebig betastete. Hias erkundigte sich bei Fritz von Almen nach den Arbeitsbedingungen
und Gehältern der Schweizer Bergführer, und Hedi und Thomas gingen nach einer Weile auf die Terrasse, um frische Luft
zu schöpfen und allein zu sein.

Es regnete nicht mehr, aber es war kalt auf zweitausend Meter Höhe. Thomas legte seinen Janker um Hedi. Arm in Arm
standen sie unter dem bedeckten Himmel, in den stumm und
ernst die Eigernordwand ragte. In der Mitte der Wand stand

eine helle Wolke, der einzige Lichtfleck auf der gigantischen schwarzen Fläche. Sie wurde vom Licht der Station Eigergletscher erleuchtet.

»Von hier ist sie wie eine einsehbare Bühne«, sagte Hedi. »Kein Wunder, dass sich die Schaulustigen hier tummeln, wenn Bergsteiger drin sind.«

»Herrn von Almen bringt es Gäste und Geld.«

»Hast du gehört, wie er erzählte, dass kommende Woche eine japanische Seilschaft kommt?«

»Ja, aber die können genauso wenig rein wie wir, wenn das Wetter nicht besser wird.«

Hedi nickte. Dann lachte sie leise. »Es hat mich gewundert, wie zurückhaltend Hias heute Abend war. Er hat dem Flugzeugbauer gegenüber noch nicht einmal erwähnt, dass er auch in der Partei ist.«

»Eigentlich ist er kein übler Kerl«, erwiderte Thomas. Er schauderte merklich.

»Wollen wir wieder reingehen?«, fragte Hedi besorgt. »Vielleicht können wir im Salon noch einen Tee trinken, bevor wir uns verabschieden.«

Nach dem Tee bedankten sich die vier bei ihrem großzügigen Gastgeber und gingen zurück zu ihren feuchtkalten Zelten – Anderl und Hias bereits ein bisschen angetrunken. Als Hedi in ihrem Schlafsack lag, lauschte sie den Geräuschen, die die Nordwand von sich gab. Das dumpfe Grollen und laute Krachen erzählten davon, dass sie unaufhörlich arbeitete. Und wieder fragte sie sich, ob sie sie mögen oder abweisen würde.

Montag, 15. Juni 1936

Am Montag war es trocken, und die Temperatur stieg wieder auf zweistellige Werte an. Über der Kleinen Scheidegg jedoch lag noch eine dicke Wolkendecke, die alles grau und trist erscheinen ließ. Hedi und Thomas wanderten nach Grindelwald und träumten bei Kaffee und Rüblikuchen von ihrer gemeinsamen Zukunft. Als sie am Nachmittag zurückkamen, erzählten Hias und Anderl, dass sie immer wieder die Nordwand beobachtet hatten, wo im Laufe des Tages wegen der ansteigenden Temperatur ständig Lawinen abgegangen waren.

»Morgen in der Früh gehen wir rein«, sagte Hias. »Der Mann an der Hotelrezeption hat beim Wetterdienst in Bern angerufen. Für die nächsten Tage wird eine stabile Wetterlage erwartet.«

»Das wollten wir euch auch vorschlagen«, erwiderte Hedi.

»Dann sind wir uns also einig.« Sichtlich erleichtert streckte Hias seine Rechte aus. »Schlagt ein! Dann gilt es als abgemacht.«

»Es sei denn, es kommt in der Nacht doch noch ein Wettersturz«, gab Hedi zu bedenken.

»Niemals«, meinte Anderl zuversichtlich.

Dienstag, 16. Juni 1936

Um drei Uhr morgens erschien Thomas in Hedis Zelt. »Bereit?«, fragte er mit zärtlichem Lächeln.

»Bereit.« In voller Ausrüstung stand sie vor ihm – die dreißig Meter langen Hanfseile sowie Haken und Karabiner an einer Schlaufe schräg geschultert, Eispickel, Hammer und zehnzackige Steigeisen am Gürtel befestigt.

»Wie hast du geschlafen?«

Hedi zuckte mit den Schultern. »Es geht. Auch wenn wir schon so viele schwierige Touren gemacht haben, ist das hier doch etwas anderes. Vielleicht ist es auch nur der Mythos der Unbezwingbarkeit dieser Wand, der mir so ein bedrückendes Gefühl gibt.«

Thomas nahm sie in die Arme. »Ein gesunder Respekt vorm Berg ist immer gut. Wir werden es schaffen. Nur so dürfen wir jetzt denken. Und wenn die Umstände zu schwierig werden, kehren wir halt um.« Er griff in die Tasche seines Anoraks. Als er seine Hand wieder hervorzog, lag in ihr ein kleiner Holzengel. »Der ist für dich. Er soll dich allweil beschützen, wenn ich es nicht tun kann.«

Hedi durchfuhr ein Schauer. Sosehr sie diese Geste erfreute, so sehr beunruhigten Thomas' Worte sie auch. Sie klangen nach drohendem Unheil. Tapfer brachte sie ein Lächeln zustande. »Das ist doch der Engel, den du am Watzmann geschnitzt hast.«

»Ich habe ihn damals schon für dich geschnitzt.«

Da wurde ihr der Hals eng. Tränen stiegen ihr in die Augen. Sie hielt Thomas' liebevollen Blick fest. »Er soll nicht nur mich beschützen, sondern auch dich. Uns alle.«

»Seid ihr so weit?« Anderls Stimme ließ die beiden auseinanderfahren. Da erschien auch schon der rote Haarschopf ihres Seilkameraden im Zelteingang. »Busseln könnt ihr heut Abend im Biwak noch genug. Jetzt geht's los.«

Es war noch dunkel. Am Himmel standen abertausend Sterne, die einen wolkenlosen, sonnigen Tag versprachen. Schweigend gingen die vier über die Wiese zum Fuß der Eigernordwand. Nur das leise Klirren der Haken und Steigeisen begleitete ihre Schritte. Das taunasse Gras schluckte die Tritte ihrer schweren Bergschuhe. Mit ihren Taschenlampen suchten sie sich einen Pfad durch das Geröllfeld, das sich bis zum Wandfuß hin erstreckte. Rinnsale flossen durch die Furchen, und kleine Steine rieselten ihnen entgegen. Nachdem sie den Geröllsockel der Wand durchstiegen hatten, blieben sie stehen.

»Jetzt ist es so weit«, sagte Hias feierlich. Er nahm seinen Filzhut ab, senkte den Kopf und bekreuzigte sich. Die anderen taten es ihm gleich.

»Wenn wir gut durchkommen, können wir heut Abend unser erstes Biwak schon oberhalb des ersten Eisfeldes aufschlagen«, sagte Anderl voller Tatendrang. »Also – aufi geht's!«

Im unteren Teil der Eigerwand kamen sie aufgrund der niedrigen Wandstufen gut voran. Schon bald verflüchtigte sich das bedrückende Gefühl, das für Hedi völlig neu gewesen war und sie kaum hatte schlafen lassen. Erst an einem Felsen, der sich pfeilartig in die Dunkelheit erhob, seilten sie sich an. Sie bildeten zwei Seilschaften. Während Thomas Hedi half, das Seil umzulegen, sah er sie bedeutsam an. »So bindet man sich auf Leben und Tod zusammen«, sagte er so leise, dass nur sie es hören konnte.

»Auf immer und ewig«, flüsterte sie zärtlich zurück.

Schnell verfielen die vier in ein gleichmäßiges Bewegungsmuster, das sie rasch und mühelos vorankommen ließ. Mit diesem flotten Tempo erreichten sie bald die erste Steilstufe, die an dieser Stelle geschätzte einhundert Meter hoch war. Inzwischen war die Sonne aufgegangen. Sie machte den Felsen griffig und warm.

»Jetzt wird's schwieriger«, sagte Thomas, während er an dem vertikalen Wandstück hochblickte.

»Die Rucksäcke seilen wir am besten hoch, um beim Klettern das Gleichgewicht besser halten zu können«, schlug Hedi vor.

»Einverstanden.«

»Kann ich den Vorstieg machen?« Sie liebte solch schwierige Stellen, an denen für sie weder die Leere unter ihr noch der Himmel über ihr existierten. Dann gab es nur noch sie und den Felsen. Kein Denken mehr, nur noch Sein.

Als Thomas nickte, kletterte sie voller Energie los, setzte die Frontzacken ihrer Steigeisen in die Felsritzen, griff in die Gesteinslücken, verlagerte ihr Gewicht behutsam von einem auf den anderen Fuß und zog sich nach oben. So arbeitete sie sich Seillänge um Seillänge zum ersten Standplatz vor, wo sie einen Mauerhaken einschlug und sich mit dem Karabiner sicherte.

»Rucksack!«, rief sie zu Thomas hinunter, woraufhin er das Gepäck ans Seilende knotete.

Das Aufseilen der Rucksäcke erwies sich als schwierig und zeitraubend. Mehrmals verhakten sie sich an kleinen Überhängen, sodass Thomas, der im Nachstieg war, sie von unten mit dem Kopf wieder in die freie Lage bringen musste. Schließlich hatten sie es geschafft. Nachdem auch Anderl und Hias auf dem schmalen Band oberhalb der fast senkrecht stehenden Felswand angekommen waren, legten sie eine Pause ein.

»Herrschaftszeiten!«, rief Hias aus. »Das war ein kleiner Vorgeschmack auf das, was uns oben bevorsteht.«

»Ich mag solch steile Aufstiege. Dabei gewinnt man schnell an Höhenmetern«, meinte Anderl zufrieden.

Während sie auf dem Benzinkocher Tee kochten und Brot, Speck und Käse auspackten, hörten sie das Muhen der Kühe auf der Kleinen Scheidegg und das Rattern der Zahnradbahn. Noch waren sie dem sicheren Boden nah. Dennoch hatten sie das Gefühl, der bewohnten Welt bereits entrückt zu sein. Auf der Terrasse des Hotel Bellevue saßen zu dieser frühen Stunde nur wenige Gäste. Ab und zu schaute mal einer von ihnen zur Eigerwand herüber.

»Ohne Fernglas können die uns hier kaum erkennen«, meinte Anderl.

Hias zwinkerte Hedi zu. »Siehst du irgendwo Presseleute?«

Sie lachte. »Das hast du gut gemacht. Vielleicht sind wir heute und morgen tatsächlich noch vor denen sicher.«

»Ich war sehr überzeugend«, brüstete Hias sich stolz. »Aber ich freu mich schon auf den Presserummel, wenn wir wieder unten sind.«

»Ich auch«, pflichtete Anderl ihm bei.

»Dann ist es mir zwar immer noch nicht angenehm, aber besser, als wenn sie jeden unserer Schritte hier verfolgen«, erwiderte Hedi.

»Es werden sicher noch andere Reporter da sein als nur die vom *Völkischen Beobachter*«, tröstete Hias sie. »Ich weiß ja, wie du zur Partei stehst.«

»Keine Politik«, warf Thomas mit gespielter Strenge ein und alle lachten.

Nach einer halben Stunde stiegen sie weiter. Sie fühlten sich ausgezeichnet in Form und das Wetter war gut. Nicht eine Wolke stand am Himmel. Noch war es kalt, aber je höher die Sonne stieg, desto wärmer wurde es.

»Die steigenden Temperaturen erwecken Fels und Eis zum Leben. Wir sollten uns beeilen«, sagte Hias besorgt.

Die nächste schwierige Etappe war eine fast zweihundert Meter hohe, zum Teil überhängende Steilstufe. Sie führte zum ersten Eisfeld hin. Schweigend blickten die vier an ihr hoch. Ein senkrechter Fels, nur ab und zu ein winziger Vorsprung, ein feiner Riss, sonst nichts als Schatten, Abgrund und Haltlosigkeit.

»Verdammt steil«, murmelte Thomas.

»Hier ist alles steil«, erwiderte Anderl. »Die gesamte Nordwand. Aber noch sind die Steine festgefroren«, fügte er zuversichtlich hinzu.

Kaum hatte er die Worte ausgesprochen, als sie auch schon über dem oberen Rand dieses Wandstücks ein paar Steine durch die Luft schwirren sahen. In weitem Bogen flogen sie nach unten und schlugen unweit von ihnen auf.

»Glück gehabt«, meinte Thomas trocken. »Dem Eiger ist einfach nicht zu trauen.«

Hias zeigte auf die kleinen Rinnsale, die an dem Felsen hinunterliefen. »Seht ihr das Schmelzwasser an einigen Stellen? Die sollten wir möglichst umgehen.«

Hedi nickte seufzend. »Sehr schlechte, rutschige Verhältnisse.«

»Dennoch. Rauf müssen wir«, erwiderte Anderl entschlossen.

»Ich mach den Vorstieg«, schlug Thomas vor, der stets darauf achtete, dass sich keiner in einer Seilschaft verausgabte.

Zuerst ging alles gut. Dann rutschte Hedi an einer glatten Stelle der Fuß weg. Bevor sie einen Ton von sich geben konnte, fiel sie auch schon in die Tiefe. *Jetzt ist's vorbei. Und Thomas reiß ich mit in den Tod.* Diese beiden Gedanken gingen ihr während des unendlich lang wirkenden Falls durch den Kopf.

Doch sie fiel nur etwa zwanzig Meter tief und pendelte dann vor der Wand hin und her. Der Ruck im Seil war für Thomas völlig unerwartet gekommen. Er hätte ihn aus der Wand schleudern können. Doch ohne das Gleichgewicht zu verlieren, reagierte er geistesgegenwärtig und hielt Hedi.

Langsam zog er sie zu sich heran, bis sie einen Griff im Felsen fand und wieder hinaufkletterte. Ohne jede Kritik dafür, dass sie keinen Warnruf von sich gegeben hatte, lächelte er zu ihr herunter. »Alles in Ordnung?«

Als sie mit zugeschnürter Kehle bejahte, sagte er mit einem aufmunternden Nicken ruhig: »Dann geht's weiter.«

Meter für Meter kletterten und kämpften sie sich höher, mit nassen, eiskalten Fingern, gefühllosen Zehen und Hedi mit ein paar Schürfungen. Ihr eiserner Wille und die Härte zu sich selbst setzten in den vieren ungeahnte Kräfte frei.

Nachdem sie das Wandstück überwunden hatten, machten sie nochmals eine Pause, bevor sie das etwa fünfundfünfzig Grad steile Eisfeld angingen.

Dickes, blankes Eis funkelte ihnen entgegen. Hias fühlte sich sofort in seinem Element. Er ging im Vorstieg, schlug nach jeder Seillänge Standstufen, setzte Sicherungshaken ins Eis und befestigte daran das Fixseil, an dem Hedi, Thomas und Anderl ihm folgten. Er legte ein schnelles Tempo vor, das von der Vernunft diktiert war. Noch vor der Nachmittags-wärme wollte er das Feld überquert haben.

Wie schon am Watzmann empfand Hedi das Klettern im Eis anstrengender als das in der Felswand. Ziemlich schnell spürte sie wieder die Ermüdung in den Armen. Thomas und Anderl schien es ähnlich zu gehen. Bereits etwas kraftlos wollte Hedi gerade den Pickel ins Eis schlagen, als sie plötz-lich ein Geräusch hörte. Im gleichen Moment schrie Hias über ihr: »Steine!«

Während sie sich instinktiv duckte, sah sie nach oben. Kopfgroße Steine sausten direkt auf Hias zu. Es kam ihr wie eine Ewigkeit vor, bis er reagierte, und als er es dann endlich tat, wirkte es so gelassen, dass sie es kaum fassen konnte. Er lehnte sich ein Stück nach rechts und senkte den Kopf. Es sah aus, als würde ihn der von oben herunterjagende Fels-brocken jeden Moment treffen. Schaudernd schloss Hedi die

Augen. Der Stein würde weder sie noch die anderen unter ihr treffen, da sie weiter rechts standen als Hias. Aber was war mit ihm?

Starr vor Schreck spürte sie, wie etwas hart gegen ihren Rucksack fiel. Es waren kleine Steine, die verstreut nach unten prasselten. Dann war es irgendwann vorüber. Als sie die Augen wieder öffnete, sah sie Hias nicht mehr. Hatte die Steinlawine ihn tatsächlich in die Tiefe gerissen?

»Alles in Ordnung?«, hörte sie da seine Stimme. Er erhob sich aus seiner Kauerstellung und rückte seinen Rucksack, mit dem er sich geschützt hatte, wieder auf den Rücken.

Erleichtert atmete sie aus.

»Da hatten wir aber Schwein!«, rief Anderl von unten hoch. »Alles klar bei euch?«

»Alles klar!«, bestätigten Hedi und Thomas wie aus einem Mund.

»Dann weiter!«, trieb Hias sie unbarmherzig an.

Nach zwei Stunden hatten sie das Eisfeld überwunden. Der schöne Nachmittag ließ nun die Sonne auch kurz in den oberen Wandteil scheinen, dorthin, wo sich Lawinen lösten und die vom Eis befreiten Steine dem Gesetz der Schwerkraft folgten.

»Was jetzt?«, fragte Thomas in die Runde, während sie in der schmalen Kluft zwischen Eis und Fels verschnauften.

»Es ist noch früh. Also gehen wir das zweite Eisfeld an«, sagte Anderl ganz selbstverständlich.

»Nein«, widersprach Hias energisch. »Das sieht viel größer aus als dieses hier. Das sollten wir frühmorgens machen, damit wir bis mittags durch sind. Und selbst dann ist die Steinschlaggefahr noch groß.«

»Jetzt haben wir doch auch Glück gehabt«, tat Anderl seinen Einwand ab.

»Ich meine, wir sollten für heute Schluss machen«, schlug

Hedi vor. »Lasst uns einen Biwakplatz suchen, an dem wir sicher übernachten können. Heute haben wir doch schon viel geschafft.«

»Es ist bestimmt noch sechs Stunden hell«, maulte Anderl wie ein kleiner Junge.

»Wir biwaken«, entschied Thomas. »Seht ihr den Felskopf dort hinten, der aus dem Schnee ragt? Das könnte ein guter Platz sein.«

Sie stiegen weiter nach rechts und pickelten aus dem Schnee unterhalb des Felskopfes eine kleine Terrasse, auf der sie alle vier Platz fanden. Durch den Felsen waren sie gegen Steine und Eisschlag geschützt. Nachdem sie sich häuslich eingerichtet hatten, warf Hias den Benzinkocher an. Das leise, singende Geräusch gab allen ein Gefühl von Heimeligkeit.

»Tee, Kaffee oder Ovomaltine?«, fragte Hias in die Runde.

»Vielleicht sollten wir uns die Ovomaltine für morgen aufbewahren«, schlug Hedi vor. »Da wird es bestimmt noch anstrengender als heute.«

»Stimmt«, erwiderte Hias.

Während das Teewasser heiß wurde, ließ Thomas alle Hanfseile prüfend durch seine Finger gleiten und untersuchte sie auf Verschleißspuren hin.

»Das ist doch nicht nötig. Die sind alle in Ordnung«, sagte Anderl und lehnte sich entspannt zurück. »Genieß lieber den Augenblick. Nichts hebt das Selbstvertrauen und den Mut so sehr wie das Bergsteigen.«

Thomas sah seinen Bruder bedeutsam an. »Vergiss bei deiner tiefgreifenden Erkenntnis nicht, dass an jedem Seilende ein Leben hängt, mein Lieber.«

Als der Tee fertig war, ließen sie Wurst, Speck und Kekse von Hand zu Hand gehen. Am Ende ihres Mahls zog Anderl eine Flasche Obstler aus seinem Rucksack hervor und verkündete: »Jetzt sollten wir auf den ersten erfolgreichen Tag mal einen Schluck nehmen.«

Hias reichte seine Schachtel Overstolz herum. Genießerisch stieß er den Rauch in die kalte Abendluft. »Ich sag's ja immer: Zigaretten unter freiem Himmel haben einfach einen unvergleichlichen Duft.«

Während sie rauchten, genoss Hedi das banale Glück, einen Schluck heißen Tee zu trinken und entspannt in den Himmel zu schauen, der ihr hier oben auf knapp dreitausend Metern über dem Meeresspiegel zum Greifen nah erschien. War es nicht wie ein Geschenk der Götter, dass sie all das zusammen mit dem Mann erleben durfte, den sie so sehr liebte? Hier am Berg waren sie eins, nicht nur verbunden durchs Seil, sondern auch durch die Freude und das gleiche Schicksal.

In dieser nachdenklichen Stimmung kuschelte sie sich in Thomas' Arm, der fest um ihre Schulter lag, und küsste ihn auf die Wange.

Hias grinste sie an. »Übrigens – Anderl und ich setzen fest darauf, nach der Rückkehr eure Trauzeugen zu werden.«

Hedi lachte. »Das haben Thomas und ich gestern in Grindelwald bereits besprochen. Ohne euch hätten wir vielleicht gar nicht mehr zueinandergefunden.«

Nachdem das geklärt war, schwiegen sie alle eine Weile und genossen die Aussicht. Während ihr Biwak noch im Hellen lag, breiteten sich unten im Tal die ersten blauen Schatten aus. Die untergehende Sonne färbte die gegenüberliegenden Gipfel rosarot. Langsam wurde es kälter. Eine unwirkliche, traumhafte Stimmung lag über der kleinen Schneeterrasse, die alle vier besinnlich werden ließ. Der Erde enthoben und geborgen in Thomas' Arm spürte Hedi wieder die tiefe Verbundenheit mit der Urkraft der Natur, die sie nur in den Bergen fand.

»Der Eiger ist so ruhig heute«, sagte sie in das Schweigen hinein. »Dabei hat er vorgestern und gestern Abend noch so angsteinflößende Geräusche von sich gegeben.«

»Heute war ja auch schönes Wetter«, entgegnete Anderl.

»Vielleicht die Ruhe vor dem Sturm«, fügte Hias trocken hinzu.

Hedi sah ihn besorgt an. »Sag so was bitte nicht!«

»Hias hat nicht unrecht«, erwiderte Thomas. »Das kann sich ganz schnell ändern. Hier am Eiger ist nichts unmöglich.«

»Ich bin sicher, dass unsere Tour unter einem guten Stern steht«, meinte Anderl zuversichtlich. Er ließ noch einmal den Obstler kreisen, von dem jeder einen zweiten Schluck trank.

In bester Laune erzählten sie sich bis zum Schlafengehen Witze, sangen Lieder und beobachteten einen Steinadler, wie er sich auf seinen breiten Schwingen von der Thermik tragen ließ. Manchmal kam er ihnen so nah, dass sie das Gelbe in seinen Augen sehen konnten.

»Irgendwie unheimlich«, murmelte Hedi.

»Der tut uns nichts«, sagte Anderl gelassen.

Tatsächlich zog der Raubvogel vor ihnen scheinbar friedlich seine Kreise. Immer und immer wieder, als würde er ihre Nähe suchen. Plötzlich hielt er im Flug inne – um dann gleich darauf pfeilschnell in die Tiefe zu stoßen, die ihn verschluckte.

»Was muss wohl jetzt dran glauben?«, fragte Hias.

»Vielleicht ein Murmeltier?«, vermutete Thomas.

»Das ist doch was für die Presse – Tod am Eiger«, witzelte Anderl.

»Anderl!« Hedi schüttelte den Kopf. Plötzlich kam ihr der Raubvogel vor wie ein in den Himmel geschriebenes Sinnbild für ein nahendes Unheil.

Während die Dunkelheit den Eiger allmählich einhüllte, bereiteten sich die vier auf die Nacht vor. Sie zogen alles an Kleidung an, was sie dabeihatten, legten die Hanfseile, die sie in die Biwaksäcke gestopft hatten, damit sie nicht gefroren, sowie die Rucksäcke als Schlafunterlage auf den Schnee. Mit den Schlafsäcken deckten sie sich zu. Die Temperatur war inzwischen auf knapp über null gesunken. Ein Dreiviertelmond am lackschwarzen Himmel tauchte die Eigernordwand in ein gespenstisches Licht. Aus dieser Höhe ähnelte Grindelwald einem kleinen Nest, in das ein paar der abertausend Sterne am Firmament gefallen waren.

Hedi und Thomas schmiegten sich unter ihren Schlafsäcken aneinander. Das Gefühl von Geborgenheit, das ihr Thomas' Arme gaben, die unvergleichliche Stille, die reine Luft und die bleierne Müdigkeit, der sie endlich nachgeben durfte, ließen Hedi trotz der unbequemen Unterlage schließlich schnell einschlafen.

Mittwoch, 17. Juni 1936

Als Hedi am Mittwochmorgen aufwachte, blieb sie regungslos in Thomas' Armen liegen und sah dem Naturschauspiel am Himmel zu. Der Horizont färbte sich langsam dunkelviolett, dann nahm er satte Orangetöne an, die sich in immer heller werdende Gelbtöne verwandelten. Die Farben versprachen einen zweiten klaren und schönen Tag.

»Einen wunderbaren guten Morgen miteinand!«, beendete Anderls Stimme die Ruhe am Berg. Jetzt kam Bewegung auf die kleine Terrasse. Der Benzinkocher wurde angefacht, Schnee geschmolzen, Zähne geputzt und Kaffee gekocht.

Nach dem Frühstück wartete gleich die erste schwierige Aufgabe des Tages auf die Seilschaft – eine etwa vierzig Meter hohe, senkrechte Wand, die in das nächste Eisfeld führte. Die dachziegelartige, abwärts gestufte Felsbarriere bot nur wenige Sicherungsmöglichkeiten. Hedi ging wieder im Vorstieg. Was sie von unten nicht sehen konnten, waren die kleinen Schneefelder, die zwischen einem Felsvorsprung und dem nächsten klebten. Manchmal sanken sie alle vier bis zur Hüfte ein. Es kostete sie Zeit, sich wieder zu befreien. Nachdem schließlich alle die Hürde genommen hatten, ragte vor ihnen das zweite Eisfeld auf. Es war um ein Vielfaches größer als das, welches sie gestern durchstiegen hatten. Im Licht des frühen Morgens leuchtete es ihnen eisblau entgegen. Bevor sie die riesige Fläche angingen, legten sie eine kurze Verschnaufpause ein. Bereits jetzt zeigten sich ein paar weiße Wolken am Himmel, die der Landschaft unter ihnen ein sich ständig verlagerndes Muster aus Licht und Schatten aufdrückten.

»Das sind Schönwetterwolken«, erklärte Anderl den anderen zuversichtlich. »Das Wetter bleibt heut und morgen beständig.«

»Wir brauchen etwa fünf Stunden, um da durchzukommen«, meinte Hias mit bedenklicher Miene. »Das heißt, wir müssen Tempo machen.« Er nickte seinen Seilkameraden auffordernd zu. »Wollen wir's angehen?«

Sie schnallten ihre Steigeisen an und betraten diese Welt aus glasigem Eis. Wie am Vortag schlug Hias schnell und sicher Standstufen, trieb Sicherungshaken ins Eis, befestigte an ihnen das Fixseil, das den anderen den Aufstieg erleichterte. Während er sich unermüdlich seinen Weg bahnte, hatten Hedi, Thomas und Anderl mit der Steilheit und Härte des Eises zu kämpfen. Immer wieder mussten sie verschnaufen, um Luft zu schöpfen, die mit jedem Meter dünner wurde.

»Schaut mal im Westen die Schäfchenwolken«, sagte Thomas mit besorgter Miene. »Das ist ein sicheres Anzeichen für einen kommenden Wettersturz!«

»Schmarrn«, knurrte Anderl.

»Los! Weiter!«, forderte Hias sie von oben unerbittlich auf.

»Wir sind einfach schneller als die Schlechtwetterfront!«, rief Anderl den anderen aufmunternd zu.

Nachdem sie die Hälfte der Eisfläche geschafft hatten, ballten sich am Himmel schwarze Wolken zusammen. Wind kam auf und schnitt ihnen eiskalt ins Gesicht. Binnen weniger Minuten stürzte die Temperatur in sich zusammen. Es begann zu regnen und, je höher sie kamen, schließlich zu schneien. Während sie Schritt für Schritt die Pickel ins Eis rammten, segelten ein paar Dohlen über sie hinweg. Ihr scharfes Geschrei berührte Hedi unangenehm. Es ließ den Eiger noch unheimlicher wirken.

Schon bald wurde der Schneefall dichter. Aus dem Wind entwickelte sich ein Sturm, der ihnen unablässig Schneeflocken ins Gesicht peitschte, die Nase, Augen und Mund verklebten. Eine verbale Verständigung war kaum mehr möglich. Dennoch arbeiteten sich die vier verbissen höher und höher. Vor der nächsten Standstufe entdeckte Hedi einen zerfetzten Hut, der etwa zwei Meter links von ihr im Eis festgefroren war. War das ein Überbleibsel von einer misslungenen Eroberung dieser Wand? Schockiert hielt sie inne. Wem mochte der Hut gehört haben? Mehringer oder Sedlmayr? Die beiden waren die Einzigen, die je bis hier oben gekommen waren, und beide hatten irgendwo über ihnen den Tod gefunden. Hedi biss sich auf die Lippe.

»Weiter!«, schrie Hias gegen den Sturm an.

Die riesige, steile Eisfläche wurde immer lebendiger. Inzwischen fegten Schuss um Schuss kleine Pulverschneelawinen, Eisbrocken und Steine über sie hinweg, und nirgends war eine schützende Felsnase in Sicht. Schließlich blieb Hias auf der Standstufe stehen, die er gerade geschlagen hatte, und gab den anderen ein Zeichen, woraufhin sie ebenfalls anhielten.

Da hörten sie es – ein Donnern, das immer lauter wurde.

»Lawine!«, schrie Anderl. Er hatte inzwischen aufgeholt und befand sich nur drei Schritte unterhalb von Hedi und Thomas. Sie konnten gerade noch die Schlaf- und Biwaksäcke aus ihren Rucksäcken zerren, um sich damit zu schützen, als sich auch schon ein Strahl aus Eiskörnern wasserfallartig auf das Eisfeld ergoss. Wie eine breite Phalanx aus Schnee folgte

ihm die eigentliche Lawine. Hedi sah, wie sie mit ungebremster Geschwindigkeit auf sie zustürzte. Sie wurde lauter und
immer schneller. Nur noch ein paar Sekunden, dann würde sie
sie erreicht haben. Hedi spürte, wie das Adrenalin in ihr hoch-
schoss, und hieb ihre beiden Pickel mit aller Kraft so tief ins
Eis, dass sie sich daran festhalten konnte, um dem Druck der
Schneemassen hoffentlich standzuhalten. Im Geiste sah sie
sich bereits in ihnen begraben.

Das Eisfeld war an dieser Stelle so steil, dass der Schnee
sofort abfloss, was jedoch kein Grund zur Erleichterung war.
Denn es kam mehr und immer mehr. Der weiße Strom wollte
einfach nicht abreißen. Sein Rauschen und Dröhnen über-
tönten selbst noch den tosenden Sturm. Hedi wunderte sich,
dass die Pickel im Eis hielten, dass sie immer noch die Kraft
hatte, sich daran festzuklammern – dass sie überhaupt noch
lebte.

Als die Lawine vorüber war, konnte sie es zuerst gar nicht
glauben. Den Schneemassen folgten polternd noch ein paar
Eisbrocken, die an ihr vorbeisausten, und selbst der Sturm
schien etwas nachzulassen. Hedi wartete noch ein paar pochende Herzschläge lang, bevor sie vorsichtig den Rucksack
und die Seile vom Kopf nahm, sich aus dem Schlafsack schälte
und umsah. Zuerst nahm sie in dem Schneenebel gar nichts
wahr. Als er sich lichtete, entdeckte sie Thomas und Anderl
neben der Standstufe, die ebenfalls gerade unter ihren Schutz-
hüllen hervorkamen.

»Geht es dir gut?«, war Thomas' erste Frage, als er zu ihr
heranrobbte.

Sie lachte unsicher auf. »Ich glaub, ja.«

Er sah zu seinem Bruder hinüber. »Und dir?«

»Hoffentlich ist die Flasche mit dem Obstler noch heil«, erwiderte Anderl betont burschikos, doch seine Stimme zitterte
leicht.

»Und Hias?«, fragte Hedi.

Gleichzeitig schauten sie hinauf zur nächsten Standstufe. Hias war nicht zu sehen.

»Hias!« Hedi schrie, so laut sie konnte, gegen den Wind an. Die Antwort kam undeutlich zu ihnen herunter.

Thomas sah Hedi und seinen Bruder an. »Da stimmt was nicht. Kommt.«

So schnell sie konnten, stiegen sie am Fixseil höher. Dann sahen sie Hias im Eis kauern. Sein Gesicht war blutüberströmt. Hedi hockte sich neben ihn.

Mit verzerrten Zügen zeigte Hias auf seinen Kopf. »Ein Eisbrocken. Nicht gerade klein.«

»Lass mich mal sehen«, sagte Hedi sanft. Sie beugte sich über ihn, nahm ihm vorsichtig die blutgetränkte Mütze ab und erschrak. Die Wunde klaffte so weit auseinander, dass sie das helle Gewebe darunter erkennen konnte. Sie schluckte und zwang sich zur Ruhe. »Hast du Schmerzen?«

Hias grinste schief. »Noch nicht.«

»Das ist das Adrenalin«, sagte Thomas. »Zeig mal.« Er beugte sich ebenfalls über Hias, der schon ganz grau im Gesicht war. »Jesus und Maria, das sieht übel aus«, entfuhr es Thomas. »So kannst du nicht weiter. Das muss genäht werden.«

»Auf gar keinen Fall«, widersprach Hias. »Das ist nur eine Kleinigkeit, da hab ich schon schlimmere Verletzungen gehabt. Ich merk ja nichts.«

»Jetzt noch nicht«, erwiderte Hedi.

Thomas sah ihn bedeutsam an. »Das wächst nicht von selbst zusammen.«

»Wir steigen weiter.« Entschlossen stand Hias auf. Dabei schwankte er leicht, sodass Thomas ihn auffangen musste, damit er nicht stürzte.

»Das geht schon wieder«, meinte Anderl. »Ich hab auch mal so was gehabt. Wenn man erst wieder in seinem Element ist, merkt man nichts mehr davon.«

Hedi schwieg bedrückt. Thomas hatte recht. Die Wunde musste genäht werden. Am besten heute. Unschlüssig blickte sie nach unten. Bei diesem Wetter war der Abstieg auf dem steilen Eishang alles andere als leicht. Wenn nicht gar unmöglich. Und vielleicht schätzte Hias seine Lage ja auch richtig ein. Vielleicht war die Verletzung halb so schlimm und er würde nach einem Biwak morgen weitersteigen können. Immerhin waren sie jetzt schon so weit gekommen. In jedem Meter steckten Mühsal und große Träume. Jetzt umzukehren hieße, in eine Zukunft hinabzusteigen, die immer unter der Frage stand: Wie wäre es gewesen, die Wand zu durchsteigen und auf dem Gipfel zu stehen.

»Ihr braucht gar nicht groß zu überlegen, wir steigen weiter«, sagte Hias entschlossen. »Schließlich ist es meine Wunde.«

»Aber erst werde ich dir einen Druckverband anlegen«, erwiderte Hedi energisch. »Dann hört die Blutung hoffentlich auf. Danach steigen wir weiter.«

Zu Hedis Überraschung ließ er sich ohne weiteren Widerspruch von ihr verbinden. Als sie fertig war, fragte Anderl bereits ungeduldig:

»Können wir jetzt weiter? Ich glaub, der Sturm lässt was nach.«

»Klar, auf geht's«, erwiderte Hias übertrieben munter und wollte sich schon in Bewegung setzen, als Thomas die Hand hob. »Stopp. Ich geh im Vorstieg, du, Hias, hinter mir, dann Hedi und danach Anderl.«

»Einverstanden«, sagte sein Bruder. »Ich trag Hias' Rucksack.«

»Was soll das denn?«, empörte sich Hias. »Ich bin doch nicht krank. Außerdem bin ich der Eisexperte.«

Hedi legte ihm die Hand auf den Arm. »Thomas hat recht. Du solltest dich erst mal schonen.«

In den nächsten zwei Stunden wechselten sich Thomas und Anderl beim Stufenschlagen und Rucksacktragen ab. Jetzt erst erkannten sie, was Hias, der der Kleinste von ihnen war, bisher geleistet hatte. Der Sturm hatte sich gelegt, es windete nur noch. Dafür war Nebel aufgekommen. Er war so dicht, dass sie kaum zwei Meter weit sehen konnten. Hedi blieb dicht bei Hias. Sie merkte ihm an, wie erschöpft er war und dass er sich nur mit zähem Willen weiter antrieb. Voller Sorge beobachtete sie, dass sich seine Mütze über dem Verband immer mehr mit Blut tränkte. Der ständige Blutverlust schwächte ihn natürlich.

Nach einer gefühlten Ewigkeit erreichten sie halb erfroren, zerschlagen und zerschunden den oberen Rand des Eisfeldes. Hier fanden sie wieder eine Kluft vor, die sich zwischen Eis und Fels gebildet hatte – eine breite, horizontale Rinne, in der Geröll und Schmelzwasser zu einer kompakten Masse gefroren waren.

»Da hinten, der Felsüberhang!«, rief Thomas. »Da sind wir vor Steinschlägen sicher.«

Mit letzter Kraft schleppten sie sich im Schneegestöber dorthin.

»Auch wenn uns der Allerwerteste festfrieren wird, ist das hier zumindest ein absturzsicherer Biwakplatz für die Nacht«, sagte Anderl, als sie ihre Rucksäcke abschnallten.

Obwohl es erst Spätnachmittag war, täuschte das Dämmerlicht bereits frühen Abend vor. Völlig erschöpft ließen sich die vier nieder. Der Schneefall hatte inzwischen nachgelassen. Nur ab und zu stoben noch ein paar Flocken durch die Luft. Die Kuhle war zwar kalt und feucht, aber ansonsten recht bequem. Vorsichtshalber schlugen sie ein paar Sicherungshaken ein und seilten sich an. Wieder zogen sie all ihre Kleidung an und schlüpften in ihre wasserdichten Biwaksäcke. Keiner verspürte so richtig Hunger.

»Heute könnten wir alle gut Ovomaltine vertragen«, schlug Hedi vor.

»Ich kümmere mich drum«, bot Anderl an.

Während er die Milch auf dem Kocher heiß machte, versorgte Hedi Hias' Kopfwunde.

»Ich brauche den Obstler!«, rief sie Anderl zu.

»Jetzt schon? Ich dacht, zuerst die Ovomaltine«, lautete seine erstaunte Antwort.

Sie musste lachen. »Zum Desinfizieren der Wunde, du Depp.«

Hias verzog keine Miene, als Hedi die Wunde mit dem Alkohol säuberte, doch sie wusste nur zu gut, wie schmerzhaft das für ihn war. »Entschuldige«, sagte sie leise, »aber das muss sein. Nicht, dass sich das noch entzündet und du eine Blutvergiftung bekommst.«

Nachdem die Wunde versorgt war, gab Hedi ihrem Patienten entzündungshemmende Tropfen, die Hias ebenfalls widerstandslos schluckte. Seine Fügsamkeit verriet allen, wie schlecht es ihm ging.

Dann tranken alle dankbar das heiße Kakaogetränk, das sie nicht nur für ein paar Minuten von innen wärmte, sondern ihnen auch neue Energie versprach. Hias starrte apathisch vor sich hin. Sein Kopfverband war zwar noch nicht blutig, aber sein Gesicht sah in der Dämmerung geradezu gespenstisch aus. Seine Hand zitterte, als er die Tasse zum Mund führte.

»Wie geht es dir?«, fragte Hedi besorgt.

»Ganz gut«, antwortete er mit mattem Lächeln. »Ich brauch nur ein bisschen Schlaf. Wie wir alle, denke ich.«

»Wenn das Wetter morgen besser wird, könnten wir es bis zum Gipfel schaffen«, sagte Anderl aufmunternd.

Einen kurzen Moment schwiegen alle.

»Es kann gut sein, dass es in der Nacht wieder schneien wird«, meinte Thomas mit Blick zum Himmel, an dem dunkle Wolken dahinzogen.

»Dass du immer so schwarzsehen musst«, beschwerte sich sein Bruder.

Hedi bemerkte, dass Hias jetzt am ganzen Körper zitterte.

»Das ist einfach nur ein bisschen Schwäche«, tat er seine Verfassung ab. »Morgen wird's besser sein. Ganz sicher.«

Da stand sie entschlossen auf und nahm ihren Schlafsack aus dem Rucksack. »Hier«, sagte sie zu ihm. »Du kannst diese Nacht zwei Schlafsäcke gebrauchen.«

»Und du?« Erstaunt sah er zu ihr hoch.

Sie zwinkerte ihm zu. »Ich nutze die Situation schamlos aus, um ganz nah zu Thomas unter die Decke zu kriechen.«

»Dann tu ich ja wenigstens noch ein gutes Werk«, konterte Hias mit gequältem Lächeln.

Hedi und Thomas saßen in ihren Biwaksäcken eng nebeneinander, den Schlafsack über sich, und hingen mit einer Schlinge um die Brust am Sicherungshaken. Zum Liegen war die Kuhle viel zu schmal. Thomas' Wärme sorgte dafür, dass Hedi sich trotz der kalten Luft geborgen fühlte.

»Glaubst du, wir können morgen weiter?«, flüsterte sie.

»Ich glaube nicht«, erwiderte er genauso leise. »Die Wunde klafft zu weit auf, als dass sie verheilen kann, ohne genäht zu werden. Außerdem hat er bestimmt eine schwere Gehirnerschütterung. Wir müssen zurück.«

Sie schwieg eine Weile. Dann sagte sie gedankenverloren: »Als der Wettersturz über uns hereinbrach, hab ich gedacht, die Wand zeigt uns jetzt, dass sie uns nicht will.«

Er drückte sie an sich. »Weißt du noch? Ich hatte von Anfang an das Gefühl, dass die Wand noch nicht bereit ist.«

»Stimmt.«

»In einem Monat, wenn die Italiener kommen, sieht das schon anders aus.«

Sie seufzte. »Aber jetzt hätten wir die Ersten sein können, die es schaffen. Ich dazu als Frau, wie es sich mein Vater gewünscht hat. Wenn die Wand erst mal erfolgreich durchstiegen wurde, ist ihr Nimbus weg.«

»Wenn dein Vater jetzt hier neben uns wäre, würde er denken wie wir: Es gibt unter diesen Umständen kein Weitersteigen.«

»Hoffentlich sehen Anderl und Hias das morgen früh ein.«

»Wahrscheinlich nur, wenn es Hias ausreichend schlecht geht«, sagte Thomas trocken.

»Was ich ihm nicht wünsche ...«, murmelte Hedi in seiner Armkuhle.

»Da quoll doch schon Gewebe aus der Wunde«, erinnerte er sie. »Dann der Blutverlust, die Gehirnerschütterung ... Ich bin mal gespannt, wie die Nacht wird.«

Es wurde eine unheimliche Nacht. Der Eiger knarzte und ächzte. Es schneite zwar nicht mehr, aber der Wind fauchte an den Felsen vorbei. Immer wieder prasselten irgendwo in der Nähe des Biwaks kleine Stein- und Schneelawinen hinunter. Hedi wurde immer wieder wach. Dann hörte sie Anderl schnarchen und Hias stöhnen. Zweimal schälte sie sich vorsichtig aus Thomas' Armen und gab Hias Tropfen. Sie griff ihm an die Stirn.

»Ich glaub, du hast Fieber«, flüsterte sie.

Hias schwieg. Trotz der beiden Schlafsäcke zitterte er wie Espenlaub.

»Ich geb dir eine Tablette gegen Fieber«, fuhr sie fort. »Vielleicht hilft das.« Sie wollte ihm Mut machen, glaubte jedoch selbst nicht an das, was sie sagte.

Hias lächelte sie müde an. »Danke. Aber das wird schon. Ich lass euch nicht hängen.«

»So ein Schmarrn. Diese Wand ist doch nicht lebenswichtig. Viel wichtiger ist, dass wir alle gesund wieder runterkommen.« Sie beugte sich näher zu ihm hinunter. »Weißt du, was mein Vater immer gesagt hat? Das Zurückkommen ist wie eine Wiedergeburt. Wenn wir zurückkommen, haben wir das Leben gerettet, das Wertvollste, was wir haben.«

»Trotzdem ...«, murmelte Hias, während ihm die Augen vor Schwäche zufielen.

Als Hedi sich zu Thomas zurückstahl, fragte er: »Wie geht's ihm?«

»Nicht gut.«

Thomas seufzte leise. »Morgen steigen wir ab.«

Donnerstag, 18. Juni 1936

Am nächsten Morgen wurden Hedi und Thomas durch Anderls Jodler geweckt. Ein erstes Dämmern lag über den Bergen. Der Himmel war bedeckt, der Eiger vom Nebel eingehüllt und die Luft eiskalt. Aber es sah nicht nach Schnee aus, und der Wind hatte sich auch gelegt.

Nachdem sich Hedi gestreckt und gedehnt hatte, um die Blutzirkulation anzuregen, sah sie sofort nach Hias. Sein Verband war blutdurchtränkt, seine Stirn glühend heiß. Vorsichtig löste sie die Mullbinde aus dem verkrusteten Blut. Der Anblick schürte die Panik in ihr. Die Wundränder waren gerötet und geschwollen, die Haut um diese Stelle glühend heiß. Die Wunde hatte sich entzündet.

»Hast du Schmerzen?«, fragte sie Hias.

Er nickte.

»Nach dem Frühstück gebe ich dir eine Schmerztablette«, sagte sie, während sie einen neuen Verband anlegte, und fügte eindringlich hinzu: »Bitte, du musst unbedingt zum Arzt.«

Wie ein widerspenstiges Kind presste Hias die Lippen fest aufeinander. Als er von unten zu ihr hochblickte, sah sie die Tränen in seinen Augen. »Ich könnte hierbleiben, und ihr steigt weiter«, sagte er mit brüchiger Stimme. »Vielleicht könnt ihr heut den Gipfel schaffen.«

»Das kommt überhaupt nicht infrage. Wir sind eine Seilschaft. Außerdem könnte noch eine Nacht hier oben eine zu viel für dich sein.«

»Aber selbst wenn wir gleich umkehren, sind wir am Abend doch nicht unten«, erwiderte Hias jetzt voller Verzweiflung so laut, dass Anderl, der gerade Frühstück machte, zu ihnen herüberblickte.

»Umkehren?«, fragte er Hias erstaunt. »Du bist doch kein Weichei, oder? Das Wetter passt, und die Wunde kann doch niemals so schlimm sein, dass wir das Ganze hier abbrechen. Wo wir schon so weit gekommen sind.«

Thomas, der sich um die gefrorenen Seile kümmerte, die er wie starre Rohre durch die Karabiner ziehen musste, stand auf. Er sah seinen Bruder an. »Hedi und ich haben in der Nacht schon gesagt, dass wir umkehren müssen. Und selbst das wird für Hias eine ganz schöne Tortur werden. Ganz zu schweigen davon, wenn er mit dieser Verletzung noch weiter aufsteigen würde.«

»Ich kann ja hier auf euch warten«, schlug Hias erneut vor.

Da hellte sich Anderls Miene auf. »Das ist doch eine gute Idee.« Er sah Hedi und Thomas an. »Bei dem Wetter könnten wir heut Nachmittag auf dem Gipfel stehen und am Abend wieder hier sein.«

»Spinnst du?«, rief Thomas zornig aus. Hedi hatte den Eindruck, er wollte Anderl gleich an die Gurgel gehen. »Wir wissen doch gar nicht, wie weit es noch bis zum Gipfel ist und was uns in dieser Wand noch erwartet. Auf dieser Route ist bislang noch niemand bis zum Gipfel durchgekommen.«

»Gerade deshalb will ich ja da rauf«, wetterte nun auch Anderl los. »Und zwar als Erster. Ich geh doch jetzt nicht zurück!«

»Anderl …«, begann Hedi ruhig. »Einen Verletzten lässt man nicht im Stich. Wir sind eine Seilschaft. Da hält man zusammen.«

»Der Hias will es doch auch so!« Mit blitzenden Augen sah Anderl seinen Freund an. »Oder?«

Hias zögerte. »Gebt mir noch ein bisschen Zeit. Es ist ja noch früh. Eine Ovomaltine, ein Brot und Hedis gute Tropfen … Dann wird's schon klappen.«

»Na, seht ihr.« Triumphierend sah Anderl seinen Bruder an. Wortlos wandte sich Thomas wieder seiner Arbeit zu und schwieg.

Auch während des Frühstücks herrschte Schweigen. Hias aß kaum etwas, er trank nur zwei Becher Ovomaltine. Hedi und Thomas hatten auch keinen Appetit. Nur Anderl ließ es sich schmecken, er schien sich eine solide Grundlage für den Weiterstieg anfuttern zu wollen. Als er fertig war, stand er auf und sah Hias an. »Und? Wie geht's dir jetzt?«

Hias nickte mit leichenblassem Gesicht. »Besser.«

»Wenn man nicht mehr kann, Hias, dann soll man auch nicht«, sagte Hedi mit eindringlichem Blick. »Dann heißt es umkehren und das eigene Leben retten.«

Hias schwieg und faltete seinen Biwaksack zusammen. Dabei begann er plötzlich zu schwanken, hielt sich am Felsen fest und sackte in die Knie. Mit verzerrtem Lächeln stieß er leise hervor: »Das ist nur der Kreislauf. Gleich geht es wieder.«

Thomas stand auf. »Wir steigen ab. Und zwar sofort.«

»Nicht nur wegen Hias, auch wegen des Wetters«, pflichtete Hedi ihm bei. »Schaut mal runter ins Tal! Da braut sich wieder was zusammen.«

»Das geht doch hier am Eiger schnell«, tat Anderl ihren Einwand ab. »Und genauso schnell zieht's wieder vorüber.«

Thomas sah ihn ernst an. »Sei vernünftig, Anderl. Es kann für uns jetzt nur noch runtergehen.«

Anderl wandte sich an Hias. »Was meinst du denn?«

»Das mein ich eigentlich auch.« Obwohl Hias' Gesicht inzwischen wieder ein bisschen Farbe bekommen hatte, merkte man ihm an, wie schlecht es ihm ging.

Hedi legte Anderl sanft die Hand auf den Arm. »Wir sind doch nicht die Ersten, die in der Wand umkehren. Und wir werden bestimmt auch nicht die Letzten sein. Die Wand ist einfach noch nicht bereit. Das musst du doch auch merken.«

»Das ist doch übersinnlicher Schmarrn«, schimpfte Anderl. »Einen Berg muss man sich erkämpfen. Darin liegt die Leistung und dafür erhält man auch die Anerkennung, die einem nach dem gelungenen Durchstieg zuteilwird.«

Anderl packte seine Sachen ein, mit wütender Miene und leisem Fluchen. Hedi nahm Hias' Rucksack.

»Den trag ich selbst«, sagte Hias. »Jetzt geht's ja abwärts.«

»Wir seilen dich am besten an«, schlug Thomas vor, der sich die Steigeisen festschnallte.

»Nein, lasst mal. Ich versuch's erst mal selbst«, erwiderte Hias mit schwacher Stimme, während er ebenfalls Steigeisen an seinen Schuhen befestigte.

Hedi sah Thomas an. »Mach du den Vorstieg. Schlag auf den Standstufen wieder die Haken ein und bring das Fixseil an. Ich folge dir. Nach mir Hias, und Anderl kann im Nachstieg die Haken rausziehen und die Fixseile mitnehmen.« Sie sah vom einen zum anderen, wartete auf Zustimmung.

Thomas und Hias nickten. Anderl blickte mit trotziger Miene an ihr vorbei in den Nebel.

»Dann los«, sagte sie entschlossen und band sich mit Thomas ans Seil.

Thomas legte Hias das Seil an und drückte seinem Bruder das andere Ende in die Hand, damit Anderl es sich umlegen konnte. Danach ging er entschlossen durch die Kluft voran bis zum Einstieg in das Eisfeld, wo zwischen den beiden obersten Standstufen noch das Fixseil vom Vortag hing. Hedi folgte ihm auf dem Fuß. An der Kante blieb er stehen, zögerte. Hedi folgte seinem Blick in die Tiefe. Sie biss sich auf die Lippen. Von hier oben sah das Eisfeld aus wie ein blanker, fast senkrecht stehender Spiegel. Vor ihnen lagen zwanzig Seillängen Abstieg, und der würde weit gefährlicher werden als der Aufstieg. Zumal sie sich noch um Hias kümmern mussten. Eine kleine Unachtsamkeit – und es würde kein Halten mehr geben. Am unteren Ende der spiegelglatten Fläche erwartete sie der etwa vierzig Meter hohe, senkrechte Fels, der eine Sprungschanze in den sicheren Tod darstellte.

Thomas drehte sich um und sah zuerst Hedi, dann Hias und Anderl an.

Warum zögert er? fragte Hedi sich. Der Rückzug war doch beschlossene Sache.

Da lächelte Thomas sie an, und sie las in seinen Augen all seine Liebe zu ihr. »Hast du den Engel noch?«

Seine Frage berührte sie unangenehm. »Freilich, in meiner Hosentasche.« Unsicher lachte sie auf. »Brauchen wir seine Hilfe?«

»Vielleicht.«

»Das kennen wir doch. Die Abstiege sind meistens etwas schwieriger als die Aufstiege«, erwiderte sie mit gespielter Gelassenheit, obwohl die schier endlose Tiefe plötzlich auch ihr Angst einjagte. Sie drehte sich zu Hias und Anderl um und fragte leichthin: »Stimmt doch, oder?«

Hias nickte. »Wir müssen ganz langsam machen.«

»Dann – auf geht's«, verkündete Thomas energisch, ergriff mit der linken Hand das Fixseil, hieb mit der rechten den Pickel ins Eis und stieg rückwärts in das Eisfeld ein.

Hedi klinkte den Karabiner ihrer eigenen Sicherung in den obersten Haken, in dem auch das Fixseil hing, und folgte ihm. Nach ein paar Zügen blieb sie stehen, um nach Hias zu sehen, der immer noch am oberen Rand stand, als würde er überhaupt nichts mehr mitbekommen. Und dann glaubte sie, ihren eigenen Augen nicht zu trauen: Statt sich mit Hias zu verbinden, ließ Anderl das Seilende einfach fallen und stieg ohne jede Sicherung wieselflink in den Felsen oberhalb der Kluft ein.

»Anderl!«, rief sie ihm gleichermaßen verblüfft wie entsetzt hinterher.

»Bist du wahnsinnig! Komm sofort zurück!«, hörte sie einen Sekundenbruchteil später auch Thomas schreien.

»Ich will die Nordwand schaffen«, brüllte Anderl zurück. »Steigt ihr ab, ich steig auf.« Kraftvoll und behände kletterte er höher und höher, vollkommen ohne sich zu sichern.

Thomas und Hedi sahen ihm fassungslos nach. Hias schien davon gar nichts mehr mitzubekommen. Mit halb geschlossenen Lidern saß er am oberen Rand des Eisfeldes.

»Thomas!« Hedi sah zu Thomas, der bereits eine halbe Seillänge unter ihr war. »Was machen wir jetzt?«

Thomas antwortete nicht auf ihre Frage, sondern schrie nochmals aus Leibeskräften seinem Bruder hinterher, während er wieder hochkletterte. Plötzlich ein spitzer Schrei. Kleine Steine flogen den Felsen oberhalb des Eisfeldes hinunter. Dann ein zweiter Schrei – lang gezogen, markerschütternd – und an Hedis und Thomas' Köpfen vorbei flog ein menschlicher Körper in die Tiefe. Der Schrei wurde leiser und leiser und erstarb schließlich im Nebel unter ihnen. Totenstille folgte. Die Nordwand schwieg. Selbst der Wind hielt den Atem an.

»Anderl!«, schrie Thomas mehrmals wie von Sinnen.

Als schaurige Antwort hörten sie aus der Tiefe herauf nur den krächzenden Schrei einer Bergdohle.

Thomas sah zu Hedi hoch. Sein Gesicht war vom Schock gezeichnet. »Ich muss da runter.«

»Das kannst du nicht!«, rief sie voller Panik. »Wer weiß, wo er aufgeschlagen ist.«

»Ich muss …«

Hedi wusste weder, was sie sagen, noch, was sie tun sollte. Niemals zuvor hatte sie sich so ohnmächtig gefühlt wie in dem Moment, als Thomas tatsächlich Ernst machte. So schnell, als hätte ihm der Schock Flügel verliehen, stieg er das Eisfeld weiter hinab.

»Thomas!«, rief Hedi erstickt hinter ihm her. Tränen der Hilflosigkeit schnürten ihr den Hals zu. Was sollte sie tun?

Ihm nachsteigen? Sie glaubte nicht daran, dass Anderl noch lebend zu bergen war. Und wo sollten sie ihn überhaupt suchen? Hinzu kam der Nebel. Und dann war da auch noch Hias, der ihre Hilfe brauchte … Sie starrte auf das Seil, das sie mit Thomas verband. Der Abstand zwischen ihnen wurde schnell größer. Thomas schien völlig vergessen zu haben, dass sie aneinandergebunden waren. Wenn sie ihm nicht folgen wollte, musste sie sich aus dem Seil lösen … All diese Gedanken jagten Hedi wie Blitze durch den Kopf. Und dann passierte es: Thomas rutschte mit dem Steigeisen ab, streckte die Hand aus, um das Fixseil zu ergreifen, verfehlte es und fiel ins Seil. Hedi spürte einen Ruck, der sie aus ihrem Stand in die Tiefe riss. Nur noch durch ihre eigene Sicherung gehalten pendelten sie nun wie zwei übereinander hängende Puppen auf der steilen Eisfläche hin und her. Verzweifelt suchte sie nach einer schmalen Spalte, einem Riss im Eis, in den sie hätte greifen können. Doch die Fläche war spiegelglatt.

»Thomas!« Ihr gellender Schrei durchschnitt die feuchte Luft.

Sie hörte Thomas in der Tiefe fluchen. Das Seil, das sie verband, ruckte und zuckte, während er darum zu kämpfen schien, sich näher an das Fixseil zu schwingen, um wieder Halt zu finden. Da knirschte etwas über ihr. Sie blickte hoch und sah, wie sich der Haken, in den ihr Sicherungsseil mit dem Karabiner eingeklinkt war, im Zeitlupentempo aus dem Eis löste – mit jedem Ruck, den Thomas unter ihr verursachte, ein paar Millimeter mehr. Hedi wollte schreien, brachte aber keinen Ton heraus. Sie verspürte nur ein entsetzliches Grauen. Das Wissen von etwas ganz Schrecklichem, das gleich eintreten würde. Dann brach es in ihrer Todesangst aus ihr heraus:

»Der Haken!«

»Was?«, schrie Thomas von unten zurück.

»Der Eishaken löst sich!« Sie starrte nach oben. Nur wenige Sekunden noch – und er würde ganz herausbrechen. Und dann würden sie beide in den Tod stürzen.

»Hias!«, schrie sie, der jetzt auf allen vieren auf den Haken zurobbte. Doch insgeheim wusste sie, dass er in seiner Verfassung nicht in der Lage sein würde, das Sicherungsseil mit dem Gewicht von zwei Erwachsenen zu halten. Ihr Schicksal war besiegelt.

»Thomas ...« Der Name kam Hedi nur noch wie ein Wimmern über die Lippen. Sie schaute nach unten, ihre Blicke tauchten ineinander, hielten einander fest, mehrere Sekunden lang, während das knirschende Geräusch über ihr lauter und lauter wurde. »Thomas ...« Sie verstummte.

Ich liebe dich. Hedi hörte Thomas' Worte nicht, aber sie las sie von seinen Lippen. Und dann entdeckte sie das Fahrtenmesser in seiner rechten Hand, mit dem er das Seil, das sie beide verband, in einer einzigen Bewegung durchschnitt. Sie spürte, wie sie sein Gewicht verlor, sah ihm nach, wie er kleiner und kleiner und schließlich von der Tiefe verschluckt wurde. Es folgte eine unendlich lange Zeit der Stille, in der die Welt aufhörte, sich zu drehen. Hedi war wie betäubt. Ihr Bewusstsein wehrte sich, das Schreckliche, das sie gerade miterlebt hatte, in sich aufzunehmen.

»Thomas?«, rief sie unsicher. Ihr Ruf hallte gespenstisch als Echo von der Wand zurück. Dann war es wieder still. In diese Totenstille hinein vernahm sie ein Summen. Es war in ihrem Kopf, füllte ihn immer mehr aus, wurde lauter und lauter. Jeder Gedanke löste sich darin auf. In dieses Geräusch hinein vernahm sie wie aus weiter Ferne Hammerschläge. Sie spürte, dass jemand an dem Seil zog, an dem sie hing.

»Hedi!«, rief Hias. Seine Stimme hörte sie wie durch Watte. Plötzlich baumelte vor ihren Augen ein Seil. »Zieh dich hoch!«

Als Hedi nach ein paar Zügen die Kluft wieder erreicht hatte, blieb sie dort regungslos liegen. Sie merkte nicht, dass es zu schneien begonnen hatte. Genauso wenig spürte sie den auffrischenden Wind, der ihr den Hut vom Kopf fegte. Sie horchte in sich hinein und fragte sich, ob sie überhaupt noch lebte.

»Wir müssen zum Biwakplatz zurück.« Hias' Stimme drang von weit her an ihr Ohr. Trotz seiner Verfassung zog er sie hoch und schleppte sie und sich selbst zurück zu dem Felsüberhang. Dort sank sie auf den Boden. Hias ließ sich neben sie fallen.

Hedi fühlte nichts mehr. Keine Verzweiflung, keinen Schmerz, keine Angst. Ihr Kopf und ihr Körper waren nur noch eine leere Hülle. Irgendwann hörte sie Hias sagen:

»Wir müssen hierbleiben. In unserer Verfassung fegt uns der Wind vom Eis.«

Sie sah ihn an. Erst nach einer Ewigkeit schälte sich sein Gesicht aus dem geistigen Nebel, der sie umgab. Es glühte. Seine Augen hatten einen fiebrigen Glanz, und der Verband war wieder blutdurchtränkt. Sein Anblick rüttelte sie wach.

»Ich …« Sie griff sich an die Stirn. »Du hast hohes Fieber«, brachte sie schließlich über die Lippen.

»Hast du noch Tabletten?«

»Nimm lieber zwei«, sagte sie mit einer Stimme, die sie nicht als ihre erkannte.

Nachdem Hias die Tabletten mit Schnee heruntergeschluckt hatte, nahm er stumm ihre Hand und hielt sie fest. Er sagte nichts. Auch er konnte den Horror, den sie gerade erlebt hatten, nicht in Worte fassen.

»Du brauchst einen Arzt«, sagte Hedi monoton. »Noch eine Nacht schaffst du nicht.« Dann hockte sie sich vor ihn und nahm ihm das Sturmband und den Verband ab. Vorsichtig strich sie eine entzündungshemmende Salbe auf die Wundränder und legte einen neuen Kopfverband an. Das alles geschah rein mechanisch, als hätte jemand sie aufgezogen. »Wir müssen runter«, wiederholte sie.

»Ist doch wurscht, wo ich sterbe. Ob hier in der Nacht an einer Blutvergiftung oder heut noch auf dem Eisfeld.«

166

Hedi verabreichte ihm Schmerz- und Herztropfen in doppelter Menge. Danach packte sie beide Biwaksäcke aus und legte sie auf dem feuchten Gestein aus. So blieben sie eine Weile dicht nebeneinandersitzen. Wie zwei verlorene Seelen starrten sie aus ihrem Unterschlupf in den dichten Schneefall. Bald gingen die ersten Lawinen ab, doch weder Hedi noch Hias kam auf die Idee, sich mit Haken zu sichern, so als wären sie beide nach diesem schrecklichen Unglück immun gegen ein weiteres. Wie Zuschauer wohnten sie dem Schauspiel bei, das die Natur ihnen erneut bot. Schneeweiße Gischt sauste die Nordwand hinunter. Schuss um Schuss folgten Steinhagel und Eisbrocken; Eiswasser und Schneegestöber fegten den Felsen hinab. Während die Naturgewalten um sie herum tobten, schlich sich das gerade Erlebte nun doch ganz langsam in Hedis Bewusstsein. Ihr Herz war wie tot, aber ihr Kopf begann wieder zu arbeiten. Bilder erschienen vor ihrem inneren Auge – Anderl, der an ihr vorbei in den Abgrund segelte; Thomas, wie er alle Vorsicht außer Acht ließ und in die Tiefe kletterte; der Eishaken ihrer Sicherung, der wie in Zeitlupe herausbrach; Thomas' Hand, die das Seil durchschnitt … Sie sah die Szenen vor sich wie eine völlig unbeteiligte Person. Die eisige Kälte um sie herum schien all ihre Emotionen eingefroren zu haben. Ihr fiel das bedrückende Gefühl in der Nacht vor dem Wandeinstieg wieder ein, das sie sogar morgens noch über das Geröllfeld begleitet hatte. War es eine Vorahnung gewesen? Warum hatte sie ihr nicht nachgegeben? Natürlich hatte jeder von ihnen gewusst, dass beim Bergsteigen ein tödlicher Unfall nicht auszuschließen war, schon gar nicht in der Eigernordwand. Und doch hatten sie niemals damit gerechnet, dass es ausgerechnet einen von ihnen treffen könnte.

»Vielleicht sind sie ja gar nicht tot«, sagte sie wie zu sich selbst.

»Das kann keiner überleben«, erwiderte Hias matt.

Seine Stimme klang deutlich und nah. Und plötzlich fiel ihr auf, dass alles ruhig war. Keine Lawinen mehr, keine Steinschläge, kein Sturm, so als würde die Natur innehalten und der Toten gedenken. Geblieben war nur die Eiseskälte, um sie herum und in ihrem Innern.

»Was haben wir Schlimmes getan, dass die Wand so wütend auf uns ist?«, fragte Hias nach einer Weile.

»Sie war noch nicht bereit.«

Nachdem Hedi Thomas' Worte ausgesprochen hatte, hob sich plötzlich der Vorhang ein Stückchen, der bis jetzt ihr Bewusstsein verhüllt hatte. Mit einem Mal erkannte sie schlaglichtartig, dass Thomas tot war und was sein Tod für sie, für ihr zukünftiges Leben bedeutete. Niemals mehr würde sie seine Stimme hören, nie mehr mit ihm reden, ihn küssen, in seinen Armen liegen. Nie mehr. Die vergangenen Nächte in ihrem Biwak kamen ihr in den Sinn, in denen sie sich so nah gewesen waren. Das war erst vor ein paar Stunden gewesen, und doch war seitdem eine Ewigkeit vergangen. Plötzlich sah sie wieder seine Hand mit dem Messer vor sich, die das Seil durchgeschnitten hatte. Was mochte er durchgestanden haben, bevor ihn die Tiefe verschluckt hatte! Allein der innere Kampf vor dem Durchschneiden des Seiles – er hatte sein Leben geopfert, um ihres zu retten!

Mit einem Mal spürte sie den Schmerz. Ihr war, als würde jemand ihr Herz in Stücke reißen. Ihr wurde speiübel. Sie griff sich an den Hals, bekam kaum noch Luft, glaubte, an diesem unbändigen Schmerz ersticken zu müssen. Sie begann zu keuchen. Und dann löste sich aus der Tiefe ihres Inneren ein markerschütternder Schrei. Sie schrie und schrie und konnte gar nicht mehr aufhören. Erst als Hias sie mehrmals sanft schüttelte, gingen die Schreie in ein Wimmern über. Er nahm sie in die Arme und hielt sie fest. Sie klammerte sich an ihn, und ein krampfhaftes Schluchzen schüttelte sie. Hias strich ihr behutsam über den Rücken, doch es gelang ihm nicht, sie zu beruhigen. Sie weinte und weinte. Wie nur sollte sie die nächsten Stunden überstehen, wie die nächsten Tage, wie ihr zukünftiges Leben?

»Vielleicht leben sie ja doch noch«, stammelte sie undeutlich unter Tränen.

Hias streichelte ihr übers Haar und schwieg.

Irgendwann beruhigte sie sich. Sie spürte die Kälte, die ihren Körper immer steifer und schwerfälliger, ihre Reaktionen immer apathischer werden ließ. Sie wusste, dass die Kälte auf dieser Höhe zum schleichenden Tod werden konnte, ohne dass man es merkte. Wollte sie das? Hätten Thomas und Anderl gewollt, dass Hias und sie hier oben auch ihr Leben ließen? Nein. Thomas hatte sein Leben gegeben, um ihres zu erhalten.

Langsam löste sie sich aus Hias' Umarmung. Sie zitterte am ganzen Leib, nicht vor Kälte, sondern vor innerer Erschöpfung.

»Wir müssen uns bewegen«, sagte sie mit vom Weinen rauer Stimme. Sie rückte von ihm ab und schlug mit den Armen gegen ihren Körper, rieb ihre Glieder und schüttelte den schmerzenden Kopf. »Du auch«, drängte sie ihn.

Als sie merkte, dass ihm dazu die Kraft fehlte, massierte sie seine Arme und Beine und knetete seine Hände in den Handschuhen. Schließlich sammelte sie all ihre noch verbliebene Kraft und kochte Tee. Dazu aßen sie Traubenzucker.

Der Eiger schwieg und hüllte sich in immer dichteren Nebel. Hedi sah auf die Uhr ihres Vaters. Es war Spätnachmittag.

»Wir könnten es jetzt versuchen«, sagte sie.

»Morgen«, antwortete Hias.

»Morgen kannst du tot sein.«

Hias zeigte den Anflug eines Lächelns. »Wir Bergler sind zäh. Aber wenn – was soll's?«

An diesem Tag wurde es früh dunkel. Der Nebel verschluckte alles Licht. Hedi bereitete das Biwak vor, versorgte Hias'

Wunde, kochte Tee und zwang Hias, wenigstens eine Kleinigkeit zu essen. »Wegen der Medizin.«

Sie selbst brachte keinen Bissen herunter.

»Jetzt im Dunkeln könnten wir mit den Taschenlampen Notzeichen in Richtung Kleine Scheidegg geben«, schlug Hias vor, dessen Fieber etwas gesunken war.

»Das Licht ist zu schwach, um es von unten sehen zu können.«

»Wir können es versuchen.«

»Die schicken heut Abend niemanden mehr in den Berg, um uns zu retten.«

»Vielleicht sieht uns ja doch jemand.«

In der nächsten Stunde schickten sie immer wieder Blinkzeichen ins Tal. Voller Anspannung warteten sie darauf, dass ihre Zeichen beantwortet wurden. Doch sie warteten vergebens.

Dann versuchte Hedi zu schlafen, doch sie konnte die wirren Gedanken, die sich unaufhörlich im Kreis drehten, nicht abschütteln. Immer wieder fragte sie sich, ob Thomas – und vielleicht auch Anderl – nicht doch noch am Leben sein könnten. Hias und sie hatten keine Ahnung, über welches Gelände die beiden abgestürzt waren. Vielleicht waren sie in eines der kleinen Schneefelder gefallen, die es am Ende des Eisfeldes überall zwischen den Felsen gab. Vielleicht gruben sie sich jetzt gerade ein Schneeloch für die Nacht.

In der Dunkelheit weinte sie leise vor sich hin. Immer wieder brachen Schluchzer aus ihr heraus. Zwischendrin lauschte sie in die Stille, die sie umgab, in der irrsinnigen Hoffnung, sie würde irgendwelche Hilferufe hören. Dann begann sie erneut zu weinen. Sie ahnte, dass das erst der Anfang war. Noch hatte sie nicht vollends verstanden, was eigentlich geschehen war. Noch gab es da diesen Vorhang, der ihr nur einen Ausschnitt auf das Unglück gewährte. Schon jetzt fürchtete sie sich vor dem Augenblick, wenn dieser gänzlich zerreißen würde.

Freitag, 19. Juni 1936

Hedi wachte am nächsten Morgen durch die Kälte auf. Hias schlief noch. Seinem Gesicht sah sie an, dass das Fieber gesunken sein musste. Sein Atem ging ruhig. Auch die Natur schlief noch. Kein Windhauch blies ihnen Schneestaub ins Gesicht, keine Lawine donnerte die Wand hinunter. Es war, als hielten die Berge den Atem an. Warteten sie auf ein neues Opfer?

Allmählich wurde es hell. Schönwetterwolken segelten über dem rosafarbenen Horizont. Die schweigsamen Gipfel glänzten in der aufgehenden Sonne. Thomas ... Der Gedanke daran, dass sein Körper jetzt irgendwo zerschmettert und gefroren unterhalb ihres Biwaks lag, schnürte Hedi den Atem ab.

Vorsichtig schälte sie sich aus den Schlafsäcken, die sie über sich und Hias gebreitet hatte, und trat unter dem Felsüberhang hervor. Die Eigernordwand erhob sich vor ihr in ihrer ganzen Vollkommenheit, rein und unberührt. Die beiden Todesfälle hatten sie nicht verändert. Eine Wand aus Fels, Eis und Schnee, die ein Eigenleben hatte. Sie gefror, taute wieder auf und veränderte sich im Laufe der Jahrhunderte. Die Menschen hatten keinen Einfluss auf sie. Welch ein sinnloses Unterfangen, sich ihr entgegenstemmen zu wollen!

»Hedi?« Hias' Stimme weckte Hedi aus ihren Gedanken. Sie drehte sich um und sah, wie er aufstand.

»Wie geht es dir?«

Er griff sich an den Kopf. »Der Schädel brummt.«

»Die Gehirnerschütterung.« Sie trat auf ihn zu. »Ich versorge deine Wunde.«

Auch während der Nacht hatte Hias wieder viel Blut verloren. Die Wunde musste unbedingt genäht werden. Aber wenigstens war die Entzündung nicht schlimmer geworden. Ein zäher Bergler …

Während sie Ovomaltine tranken und Traubenzucker lutschten, schwiegen sie. Beide standen noch unter den schockierenden Eindrücken des gestrigen Tages.

»Schaffst du den Abstieg?«, fragte Hedi in das Schweigen hinein.

»Ich bemüh mich.«

»Erst dieses Eisfeld, dann der etwa vierzig Meter hohe Fels, das kleinere Eisfeld darunter, und dann könnten wir schräg nach links in Richtung Stollenloch absteigen.«

»Stollenloch?«

»Dort hat man beim Bau der Jungfraubahn das ganze Geröll abtransportiert. Durch die Tür kommen wir zu den Bahnschienen. Etwa hundert Meter höher liegt die Station Eigerwand, wo es eine Hütte des Streckenwarts gibt. Der wird uns helfen.«

»Woher weißt du das?«

»Thomas und ich sind doch mit der Jungfraubahn gefahren«, antwortete sie ganz selbstverständlich. Doch kaum hatte sie seinen Namen ausgesprochen, wurde ihr wieder bewusst, dass es den Mann, der mit ihr noch vor drei Tagen Hand in Hand in dem kleinen Holzwaggon gesessen hatte, gar nicht mehr auf Erden gab. Schwindel erfasste sie, und wieder wurde ihr übel vor Schmerz.

»Und wie finden wir das Stollenloch?«, fragte Hias.

Sie griff sich an die Stirn, als könnte sie durch die Geste ihre schrecklichen Gedanken bändigen.

»Die Tür ist bestimmt aus der Ferne schon zu sehen«, erwiderte sie rau. »Wir rufen. Irgendwann wird uns vielleicht der Streckenwärter hören.«

Hias nickte und verzog dabei schmerzhaft das Gesicht, in dem seine Nase und Wangenknochen scharf hervorstachen. In den vergangenen vierundzwanzig Stunden hatte er nicht nur Blut und Kraft verloren, sondern auch Gewicht.

Hedi sah ihn prüfend an. »Wollen wir? Bei der niedrigen Temperatur sind wir jetzt relativ sicher vor Steinschlägen.«

Ein paar Minuten später gingen sie durch die Rinne zu der Stelle, wo sie noch gestern mit Thomas eingestiegen waren. Als Hedi das Eisfeld hinunterblickte, wurde ihr kurz schwarz vor Augen.

»Ich glaub, ich hab keine Kraft, mich da runterzulassen«, hörte sie Hias neben sich sagen.

Sie schluckte. »Ich lass dich runter. Erinnerst du dich noch an deine Showeinlage am Watzmann? Da bist du das Eisfeld einfach runtergerutscht. So machen wir es. Von Stufe zu Stufe auf dem Hosenboden. Nur, dass ich dich von oben am Sicherungsseil halte.«

»Das schaffst du doch nicht.«

Hedi sah ihn groß an. Zum ersten Mal spürte sie wieder etwas Leben in sich. »Hias – du bist fast zwei Köpfe kleiner als ich und gewichtsmäßig eine halbe Portion. Ich geh mit dir ins Seil. Das Seil läuft durch zwei Haken und ich sichere mich auch noch mal durch einen Haken. So machen wir es, von Stufe zu Stufe.«

Hias überlegte. »Das könnte klappen.«

Es klappte tatsächlich. Das Gewicht eines schwereren Mannes hätte Hedi sicherlich nicht halten können, aber Hias war wirklich ein Leichtgewicht. So ließ sie ihn über zwanzig Seillängen kontrolliert das Eisfeld hinunterrutschen. Es war ein langsamer, mühseliger Abstieg. Ihre Nerven waren zum Zerreißen gespannt. Immer wieder fragte sie Hias, ob er noch konnte, woraufhin er übertrieben munter bejahte. Irgendwann kam sie in einen Zustand zunehmender körperlicher Erschöpfung und übersteigerter, fast unwirklicher Geistesgegenwart.

Am Ende des großen Eisfeldes wartete der hohe, senkrechte Fels auf sie, der die beiden Eisfelder verband. Hedi seilte Hias im Sitzen ab, denn ihm fehlte die Kraft für die Armarbeit. Dann ließ sie sich selbst vorsichtig hinunter. Dicht am Felsen umfing sie eine tiefe Ruhe, es war ganz windstill. Nicht einmal das gedämpfte Klirren von Eisabstürzen oder aufbrechenden Spalten war zu hören. Dieses unnatürliche Schweigen der Wand wirkte unheimlich. Sie spürte förmlich, wie der Fels darauf lauerte, auch sie zu holen.

»Hedi! Weiter!«, hörte sie Hias von unten rufen.

Hedi hatte im Abseilen innegehalten, sich aus dem Felsen gelehnt und in der Tiefe nach einem Lebenszeichen gesucht. Doch sie konnte dort unten nichts Menschliches erkennen.

Nachdem sie auch das kleinere Eisfeld hinter sich gelassen hatten, kamen sie am frühen Nachmittag zu der Stelle, wo sie zum Stollenloch schrägen mussten. Hias' Gesicht war wieder fieberrot. Hedi sah ihm an, dass er kaum mehr Kraft hatte.

»Ab hier müssen wir klettern.« Prüfend sah sie ihn an.

Hias nickte nur.

»Wir machen eine Pause. Du musst etwas essen und Medizin nehmen«, beschloss sie.

Auch Hedi brauchte eine Pause. Sie hatte keinerlei Gefühle mehr, sie bestand nur noch aus Willen. Aber auch dieser wurde langsam von einer unendlichen Müdigkeit erstickt. Sie ließ sich einfach auf das Gestein fallen. »Nur ein paar Minuten«, sagte sie leise zu sich selbst. »Dann koche ich uns Tee.«

Auch Hias legte sich flach auf den Rücken und schloss die Augen.

In der Sonne war es warm. Die schneebedeckten Gipfel erstrahlten im gleißenden Licht. Von hier aus war die Kleine Scheidegg schon wieder gut zu erkennen. Auf der Terrasse des Bellevue Hotels standen vier Männer an den Fernrohren, die auf die Eigernordwand gerichtet waren. Jäh wurde Hedi bewusst, dass sie sie beobachteten.

»Was hast du den Reportern vom *Völkischen Beobachter* erzählt?«, fragte sie Hias.

Hias blinzelte sie an. »Die müssten eigentlich heut anreisen.«

»Vielleicht sind sie schon da«, murmelte sie.

Da kam Leben in Hias. Er richtete sich auf. »Das wäre doch gut. Die sehen doch, dass wir nur noch zu zweit sind und wie es um uns steht. Die werden bestimmt die Bergwacht alarmieren.« Dieser Hoffnung ließ er ein paar wedelnde Armbewegungen in Richtung der Hotelterrasse folgen. Immer wieder zeigte er auf seinen Kopfverband.

»Das wäre wie ein Wunder«, sagte Hedi.

»Du wirst sehen, wir bekommen Hilfe. Bestimmt.«

Hedi schwieg. Sie betrachtete das Gelände, das unter ihnen lag. Der Weg zum Stollenloch war schwierig – voller Überhänge, an denen man sich abseilen musste, denn das Stollenloch lag zurückgesetzt in der Wand. Wie schnell hing man an einer solchen Stelle frei in der Wand am Seil und kam nicht wieder an den Berg zurück. Und wie sollte Hias das überhaupt schaffen? Dennoch, sie hatten keine andere Wahl.

Entschlossen stand sie auf und versuchte ebenfalls, durch Armbewegungen auf sich aufmerksam zu machen. Dabei zeigte sie immer wieder auf Hias. Wenn die Leute dort unten an den Fernrohren – Reporter oder Hotelgäste – nicht ganz dumm waren, mussten sie ihre Zeichen als Hilferufe deuten. Hedi spürte, wie sie neue Kraft bekam.

»Hias, wir können nicht einfach warten, bis jemand kommt. Du brauchst unbedingt einen Arzt. Ich klettere zum Stollenloch. Der Streckenwärter soll die Bergwacht alarmieren, die dich von hier abholt – falls die Leute auf der Terrasse das nicht tun.«

»Du lässt mich hier allein?« Hias sah sie an wie ein kleiner Junge.

Sie kniete sich vor ihn. »Das Stollenloch ist nicht weit von hier. Am frühen Abend bist du in Sicherheit und verarztet.«

Sie zögerte. »Oder traust du dir zu, mit mir weiter abzusteigen?«

Da schüttelte er stumm den gesenkten Kopf.

Sie strich ihm über die raue Wange. »Ich steig allein runter.«
Diese neue Perspektive verlieh Hedi plötzlich wieder Energie. Sich selbst gegenüber war sie inzwischen völlig gleichgültig geworden. Aber jetzt ging es darum, Hias den Rückweg zu ermöglichen.

Hedi suchte für Hias einen Biwakplatz, an dem er vor Steinabgängen sicher war, legte Medizin und alles Notwendige in seine Reichweite. Bevor sie sich über die erste Steilstufe abseilte, hielt sie einen Augenblick inne, nahm den kleinen Engel aus der Hosentasche und umschloss ihn fest mit ihrer Hand. Dann schlug sie entschlossen einen Sicherungshaken in den Felsen, zog das Seil bis zur halben Länge hindurch und ließ sich im Sitzen hinunter. Nach ein paar Metern, die sie klettern musste, kam der nächste Überhang. Ihre neu gewonnene Kraft erlahmte jedoch schnell wieder. Sie lehnte sich an den Felsen, um sich zu erholen, und plötzlich wollten ihre Beine sie nicht mehr halten. Sie sackte in sich zusammen. In ihrem Kopf dröhnte es, ihre Knie zitterten. Sie schloss die Augen, konzentrierte sich ganz auf ihre Atmung. Nach einer Weile beruhigte sie sich wieder, doch sie fühlte sich immer noch zu schwach, um weiter abzusteigen. Das Stollenloch mochte jetzt etwa zweihundert Meter schräg unter ihr liegen. Von hier aus konnte sie schon die schwere Holztür erkennen. Einem inneren Impuls folgend legte sie die Hände wie ein Sprachrohr um den Mund und rief um Hilfe – vielleicht würde der Streckenwärter sie hören. Mehrere Male wiederholte sie die Rufe, ohne dass etwas geschah. Dann kletterte sie weiter.

Unter ihr warf die Nordwand dunkle Schatten auf die Kleine Scheidegg. Die Terrasse des Bellevue Hotels war jetzt trotz des Sonnenscheins menschenleer. Wahrscheinlich waren viele Gäste aufgrund des unbeständigen Wetters abgereist. Aber was war mit der Presse? Zum ersten Mal wünschte sie sich, die Journalisten würden an den Fernrohren stehen und ihre Notlage erkennen.

»Hallo!«, scholl es plötzlich durch die Eigernordwand.

Hedi blickte zum Stollenloch hinunter und sah einen Mann mit Mütze winken.

»Hallo!«, schrie sie zurück. »Wir brauchen Hilfe! Die Bergwacht …!«

»Die kommt gleich!« Der Mann verschwand wieder hinter der Tür.

Hedis Herz begann zu rasen. War das nur eine Halluzination gewesen, durch die völlige Überreizung ihrer Nerven? Oder würde die Bergwacht tatsächlich gleich kommen?

Mit einem Mal fühlte sie sich wieder in der Lage, sich weiter abzuseilen. Abseilen, klettern, abseilen, klettern, ein kurzer Felskorridor und noch einmal abseilen. Dann querte sie die letzten Meter zum Stollenloch. Als sie kurz davor war, öffnete sich die verwitterte Holztür und drei Männer traten heraus. Filzhüte, Anoraks, Bergstiefel, Rucksack, Seile quer über die Brust.

»Die Journalisten haben gesagt, du brauchst Hilfe.« Der Älteste von ihnen sah sie forschend an und reichte ihr die Hand. »Fritz Steuri. Mein Sohn Hermann und mein Bruder Gottfried.«

Hedi hatte schon viel von Fritz Steuri gehört. Er war ein bekannter Bergführer aus Grindelwald. Steuri und ihr Vater hatten sich persönlich gekannt. Doch jetzt war nicht die Zeit zum Plaudern.

»Gehörst du zu den vieren, die vor drei Tagen in die Wand eingestiegen sind?«

Sie nickte. »Einer von uns ist noch dort oben.« Sie zeigte in die Richtung, wo sie Hias zurückgelassen hatte. »Er hat eine große Kopfwunde mit viel Blutverlust und eine Gehirnerschütterung.«

»Und die beiden anderen?«, fragte Gottfried Steuri.

Sie schluckte. »Gestern abgestürzt.«

Die drei Männer senkten den Kopf und schwiegen.

»Bitte ... Bitte, sucht sie. Sie sind über dem zweiten Eisfeld abgestürzt. Das heißt, mein ... mein Verlobter hat sich vom Seil geschnitten, um mir das Leben zu retten. Vielleicht leben er und sein Bruder ja noch. Vielleicht sind sie in eines der kleinen Schneefelder gefallen. Bitte, ihr müsst sie suchen ...« Ihr versagte die Stimme. Tränen schnürten ihr den Hals zu. Sie bemerkte, wie die Männer besorgte Blicke wechselten. Schließlich sagte Fritz Steuri:

»Wir holen erst mal den Verletzten runter. Sag von Allmen, er soll noch ein paar Leute von der Bergwacht anfordern.« Prüfend sah er sie an. »Schaffst du es von hier aus allein?«

Sie nickte. Die drei seilten sich an, und sie sah ihnen nach, wie sie sich in Bewegung setzten, ruhig und umsichtig, getragen von dem starken Willen alles zu geben, um ein Menschenleben zu retten.

Als Hedi sich umdrehte, trat der Streckenwärter aus der Tür. »Kommen Sie mit! Ich habe Tee gekocht.«

Bevor sie ihm in den Tunnel folgte, blickte sie noch einmal hinaus in die Wand. Meter für Meter kletterten die Bergführer höher. Hias würde bald Hilfe bekommen. Aber was war mit Thomas und Anderl?

»Kommen Sie!« Behutsam schob der ältere Mann sie in einen kurzen Gang hinein, der zu den Bahnschienen führte. »Etwa fünfhundert Meter noch«, sagte er, während er ihnen mit der Gaslaterne den Weg durch die Dunkelheit wies. Hedi stolperte in den Bahntunnel hinein, der unheimlich ächzte. Auch hier roch die Luft wieder nach Moder und Maschinenöl. Die feuchten Wände glänzten im Lichtkegel der Laterne wie schwarze Fischhaut.

Hedi konnte sich kaum mehr auf den Beinen halten. Sie hatte jetzt jegliches Zeitgefühl verloren, konnte nicht sagen, wie lange sie schon gelaufen waren. Irgendwann fand sie sich in einer Holzhütte wieder, die in den Felsen gebaut war. Als Erstes nahm sie die angenehme Wärme wahr. Dann den Steinboden, den Ofen, den Tisch mit vier Stühlen und an den Bretterwänden einen Streckenplan und ein Telefon. Auf dem Tisch stand eine Teekanne, aus der der Streckenwärter einschenkte. Hedi nahm den Rucksack ab, ließ ihn auf den Boden fallen und sank auf den Stuhl.

»Ihr seid die vier, die vor drei Tagen eingestiegen sind«, sagte Albert von Allmen. Den Namen kannte sie noch von dem Zugschaffner, der erzählt hatte, dass der Streckenwart nicht mit dem Hotelbesitzer Fritz von Almen verwandt war und mit zwei L geschrieben wurde.

Sie nickte stumm, während sie ihre Hände, die immer noch in den Strickhandschuhen ihrer Großmutter steckten, an der Tasse wärmte.

Von Allmen nickte so bedächtig, wie er auch sprach. »Und die beiden anderen sind am Berg geblieben?«

Wieder nickte sie.

»Die Wand lässt sich nicht bezwingen. Zumindest noch nicht.«

Hedi trank ein paar Schlucke. Der heiße Tee tat ihr gut. Sie schloss die Augen und lehnte sich auf dem wackeligen Holzstuhl zurück.

»Die Journalisten im Hotel Bellevue haben gesehen, dass ihr nur noch zu zweit seid und dass einer von euch eine Kopfverletzung hat. Da haben sie die Bergwacht gerufen.«

Überrascht öffnete sie die Augen. Dann war sie dem *Völkischen Beobachter* nun womöglich noch zu Dank verpflichtet. Welch eine Ironie des Schicksals!

Von Allmen war ein schweigsamer Mann – und Hedi war ihm dankbar dafür. Er bot ihr etwas zu Essen an, aber sie verspürte keinen Hunger. Nach einer Weile kochte er noch einmal Tee. Die heiße Flüssigkeit wärmte sie ein bisschen. Doch die Faust, die ihr Herz fest umschlossen hielt, blieb eiskalt.

Nach einiger Zeit, in der das Ticken der runden Uhr an der Bretterwand das einzige Geräusch gewesen war, hörten sie Stimmen. Hedi sprang auf. Nach wenigen Sekunden öffnete sich die Hüttentür und die drei Bergführer schleppten einen völlig erschöpften Hias hinein.

»Wir mussten ihn abwechselnd tragen«, sagte Fritz Steuri. »Aber er wird leben.« Er wandte sich an von Allmen. »Besorg uns einen Sonderzug und ruf die Sanitäter an. Sie sollen ihn unten auf der Kleinen Scheidegg in Empfang nehmen. Der muss ins Krankenhaus.«

»Der Zug kommt gleich. Er bringt die Leute von der Bergwacht.«

Hedi kniete sich neben Hias. »Wie geht es dir?«

Er sah schlimm aus. Der Verband war wieder blutdurchtränkt, seine Augen glänzten fiebrig. Er machte den Eindruck, kaum mehr etwas mitzubekommen. Auch sein hechelnder Atem verriet nichts Gutes. Sie fühlte seinen Puls. Er war viel zu schnell – fünfundneunzig Schläge pro Minute. »Er hat eine Blutvergiftung«, sagte sie leise.

Plötzlich erklang ein Geräusch, das den nahenden Zug ankündigte. Fritz Steuri und sein Sohn nahmen Hias in die Mitte und trugen ihn nach draußen. Hedi folgte ihnen. Aus dem Zug sprangen vier Leute von der Bergwacht und zwei Sanitäter, die sich Hias' annahmen. Von Allmen begleitete Hedi zum Waggon. »Ich wünsche Ihnen alles Gute, Fräulein«, sagte er.

Hedi zögerte. Dann drehte sie sich entschlossen um und ging auf die Bergwachtler zu, die sich in der beleuchteten Höhle mit den Bergführern besprachen. »Ich geh mit euch«, sagte sie entschlossen. »Ich muss Thomas und seinen Bruder finden. Thomas und ich wollen heiraten.«

Die sieben Männer sahen sie verblüfft an. Da trat Fritz Steuri aus der Gruppe hervor. »Unmöglich. Du bist viel zu erschöpft. Körperlich wie geistig.« Er lächelte sie väterlich an.

»Du hast Großes geleistet, aber jetzt kannst du nichts mehr tun. Wir kümmern uns.«

Ein paar Sekunden noch haderte Hedi mit der Entscheidung, wollte widersprechen, den Rucksack wieder aufsetzen. Doch da verweigerte sich ihr Köper. Ihr wurde schwindelig, die Bahnstation drehte sich, die schwarzen, glänzenden Höhlenwände schlossen sie ein und irgendetwas zog sie in einen dunklen Abgrund, in dem es keine Gedanken und keinen Schmerz mehr gab.

Die Ohnmacht dauerte nur kurz. Zuerst nahm Hedi ihre Umgebung nur wie durch Watte wahr. Dann erinnerte sie sich, wo sie war. Einer der Sanitäter klopfte ihr auf die Wange. »Fräulein … Fräulein … Aufwachen!«

Mit seiner Hilfe richtete sie sich auf dem Steinboden auf.

»Sie müssen sich jetzt erst mal ausruhen. Dann wird's schon wieder.«

Sie ließ sich von ihm in den Waggon helfen, in dem bereits Hias mit dem anderen Sanitäter saß. Hias hatte Schüttelfrost und war nicht mehr ansprechbar.

»Der kommt sofort ins Krankenhaus, und Sie werden am Bahnhof vom Hotel Bellevue abgeholt«, sagte der Helfer zu ihr. »Dort weiß man von dem Unglück und will sich um Sie kümmern.«

Sie nickte stumm. Sie hatte sich noch gar keine Gedanken darüber gemacht, wie es jetzt weitergehen sollte. Sie spürte nichts als Gleichgültigkeit.

»Sie waren sehr tapfer, Fräulein«, sagte der junge Sanitäter neben ihr, als der Zug anfuhr und der schwarze Fels, der im spärlichen Licht der Laternen bizarre Schatten warf, außen an den Scheiben vorbeizog.

Vor dem Bahnhof auf der Kleinen Scheidegg wartete bereits ein Rettungswagen. Neben ihm stand eine Menschentraube –

Einheimische, Touristen, Fotoreporter, Männer mit Mikrofonen. Hias wurde auf eine Trage gelegt und zu dem Wagen gebracht. Hedi begleitete ihn.

»Wohin bringen Sie ihn?«, fragte sie einen der Sanitäter.

»Nach Interlaken. Das ist das nächste«, lautete die Antwort.

Als die Rettungsleute die Trage in den Wagen schoben, öffnete Hias die Augen. Er hob die Hand, als wollte er den beiden Männern Einhalt gebieten. Sein fiebriger Blick hielt Hedis fest. Hedi beugte sich zu Hias hinunter.

»Danke«, hörte sie ihn heiser flüstern. »Danke für alles. Nie wieder werde ich was gegen Frauen am Berg sagen. Das schwöre ich.« Dann nahm er ihre Hand in seine. »Vielleicht finden sie die beiden ja noch«, fügte er mit letzter Kraft hinzu, bevor ihm die Augen wieder zufielen.

Hedi war zumute, als müsste sie weinen. Doch ihre Augen blieben trocken. Nachdem sich die Wagentür geschlossen hatte, drehte sie sich um und sah sich der Menschenmenge gegenüber, die sie jetzt einkreiste.

»*Völkischer Beobachter*«, stellte sich einer der Männer vor und hielt ihr ein Mikrofon vors Gesicht. »Können Sie uns erzählen, was dort oben passiert ist?«

»*Berner Tageszeitung*«, drang es von links an ihr Ohr. »Sind tatsächlich zwei Ihrer Bergkameraden ums Leben gekommen?«

»*Münchner Illustrierte Presse …*«, kam von der anderen Seite. »Wie ist es zu diesem Unglück gekommen?«

»Was hat Sie als Frau dazu bewogen, in die Wand einzusteigen?«

Hedi spürte, wie ihr erneut schwarz vor Augen wurde. Da griff jemand nach ihrem Arm und zog sie aus dem Pulk heraus. »Lassen Sie die junge Frau doch erst mal in Ruhe«, sagte eine sonore Männerstimme. »Sehen Sie nicht, dass sie nicht mehr kann? Warten Sie auf die Bergführer und die Bergwachtler. Die werden Ihnen alles berichten.«

Der ältere Mann im Trachtenanzug führte sie zu einer Kutsche, half ihr hinein und gab dem Kutscher den Befehl, loszufahren. Wie durch einen Schleier erkannte Hedi Fritz von Almen, den Hotelbesitzer.

In der Hotelhalle wartete bereits eine junge Frau im Dirndl auf sie, die sie die Treppe in den ersten Stock hinaufführte und dort auf ein Zimmer brachte. »Brauchen Sie wirklich keinen Arzt?«, fragte sie besorgt.

Hedi schüttelte den Kopf. »Nur schlafen ...«

Die Hotelangestellte half ihr, sich auszuziehen, schenkte ihr Tee ein und bot ihr einen Teller mit appetitlich angerichteten Sandwiches an. Doch Hedi wollte nur noch ins Bett. Sie merkte nicht einmal mehr, wie die junge Frau das Zimmer verließ.

Als Hedi wach wurde, schien der Mond ins Zimmer. Es war eine sternenklare Nacht. Sie hörte das Läuten von Kuhglocken. Es dauerte ein paar Sekunden, bis sie wieder wusste, wo sie sich befand – und was passiert war. Der jähe Schmerz, der auf diese Erinnerung folgte, ließ sie hellwach werden. Sie richtete sich im Bett auf und schaltete die Nachttischlampe an.

Das Zimmer war klein und gemütlich. Holzwände, rot-weiß karierte Gardinen und Bettwäsche. Durch das offen stehende Fenster drang die klare Nachtluft hinein, die Hedi tief einatmete. Sie spürte plötzlich, wie durstig sie war. Der Tee war kalt, dennoch gab er ihr neue Energie. Abgesehen von den Kuhglocken und dem Schrei eines Nachtvogels war es still auf der Kleinen Scheidegg. Sie wickelte sich in die Bettdecke und trat ans Fenster. Vor ihr ragte wie zum Greifen nah die Eigernordwand auf, vom Mond gespenstisch angeleuchtet. Unwillkürlich trat sie zwei Schritte zurück. Diese Wand hatte ihr alles genommen. Ein stechender Schmerz durchfuhr ihr Inneres, eine abgrundtiefe Trostlosigkeit machte sich in ihr breit – und die irrsinnige Hoffnung, man würde Thomas und Anderl doch noch lebend finden. Und mit einem Mal kam ihr der Gedanke, dass sie zu Hause anrufen musste, bevor ihre Großeltern oder Thomas' Familie aus der Zeitung von dem Unglück erfuhren. Wahrscheinlich berichtete die Presse schon morgen davon.

Sie schlüpfte in Hose und Pullover und öffnete die Zimmertür. Leise stieg sie die knarrenden Holzstufen in die Hotelhalle hinunter. Hinter der Rezeption saß der Nachtportier und schnarchte. Behutsam berührte sie seinen Arm. »Ich muss dringend telefonieren.«

Er war sofort hellwach. »Haben Sie die Nummer?«

Sie nickte und zog den Zettel mit Johannes' Privatnummer aus der Hosentasche. Johannes war der Einzige, an den sie sich jetzt wenden konnte. Er war auch der Einzige, der zu Hause alles zu regeln vermochte – ihre Großeltern benachrichtigen, seine Familie beruhigen, die nötigen Formalitäten in die Wege leiten.

Der Nachtportier stellte die Verbindung her und reichte ihr den Hörer. Doch der Ruf ging ins Leere. Hedi hörte nur das Tuten, das Johannes am anderen Ende der Leitung aus dem Schlaf wecken sollte. Enttäuscht ging sie zurück ins Zimmer, legte sich ins Bett und schlief dann trotz der sie marternden Erinnerungen irgendwann vor Erschöpfung wieder ein.

Samstag, 20. Juni 1936

Als Hedi das nächste Mal aufwachte, war es helllichter Tag. Sie stand auf und merkte erst jetzt, dass ihr alle Knochen wehtaten. Ihr Körper fühlte sich an wie Blei. Stöhnend trat sie vors Fenster. Draußen war ein schöner Tag – einer dieser Tage, an denen es einem gut gehen sollte und man voller Energie war.

Doch die Schönheit der Natur erreichte sie nicht. Vielmehr wirkten die blühende Alm und die sonnenbeschienenen Gipfel von Eiger, Mönch und Jungfrau auf sie leblos. Das Einzige, was sie noch interessierte, war, ob Fritz Steuri und die Bergwacht Thomas und Anderl gefunden hatten. Bei der Vorstellung, dass der Grindelwalder Bergführer die beiden vielleicht in diesem Augenblick in Sicherheit brachte, begann ihr Blut schneller zu kreisen. Sie wusch sich, versorgte ihre Schürfwunden, packte den Rucksack und stieg hinunter in die Eingangshalle, wo sie auf Fritz von Almen traf.

»Hat die Bergwacht sie gefunden?«, lautete ihre erste Frage.

Der Hotelier schüttelte den Kopf. »Die Männer sind heute in der Früh noch mal eingestiegen. Bis jetzt sind sie noch nicht zurück.«

Hedis Schultern fielen herab. Hatte sie wirklich etwas anderes erwartet? Diesen Sturz konnte keiner überleben. Aber da war doch diese Stimme in ihr, die ihr zuflüsterte, dass Thomas noch lebte. Und mit einem Mal wusste sie, was sie zu tun hatte: Sie musste selbst noch einmal in die Wand.

»Es steht schon in der Presse«, sagte Fritz von Almen und griff nach den Zeitungen, die auf einem Teetisch lagen.

Hedi warf einen Blick auf die Schlagzeilen. *Der Angriff auf die Eigernordwand ist gescheitert … Zwei Bergsteiger tot … Die Heldentat einer jungen Bergsteigerin …*

Wie lange noch wird dieser Frevel an der Eigernordwand andauern?, las Hedi als Schlagzeile der *Neuen Zürcher Zeitung*. Verwirrt sah sie Fritz von Almen an.

»Im Rundfunk hat man auch schon in den Morgennachrichten davon berichtet«, sagte der Hotelier. »Übrigens ist der norwegische Bergsteiger auch nicht mehr in der Wand zu sehen. Er ist einen Tag nach euch eingestiegen. Da war es ja noch schön.«

»Vielleicht ist er umgekehrt«, erwiderte Hedi geistesabwesend.

»Vorgestern Abend ist eine japanische Viererseilschaft angekommen. Sie wohnen unten auf Alpiglen. Gestern in der Früh sind sie eingestiegen«, fügte von Almen hinzu. Er schüttelte den Kopf. »Für uns Schweizer ist das völlig unverständlich. Warum lässt man den Berg nicht in Ruhe?«

»Welche Route haben die Japaner genommen?«, fragte Hedi wie elektrisiert. Vielleicht kamen sie in der Nähe der Absturzstelle vorbei.

»Das weiß ich nicht«, antwortete von Almen und seufzte. »Wissen Sie, das ist alles nicht gut. Der Ansturm auf die Eigernordwand bringt mir zwar viele Gäste und Presseleute, aber ich bekomme langsam das Gefühl, am Tod zu verdienen. Und das ist ein schlechtes Geschäft.«

Im nächsten Moment wurde die Tür der Hotelhalle aufgerissen. Hedi versagten die Beine, als sie Johannes erkannte. In drei, vier Schritten war er bei ihr und konnte sie gerade noch auffangen.

»Johannes«, schluchzte sie auf.

»Ein Reporter vom *Völkischen Beobachter* hat mich vergangene Nacht benachrichtigt. Da bin ich sofort losgefahren«, sagte er nah an ihrem Ohr.

Er hielt sie umschlungen und drückte sie an sich. Seine Arme, seine Wärme, seine liebe Stimme gaben ihr das Gefühl von Sicherheit und lösten endlich den Knoten, an dem sie seit vorgestern zu ersticken drohte. Sie begann zu weinen.

Fritz von Almen stellte ihnen ein Zimmer zur Verfügung, damit sie in Ruhe reden konnten.

»Vielleicht leben sie ja noch, und die Bergwacht bringt sie gleich schon ins Zeltlager zurück«, sagte Hedi, nachdem sie Johannes das Unglück geschildert hatte.

Johannes schwieg. In seinem Blick lag so viel Schmerz, dass sich Hedis Herz verkrampfte.

»Und ich bin an allem schuld«, flüsterte Hedi unter Tränen. »Wenn ich die Wand nicht unbedingt hätte machen wollen ...« Leise schluchzte sie in sich hinein.

Johannes drückte sie an sich. »Thomas und Anderl waren erwachsen. Sie haben selbst entschieden. Und sie waren Bergsteiger.«

»Thomas ist doch nur wegen mir mitgegangen. Das hat er mir gesagt.«

»Er hat dich geliebt.« Johannes schauderte. »Welch eine Tragik.«

Hedi sah ihn durch den Tränenschleier an. »Deine armen Eltern … Gleich zwei Kinder …« Wieder schluchzte sie laut auf.

»Ich glaube, das wird Mutter nicht überleben«, erwiderte Johannes tonlos.

Beide schwiegen, hielten sich an den Händen und blickten nach draußen. Eiger, Mönch und Jungfrau waren in blendendes Licht getaucht.

»Und wie geht es jetzt weiter?«, fragte Hedi irgendwann.

Johannes seufzte. »Wir werden gleich die ganzen Sachen packen, etwas essen und dann zurückfahren. Es ist ja noch früh, wir können am Spätnachmittag zu Hause sein. Und dann … und dann steht mir das Schwerste bevor, das ich je habe machen müssen: meinen Eltern diese Nachricht zu überbringen.«

Nachdem sie den Tee getrunken hatten, gingen Hedi und Johannes zum Zeltlager hinunter. Als sie näher kamen, sah Hedi, dass der Wind auch hier unten gewütet hatte. Ihre beiden vom Sturm gebeutelten Zelte waren die einzigen Spuren, die von ihrem Durchsteigungsversuch übrig geblieben waren. Sie führten ihr das Unglück umso schmerzhafter vor Augen. Hedi blickte hinüber zum Waldrand, dorthin, wo sie und Thomas noch vor ein paar Tagen im Gras gesessen, sich Liebesworte zugeflüstert und Zukunftspläne geschmiedet hatten. Inzwischen war dieses Glück zu einer leeren Erinnerung verblasst.

»Und hier habt ihr ein paar Tage gehaust?«, fragte Johannes voller Unverständnis.

Hedi schwieg. Sie kannte Johannes. Er hatte es gerne angenehm. Wie konnte man einem Menschen, der nie in die Berge gestiegen war, die Faszination erklären? Viele wanderten über Almwiesen und Forststraßen zu Hütten, aber nur die wenigsten kletterten in Fels und Eis. Thomas hatte sie verstanden. Sie hatten ein gemeinsames Ziel gehabt, einander vertraut. Nie wieder würde sie einem Mann begegnen, mit dem sie eine solche Verbundenheit erleben würde.

»Greetzi!«, hörte sie da jemanden rufen. Sie drehte sich um und sah Fritz Steuri auf sie zukommen.

Sie stürzte auf ihn zu. »Und? Habt ihr sie gefunden?«

Der Bergführer verzog das braun gebrannte, zerfurchte Gesicht. »Nur einen.«

Hedi hielt die Luft an. Sie griff nach Johannes' Hand, der ihr gefolgt war. Die Frage, welchen von beiden, kam ihr nicht über die Lippen.

»Den Rothaarigen.«

»Anderl …«, flüsterte Hedi. Sie sah Steuri an. »Und der andere? Mein … mein Verlobter?«

Der Bergführer schüttelte stumm den Kopf.

»Und Anderl … Ist er tot?«, hörte sie Johannes fragen.

Steuri nickte. »Besser, ihr seht ihn euch nicht mehr an. Wir haben ihn in den Keller vom Bahnhof gebracht, bis er abgeholt wird. Da ist es kühl.«

Hedi weinte laut auf. Auch Johannes kämpfte mit den Tränen. Dann straffte er sich und sagte mit heiserer Stimme zu Steuri:

»Ich bin der Bruder von beiden. Ich werde mich um die Überführung kümmern.«

»Mein Beileid.« Fritz Steuri nahm den Hut ab, verbeugte sich und wollte gehen.

Doch Hedi hielt ihn fest. »Und Thomas? Geht ihr noch mal rauf? Er kann doch nicht einfach da droben liegen bleiben.«

Der Bergführer seufzte. »Wir haben abgesucht, was ging.

Die Leichen vom Sedlmayr und Mehringer sind bis heut noch nicht gefunden. Und die beiden sind im August vergangenen Jahres eingestiegen.«

Hedi wandte sich ab. Sie wollte nicht, dass Fritz Steuri ihre Verzweiflung sah.

Nachdem der Bergführer gegangen war, blieben Hedi und Johannes mit hängenden Schultern stehen. Jetzt stand zumindest fest, dass Anderl ums Leben gekommen war.

»Ich hab das Gefühl, dass Thomas noch lebt«, sagte Hedi leise.

»Das wünschst du dir ...« Johannes sah sie traurig an.

»Nein, da ist was in mir ...«, begehrte Hedi auf. »Eine Gewissheit ... Es kann doch nicht sein, dass er mir mein Leben geschenkt hat und nun tot ist. Was soll ich denn jetzt damit anfangen?« Wieder brach sie in Tränen aus, und Johannes nahm sie in die Arme.

»Wir werden darüber hinwegkommen, so schrecklich es auch ist«, sagte er leise. »Die Zeit heilt alle Wunden.«

Da machte sie sich von ihm los. »Die Zeit heilt nicht alle Wunden«, widersprach sie ihm. »Sie lehrt uns nur, mit dem Unbegreiflichen zu leben. So ist es doch auch bei meinen Eltern.«

Johannes seufzte tief, strich sich mit beiden Händen das blonde Haar zurück und sagte tonlos: »Lass uns aufbrechen. Deine Großeltern werden sich Sorgen machen.«

»Wenn sie die Zeitung heute schon gelesen haben, wissen sie, dass ich lebe«, erwiderte Hedi matt.

»Dennoch.« Liebevoll sah er sie an. »Der Ort hier tut dir nicht gut.«

Hedi straffte sich. »Ich bleibe hier.«

»Was?«

»Ich steig noch mal in die Wand. Ich kann Thomas da nicht so einfach zurücklassen«, fügte sie mit gebrochener Stimme hinzu.

»Hedi, da war gestern und heute ein ganzer Suchtrupp unterwegs, der ihn nicht gefunden hat.« Er machte einen Schritt auf sie zu und zog sie wieder an sich. »Er kommt nicht zurück. Das weißt du genau.«

Wieder riss sie sich von ihm los. »Das weiß ich eben nicht genau. Ich muss es tun.«

Da verlor Johannes die Geduld. Er fasste sie hart an den Schultern. »Denk wenigstens an deine Großeltern! Willst du in dieser grausamen Wand auch noch den Tod finden?«

Unter seinen Worten zuckte sie zusammen.

»Außerdem musst du Montag wieder zur Schule«, rief Johannes ihr ins Gedächtnis.

»Die Schule ist mir egal.«

»Willst du etwa alles hinwerfen? Glaubst du, dafür hat sich Thomas vom Seil geschnitten?« Johannes sah sie eindringlich an. »Hedi, du bist eine starke Frau. Auch deshalb hat dich Thomas geliebt. Du wirst mit diesem Schicksalsschlag fertigwerden. Mach jetzt keine Dummheiten und fahr mit mir zurück.«

Eine halbe Stunde später fuhr Johannes allein zurück.

»Ich mach keine Dummheiten«, versprach Hedi ihm beim Abschied am Bahnhof. »Aber ich muss einfach noch etwas hierbleiben.«

»Dann geh wenigstens ins Hotel«, drängte er sie. »Ich bezahl es dir auch.«

Sie lächelte ihn müde an. »Ich bleibe im Lager. Dort bin ich ihm am nächsten.«

Er zögerte. »Und wann kommst du nach?«

Hedi hob die Schultern und schwieg.

Johannes holte tief Luft. »Gut, dann werde ich sehen, was ich für dich tun kann. Von der Partei wirst du bestimmt jetzt als Heldin gefeiert, da sieht man vielleicht darüber hinweg, dass du deinen Sonderurlaub eigenmächtig verlängerst.«

Hedi schwieg. Ihr fehlte die Kraft, sich jetzt mit Johannes über die Partei zu streiten.

»Bitte sag meinen Großeltern Bescheid, dass es mir gut geht. Versprichst du mir das?«

»Du hast mein Wort. Zuallererst fahr ich zu ihnen.«

»Und auch zu Hias' Eltern«, fügte sie hinzu.

Nachdem Johannes weg war, ging Hedi zu den beiden Zelten zurück. Ihres war nicht mehr so zu reparieren, dass sie die Nacht darin hätte verbringen können. Das Männerzelt war stabiler und weniger beschädigt. Mit ein paar Handgriffen konnte sie es wieder aufstellen und befestigen. Doch sie brachte es nicht über sich, es zu betreten. Sie konnte sich einfach noch nicht mit Thomas' Sachen konfrontieren. So ging sie zu dem kleinen Bach, in dem sie mit Thomas zusammen ihr Geschirr gewaschen hatte. Hier setzte sie sich aufs Moos und dachte darüber nach, wann und wie sie in die Wand einsteigen sollte. Körperlich traute sie es sich zu, und das Wetter war schön. Sie musste Thomas' Leiche finden. Die Vorstellung, dass er irgendwo dort oben war, fand sie unerträglich.

Tu es nicht, meldete sich da eine Stimme in ihr. Es war Thomas' Stimme. *Denk an deine Großeltern.*

Aber ich …, wollte sie antworten, doch da wurde sie von einem Schluchzen geschüttelt.

Vom Weinen erschöpft stand sie irgendwann auf und ging zum Zelt zurück. Dort setzte sie sich vor den Eingang. Da sie immer noch keinen Appetit hatte, trank sie nur ein paar Tassen Tee. Währenddessen zog von Osten erneut eine Wolkenwand heran. Bald fielen auch schon die ersten schweren Tropfen. Heftiges Donnergrollen trieb Hedi schließlich ins Zelt. Draußen war es mit einem Mal wieder kalt geworden. Sie kroch in ihren klammen Schlafsack und lauschte den Geräuschen der Natur. Die Kerze warf einen flackernden Schein auf die wenigen Habseligkeiten, die Thomas vor dem Einstieg in die Wand zu einem Haufen zusammengeschoben hatte: den grünen Stoffbeutel mit seinen Rasierutensilien, eine kurze Lederhose und das hellblaue Hemd, das ihm zu dem gebräunten Gesicht so gut stand. Hedi zog das Hemd aus dem Stapel und drückte ihr Gesicht in den Stoff. Er fühlte sich ebenfalls klamm an. Dennoch konnte sie Thomas' Duft noch riechen. Mit seinem Geruch in der Nase legte sie sich wieder hin und schloss die Augen. Sie dachte an den Sturm, der jetzt durch die Nordwand fegte, und an die Lawinen, die talabwärts brausten. Der Schnee würde Thomas immer tiefer unter sich begraben.

Irgendwann schlief sie von Erschöpfung und Gefühlen überwältigt mit dem kleinen Engel in der Hand ein.

Sonntag, 21. Juni 1936

Als Hedi am Sonntagmorgen aufwachte, dämmerte es. Sie trat vors Zelt. Der Himmel war verhangen, die Luft feuchtkalt. Es nieselte. Sie blickte hinüber zur Eigernordwand. An welcher Stelle der Wand mochte Thomas verschüttet sein? Selbst wenn er den Absturz überlebt hatte, konnte er nach den kalten Nächten, verletzt in Eis und Schnee, nicht mehr am Leben sein. Sie musste akzeptieren, dass er tot war.

Fröstelnd ging sie ins Zelt zurück und kroch in den Schlafsack. Ziellos kreisten ihre Gedanken um ihren Schmerz und den Verlust. Irgendwann wurde ihr plötzlich bewusst, dass Thomas längst nicht mehr in der Wand war. Er war weit fort, in einem anderen Universum. Wenn überhaupt, würde man nur seine zerstörte Hülle finden, aber nicht den Mann, den sie so sehr liebte. Thomas würde künftig überall dort sein, wo sie war. Er war ein Teil von ihr und würde es immer bleiben.

Nachdem sich diese Einsicht in ihrem Bewusstsein verankert hatte, konnte sie der Eigernordwand nicht schnell genug den Rücken wenden. Sie packte Thomas' Habseligkeiten zusammen, schulterte den Rucksack und verließ das Zelt. Über die Wiese ging sie in Richtung Bahnhof. Auf der Alm war es still zu dieser frühen Stunde. Totenstill. Bei jedem Schritt spürte sie die gewaltige Präsenz der Nordwand hinter sich und war versucht, sich umzudrehen und sie noch einmal anzusehen. Dann jedoch ging sie mit gesenktem Kopf weiter und hielt den Blick starr auf das Gras gerichtet, in dem bunte Blumen blühten.

In Grindelwald musste Hedi eine halbe Stunde auf den Zug warten. Vor dem kleinen Bahnhof herrschte schon reger Betrieb. Nachdem sie ihre Fahrkarte gekauft hatte, setzte sie sich nach draußen. Ein Zeitungsjunge in kurzer Lederhose ging zwischen den Leuten umher und rief in bester Marktschreiermanier: »Sonntagsblatt! Frisch aus der Presse! Sonntagsblatt …« Er kam auf sie zu und hielt ihr die *Berner Tageszeitung* geradewegs vor die Nase.

»*Wie lange noch wird der Frevel an der Eigernordwand andauern?*«, las Hedi die fett gedruckte Schlagzeile. Darunter stand: »*Wieder ein misslungener Durchsteigungsversuch, initiiert durch das nationalsozialistische Deutschland.*«

»Greifen Sie zu!«, forderte der Zeitungsverkäufer sie mit einem forschen Lächeln auf. »Das sind die letzten Exemplare.«

Als Hedi stumm den Kopf schüttelte und demonstrativ wegsah, schlenderte er schulterzuckend weiter und versuchte sein Glück bei den anderen.

… initiiert durch das nationalsozialistische Deutschland … So also wurde ihre Expedition in der Schweiz gesehen, dachte Hedi. Und dabei hatte sie doch nur den Traum ihres Vaters erfüllen wollen.

Sie atmete auf, als der Zug, der sie nach Hause zurückbringen sollte, endlich einlief. Glücklicherweise fand sie in einem der Abteile noch einen Sitzplatz. Um ihren Mitreisenden zu signalisieren, dass sie sich nicht unterhalten wollte, lehnte sie den Kopf an die Rückwand und schloss die Augen.

Hinter der Schweizer Grenze leerte sich der Zug und sie war allein im Abteil. Kilometerlang starrte sie aus dem Fenster. Die Landschaft zog an ihr vorbei wie ein Film, der sie nicht interessierte. Alles in ihr war taub. Ihre Empfindungen waren wie eingeschläfert. Ihr war zumute, als hätte sie den Schlüssel zu ihrer Seele verloren.

Selbst als sie abends als einziger Fahrgast in Bayrischzell aus dem Zug stieg, verspürte sie keine Erleichterung darüber, endlich zu Hause angekommen zu sein. Sie trat ins Freie. Der Gasthof gegenüber dem Bahnhof war hell erleuchtet. Auch in den meisten Häusern brannte noch Licht. Über dem Dorf lag eine Atmosphäre von Heimeligkeit. Doch anders als sonst, wenn sie ein paar Tage weg gewesen war, wollte sich bei ihr das wohlige Gefühl, wieder zu Hause zu sein, nicht einstellen. Mit ihrer schweren Last machte sie sich auf den Weg zum Hof.

Nach ein paar Schritten hörte sie Pferdegetrappel hinter sich.

»Hedi!«

Sie blieb stehen und drehte sich um. Neben ihr hielt ein Fuhrwerk an, auf dessen Bock der Guggenberger Willi saß. Er sah nicht weniger erstaunt drein als sie. Wochenlang begegneten sie sich nicht, obwohl sie in einem Dorf wohnten, und jetzt an diesem Abend!

Willi hielt an.

»Hedi …« Er zögerte, als er vor ihr stand, und versuchte sich an einem Lächeln. »Ich hab's heut in den Sportnachrichten gehört. Es tut mir so leid. Das ist ja … einfach schrecklich. Wie geht es dir? Kommst du jetzt geradewegs vom Eiger?«

Hedi sah in sein freundliches Jungengesicht, das er auch noch mit fast dreißig hatte. In seinen blauen Augen las sie tiefe Betroffenheit. Sie nickte stumm, unfähig, ein Wort über die Lippen zu bringen.

Er zeigte auf ihren Rucksack. »Der ist doch bestimmt schwer.«

Ehe sie es verhindern konnte, hatte er ihr das Gepäck auch schon abgenommen. »Weißt was? Ich bring dich nach Haus – falls dir's recht ist.«

Sie nickte, dankbar, dass sie den Weg zum Landauer Hof nicht mehr laufen musste. Ihre Kraft hatte gerade noch bis zum heimatlichen Bahnhof gereicht.

Willi half ihr auf den Sitz. Schweigend fuhren sie los.

Die Juninacht war warm und sternenklar. Am Wegesrand quakten Kröten, in der Luft schwirrten Glühwürmchen. Alles mutete vertraut und friedlich an. Dunkel lag der Landauer Hof in den Wiesen. Nur die Außenlampe brannte noch, als wollte sie ihr nach den tragischen Ereignissen in der Fremde den Weg nach Hause in die Geborgenheit weisen.

Als Willi die beiden Braunen auf dem Hof anhielt, flammten im Haus die Lichter auf. Dann wurde die Tür aufgerissen und ihre Großeltern standen im Rahmen – beide in langen Nachthemden. Das aufgelöste Haar ihrer Großmutter leuchtete im Lampenschein wie flüssiges Silber. Als die beiden begriffen, wer da gekommen war, schlugen sie ein Kreuz vor der Brust.

»Hedi! Kind!« Mit einem Aufschrei stürzte sich Johanna auf ihre Enkelin. Schluchzend nahm sie sie in die Arme und wollte sie gar nicht mehr loslassen. Hedi hörte ihren Großvater mit Willi sprechen. Wahrscheinlich erzählte Willi ihm gerade, wo er sie aufgelesen hatte. Nachdem ihre Großmutter sich beruhigt hatte, ging Hedi auf ihren Großvater zu, der sie ebenfalls fest in die Arme schloss.

»Bist du verletzt?«, erkundigte sich Johanna, während sie über Hedis Arme und Rücken tastete.

»Nein«, beruhigte Hedi sie mit müdem Lächeln.

»Aber du musst doch schrecklich müde sein.«

»Nun lass sie doch erst mal ankommen«, schritt da der Großvater ruhig ein. »Lasst uns reingehen.«

»Ich mach mich auf den Weg«, verabschiedete sich Willi, und Hedi dankte ihm im Stillen für sein Feingefühl.

Nachdem er ihren Rucksack im Flur abgestellt hatte, saß Hedi mit ihren Großeltern in der Stube und atmete den ihr so vertrauten Duft von gebackenem Brot und warmer Milch ein.

»Hast du Hunger?« Ihre Großmutter sah sie besorgt an.

Hedi schüttelte den Kopf. Als ihr Großvater drei Stamperln mit dem Selbstgebrannten füllte, sagte sie jedoch nicht Nein. Der Alkohol schnitt ihr in die vom Weinen raue Kehle. Sie begrüßte diesen Schmerz – lenkte er sie doch für wenige Sekunden von dem viel größeren in ihrem Herzen ab.

»Wir sind dem Herrgott so dankbar, dass du lebst«, sagte ihre Großmutter leise. »Aber die armen Leitners ... Und ... und was ist mit Hias?«

»Hias ist im Krankenhaus. Er wird wieder gesund.«

Johanna griff nach ihrer Hand. »Ich kann dir gar nicht sagen, wie leid es mir tut«, flüsterte sie mit erstickter Stimme.

Hedi drückte ihre Hand und nickte stumm.

»Wie hat dein Vater immer gesagt?« Ihr Großvater seufzte leise. »Wen die Berge lieben, den behalten sie.«

»Das ist mir kein Trost«, murmelte Hedi. Dann stand sie auf. »Bitte versteht – ich kann jetzt nicht darüber reden. Ich gehe hinauf auf mein Zimmer.«

»Natürlich ...« Ihre Großmutter sah sie mit Tränen in den Augen hilflos an. »Ach Kind! Weißt du, das Leben passiert, während wir damit beschäftigt sind, andere Pläne zu schmieden. Man kann es nicht lenken. Das müssen wir immer wieder auf schmerzhafte Weise lernen und auf den Herrgott vertrauen.«

Hedi schwieg. Auf einen Herrgott, der ihr den Mann genommen hatte, den sie liebte, konnte und wollte sie nicht vertrauen. Aber das behielt sie für sich.

So zerschlagen sich Hedi auch fühlte – sie konnte noch nicht schlafen gehen. Mit einem Glas Wasser setzte sie sich auf den Balkon und sah in die Nacht hinaus. Jetzt erst bemerkte sie, dass alle umliegenden Gipfel brannten. Sonnenwendfeuer, fiel ihr ein. In der kürzesten Nacht des Jahres war es Brauch, auf den schmalsten Felsen und Graten Feuerstellen zu errichten und in der Dunkelheit anzuzünden – eine Mutprobe, der sich vor allem junge Burschen aus der Region gerne stellten.

So weit das Auge reichte, loderten die Flammen in den samtschwarzen Himmel. Und während Hedi sie betrachtete, dachte sie an das vergangene Jahr, als sie mit Thomas zusammen auf dem Wendelstein das Sonnenwendfest gefeiert hatte. Zur Musik von Ziehharmonika, Gitarre und Zither waren sie mit anderen ums Feuer getanzt. Und als das Feuer heruntergebrannt war, war ein Paar nach dem anderen Hand in Hand über die Glut gesprungen. Dem Brauch nach besiegelten sie damit, dass sie für immer zusammengehörten.

Hedi seufzte in sich hinein. Hätte sie Thomas nicht wiedergesehen, wäre das alles nicht passiert. Dann würde er jetzt noch leben, Anderl würde mit Lena in dieser Nacht droben auf dem Wendelstein in eine gemeinsame Zukunft springen und sie selbst weniger leiden. Das Wiederaufleben ihrer Liebe hatte ihre Beziehung noch intensiver werden lassen als beim ersten Mal. Und wieder übermannte sie die Erinnerung an die Nächte am Eiger, in ihrem Zelt und im Biwak, wo sie für wenige Stunden eine geborgene Zweisamkeit voller Leben, Lieben und Lachen genossen hatten. Noch einmal mit ihm eine Nacht unter den Sternen schlafen, noch einmal seine Liebe spüren …

Während die Sehnsucht nach diesen Stunden jäh auf sie ein-
stürzte, sah sie mit leerem Blick in die weite, schwarze Ferne,
die keine Zukunft mehr für sie bereithielt.

Montag, 22. Juni –
Sonntag, 28. Juni 1936

Nachdem Hedi in der Nacht kaum ein Auge zugetan hatte,
radelte sie am Montagmorgen zur gewohnten Zeit zur Schule.
Auf dem kleinen, mit einem Holzzaun umgrenzten Schulhof
kam ihr Direktor Huber mit offenen Armen und einem strahlenden Lächeln entgegen. Sie war sich fast sicher, dass er an
seinem Bürofenster auf sie gewartet hatte. Wahrscheinlich war
er unsicher gewesen, ob sie überhaupt kommen würde.

»Fräulein Landauer …«, begann er mit feierlicher Stimme
und nahm Haltung an. »Rundfunk und Zeitungen berichten
seit gestern über Ihre Heldentat am Eiger. Ich bin stolz auf
Sie. Auch wenn Ihnen und Ihren Bergkameraden der Durchstieg nicht gelungen ist, haben Sie der Welt gezeigt, was junge
deutsche Helden sind. Sie als Frau haben unter den schwie-
rigsten Bedingungen Mut, Tapferkeit, Kameradschaftsgeist
sowie eine opferbereite Gesinnung bewiesen.« Er holte tief
Luft, bevor er eine mitfühlende Miene auf sein sonst so strenges Gesicht zauberte. »Zum Tod Ihrer beiden Bergkameraden
spreche ich Ihnen mein tiefstes Beileid aus. Möge es Ihnen ein
Trost sein, dass sie fürs Deutsche Reich gestorben sind.«
Huber legte eine Kunstpause ein, in der sein Blick prüfte, wie
seine Lobeshymne bei ihr angekommen war.

Hedi presste die Lippen aufeinander und zählte in Gedanken bis fünf, um sich in den Griff zu bekommen. Schließlich

sah sie ihrem Vorgesetzten herausfordernd in die Augen. Was mochte jetzt noch kommen? Sie spürte, dass er mit seiner Ansprache noch nicht fertig war.

»Wie Sie wissen, fördert die nationalsozialistische Führung den Sport. Und ganz besonders den alpinen Sport. Wie im Krieg geht es ja bei der Bezwingung eines Berges auch um Stählung und Kampfeslust, um Schicksalsergebenheit und Todesverachtung. Es gibt nur wenige Frauen, liebes Fräulein Landauer, die über diese Eigenschaften verfügen, ohne dass es auf Kosten der Weiblichkeit geht – wenn ich das so sagen darf …« Ein süffisantes Lächeln erschien auf seinem Gesicht, bevor er weitersprach: »Denn der Frauenkörper soll ja bei allem Sport seine weibliche Eigenart und Anmut behalten.« Seine Worte begleitete ein klebriger Blick über ihre Figur, der sie innerlich erschauern ließ. In diesem Moment fühlte sie sich geradezu besudelt. Und dieser Mann würde vielleicht einmal Erikas Schwiegervater werden? Um Himmels willen! Am liebsten hätte sie sich auf dem Absatz umgedreht und wäre in ihre Klasse geflohen. Gott sei Dank schien der Schulleiter jetzt am Ende seiner Rede zu sein. Er entspannte sich zusehends und lächelte sie aufmunternd an. »Ich bin sicher, dass Sie bald von höherer Stelle eine entsprechende Würdigung erfahren werden. Eine sportliche Heldin wie Sie wird unser Reichssportführer nicht so schnell wieder vom Haken lassen«, fügte er mit vielsagendem Zwinkern hinzu.

Hedi spürte, wie sich eine eiserne Klammer um ihre Brust legte.

Das Mittagessen fiel an diesem Tag ziemlich schweigsam aus. Hedis Großeltern stellten keinerlei Fragen zu den Geschehnissen am Eiger. Sie schienen aber auch nicht so richtig zu wissen, über was sie sonst reden sollten – was eine völlig ungewohnte Situation auf dem Landauer Hof war. Hedi war dankbar für das Schweigen. Sie fühlte sich längst noch nicht so weit, über das Unglück oder ihre Befindlichkeit sprechen zu können.

Nach dem Essen fuhr sie mit dem Traktor hinunter nach Kiefersfelden, wo Hias' Familie ein Lebensmittelgeschäft betrieb. Da es noch geschlossen war, ging sie zur Rückseite des Hauses und klingelte. Eine grauhaarige, rundliche Frau in Kittelschürze öffnete. Hias war ihr wie aus dem Gesicht geschnitten – die gleichen blauen Augen, die markanten Züge, die hervorspringende Nase.

»Frau Brandler?«, fragte Hedi.

Als die Frau nickte, stellte sie sich vor. »Ich wollte mich erkundigen, wie es Ihnen geht«, fuhr sie fort.

»Kommen Sie doch bitte rein«, sagte Hias' Mutter freundlich und führte sie in die Stube, in der es nach frisch aufgebrühtem Kaffee duftete. »Wir sitzen gerade noch beim Kaffee, bevor wir den Laden gleich wieder öffnen. Mögen Sie auch eine Tasse?«

»Nein, danke«, wehrte Hedi ab. »Ich wollte nur mal kurz vorbeischauen und …« Sie hielt inne, als ein vierschrötiger Mann, der fast doppelt so groß war wie Hias, die Stube betrat. »Das ist Fräulein Landauer«, stellte Hias' Mutter sie ihm vor.

Da ging ein Strahlen über sein Gesicht. Er reichte ihr seine Hand, und Hedi knickte unter seinem Handschlag fast ein.

»Herr Leitner war ja gestern bei uns, um uns über das Unglück zu benachrichtigen«, begann er. »Sie haben unseren Sohn gerettet, und dafür danken wir Ihnen von Herzen. Für die Familie Leitner tut es uns sehr, sehr leid. Gleich zwei Söhne …« Seufzend ließ er sich auf die Holzbank fallen, die unter seinem Gewicht empört knarzte. »Aber die beiden werden als Helden in die Sportgeschichte eingehen«, sprach Hias' Vater weiter. »Das sollte den Eltern ein Trost sein. Sie waren junge Männer unserer Zeit – flink wie Windhunde, zäh wie Leder und hart wie Kruppstahl.«

Hedi schluckte. Jetzt wusste sie, woher Hias' nationalsozialistische Gesinnung kam. Sie wechselte noch ein paar höfliche Worte mit den Brandlers und bat darum, dass Hias sich bei ihr melden möge, sobald er aus dem Krankenhaus zurück sei.

Als Hedi auf dem Landauer Hof ankam, stand dort Erikas Roller. Sie war noch nicht vom Traktor gestiegen, da kam ihre Freundin auch schon aus dem Haus gelaufen. Die beiden Frauen fielen sich in die Arme – und Hedi begann zu weinen. Lange Zeit blieben die beiden eng umschlungen stehen, während Erika beruhigend auf Hedi einsprach. Schließlich setzten sie sich hinters Haus neben den Brunnenstock, der seinen dünnen Wasserstrahl seit ewigen Zeiten leise plätschernd in einen ausgehöhlten Baumstamm ergoss. Die beiden rauchten und schwiegen.

»Ich hab's gestern Abend im Radio gehört«, begann Erika leise, nachdem sie die Zigarette mit dem Absatz ihres schwarzen Schnürschuhs ausgetreten hatte. »Es ist ... Ich finde einfach keine Worte dafür.« Sie sah Hedi an. »Wie fühlst du dich denn jetzt?«

Hedi hob die Schultern. »Ich kann das alles noch gar nicht richtig glauben. Ich kann einfach nicht glauben, dass Thomas tot sein soll. Dass ich ihn niemals mehr wiedersehen soll. Anderl haben sie ja gefunden, aber Thomas ...«

Erika hob die schwarzen Brauen. »Glaubst du etwa ...?«

»Ich weiß nicht. Vielleicht hat der norwegische Bergsteiger ihn gerettet. Der ist einen Tag nach uns eingestiegen. Oder die japanische Seilschaft.«

»Und wo sollte er dann jetzt sein?«

Hedi griff sich an den Kopf. »Keine Ahnung«, murmelte sie matt. Dann sah sie Erika an. »Weißt du, nachdem das Wetter endlich besser geworden war, lief zunächst alles nach Plan. So sehr nach Plan, dass ich insgeheim schon skeptisch wurde und das irrationale Gefühl bekam, irgendein Unglück würde sich um uns herum zusammenbrauen. Auf dieses Gefühl hätte ich hören müssen …«

»Ach Hedi …« Erika griff nach ihrer Hand und hielt sie fest. »Bestimmte Dinge kann man nicht beeinflussen. Und es bringt jetzt gar nichts, dir Vorwürfe zu machen. Es ist, wie es ist, und du musst es akzeptieren.«

Hedi nickte stumm.

»Wann ist denn Anderls Beerdigung?«

»Ich weiß es nicht. Ich fahr gleich mal zu den Leitners. Obwohl mir vor diesem Besuch graut«, fügte Hedi leise hinzu.

»Willst du damit nicht noch ein paar Tage warten? Komm doch erst mal etwas zur Ruhe. Das ist doch alles noch ganz frisch.«

»Nein, das bin ich ihnen schuldig. Vielleicht brauchen sie Antworten.« Sie straffte sich und zwang sich zu einem vagen Lächeln. »Erzähl mir mal lieber von dir und Karl. Dann komme ich auf andere Gedanken.«

»Da gibt es gar nicht viel zu erzählen. Wir waren am Samstag zusammen wandern. Es war wie immer sehr schön. Wir verstehen uns gut und haben Spaß miteinander. Aber sonst ist da noch nichts.«

»Möchtest du denn, dass da was wäre?«

Erika lachte kurz auf. »Will man nicht immer das haben, was man gerade nicht hat? Und wenn man es dann endlich hat, will man es nicht mehr. Zumindest geht es mir meistens so. Ich glaube, es ist schon gut so, wie es ist. Vielleicht entwickelt sich zwischen Karl und mir ja noch eine Liebesbeziehung. Und wenn nicht, wird es schon seinen Sinn haben.«

Nachdem Erika weg war, machte sich Hedi schweren Herzens auf den Weg zum Schliersee. Wie meistens stand Moni hinter der Hotelrezeption. Als sie Hedi sah, füllten sich ihre Augen mit Tränen.

»Mein Gott«, sagte sie mit leiser Stimme, damit die Gäste in der Sitzecke sie nicht hörten. »Was für ein Unglück! Wie geht es dir?«

Hedi lächelte matt. »Das kannst du dir bestimmt denken.«

»Der Johannes ist gerade wieder gefahren. Er hat heute alles für die Überführung und die Beerdigung in die Wege geleitet. Der ist auch völlig fertig.«

»Und wie nehmen seine Eltern und Eva es auf?«

»Die Chefin hatte gestern Abend einen Zusammenbruch und ist ins Krankenhaus eingeliefert worden. Der Chef sagt nix, sieht aus wie ein Geist und lässt sich hier unten nicht blicken. Und die Eva ...« Moni seufzte mit bedrückter Miene. »An der hängt nun alles. Sie hält sich sehr tapfer und sorgt dafür, dass alles wie gewohnt weiterläuft und die Gäste so wenig wie möglich mitbekommen.«

»Wo ist sie denn jetzt? Ich möchte gern kurz mit ihr sprechen.«

Im nächsten Moment kam Eva auch schon um die Ecke. Als sie Hedi entdeckte, ging ein Zucken über ihre verhärmten Gesichtszüge. Sie ging auf Hedi zu und nahm sie in die Arme. Mit dieser Geste hatte Hedi nicht gerechnet. Die Älteste der Leitner-Kinder zeigte sonst selten größere Gefühlsregungen. Hedi wurde der Hals eng.

»Es tut mir so unendlich leid«, flüsterte sie mit rauer Stimme. »Ich ...« Sie schluckte und unterdrückte ein Schluchzen.

»Du kannst ja nix dafür«, erwiderte Eva mit Tränen in den grauen Augen, nachdem die beiden sich aus der Umarmung gelöst hatten.

»Ohne mich hätten die beiden die Wand nicht gemacht. Zumindest nicht jetzt.«

»Sie waren erwachsen und wussten, worauf sie sich einließen.« Eva sah sie forschend an. »Ihr beide, du und der Thomas, ihr wart wieder ein Paar, gell?«

Hedi konnte nur nicken. Erneut schnürten ihr die aufsteigenden Tränen den Hals zu.

»Dann tut's dir doch genauso weh wie uns.« Eva atmete tief ein und stieß die Luft scharf aus. »Du ... ich muss wieder. Einer muss den Laden hier ja am Laufen halten. Der Vater verlässt die Wohnung nicht mehr, und die Mutter ...«

»Ich weiß«, unterbrach Hedi sie. »Moni hat es mir erzählt. Wann ist denn die Beerdigung?«

»Am Freitag. Johannes will übermorgen noch mal kommen. Dann wird er dir Genaueres sagen.«

Nach dem Besuch im Leitner Hotel fuhr Hedi den Traktor in die Scheune und setzte sich zu ihren Großeltern vors Haus. Obwohl Johanna und Hans keine Fragen stellten, ahnte Hedi, dass sie wissen wollten, wie es bei den Leitners gewesen war. Hedi erzählte es ihnen.

»Davon wird sich die Leitnerin nie mehr erholen«, sagte Johanna leise. »Sie ist ja auch nicht mehr die Jüngste.«

»Und den alten Leitner wird bestimmt das schlechte Gewissen plagen, weil er sich so wenig um seine Söhne gekümmert hat. Für ihn war ja immer die Eva das Lieblingskind.«

Sie schwiegen eine Weile, jeder in seine Gedanken versunken. Dann blickte Johanna plötzlich von ihrer Stickarbeit auf. »Da kommt wer ...«

Hedi entdeckte ein Motorrad, das aufs Haus zufuhr. Ein Motorrad mit Beiwagen. Für einen Sekundenteilbruchteil schlug ihr Herz höher, um sich dann jedoch krampfhaft zusammenzuziehen. Für einen Augenblick hatte sie geglaubt, Thomas würde kommen. Stattdessen stiegen aus dem Gefährt zwei junge Männer in Anzügen mit Krawatte und Hut. Sie schauten sich um, und als sie Hedi und ihre Großeltern entdeckten, steuerten sie strammen Schrittes auf sie zu.

»Heil Hitler! Harald Meier vom *Völkischen Beobachter*«, stellte sich der lange Hagere vor.

»Heil Hitler! Bruno Huber. Ebenso«, sagte der Kleinere
von den beiden mit korrekter Verbeugung. Beide trugen das
Parteiabzeichen am Revers ihrer grauen Anzüge.

Harald Meier sah Hedi strahlend an. »Sie sind doch bestimmt Hedi Landauer.«

Hedi spürte ihr Blut schneller durch die Adern fließen. Sie
wollte keine Presse hier auf dem Hof haben. Sie wollte das
Unglück, das eine Privatsache war, nicht noch öffentlicher
machen, als es sowieso schon war. Ruckartig stand sie auf.
»Was wollen Sie?«

Die beiden Männer wechselten einen erstaunten Blick.
Dann fragte Meier betont höflich: »Hätten Sie vielleicht kurz
Zeit für ein Interview?«

»Woher wissen Sie, wo ich wohne?«

»Der Bürgermeister hat es uns verraten. Das ganze Dorf ist
stolz auf Sie.«

Noch während sie mit ihrem aufsteigenden Ärger kämpfte,
durchzuckte sie plötzlich eine Idee. Ihr war klar, dass sie die
Presse in den kommenden Tagen nicht mehr loswerden würde.
Warum sollte sie sie dann nicht mit den Fakten füttern, die ihr
wichtig waren?

»Ja, ich habe Zeit«, erwiderte sie und bemerkte aus dem
Augenwinkel, dass ihre Großeltern sie erstaunt ansahen.
»Aber nur kurz. Bitte, nehmen Sie Platz.« Sie zeigte auf die
Holzbank.

»Wir gehen mal wieder rein«, sagte ihr Großvater bedächtig.
»Komm, Johanna …« Er nickte den Reportern zu und verschwand zusammen mit Johanna im Haus.

Meier und Huber nahmen Platz, legten die Schreibblöcke
auf den Tisch und zückten die Stifte. Meier, der Hagere, sah
Hedi bewundernd an. »Bevor wir anfangen, möchte ich Ihnen
meine Verehrung aussprechen. Sie werden in der Presse und
im Rundfunk als Heldin gefeiert.« Als er fortfuhr, senkte er
seine Stimme, als hätte er ihr etwas ganz Besonderes zu ver-

kündigen. »Von Herrn Heß, dem Stellvertreter Hitlers, der seine Amtsräume auch im Braunen Haus hat, haben wir heute Morgen erfahren, dass unser Führer sehr stolz auf Sie ist. Hitler hat eine Schwäche für schöne, sportliche Frauen, und dem alpinen Sport ist er ja sowieso ganz besonders zugetan. Eine blonde Frau wie Sie ...«

Hedi setzte sich aufrecht hin. »Eine blonde Frau wie ich hat mit der NSDAP nichts zu tun«, unterbrach sie den Reporter mit einem zuckersüßen Lächeln. »Wir Bergsteiger sind unpolitische Menschen. Uns geht es allein um den Sport und um nichts anderes.« Als sie sah, wie den beiden gleichzeitig die Kinnladen herunterfielen, hätte sie fast aufgelacht, doch sie fuhr in geschäftsmäßigem Ton fort: »Da Sie nun einmal hier sind und über mich schreiben wollen, wäre es gut, wenn Sie die Wahrheit schreiben. Die Idee, die Eigernordwand zu durchsteigen, war rein persönlicher Natur und hatte nichts mit Politik zu tun. Wir wollten keine Heldentat fürs Deutsche Reich erbringen, sondern uns einen Traum erfüllen. Und meine beiden Bergkameraden sind nicht als Helden für Deutschland gestorben, ihnen ist einfach ein Schicksal zuteil geworden, das tragischerweise schon so manchem Bergsteiger widerfahren ist. Ich weiß, dass auch sie keine Würdigung durch die Partei gewollt hätten.«

Meier und Huber hatten an ihren Lippen gehangen, ohne eine Zeile mitgeschrieben zu haben. Ihre Fassungslosigkeit stand ihnen in die Gesichter geschrieben. Huber, der kleine Runde, schnappte schließlich nach Luft. »Und das sollen wir tatsächlich berichten?«

Hedi reckte ihr Kinn. »Genau. Gestern habe ich in der Berner Tageszeitung die Schlagzeile *Wieder ein misslungener Durchsteigungsversuch, initiiert durch das nationalsozialistische Deutschland* gelesen. Ich möchte, dass die Welt weiß, dass das nationalsozialistische Deutschland nichts mit unserem Durchsteigungsversuch zu tun hatte. Wir haben jegliche finanzielle Unterstützung durch die Partei abgelehnt, weil wir nicht mit ihr in Verbindung gebracht werden wollten. Noch einmal – wir sind oder waren – Bergsteiger, die sich den Traum erfüllen wollten, das letzte Problem der Alpen als Erste zu lösen.«

Meier und Huber wechselten einen hilflosen Blick. »Ich weiß nicht, ob wir das so schreiben sollten«, meinte Meier schließlich. »Ich glaube, das könnte Ihnen schaden.«

»Das ist mir egal.« Hedi schluckte. »Schlimmer kann es sowieso nicht mehr kommen. Ich habe den Mann verloren, den ich liebe, und einen sehr, sehr guten Freund. Das geht die Politik nichts an«, fügte sie etwas leiser hinzu, während sie an den beiden vorbei auf die Wiese schaute.

Ein paar Sekunden hing tiefes Schweigen über dem Holztisch. Schließlich räusperte sich Huber und fragte vorsichtig: »Wie wäre es denn, wenn wir erst einmal gar nichts schreiben?« Er sah sie eindringlich an. »Unser beider Eindruck ist doch richtig, dass Sie sich zurzeit nicht in der Lage fühlen, über das Ereignis zu sprechen, oder?«

Irritiert sah Hedi ihn an. Was legte er ihr da jetzt in den Mund?

Meier nickte eifrig. »Das verstehen wir und respektieren es natürlich. Wir geben Ihnen unsere Namen und Telefonnummern. Wenn es Ihnen besser geht, können Sie sich ja bei uns melden.«

Verwundert sah Hedi den beiden nach, während sie langsam vom Hof fuhren. Es bestand kein Zweifel: Die Journalisten wollten Schaden von ihr fernhalten, und das, obwohl sie sie gar nicht kannten. Mit Sicherheit gehörten sie nicht zu Hitlers glühendsten Verehrern.

So schön wie dieser Junitag gewesen war, so ging er auch zu Ende. Am Abend zog sich Hedi wieder, ohne etwas zu essen, auf den Balkon zurück und schaute in den sternenklaren

Himmel. Hier und da glommen Sternschnuppen auf. Teilnahmslos sah sie zu, wie sie aufleuchteten und verglühten. Wie oft hatten sie und Thomas sich beim Anblick der kleinen Feuerkugeln etwas gewünscht! Ohne es dem anderen zu verraten, hatten sie gewusst, dass es dasselbe war. Und trotz ihrer beider Verschwiegenheit war es nicht in Erfüllung gegangen.

Sie richtete ihren Blick erneut in die Vergangenheit. Es war wieder Sommer, die Luft warm und gesättigt vom süßen Duft des Heus. Und plötzlich war Thomas da. Er lächelte sie zärtlich an. »Meine schöne Bergamazone«, flüsterte er und legte seine Hand an ihre Wange. Er war ihr so nah, dass sie meinte, seinen Atem zu spüren, die Berührung seiner Finger auf ihrer Haut. Sie wollte ihn küssen, ihm ihre Liebe zeigen, doch dann schreckte sie auf. Sie hatte mit offenen Augen geträumt. Niemals mehr würde sie ihn berühren können. Thomas kam nicht mehr wieder.

Bei diesem Gedanken breitete sich eine grenzenlose Verlorenheit in ihr aus. Sie trank den Rest Rotwein und ging zu Bett. Nachdem sie sich stundenlang herumgewälzt hatte, fiel sie schließlich mit feuchten Augen in den Schlaf.

Am Dienstagmittag radelte Hedi nach dem Unterricht zum Postamt und rief im Hotel Bellevue an. Sie verlangte, Fritz von Almen zu sprechen, und der Hotelier kam sofort an den Apparat.

»Die Bergwacht war noch einmal drin«, erzählte er, »aber sie haben Ihren Verlobten leider nicht gefunden.«

»Und was ist mit den Japanern?«, fragte Hedi matt.

»Die sollen schnell aufgegeben haben. Ich hatte selbst ja keinen Kontakt zu ihnen, die waren unten auf Alpiglen. Bitte, Fräulein Landauer …« Von Almen zögerte kurz und sprach dann eindringlich weiter: »Kommen Sie zur Ruhe. Alles schmerzt weniger, wenn man sich nicht wehrt. Und denken Sie an Sedlmayr und Mehringer. Die beiden sind bis heute nicht gefunden worden.«

Hedi schluckte, doch der dicke Kloß in ihrem Hals ließ sich nicht hinunterschlucken.

»Danke für Ihre Auskunft«, brachte sie schließlich undeutlich hervor.

»Ich wünsche Ihnen alles Gute.«

Nach dem Gespräch blieb Hedi in der stickigen Telefonzelle des kleinen Postamtes stehen. Die Schalterbeamtin zeigte mit mahnender Miene auf die Wanduhr. Es war bereits Mittagspause. Hedi öffnete die Tür. »Bitte nur noch einen Anruf. Noch eine Verbindung zum Bürgermeister in Grindelwald.«

Aber auch dort erfuhr sie nichts über Thomas. »Wir wissen nur, dass die japanische Seilschaft schon nach einer Nacht aufgegeben hat. Wegen des Wetters und weil es unter ihnen einen Schwerverletzten gegeben hat«, teilte ihr der Bürgermeister mit. »Aber wissen Sie, mit diesen ganzen Durchsteigungen, die sich seit Kurzem bei uns häufen, wollen wir gar nichts zu tun haben. Es wird Zeit, dass die Regierung in Bern endlich ein Durchsteigungsverbot ausspricht.«

Jeder Hoffnung beraubt fuhr Hedi nach Hause.

Am Nachmittag kam Erika. Sosehr sich ihre Freundin auch bemühte, sie konnte Hedis tiefen Schmerz nicht mindern.

»Thomas hat für mich sein Leben gegeben«, sagte Hedi aufschluchzend. »Diesen Anblick werde ich nie vergessen. Das Messer in seiner Hand, der Sturz in die Tiefe, das Seilende in der Luft ...«

Erika nahm sie in die Arme und sprach beruhigend auf sie ein. Dann jedoch sah sie sie mahnend an. »Wenn nächste Woche die Sommerferien beginnen, musst du dich ablenken.«

Hedi nickte schniefend.

»Habt ihr eigentlich in den Ferien Gäste, mit denen du in die Berge steigen kannst?«

»Nein.« Sie putzte sich die Nase und fuhr fort: »Bis jetzt sind noch keine Buchungen eingegangen – was mich überrascht und mir auch Sorgen bereitet. Die Großeltern brauchen das Geld.«

»Könnte es sein, dass eure Zimmer nicht mehr ganz den heutigen Ansprüchen entsprechen?«

»Das habe ich auch schon gedacht, aber fürs Renovieren haben wir kein Geld. Wir müssten Wasser verlegen, Toiletten ins Haus einbauen …«

»Aber du kannst doch nicht die kommenden Wochen hier tatenlos herumhängen und trauern«, erwiderte Erika bestimmt. Und plötzlich leuchteten ihre dunklen Augen auf. »Wie wäre es, wenn wir in den Ferien den alpinen Frauenclub gründen?«

»Gib mir noch ein bisschen Zeit«, bat Hedi. »Dafür habe ich den Kopf noch nicht frei. Lass mich erst mal die Beerdigung hinter mich bringen. Dann reden wir noch mal darüber.«

»Das verstehe ich«, räumte Erika ein. »Und in der ersten Ferienwoche fahre ich sowieso zu unseren Verwandten nach Franken. Aber danach könnten wir doch …« Voller Hoffnung sah sie Hedi an.

Hedi seufzte. »Weißt du, ich fühle mich zurzeit, als wäre ich mit beiden Füßen auf dem Boden festgewachsen. Ich komme einfach nicht vom Fleck. Ich bringe gerade noch morgens den Unterricht hinter mich. Und auch das ohne jede Konzentration.«

»Hedi, du musst diese Phase überwinden. Das heißt ja nicht, dass du Thomas vergessen sollst.«

Hedi nahm ihre Hand und drückte sie. »Ich weiß. Mach dir keine Sorgen. Erinnerst du dich noch? So war es auch erst einmal nach dem Tod meiner Eltern. Und dann ist es besser geworden.«

»Da war auch Thomas für dich da«, kam es Erika in ihrer spontanen Art über die Lippen, was sie einen Sekundenbruchteil später schon zu bereuen schien. Das sah Hedi ihrem erschrockenen Gesicht an.

Da nahm Hedi sie in die Arme. »Ist schon gut«, sagte sie leise. »Es wird in Zukunft bestimmt noch oft Situationen geben, in denen ich an ihn erinnert werde. Auch daran muss ich mich gewöhnen.«

Am Mittwochvormittag, kurz vor Unterrichtsende, stürmte Direktor Huber in Hedis Klasse, mit leuchtenden Augen und brennenden Wangen. »Kinder, ihr könnt heute ein paar Minuten früher nach Hause gehen. Ich habe mit eurer Lehrerin etwas Wichtiges zu besprechen«, verkündete er.

Binnen weniger Sekunden war das Klassenzimmer wie leer gefegt.

Huber wedelte mit einem großen Umschlag. »Dieser Brief ist für Sie. Er ist gerade mit einem Boten aus München gekommen. Und kurz vorher habe ich sogar mit Herrn von Tschammer und Osten, unserem Reichssportführer, persönlich telefoniert. Er hat mich wegen des Briefes angerufen. Wollen Sie ihn mal öffnen?«, fragte er mit verschwörerischem Zwinkern.

Hedi seufzte in sich hinein. Natürlich ahnte sie schon, was dieser Brief beinhaltete – eine Gratulation des Deutschen Reiches zu ihrer Heldentat. Mit klammen Händen zog sie das Schreiben aus dem bereits geöffneten Umschlag und überflog den Inhalt. Nationalsozialistische Formulierungen wie *Zeugnis des unbeugsamen Siegeswillens unserer Jugend, Menschen mit kerngesundem Körper, soldatisch-kämpferische Haltung und Kraftbewusstsein* fielen ihr ins Auge. Der Brief schloss mit den Worten: »*Mit dieser sportlichen Leistung haben Sie, liebes Fräulein Landauer, maßgeblich dazu beigetragen, das Ansehen der deutschen Frau im Alpinbergsport zu heben sowie die Aussage von Paul Preuß, eines der bekanntesten Alpinisten unseres Jahrhunderts, Frauen am Berg seien der Ruin des Alpinismus, zu widerlegen.*«

»Na, was sagen Sie?«, fragte Huber geradezu vor Stolz platzend, als würde diese Huldigung ihm gelten.

Was sollte sie dazu sagen? Hedi zwang sich zu einem Lächeln. »Danke. Danke sage ich.«

»Aber das ist noch nicht alles«, fuhr Huber so lebhaft wie selten fort. »Dem Schreiben liegt noch ein Formular bei. Die Beitrittserklärung zur NSDAP. Deshalb auch der Anruf von Tschammer und Osten. Ich soll Ihnen vom Reichssportführer ausrichten, dass er stolz darauf wäre, Sie als neues Mitglied in der Partei begrüßen zu dürfen. Ich zitiere seinen genauen Wortlaut: *Fräulein Landauer ist die erste Frau, die den Durchstieg der Eigernordwand gewagt und zudem Leben gerettet hat. Solche Frauen braucht das Reich.*« Huber zauberte hinter seinem Rücken ein Blatt Papier hervor und hielt es Hedi unter die Nase. »Hier der Antrag. Wenn Sie bitte unterschreiben würden …«

Hedi fühlte sich, als würde ihr jemand von hinten ein Messer an die Kehle setzen. Es kostete sie Kraft, ruhig und freundlich zu bleiben. Sie nahm das Formular und schob es mit dem Brief zusammen in den Umschlag zurück. Dann sah sie den Schulleiter lächelnd an. »Ich werde zu Hause alles durchlesen.«

Da flog ein Schatten über Hubers Gesicht. »Bis zum Ende dieses Schuljahres haben Sie Zeit. Also bis Ende nächster Woche.« Sein Blick gewann an Schärfe. »Wenn ich Ihnen persönlich etwas raten darf: Sie sind deutsche Beamtin und somit dem Reich verpflichtet. Außerdem ist es ja auch so, dass bei der Besetzung von Beamtenstellen Familienvätern gegenüber Frauen stets der Vorzug gegeben wird.«

Hedi nickte nur stumm. Sie hatte die Drohung aus seinen Worten herausgehört.

Während des Mittagessens spürte Hedi zum ersten Mal seit dem Unglück wieder eine gesunde Wut in sich.

»Ich habe das Gefühl, als würde eine Schlinge um meinem Hals liegen, die sich immer enger zieht«, sagte sie zu ihren

Großeltern, nachdem sie ihnen von dem Brief und dem Beitrittsantrag erzählt hatte.

»Da wird dir wahrscheinlich nichts anderes übrig bleiben«, murmelte der alte Landauer mit besorgter Miene. »Sonst werden die dir kündigen.«

»Als Beamtin bin ich unkündbar«, begehrte Hedi auf. »Außerdem gibt es noch kein Gesetz, welches besagt, dass jeder in Deutschland Parteimitglied sein muss.«

»Wenn das so weitergeht, wird das aber wahrscheinlich bald kommen«, meinte Johanna mit düsterer Miene.

Hedi senkte den Kopf. »Mag sein.« Dann sah sie ihre Großeltern aufmunternd an. »Vielleicht kann Johannes ja was für mich tun. Er will heute am Spätnachmittag vorbeikommen. Dann spreche ich ihn darauf an.«

»Lass uns einen Spaziergang machen«, bat Hedi Johannes.

Sie schlugen den Weg durch die Wiesen zum Hochwald ein. Eine Weile gingen sie schweigend nebeneinander her, dann erzählte Hedi ihm von ihrem Problem in der Schule.

»Ich glaube kaum, dass ich dir da helfen kann«, sagte Johannes schließlich mit bedauernder Miene. »Da braucht es Kontakte zu höchsten Stellen, die ich nicht habe.« Er blieb stehen und sah sie an. »Aber warum trittst du nicht einfach in die Partei ein? Das wäre die einfachste Lösung. Das heißt doch noch lange nicht, dass du dich dort engagieren musst. Du bist einfach nur Mitglied, die sind zufrieden und du hast deine Ruhe.«

»Nein, das kann und will ich nicht. Ich will mit Menschen, die gegen Juden sind und ein erniedrigendes Frauenbild proklamieren, nichts zu tun haben. Und wenn ich ehrlich bin, kann ich auch nicht verstehen, warum du in der Partei bist«, fügte sie erregt hinzu.

Johannes ging weiter, den Blick in sich gekehrt. Nach einer Weile sagte er, ohne sie anzusehen: »Ich will Karriere machen

und das kann man in diesen Zeiten am besten bei den Nationalsozialisten.«

Hedi hielt ihn am Arm fest. »Und wie sieht es in dir aus?
Glaubst du etwa tatsächlich an den ganzen Unsinn, den die
verbreiten? Herrenrasse, jüdische Unterwanderung, Bereini-
gung der deutschen Kultur; Männer, die andere mit Gebrüll,
Schimpfworten und purer Körperlichkeit einschüchtern ...
Die fördern den Frauenleistungssport doch nur, um sich nicht
nur mit Männer-Medaillen, sondern auch mit dem sportlichen
Erfolg der Frauen brüsten zu können, und täuschen dabei
Gleichberechtigung vor. Das kannst du doch nicht gut finden.« Hedi schnappte nach Luft, so sehr hatte sie sich in Rage
geredet.

Johannes sah sie an. Doch hinter seiner Sonnenbrille blieben ihr seine Augen verborgen. Dann glitt ein Lächeln über
sein attraktives Gesicht und er begann ganz unvermittelt mit
seiner schönen, tiefen Stimme zu singen:

»Die Gedanken sind frei,
wer kann sie erraten,
sie fliegen vorbei
wie nächtliche Schatten.
Kein Mensch kann sie wissen,
kein Jäger erschießen,
es bleibet dabei:
Die Gedanken sind frei.«

»Ich kenne das Lied«, sagte Hedi nachdenklich. »Es ist immer
in Zeiten der Unfreiheit gesungen worden.«

»Genau. Mal heimlich, mal lauthals oder auch nur stumm in
Gedanken.« Während Johannes weiterging, fuhr er fort: »Ich
kann dir meine Motivation, in die Partei einzutreten, auch weniger lyrisch mit einem Spruch meines Vaters erklären: *Bäume,*
die sich biegen, die brechen nicht. Aber um zu deinem Prob-

lem zurückzukehren: Überleg dir gut, was du als Beamtin des Deutschen Reiches machst.«

»In Deutschland biegen sich zurzeit für meinen Geschmack aber viel zu viele Bäume«, wandte Hedi ein, froh darüber, durch diese Diskussion von ihrem Schmerz abgelenkt zu werden.

»Jeder sieht wohl darin einen Vorteil für sich. Die einen hoffen darauf, mithilfe der Nationalsozialisten wieder in Lohn und Brot zu kommen; die anderen brauchen Ideale, um ihrem Leben einen Sinn zu geben; wieder andere wollen mithilfe der Partei Karriere machen. Es mag auch einige geben, die vielleicht etwas zu verbergen haben. Indem sie Teil einer starken, homogenen Gemeinschaft werden, schützen sie sich davor, als Sonderlinge entlarvt oder gar bestraft zu werden.«

Irritiert blieb Hedi stehen. »Wie meinst du das denn?«

Johannes winkte ab und ging weiter. »Ach, was weiß ich? Es ist, wie es ist. Ich bitte dich nur, dir genau zu überlegen, wie weit du gehen willst. Mit deiner Verweigerung kannst du die Absetzung Hitlers nicht vorantreiben. Dafür müsste es erst einen neuen Krieg geben, in dem Hitler besiegt wird.«

»Bloß das nicht!«, erwiderte Hedi erschrocken und fügte rasch hinzu: »Ich meine den Krieg.«

»Dann unterschreib den Beitrittsvertrag.«

Anderl Leitner wurde am Freitagnachmittag zu Grabe getragen. Hedi fuhr mit ihren Großeltern zusammen zum Friedhof. Auf dem Weg dorthin ästen friedlich ein paar Rehe am Waldrand, Kinder spielten auf dem Bürgersteig und die Sonne brannte vom Himmel. Hedi schluckte schwer. Das Leben nahm auf den Tod keine Rücksicht. Die Erde drehte sich weiter.

Der kleine Friedhof von Schliersee war von einer steinernen Mauer umgeben, aus deren Ritzen – wie als Zeichen des Lebens – lilafarbene Blumen sprossen. Als Hedi durch das schmiedeeiserne Tor trat, sah sie vor der Kapelle all die vielen Menschen stehen, die dem Leitner-Sohn ihr letztes Geleit geben wollten. Anderl war überall bekannt und beliebt gewesen.

Langsam schritt sie in der Mitte zwischen ihren Großeltern über den Kiesweg auf die kleine Kirche zu. Wie schweigsame Wächter standen die Lindenbäume an den Wegen und spendeten weitläufigen Schatten. Sie strahlten etwas Beruhigendes und Beschützendes aus. Hedi las die Inschriften und Verse auf den Grabsteinen und erkannte wieder einmal, dass sich das, was vom Leben übrig blieb, letztendlich auf ein Holzkreuz und ein Dutzend Zeichen und Zahlen beschränkte. Und einige Inschriften waren längst von Wind, Wetter und der Zeit unkenntlich gemacht worden.

Hedi und ihre Großeltern gesellten sich zu ihren Bekannten aus Bayrischzell, bei denen auch Erika stand. Als die Kirchenglocke die Trauergäste zur Predigt rief, betraten sie die kühle Kapelle, in der sich der Geruch von Weihrauch mit dem der Berg- und Wiesenblumen auf Anderls Sarg mischte. Eva, die mit ihrem Vater, Johannes, Anderls Freundin Lena und Verwandten in der ersten Reihe saß, bedeutete Hedi durch ein Zeichen, sich zur Familie zu setzen.

»Wir bleiben hier hinten«, raunte der alte Landauer seiner Enkelin zu und schob seine Frau in eine der mittleren Sitzreihen.

Hedi fühlte sich wie ihr eigener Geist, als Johannes sie neben sich auf die Bank zog. Eine unangenehme Leichtigkeit erfüllte ihren Kopf und ihren Körper. Sie machte ihre Knie weich und ließ ihre Hände zittern. Kein Wunder. Wie viele Nächte hatte sie nicht geschlafen, wie viele Tage kaum etwas gegessen!

Mit zusammengefalteten Händen im Schoß blickte sie auf den Eichensarg und konnte nicht glauben, dass darin Anderls' Körper liegen sollte – oder das, was nach dem Absturz von ihm übrig geblieben war. Neben dem Sarg stand ein kleiner

Tisch – und auf ihm ein Bild von Thomas, das ihn braun gebrannt und lachend unter einem Gipfelkreuz zeigte. Neben dem Bild brannte eine Kerze. Sein Anblick fuhr Hedi wie ein Dolch ins Herz. Das Bild hatte sie selbst vor zwei Jahren mit Thomas' alter Leica aufgenommen, nachdem sie beide mit ihrem Vater und Anderl zusammen den Montblanc bestiegen hatten. Mit einem Mal begann ihr Puls zu jagen. Alles in ihr bäumte sich auf. Dass gleich auch der Mann, den sie liebte, begraben werden sollte, war für sie unfassbar. Man hatte seine Leiche noch nicht einmal gefunden! Am liebsten wäre sie aufgesprungen, hätte Bild und Kerze vom Tisch gefegt. Da spürte sie Johannes' Hand, die ihre beruhigend drückte. Sie sah ihn an.

»Vater wollte es so«, flüsterte er nah an ihrem Ohr.

Völlig hilflos sank sie auf der Holzbank zurück. Nein! Ganz gleich, was der Pfarrer gleich sagen würde – tief im Innern glaubte sie immer noch fest daran, dass Thomas noch lebte. Jeden Tag sprach sie mit ihm, stellte ihm Fragen, und er antwortete.

Nach den gemeinsamen Gebeten und Liedern begann der Pfarrer mit seiner Predigt. Während er über Heldentum und Ewigkeit sprach und die Beliebtheit, Rechtschaffenheit und Bergleidenschaft der beiden Brüder würdigte, hörte man hier und da ein leises Schluchzen. Lena, die neben Eva saß, weinte ununterbrochen leise vor sich hin. Auch Eva liefen die Tränen über die Wangen. Johannes zeigte Haltung, genauso wie sein Vater. Hedi konnte nicht weinen. Sie hörte den Worten des Pfarrers gar nicht zu, sondern ließ ihre Gedanken schweifen. Dabei fiel ihr ein Gedicht von Adalbert Stifter ein, das vom Abschied handelte.

»Nun sind sie vorüber, jene Stunden,
Die der Himmel unsrer Liebe gab,
Schöne Kränze haben sie gebunden,

Manche Wonne floß mit ihnen ab.
Was der Augenblick geboren,
Schlang den Augenblick hinab,
Aber ewig bleibt es unverloren,
Was das Herz dem Herzen gab.«

Nachdem sie die Zeilen in Gedanken rezitiert hatte, wurde ihr der Hals dann doch enger. Dieses Gedicht hatte sie Thomas einmal auf dem Wendelsteingipfel vorgetragen, weil es sie so sehr berührt hatte.

Nach der Predigt bewegte sich der schwarze Leichenzug zur Grabstätte. In das Rauschen der Gebete hinein tönte dumpf die Trauerglocke. Hinter dem Sarg gingen Eva und Johannes, die ihren Vater stützten. Hedi und Lena folgten danach mit den Verwandten. Auch bei der Einsegnung am Grab bewahrte Johannes Haltung. Doch Hedi sah ihm an, wie sehr er um seine Brüder trauerte.

»Erde zu Erde«, sagte der Pfarrer in monotonem Tonfall. »Asche zu Asche und Staub zu Staub …« Kaum hatte er die Worte ausgesprochen, da brach Quirin Leitner am Grab zusammen. Der Arzt aus Schliersee, der auch unter den Trauergästen war, kümmerte sich um ihn und fuhr ihn zurück ins Hotel. Derweil zogen die anderen zum Leichenschmaus ins Seerestaurant. Hedi stieg stattdessen auf den Wendelstein, um beim Alpenglühen Anderl zu gedenken.

Am Sonntag saß Hedi nach dem Abendessen in Gedanken versunken vor dem Haus. Ihre Großeltern waren auf einem Schuhplattlerabend. Hedi freute sich, dass sie etwas Zerstreuung hatten. Sie wusste nur zu gut, dass sie sich große Sorgen um sie machten – auch wenn sie es nicht offen aussprachen. Überrascht blickte sie auf, als sie ein Wiehern hörte. Da entdeckte sie auch schon das Pferdegespann, das über den Wiesenweg auf den Hof zufuhr. Willi? Sie stand auf und ging ihm entgegen.

Willi sprang vom Bock. Mit verlegenem Lächeln stand er vor ihr. »Ich hoffe, ich komme nicht ungelegen«, begrüßte er sie. Er wirkte unsicher, so wie früher oft, wenn er nicht wusste, wie sie reagieren würde.

Sein blondes Haar, das sich am Oberkopf bereits lichtete, war noch feucht vom Waschen. Er roch nach Kaloderma-Rasierseife und trug ein schneeweißes Bauernhemd zu seiner langen Lederhose. Hatte er sich für den Besuch bei ihr so herausgeputzt?

»Nein, du kommst nicht ungelegen«, erwiderte sie und bemühte sich um ein Lächeln. Ob er etwa wieder mit ihr anbandeln wollte – jetzt, da Thomas nicht mehr da war? Dieser Gedanke jagte ihr einen gehörigen Schrecken ein. Sie mochte Willi und wollte ihm nicht wehtun.

»Ich bin nicht wegen dir gekommen«, sagte er da, während er eine Flasche unter dem Kutschbock hervorzog und ihr reichte. »Die ist von meinem Vater für deinen Großvater. Als Wiedergutmachung dafür, dass er ihm den Traktor geliehen hat.«

»Danke schön.«

»Tja dann …« Willi hob die Schultern und sah sie abwartend an.

»Magst du dich setzen?«

»Ja, gerne«, kam es viel zu schnell über seine Lippen.

»Ein Schnapsl?«

Da ging ein Strahlen über sein Gesicht. »Da sag ich nicht Nein.«

Nachdem Hedi eingeschenkt hatte, prosteten sie sich zu.

»Es tut mir sehr leid, dass ich vorgestern nicht mit zur Beerdigung gehen konnte«, sagte Willi, nachdem sie getrunken hatten. »Aber ich war bis spätabends auf einer Viehauktion in München.«

»Und? Hast du was gekauft?«, erkundigte sie sich, weil sie nicht weiter über die Beerdigung sprechen wollte.

»Zwei prächtige Bullen.«

»Schön.«

Sie schwiegen ein paar Sekunden, während sie zu den beiden Braunen hinübersahen, die ungeduldig stampften, als warteten sie darauf, schleunigst wieder umkehren zu können.

»Soll ich für die beiden Wasser holen?«, bot Hedi an.

»Na, lass. Die bekommen gleich was, nachdem ich sie ausgespannt habe.« Voller Stolz sah er sie an. »Bald wirst du mich nicht mehr mit dem Gespann sehen. Ich habe mir ein Motorrad gekauft. Kommende Woche hole ich es in Garmisch ab.«

»Gratuliere!«

Willi rückte unruhig auf der Bank hin und her. Dann räusperte er sich und fragte: »Und was gibt's bei dir Neues?«

»Nichts. Jeder Tag ist wie der andere.« Sie zögerte kurz und fügte hinzu: »Thomas hat man immer noch nicht gefunden.«

Überrascht wie betroffen sah er sie an. »Aber selbst wenn – er würde doch dann nimmer mehr leben, oder?«

Sie senkte den Kopf. »Nein.«

Wieder schwiegen sie eine Weile, in der Willi seine Schnupftabakdose aus der Hosentasche zog, eine Prise auf seinen Handrücken streute und schnupfte. Wie viel lieber war ihr da der würzige Geruch der Eckstein, die Thomas immer geraucht hatte!

»Übrigens, hast du es auch in der Alpenvereinszeitung gelesen?«

Hedi blinzelte verwirrt. »Ich habe noch nicht reingeguckt. Was meinst du denn?«

»Mein Vater bekommt die Zeitung, und heute Mittag habe ich mal ein bisschen darin geblättert. Mitte Juli wollen wieder zwei Deutsche und zwei Österreicher in die Eigernordwand.«

Hedis Kopf schnellte hoch. »Was? Es hieß doch, die Italiener …«

»Die machen es nicht. Die wollen noch warten.«

»Und wer will's stattdessen wagen?«

»Die Deutschen heißen Toni Kurz und Anderl Hinterstoißer und die Österreicher Willy Angerer und Edi Rainer.«

»Den Kurz und den Hinterstoißer kenne ich. Mein Vater hat sie mir mal vorgestellt. Das sind gute Bergsteiger.«

Willi lehnte sich zurück und hakte die Daumen in die ledernen Hosenträger. »Ehrlich gesagt, ich verstehe das nicht. Die müssen doch von eurem Drama gehört haben. Dass die das nach so kurzer Zeit wagen!«

Hedi wusste, dass jemand wie Willi, der diese Sucht nicht kannte, so etwas nur schwer verstehen konnte. Aber auch sie war erstaunt darüber.

»Hoffentlich passiert ihnen nicht das Gleiche wie uns«, sagte sie leise. »Thomas hatte recht: Die Wand ist noch nicht reif.«

»Willst du irgendwann noch mal reingehen?« Willi sah sie so eindringlich an, als wäre ihre Antwort für ihn von größter Bedeutung.

Sie hob die Schultern. »Darauf kann ich dir heute noch keine Antwort geben.«

Er nickte nur. Dann stand er auf und lächelte sie an, wobei ihr dieses Lächeln etwas gezwungen erschien. »Dann will ich mal wieder. Mach's gut.«

Sie begleitete ihn zu seinem Gespann. »Mach du es auch gut«, verabschiedete sie sich mit einem warmherzigen Lächeln.

»Vielleicht sieht man sich noch mal«, rief er ihr zu, während er die Zügel locker ließ.

Montag, 29. Juni –
Sonntag, 5. Juli 1936

In der letzten Schulwoche vor den Sommerferien gab es viel zu tun, was Hedi tagsüber von ihrem Schmerz ablenkte. Sie musste Zeugnisse schreiben und die Abschlussfeier für die Schulabgänger vorbereiten. So kurz vor den Ferien waren die Kinder kaum noch motiviert, zu arbeiten, und auch Hedi hatte Probleme, sich auf den Unterricht zu konzentrieren. Immer wieder überfiel sie die Sehnsucht nach Thomas, manchmal so stark, dass sie kaum mehr Luft bekam. Sie vermisste seine Zärtlichkeit, seine Leidenschaft, das Weiche in seiner Stimme, sein unvermutetes Auflachen, wenn sie etwas erzählte, den Ernst und die Neugier in seinen Augen, wenn er ihr zuhörte. Jeden Abend wanderte sie auf den Wegen, die sie zusammen mit ihm gegangen war. Dann lief sie schneller und schneller – und konnte ihrer Sehnsucht doch nicht entkommen.

»Ich weiß, dass du mich für verrückt hältst, und mein Verstand sagt mir ja auch, dass es nicht sein kann, aber ich habe immer wieder das Gefühl, dass Thomas noch lebt«, vertraute Hedi ihrer Freundin bei einem ihrer abendlichen Spaziergänge an, woraufhin Erika lange schwieg.

Jeden Abend war Hedi froh, dass wieder ein Tag vorbei war und sie sich schlafen legen konnte. Doch der Schlaf brachte ihr keine Erleichterung. Wenn die Dunkelheit hereinbrach, tat sich stets von Neuem der tiefe Abgrund vor ihr auf, in dem die Dämonen der Nacht lauerten. Sie wurde von Träumen gequält, in denen sie auf der Suche nach Thomas war, ihn aber nicht finden konnte. Dann wachte sie morgens mit verweinten Augen auf, wusch ihr Gesicht mit kaltem Wasser und rüstete sich innerlich für einen neuen Tag.

Am letzten Schultag, nach der Abschlussfeier, rief Direktor Huber sie in sein Büro. Hedi ahnte den Grund.

»Haben Sie den Beitrittsantrag mitgebracht?«, fragte er sie mit scharfem Blick. »Wir haben Schuljahresende.«

»Ich bin noch nicht dazu gekommen«, erwiderte sie und hielt seinem Blick stand.

Huber lachte meckernd auf. »Ihre Unterschrift darunterzusetzen ist eine Sache von Sekunden.« Er stand auf und räusperte sich bedeutsam. »Unser Reichssportführer erwartet Ihren Parteibeitritt. Ich räume Ihnen noch eine Frist bis zum 31. Juli ein. Das nehme ich auf meine Kappe. Bis dahin müssen Sie das Formular unterschrieben und zurückgeschickt haben. Falls nicht …« Er lächelte sie süffisant an und reichte ihr die Hand. »Dann erst einmal schöne Ferien.«

Wie auch die letzten Male kam Johannes wieder am Sonntagnachmittag.

»Wollen wir ein bisschen gehen?«, fragte Hedi.

Sie schlenderten durch die Wiesen an einem kleinen Bachlauf vorbei, an dem es bei der Wärme angenehm kühl war.

»Hast du etwas von Hias gehört?«, erkundigte sich Johannes.

»Vorgestern habe ich im Krankenhaus in Interlaken angerufen. Die Schwester sagte, dass es ihm den Umständen nach gut geht und er Ende kommender Woche entlassen wird.«

»Gott sei Dank!«

»Ja.« Hedi seufzte bekümmert auf. »Was machen deine Eltern und Eva?«

»Sie trauern, so wie du und ich auch. Mutter ist gestern in eine Nervenklinik in München verlegt worden, wo sie mindestens vier Wochen bleiben muss. Das ist für Vater natürlich noch ein zusätzlicher Schlag. Er verlässt das Haus nur noch, um abends auf die Jagd zu gehen. Eva dagegen hält sich bewundernswert. Ihr und unserem Personal haben wir es zu verdanken, dass das Hotel so gut weiterläuft.«

»Wenn bloß diese Schuldgefühle nicht wären …«, murmelte Hedi nach einer Weile, in der sie beide geschwiegen hatten. »Schließlich war ich diejenige, die die Idee mit der Eigernordwand hatte.«

»Die beiden haben gewusst, auf was sie sich einließen. Aber ich weiß, was du meinst.« Johannes sah sie von der Seite an. »Glaub mir, der Kampf gegen Schuldgefühle ist einer, den man nur allein ausfechten kann.«

»Aber es hilft, über sie zu reden.«

Da strich er ihr liebevoll über die Wange. »Mit mir kannst du über alles reden.«

Hedi blieb stehen und sah ihn an. »Wie bewältigst du eigentlich deine Trauer? Du machst immer so einen gefassten Eindruck. Vielleicht kann ich ja noch was von dir lernen«, scherzte sie mit einem zerbrechlichen Lächeln.

»Ich habe Freunde und Bekannte, die mich ablenken«, erwiderte Johannes, während er angelegentlich in den Bach sah, der an dieser Stelle munter über Steine hinweghüpfte.

»Ich habe ja Erika, die mich in ihrer nüchternen Art immer wieder auf den Boden zurückholt. Aber dennoch …« Sie seufzte. »Und sie ist kommende Woche auch noch im Urlaub.«

»Ich weiß.« Johannes ging weiter.

»Woher?«, fragte sie erstaunt, während sie sich ihm anschloss.

»Von Karl Huber. Ich habe ihn zufällig in München getroffen.«

»Ach ja, ihr kennt euch ja. Singst du eigentlich noch?«

»Nein. Das Nachtleben in München ertrage ich zurzeit nicht.«

Hedi zögerte kurz. Dann fragte sie: »Weißt du eigentlich, dass Erika mit Karl zusammen ist?«

Johannes blieb abrupt stehen. In seinen blauen Augen stand ein Ausdruck, den sie nicht deuten konnte.

»Was meinst du mit *zusammen*?«, fragte er sachlich.

»Na ja, sie sind noch kein richtiges Liebespaar, aber sie verstehen sich sehr gut und unternehmen jedes Wochenende was zusammen. Und ich glaube, Erika wäre nicht abgeneigt ...«

»Ja, das weiß ich. Die beiden waren schon zweimal zusammen in meinem Club.«

»Glaubst du, da könnte mehr draus werden?«

Johannes zuckte mit den Schultern. »Was weiß ich?«, erwiderte er hörbar desinteressiert.

Schweigend gingen sie weiter. Beziehungsthemen sind keine Männerthemen, dachte Hedi und musste unwillkürlich lächeln. Das war auch so ein Spruch ihrer Suffragetten-Freundin.

Montag, 6. Juli – Freitag, 14. August 1936

Die erste Ferienwoche verlief für Hedi eintönig. Vormittags arbeitete sie auf dem Hof. Sie kalkte den Hühnerstall, erntete Kirschen, half ihrem Großvater beim Ausbessern der Zäune und bei den Bienen. Da sie keine Gäste hatten, machte sie zusammen mit ihrer Großmutter Hausputz und kochte das geerntete Obst ein.

»Wenn uns weiterhin die Gäste ausbleiben, werden wir es bald im Portemonnaie merken«, sagte Johanna, während sie am Küchentisch saßen und Kirschen entsteinten.

225

»Im Hochsommer ist es vielen Leuten zu warm, um auf die Berge zu steigen«, erwiderte Hedi. »Dann sind sie lieber am Meer.«

»Vergangenen Sommer hatten wir jedes Zimmer belegt.«

»Da wussten viele auch noch nicht, dass Vater tot ist.«

»Hoffentlich bekommen wir im Herbst wieder ein paar Zimmer vermietet.«

»Bestimmt.« Hedi lächelte ihre Großmutter zuversichtlich an. »Mach dir keine Sorgen. Ich verdiene doch gut. Wir kommen schon über die Runden.«

»Ach, Kind!« Johanna sah sie mit Tränen in den Augen an. »Wenn wir dich nicht hätten …« Sie seufzte tief, bevor sie mit gesenktem Kopf leise fortfuhr: »Es tut uns so leid, dass du so viel erleiden musst.«

»Ich weiß …« Hedi streichelte Johannas Arm. »*Durch ein wenig Trauer weiß man das Glück besser zu schätzen.* Den Satz habe ich mal irgendwo gelesen.«

Zwei Wochen nach Anderls Beerdigung kam Hias auf den Hof gefahren. Hedi und ihre Großeltern waren gerade mit dem Abendbrot fertig. Unwillkürlich musste Hedi an ihre allererste Begegnung mit ihm am 1. Mai denken. Drahtig, exakter Haarschnitt, kecker Blick und selbstbewusst. Jetzt hingen ihm die Haare unordentlich in die Stirn. Die graue Anzugjacke war viel zu weit, die Hose flatterte um seine Beine. Seine blauen Augen schauten sie ernst und traurig an. Da konnte sie nicht anders – sie umarmte ihn und hielt ihn stumm an sich gedrückt. Dabei kam es ihr vor, als würde sie einen kleinen, mageren Jungen im Arm halten. Als sie ihn wieder losließ, hatte er Tränen in den Augen.

»Hedi …«, sagte er mit belegter Stimme und versuchte zu lächeln, was ihm nicht so recht gelingen wollte.

»Wie geht es dir?« Sie hakte sich bei ihm unter und ging mit ihm zum Holztisch hinüber.

Leise seufzend ließ er sich auf die Bank fallen. »Wie geht es *dir*?« Er blickte so eindringlich zu ihr hoch, als wollte er auf den Grund ihrer Seele schauen.

»Nun ja …« Sie lächelte matt. »Es ist alles nicht so einfach.«

»Ich hätte Anderl gern das letzte Geleit gegeben, aber die haben mich erst gestern Morgen aus dem Krankenhaus entlassen.«

Sie legte die Hand auf seine Schulter. »Er wird es dir verzeihen. Magst du etwas trinken?«

»Einen Tee vielleicht.«

Sie ließ sich ihr Erstaunen nicht anmerken, ging ins Haus und setzte Wasser auf. Während sie den Tee zubereitete, sah sie hin und wieder aus dem Küchenfenster. Hias hatte den Kopf an die Holzwand gelehnt und die Augen geschlossen. Das Unglück schien einen anderen Menschen aus ihm gemacht zu haben.

Nachdem er ein paar Schlucke getrunken hatte, fragte er: »Hat man Thomas' Leiche inzwischen gefunden?«

Thomas' Leiche … Die Worte versetzten Hedi einen Stich ins Herz. »Vielleicht ist er ja gar nicht tot«, erwiderte sie trotzig.

»Wer dort runterfällt, kann nicht überleben.« Voller Mitgefühl sah Hias sie an. »Du willst es immer noch nicht glauben, gell?«

»Mein Verstand sagt mir ja auch, dass es nicht sein kann, aber da ist etwas in mir … Ach, ich weiß auch nicht«, fügte sie hilflos hinzu.

Sie schwiegen und hörten den Amseln zu, die in den Obstbäumen ihr Abendlied sangen.

»Steigst du wieder in die Berge?«, erkundigte sich Hias.

»So oft es geht. Wenn ich klettere, fällt für kurze Zeit alles von mir ab. Dann zählt nur der Fels. Und wenn ich schließlich oben bin, fühle ich mich Thomas dort so nah wie nirgends.« Sie schluckte schwer. »Und du?«

»Ich werde ab nächster Woche wieder trainieren. Wahrscheinlich braucht es einige Zeit, bis ich wieder auf der Höhe bin.« Gedankenverloren drehte er die Tasse auf dem Unterteller. Schließlich sah er sie an. »Im Krankenhaus hatte ich viel Zeit. Ich werde aus der Partei austreten und in die Schweiz gehen, um dort als Bergführer zu arbeiten.«

»Bitte?«

»Dieses Gerede meines Vaters – von wegen Anderl und Thomas seien fürs Deutsche Reich gestorben und das sei alles eine große Ehre für sie –, das hat mir nach diesem schrecklichen Unglück zum ersten Mal die Augen darüber geöffnet, wie saublöd diese nationalsozialistische Ideologie eigentlich ist. Du hast deinen Verlobten verloren, ich meinen Freund. Da hilft es uns bei unserer Trauer nicht, dass sie als vermeintliche Helden gestorben sind. Im Gegenteil. Es erfüllt mich inzwischen mit Wut, wie die Nationalsozialisten den Leuten eine absolute Opferbereitschaft für den nationalsozialistischen Staat abverlangen. Als wenn das Leben eines Einzelnen nichts wert wäre. Und da gibt es ja auch noch viel, viel mehr, was man nicht verstehen kann. Ich jedenfalls trete kommende Woche aus.« Mit bebenden Händen, die seine Erregung verrieten, zog er eine Schachtel Overstolz hervor. Er bot Hedi eine Zigarette an. Nachdem beide einen tiefen Zug getan hatten, fuhr er fort: »Das wird wahrscheinlich Folgen haben. Mein Vater wird mich rauswerfen, und die Partei wird mich womöglich auch irgendwie bestrafen. Deshalb gehe ich in die Schweiz. Das hat dazu den Vorteil, dass ich, falls es in den nächsten Jahren Krieg geben sollte, wenigstens nicht fürs Deutsche Reich falle.«

»Denkst du, dass es zum Krieg kommen wird?«, fragte Hedi erschrocken.

Hias zuckte mit den Schultern. »Wer weiß das schon? Ich habe *Mein Kampf* gelesen. Darin verkündet Hitler, dass er die Weltherrschaft anstrebe. Die kann man ja nur durch Krieg erreichen. Andererseits weiß man nicht, ob er das alles wirklich ernst gemeint hat.«

»Ach Hias …« Die Vorstellung, auch Hias bald nicht mehr wiederzusehen, machte sie betroffen.

»Du kannst mich ja in der Schweiz besuchen. Dann steigen wir wieder zusammen auf die Gipfel«, meinte er zwinkernd.

»Du willst mit einer Frau die Gipfel besteigen?«, scherzte sie mit gespielter Entrüstung.

Hias sah sie ernst an. »Ich habe gelernt.«

Sie lächelte ihn warm an. »Kommst du denn noch mal vorbei, um dich zu verabschieden?«

»Darauf kannst du dich verlassen. Du hast mir das Leben gerettet. Das werde ich niemals vergessen.«

In der zweiten Ferienwoche war Erika wieder da.

»Du siehst schlecht aus«, sagte sie unverblümt, als die beiden Freundinnen hinter dem Bauernhaus neben dem Brunnenstock saßen. »Kann es sein, dass du in der vergangenen Woche noch mehr abgenommen hast?«

Hedi seufzte. »Ich habe einfach keinen Appetit.«

»Ach Hedi …« Erika nahm sie in die Arme. »Du tust mir so leid. Ich sehe doch, wie die Trauer an dir frisst. Aber das muss ein Ende haben.« Sie hielt ihre Freundin auf Abstand und sah sie eindringlich an. »Jetzt bin ich ja wieder da. Wir werden jetzt viel miteinander unternehmen und endlich den alpinen Frauenverein auf den Weg bringen. Ob du willst oder nicht«, fügte sie energisch hinzu.

»Ich glaube, das Ganze schlägt mir auf den Magen«, erwiderte Hedi.

»Das ist die Psyche. Du hast ja auch allerhand hinter dir. Aber du kannst nicht mit Thomas sterben. Er hat dir das Leben geschenkt, und daraus musst du jetzt was machen.«

Hedi schluckte schwer. »Lass uns über etwas anderes reden. Wie war es denn in Franken?«

Erika berichtete kurz und knapp, wie sie die Woche bei ihren Verwandten verbracht hatte. »Und Samstag habe ich dann auf dem Rückweg in München bei Rosa haltgemacht und Karl getroffen.«

»Und?«

Erika straffte sich auf dem Holzschemel und verkündete mit Grabesstimme: »Wir haben uns zum ersten Mal geküsst.«

Misstrauisch sah Hedi sie an. »Das sagst du so als …«

Ihre Freundin nahm einen tiefen Zug aus ihrer Zigarette. »Also besser gesagt, ich habe ihn geküsst. In Franken hatte ich mir überlegt, dass es ja mal weitergehen muss mit uns, und dann habe ich den ersten Schritt gemacht.«

»Erzähl!«

Erika pustete ihren schwarzen Pony aus der Stirn. »Zuerst ist er völlig erschrocken zurückgewichen. Natürlich hatte er nicht damit gerechnet, dass ich so forsch sein würde. Dann hat er mich zurückgeküsst. Aber das war wahrlich keine Wonne. Viel zu vorsichtig und feucht. Ich glaube, der hat noch nie eine Frau geküsst.«

»Meinst du?«

»Ich habe ja auch nicht viel Erfahrung in diesen Dingen. Aber erinnerst du dich noch an Max? Der hat mich anders geküsst. Sehr viel fester, leidenschaftlicher.«

»Das ist tatsächlich kein guter Start für eine Liebesbeziehung«, meinte Hedi trocken.

Erika drückte die Zigarette auf dem Boden aus. »Karl sagt, er braucht noch Zeit, aber er hat mich sehr gern.«

»Meinst du, du kannst die Geduld aufbringen?«, fragte Hedi sie lächelnd. Geduld gehörte nicht gerade zu Erikas Stärken.

»Ich weiß es nicht. Eigentlich möchte ich den Kontakt nicht aufgeben. Wir verstehen uns ja gut.« Erika sah Hedi an. »Weißt du was? Wir gehen mal zu dritt in München aus. Dann kannst du dir selbst ein Bild von ihm beziehungsweise von uns machen.«

Hedi schwieg. Die Vorstellung, das dritte Rad am Wagen zu sein, behagte ihr ganz und gar nicht.

Kurz vor dem Wochenende schlug das Wetter um. Samstag und Sonntag regnete es in Strömen. Wie immer besuchte Johannes sie am Sonntagnachmittag, nachdem er bei seiner Familie gewesen war und bevor er nach München zurückfuhr. Jedes Mal freute sie sich auf ihn. Mal unterhielten sie sich, mal schwiegen sie zusammen. Er gab ihr die Zeit zu entscheiden, wie sie etwas erzählen wollte oder ob überhaupt. Er selbst sprach nicht über seinen Schmerz. An diesem Sonntagnachmittag saßen sie in der Stube. Ihre Großeltern waren wieder so rücksichtsvoll gewesen, sie allein zu lassen, nachdem sie Johannes begrüßt hatten.

»Wie geht es dir?«, erkundigte sich ihr Jugendfreund, der ebenfalls etwas abgenommen hatte, wie ihr jetzt auffiel.

»Erika ist ja wieder da. Wir waren in der vergangenen Woche jeden Tag zusammen und haben an unserer Idee gearbeitet.«

»Welcher Idee?«

»Wir wollen einen alpinen Frauenclub gründen.«

Johannes sah sie voller Unverständnis an. »Wofür das?«

»Weil wir Frauen zu den meisten Sektionen des Deutschen Alpenvereins immer noch keinen gleichberechtigten Zutritt haben. Außerdem gibt es viel zu wenige Frauen, die den alpinen Bergsport ausüben. Er ist immer noch eine Domäne der Männer, obwohl es schon im vergangenen Jahrhundert hervorragende Bergsteigerinnen gegeben hat. Und das wollen wir ändern.«

Johannes lehnte sich auf der Eckbank zurück, klappte sein silbernes Zigarettenetui auf und hielt es ihr entgegen. »Auch eine?«

»Nein, danke. Neuerdings wird mir davon immer schlecht.« Nachdem er den Rauch in kleinen Wölkchen an die kunstvoll geschnitzte Zirbendecke geblasen hatte, lächelte er sie belustigt an. »Jetzt erklär mir mal, warum ihr die Frauen an den Bergsport heranführen wollt. Das interessiert mich jetzt wirklich.«

»Um den Frauen zu mehr Selbstbewusstsein zu verhelfen. Gerade in der heutigen Zeit, wo die Nationalsozialisten ihren Platz nur am Kochtopf, bei den Kindern und im Ehebett sehen. Und das Letztere auch nur, um dem Deutschen Reich möglichst viele Anhänger zu schenken. In den Großstädten haben Frauen viel mehr Möglichkeiten, sich weiterzuentwickeln, aber wir leben nun mal hier in den Bergen.«

Er lachte belustigt. »Verzeih, aber für mich als Mann klingt das irgendwie komisch. Warum sollen Bergsteigerinnen selbstbewusster sein als andere Frauen?«

»Um nicht abzustürzen, müssen sie lernen, nur an sich selbst zu denken statt an ihre Pflichten als Ehefrau, Mutter und Hausfrau. Dadurch lernen sie Gefühle wie Unabhängigkeit und Freiheit kennen; das Gefühl, etwas für eine Frau eigentlich Unmögliches geschafft zu haben, wenn sie schließlich auf dem Gipfel stehen. Das stärkt das Selbstwertgefühl.«

Da nickte Johannes ernst. »*Nichts hebt das Selbstvertrauen und den Mut so sehr wie das Bergsteigen* – das hat Anderl mal zu mir gesagt.«

»Er hat's auch in der Nordwand gesagt. Und er wusste, wovon er sprach. Er war von euch drei Brüdern ja derjenige, der am wenigsten davon besaß.«

»Das hatte auch mit meinem Vater zu tun«, erwiderte Johannes seufzend und drückte die Zigarette aus. Entschlossen sah er sie an. »Erika und du wollt also einen alpinen Frauenclub gründen. Und wie soll das aussehen? Ich meine, ihr müsst die Frauen hier aus dem Tal oder von weiter weg ja darauf aufmerksam machen. Ihr müsst deren Interesse wecken …«

»Darüber haben wir die ganze Woche lang gebrütet«, erwiderte Hedi und fühlte plötzlich wieder Leben in sich. »Also …

Wir schreiben den Hauptverein in München an und fragen die Sektionen hier in der Nähe – wie die Sektion Tegernsee und Miesbach –, ob sie etwas gegen die Gründung einer neuen Sektion einzuwenden haben, die nur für Frauen ist. Falls keine Einwände kommen, legen wir los. Unser Vereinstreff, bei dem es Vorträge und Bildvorführungen geben wird, Informationen und Erfahrungsaustausch, wird erst mal unsere alte Scheune sein, die dafür noch ein bisschen hergerichtet werden muss. In der kommenden Woche verteilen wir Informationsblätter. In Liesl Grubers Laden, bei den Poststellen, bei Hias' Eltern im Lebensmittelgeschäft in Kiefersfelden ... Überall dort, wo Frauen einkaufen. Dann bieten wir neben den Vereinsabenden natürlich auch gemeinsame Bergtouren an. Die Routen müssen wir noch genau ausarbeiten. Entsprechend werde ich mich nach Hütten für Übernachtungsmöglichkeiten umsehen, in denen wir als Verein Rabatt bekommen. Tja ...« Hedi hielt inne. Sie spürte, dass ihre Wangen glühten.

Johannes hatte ihr wie immer ruhig und aufmerksam zugehört. Jetzt sah er sie bedeutsam an. »Ihr wisst aber, dass ihr das zu einer Zeit macht, in der die Nationalsozialisten am Ruder sind? Es werden immer mehr Sportvereine gleichgeschaltet. Auch im DAV herrscht inzwischen ein antisemitisches Klima. Davon würde über kurz oder lang auch eure Sektion betroffen sein – was ihr bestimmt nicht wollt.«

Hedi biss sich auf die Lippe. »Nun gut, dann müssen wir das alles auf privater Basis machen, unabhängig vom DAV«, räumte sie schließlich ein.

Johannes steckte sich eine neue Zigarette an, wobei er den Kopf mit nachdenklicher Miene etwas schräg der Flamme seines silbernen Feuerzeugs entgegenhielt. Dabei fiel ihm eine blonde Strähne ins Gesicht, was ihm etwas Verwegenes gab. Wie gut er ausschaut, musste Hedi ganz spontan denken. Ob er in München eine Freundin hatte? Bestimmt. Wahrscheinlich eine Tänzerin oder eine Schauspielerin. Er verkehrte ja in

Künstlerkreisen. Vielleicht eine verheiratete Frau, weil er sich nicht binden wollte. Schnell schüttelte sie diese Gedanken ab – und wunderte sich, dass sie sie überhaupt gehabt hatte.

»Sei mir nicht böse, ich will dir auch gar nicht die Motivation nehmen, aber ich glaube nicht daran, dass ihr mit eurer Idee Erfolg habt«, sagte Johannes in ihre Gedanken hinein. »Wie viele Frauen haben Ehemänner, die stramme Parteigenossen sind. Natürlich gibt es auch Frauen, die selbst die nationalsozialistische Idee vertreten. Die würden ruckzuck eurer privaten Vereinigung einen politischen Stempel aufdrücken.«

Hedi streckte das Kinn vor. »Die lassen wir einfach von Anfang an nicht zu.«

»Ich bin gespannt. Auf alle Fälle finde ich es gut, dass du wieder am Leben teilnimmst. Das hätte mein Bruder so gewollt.« Während er seine Zigarette im Aschenbecher ausdrückte, fuhr er fort: »Was hältst du davon, wenn wir kommenden Samstag mal in München ausgehen? Du, Erika, Karl Huber und ich. Wir kennen uns doch alle von früher. Das sollte ein schöner Abend werden.«

Einen Tag später fuhr Hedi zu Erika und erzählte ihr von ihrem Gespräch mit Johannes.

»Dass du ihm so offen von unserer Idee erzählt hast …«, merkte Erika mit skeptischer Miene an. »Johannes hat in der Pressestelle der NSDAP einen relativ hohen Posten. Das heißt: Er ist ein linientreuer Nationalsozialist«, fügte sie mit loderndem Blick hinzu, während sie jede einzelne Silbe des Wortes betonte. »Ich weiß nicht, ob das gut war.«

»So ein Schmarrn. Johannes würde uns doch niemals schaden«, beteuerte Hedi hitzig. »Im Gegenteil, er hat mir doch den Tipp gegeben, es lieber auf privater Ebene zu machen. Er ist nur in der Partei, um Karriere zu machen. Außerdem – Karl ist doch auch in der Partei.«

»Nur wegen seines Vaters«, erwiderte Erika spitz. Dann holte sie tief Luft. »Nun gut. Jetzt sind wir wieder ein bisschen schlauer. Wir müssen also unbedingt dafür sorgen, dass unser Verein parteilos und privat bleibt. Also können wir die Anfrage an die Hauptsektion des DAV in München vergessen. Wenn wir uns privat treffen, kann uns die Partei nichts anhaben.«

Hedi lächelte sie versöhnlich an. »Johannes hat übrigens vorgeschlagen, dass wir vier mal zusammen ausgehen sollten.«

»Das finde ich gut.« Erika strahlte wieder. »Ich hatte doch auch schon gesagt, dass du Karl und mich unbedingt mal zusammen sehen solltest. Als Außenstehende kannst du dir viel besser ein Urteil über sein Verhalten mir gegenüber bilden. Weißt du, das Leben in München ist einfach bärig«, begann sie zu schwärmen. »Die Museen, der Englische Garten, das Hofbräuhaus. München ist die Stadt der Studenten, Freidenker und Künstler ...« Verzückt verdrehte sie die Augen. »Das ist etwas ganz anderes als hier auf dem Land.«

»Freilich«, erwiderte Hedi nüchtern. »Aber wir kennen doch München. Wir waren doch schon als Kinder mit unseren Eltern dort.«

»Das war etwas anderes. Damals hatten wir noch keine Ahnung vom Nachtleben«, fügte sie mit verschwörerischem Blick hinzu.

»Johannes hat von Essengehen gesprochen, nicht vom Nachtleben«, stellte Hedi richtig. »Sei mir nicht böse, aber mir ist noch nicht nach Nachtleben zumute. Und ich glaube, Johannes auch nicht. Er singt auch noch nicht wieder, weil er immer noch trauert.«

In den nächsten Tagen hatten Hedi und Erika alle Hände voll damit zu tun, die Informationsblätter für die alpine Frauenvereinigung zu verfassen, zu tippen, auf Matrize abzuziehen und zu verteilen. Am Donnerstag ging Hedi in Liesls Laden und bat darum, sie bei ihr auslegen zu dürfen.

»Das ist eine gute Idee«, meinte die alte Liesl. »Die jungen Frauen hier im Tal haben viel zu wenig Anregung. Und der BDM ist ja auch kein gescheiter Umgang«, fügte sie mit gesenkter Stimme hinzu, damit die anderen Kundinnen sie nicht hörten.

Hedi war schon fast aus der Tür, als ihr Blick auf die Tageszeitung fiel. Es war nur ein kleines Bild, rechts oben in der Ecke, das ihre Aufmerksamkeit erweckte. Ein Mensch am Seil vor der Kulisse eines Felsens. Zusammengeklappt wie ein Taschenmesser hing er da. Hedi nahm die Zeitung in die Hand und las die klein gedruckte Bildunterschrift. *Toni Kurz in seinen letzten Minuten. Mehr im Sportteil.* Mit bebenden Händen schlug sie die Zeitung auf. *Wie eine vierköpfige Seilschaft unter den Augen der auf der Kleinen Scheidegg versammelten Medien den Tod findet,* lautete die Überschrift des kurzen Artikels unter dem Foto, dessen Anblick Hedi durch Mark und Bein ging. Mit hämmerndem Herzen las sie weiter:

Toni Kurz und Anderl Hinterstoißer hatten sich am 19. Juli 1936 in der Wand mit den beiden Österreichern Willy Angerer und Edi Rainer zu einer Seilschaft zusammengeschlossen, ehe eine Verletzung Angerers die vier zum Rückzug zwang. Beim Abstieg kamen Rainer, Angerer und Hinterstoißer durch einen Lawinenabgang ums Leben. Toni Kurz kämpfte am Seil hängend eine Nacht lang um sein Leben. Die Rettungsmannschaft kam nicht zu ihm durch. Unfähig, sich nach oben oder unten zu bewegen, starb Toni Kurz am 22. Juli gegen 11:30 Uhr im Seil hängend an körperlicher Entkräftung. Seine letzten Worte waren: »*I ka nimmer.*«

Mit zitternden Knien fuhr Hedi nach Hause. Für den Rest des Tages wurde sie das Grauen nicht mehr los. All das, was sie vor Kurzem noch selbst erfahren hatte, kam wieder in ihr hoch. Noch einmal durchlebte sie Anderls Sturz in die grenzenlose Tiefe; den Moment, als Thomas sich vom Seil abschnitt und sie sich plötzlich leichter fühlte; die Nacht mit dem kranken Hias zusammen im Biwak; den Abstieg am nächsten Tag … Und am Ende dieses Abends begriff sie wieder einmal, dass Bergsteigen nicht nur spannende Herausforderung und glückliche Gipfelgefühle bedeutete. Es bedeutete ebenso Verzweiflung und Verlust. Auch das würde sie den Frauen in ihrem Club nahebringen.

Nur, wie man diese Verzweiflung und den Verlust überwinden konnte, darauf hatte sie noch keine Antwort.

»Zieh doch das cremeweiße Sommerkleid deiner Mutter an und setz dazu den Glockenhut auf«, riet Johanna ihrer Enkelin am Freitagabend, als Hedi ihr erzählte, was sie am nächsten Tag vorhatte. »Das passt dir bestimmt – jetzt, wo du so abgenommen hast.«

Als sie sich am Samstagmorgen im Spiegel betrachtete, musste Hedi ihrer Großmutter recht geben. Das knielange Seidenkleid umspielte ihre Figur perfekt, und der Hut, unter dem ihre blonden Locken hervorquollen, stand ihr gut zu Gesicht. Dazu die Pumps …

»Du schaust aus wie eine Dame der Münchner Gesellschaft«, sagte ihr Großvater stolz, als er sie mit dem Traktor zum Bahnhof brachte.

Hedi umarmte ihn. Ganz gleich, was sie tat – er stand stets hinter ihr. Dafür war sie ihm unendlich dankbar.

In Miesbach stieg Erika zu. »Herrschaftszeiten, wie du ausschaust! Wie eine Schauspielerin!«, rief ihre Freundin neidlos aus. »Wenn du mich fragst – du und Johannes seid das perfekte Paar. Ihr werdet alle Blicke auf euch ziehen.«

»Erika …« Hedi sah sie warnend an. »Ich liebe Thomas. Ich will nichts von Johannes. Er wäre mir ein viel zu großer Hallodri.«

Wie immer trug Erika ihre geliebte schwarze Hose, Männerschuhe, eine weiße Rüschenbluse, die diesen Aufzug etwas weiblicher machte, und ihre Suffragettenbrosche. Die Augen hatte sie sich dramatisch schwarz geschminkt und die Lippen in einem leuchtenden Rot angemalt, was ihr gut stand.

»Was sagt denn deine Mutter zu deiner Schminke?«, erkundigte sich Hedi schmunzelnd.

»Habe ich erst am Bahnhof aufgetragen«, lautete Erikas Antwort. »So tolerant meine Eltern auch sind, aber das würden sie niemals erlauben.«

Hedi griff in die Reisetasche mit ihrem Nachtzeug und zog die Zeitung vom Vortag hervor. »Schau mal!«

Erika überflog den Artikel über Toni Kurz und wandte sich danach schaudernd ab. »Ich habe dafür kein Verständnis«, sagte sie in grollendem Ton. »Ich habe ja auch von eurem Durchstieg nichts gehalten. Wenn in den nächsten Wochen noch mehr solcher Unglücke passieren, können wir unseren alpinen Frauenclub abschreiben. Wer will denn dann noch auf die Gipfel klettern?«

»Wir wollen mit den Frauen ja nicht in die Eigernordwand einsteigen«, erwiderte Hedi und packte die Zeitung wieder ein.

»Die Welt zeigt sich im Vergleich«, dozierte Erika mit schulmeisterlicher Miene. »Was für dich die Eigernordwand ist, ist für eine ungeübte Berggängerin bereits unser Taubenstein.«

Sie schauten eine Weile schweigend zum Abteilfenster hinaus, beide in ihre Gedanken versunken. Hedi fühlte sich unwohl. Am liebsten wäre sie zu Hause geblieben. Auch die Vorstellung, die kommende Nacht nicht im eigenen Bett zu verbringen, bescherte ihr ein ungutes Gefühl. Seit Thomas' Tod fühlte sie sich schutzlos und verletzlich, sodass sie sich in der Geborgenheit ihrer eigenen vier Wände am wohlsten fühlte.

»Nächsten Freitag haben wir den 31. Juli«, brach Erika irgendwann das Schweigen.

Hedi sah sie an. »Und?«

238

»Dein Beitrittsantrag. Schon vergessen?«

»Den habe ich vorgestern zerrissen und weggeschmissen.« Erika wedelte mit der Hand, als hätte sie sich verbrannt.

»Oh weia! Da bin ich aber gespannt.«

»Ich auch«, gestand Hedi ihr mit schiefem Lächeln. »Aber du hättest ihn doch auch nicht unterschrieben, oder?«

»Niemals.«

»Und du bist auch nicht im Nationalsozialistischen Lehrerbund.«

»Würde ich auch nicht eintreten.«

»Siehst du.«

Erika lachte. »Und doch haben wir gleich ein Rendezvous mit zwei Nationalsozialisten. Auch komisch, oder?«

»Warum auch immer die beiden in der Partei sind, sie sind keine typischen Nazis. Zumindest Johannes nicht.«

»Karl auch nicht«, verteidigte Erika prompt ihren Freund.

Als die beiden Freundinnen in München aus dem düsteren Bahnhofsgebäude in den Sonnenschein hinaustraten, marschierte gerade eine Formation Jugendlicher im Stechschritt über den Bahnhofsplatz. Kurze Hose, khakifarbener Blouson, Armbinde mit Hakenkreuz, schwarzes Tuch mit Lederring. Die Messer in der Hosentasche vollendeten den kämpferischen Eindruck dieses Aufmarsches, bei dem die Jungen aus vollen Kehlen das Fahnenlied der Hitlerjugend schmetterten.

»So viel zu München als Stadt der Freidenker«, sagte Hedi, während sie der Gruppe nachsahen.

»Das findest du heutzutage in allen Städten«, erwiderte Erika.

»Was unter anderem ein Grund dafür ist, dass ich lieber auf dem Land bleibe. Ich finde diese Aufmärsche bedrohlich.«

»Ich ja auch, aber ich habe mich bärig auf heute gefreut. Dadurch lass ich mir den Tag nicht verderben. Es wird bestimmt schön«, meinte Erika zuversichtlich.

Sie fuhren mit der Straßenbahn zum Englischen Garten, wo sie sich mit Johannes und Karl am Chinesischen Turm treffen wollten.

»Du hättest besser flache Schuhe angezogen«, sagte Erika, während sie auf den fünfundzwanzig Meter hohen Holzbau im Pagodenstil zugingen. Tatsächlich fühlte sich Hedi in den cremefarbenen Pumps etwas unsicher auf den Beinen. Diese Schuhe trug sie sonst nur zu besonderen Anlässen.

»Meine Großmutter hat mich dazu überredet«, gestand sie. »Sie meinte, ich solle mich ein bisschen chic machen.«

»Das bist du auch. Aber die Schuhe sind völlig unpraktisch, um einen Tag in der Großstadt zu verbringen.«

»Ich gehe davon aus, dass Johannes mit dem Wagen kommt.«

»Da hinten sind sie schon!«, rief Erika freudig aus und winkte Johannes und Karl, die am Fuß des Chinesischen Turms standen und ihnen entgegensahen.

Johannes sah in dem hellen Leinenanzug, den braunweißen Schuhen und mit dem Strohhut aus wie ein Schauspieler. Karl Huber, gleich groß, gleich schlank und gleich blond, stand ihm in nichts nach. Aus dem einst schmächtigen, blassen Muttersöhnchen war ein hochattraktiver Mann geworden. Genau wie Johannes trug auch er das NSDAP-Zeichen am Revers, was Hedi unangenehm berührte. Diese Anstecknadel sah sie bei Johannes zum ersten Mal.

Formvollendet küsste Karl Hedi die Hand, was ihr etwas übertrieben vorkam. »Wie lange haben wir uns nicht mehr gesehen?«, sagte er mit angenehmer Stimme und tiefem Blick.

Sie lächelte ihn an. »Das muss tatsächlich fast fünfzehn Jahre her sein.«

Erika begrüßte er mit zwei Küssen auf die Wangen.

»Ich freue mich, dass du gekommen bist«, flüsterte Johannes, nachdem er Hedi ebenfalls auf die Wange geküsst hatte. »Du siehst wunderschön aus.«

Liebevoll drückte sie seinen Arm, und mit einem Mal freute sie sich auf den Tag – so wie man sich überhaupt freuen konnte, wenn das Herz noch voller Trauer ist.

»Ich würde vorschlagen, wir essen erst mal eine Kleinigkeit dort hinten im Biergarten«, sagte Johannes. »Ihr habt bestimmt Hunger.«

»Oh ja«, stimmte Erika sofort zu, die immer etwas essen konnte. »Ich habe heute Morgen nicht gefrühstückt, weil ich so spät dran war.«

»Ich auch nicht«, fügte Hedi hinzu, die zwar keinen Hunger verspürte, den anderen den Spaß aber nicht verderben wollte.

Johannes reichte ihr galant den Arm. »Darf ich bitten, schöne Frau?«

So schlenderten die beiden Freundinnen am Arm ihrer Begleiter zum Biergarten hinüber. Unter Schatten spendenden Kastanienbäumen fanden sie einen Vierertisch. Hedi und Erika entschieden sich für Brezn mit Obazda, ihre Freunde für Kesselfleisch.

»Schön ist es hier«, sagte Hedi, nachdem sie miteinander angestoßen hatten.

»Wisst ihr, dass der Englische Garten eine der weltweit größten innerstädtischen Parkanlagen ist?«, fragte Karl in die Runde.

Johannes blinzelte ihm zu. »Bis jetzt wusste ich es noch nicht. Erzähl mal!«

Karl sah zuerst Erika, dann Hedi an. »Interessiert euch das überhaupt?«

»Klar, da wir jetzt einmal hier sind«, erwiderte Erika.

»Die Idee hatte im achtzehnten Jahrhundert der in Amerika geborene bayrische Kriegsminister Benjamin Thompson, der unter anderem auch die Kartoffel in Bayern eingeführt hat. Er wollte aus der ehemaligen Auenlandschaft hier eigentlich einen Militärgarten machen, in dem sich die Soldaten in Friedenszeiten weitgehend selbst versorgen konnten. Dann jedoch wurde daraus ein Volksgarten für die Münchner im englischen Landschaftsstil.«

»Man könnte meinen, Karl sei ein Kollege von euch«, sagte Johannes lachend.

»Ich finde es immer gut, etwas dazuzulernen«, entgegnete Erika ernst, die ihren Freund offensichtlich in Schutz nehmen wollte.

Karl hatte an diesem Nachmittag noch einiges mehr an Wissen zu verbreiten, während die vier durch Waldstücke und über Rasenflächen spazierten. Derweil war Hedi froh, sich bei Johannes einhaken zu können. Ihr schmerzten die Füße. Schließlich ließ sie sich erleichtert auf die Rückbank seines grünen DKWs fallen.

Souverän lenkte Johannes seinen Wagen durch Münchens Straßen in Richtung Isartor. Die beiden Männer wollten im *Sternecker Bräu* zu Abend essen. Hedi und Erika wechselten einen bedeutsamen Blick. Das *Sternecker* war dafür bekannt, dass dort hauptsächlich Nazis verkehrten.

Als sie das Lokal betraten, strebte Johannes auf einen der Tische in den Nischen zu. Auf dem Weg dorthin lüfteten er und Karl mehrmals nach allen Seiten die Hüte, was Hedi verriet, dass die beiden hier bekannt sein mussten. Nachdem sie Platz genommen hatten, sahen sich Hedi und Erika im Lokal um – und sich danach beredt an. Tatsächlich verkehrten im *Sternecker Bräu* hauptsächlich Parteimitglieder. Die meisten trugen das Parteiabzeichen am Revers oder die Binde mit dem Hakenkreuz am Ärmel. Unter den Gästen waren auch einige in SS- und SA-Uniform. Hedi bemerkte, dass außer ihr und Erika nur wenige Frauen anwesend waren. Und die überraschten Blicke der Anwesenden bemerkte sie ebenfalls. Offenbar kamen Johannes und Karl sonst ohne weibliche Begleitung hierher.

»Gehst du mit mir zum stillen Örtchen?«, fragte Erika in Hedis Betrachtungen hinein.

Als die beiden auf der Toilette waren, brach es aus Erika heraus: »Warum um alles in der Welt haben die uns hierher geschleppt? Die wissen doch genau, wie wir zur NSDAP stehen.«

»Das frage ich mich auch«, erwiderte Hedi.

»Vielleicht wollen sie mit uns bei ihren Parteigenossen angeben«, mutmaßte Erika. »Obwohl ich ja eigentlich nicht der Frauentyp bin, mit dem ein Mann angeben kann. Ich entspreche wohl kaum dem nationalsozialistischen Frauenideal.«

»Sollen wir darauf bestehen, woanders zu essen?«

Unschlüssig hob Erika die Schultern. »Ich weiß nicht. Ich möchte den Abend nicht verderben.«

»Dann lass uns erst mal abwarten. Vielleicht ist die Küche ja besonders gut.«

Als sie an den Tisch zurückkehrten, hatte Karl auch eine Geschichte zu dem Lokal zu erzählen. »Hitler hat vor drei Jahren hier in einem Hinterzimmer ein kleines Parteimuseum der NSDAP eröffnet. Dort, wo die allererste Geschäftsstelle der Partei war. Wollt ihr es euch mal ansehen?«

»Du weißt doch, dass Hedi und ich nicht so für die Partei sind«, entgegnete Erika freundlich. Und da das Thema einmal auf dem Tisch lag, fragte sie: »Warum habt ihr denn gerade dieses Lokal gewählt?«

»Wir haben gedacht, dass wir uns hier mal sehen lassen sollten. Und dann auch noch in so schöner Begleitung«, sagte Johannes mit charmantem Lächeln hinzu. »Heute Abend wird uns hier jeder Mann beneiden.«

»Aber wenn ihr wollt, können wir auch irgendwo anders hinfahren«, bot Karl eilfertig an.

»Das ist doch eine gute Idee«, erwiderte Hedi prompt. »Jetzt haben uns eure Parteigenossen ja gesehen.«

Johannes lachte. »Euer Wunsch ist uns Befehl.«

Eine Viertelstunde später saßen die vier im *Augustinerkeller*, wo sich Hedi und Erika schon sehr viel wohler fühlten. Auch hier waren Parteiabzeichen zu sehen, aber weitaus weniger, und es gab viel mehr weibliche Gäste. Als die Blaskapelle aufspielte, sah Erika Johannes an und fragte: »Wann trittst du eigentlich wieder im Club auf?«

»Ich weiß es noch nicht. Gerade arbeite ich an ein paar neuen Liedern.« Er lächelte matt. »Eher besinnliche Stücke, die nicht in den Club passen.«

Hedi streichelte seine Hand. Wie hätte er in dieser Situation auch kesse Lieder erfinden können!

»Erika hat erzählt, dass du auch ein Musikliebhaber bist«, wandte sie sich an Karl, woraufhin die beiden Männer einen kurzen Blick wechselten.

»Karl macht seit Jahren die Musik zu meinen Liedern«, erwiderte Johannes, während er seinen Freund anlächelte.

»Du?« Erikas schwarze Augen wurden noch größer. »Ich wusste gar nicht, dass du komponierst.«

Karl senkte den Kopf. »Ich wollte eigentlich Musik studieren und Komponist werden, aber mein Vater …« Den Rest des Satzes ließ er in der rauchgeschwängerten Luft hängen, und doch wusste jeder am Tisch, was er hatte sagen wollen.

»Hast du auch die Lieder komponiert, die Johannes im Club gesungen hat, als wir dort waren?«, erkundigte sich Erika.

Karl nickte.

»Die waren wunderbar!« Spontan umarmte sie ihn und drückte ihm einen Kuss auf die Wange. Karl lächelte verlegen. Dann nahm er Erikas Gesicht in beide Hände und küsste sie auf den Mund. Es war kein leidenschaftlicher Kuss, aber ein liebevoller, zärtlicher, der Hedi verriet, dass Karl ihre Freundin sehr mochte.

»Warum begleitest du Johannes eigentlich nicht am Klavier?«, fragte Erika.

»Weil er dann noch mehr Schwierigkeiten mit seinem Vater

bekommen würde«, nahm Johannes Karl die Antwort ab. »Schuldirektor Huber hält von meinen Auftritten nichts.«

Erika machte große Augen. »Aber ihr seid doch erwachsen …«

»Karl müsste eigentlich in die USA gehen«, fuhr Johannes fort. »In das Land der unbegrenzten Möglichkeiten, wo er sein Talent viel besser ausleben könnte als hier.«

»Nur wenn du mitgehst«, erwiderte Karl. »Als Duo auf der Bühne wären wir unschlagbar.«

Johannes lächelte ihn an. »Du weißt, dass das nicht geht.«

»Und warum nicht?«, fragte Karl mit herausforderndem Blick.

Johannes schlug die Augen gegen das kunstvoll bemalte Deckengewölbe. »Warum nicht! Das könnte ich einerseits meiner Mutter nicht antun. Gerade jetzt nicht und …«

»… und andererseits deinen vielen Verehrerinnen nicht«, sprach Karl mit ironischer Miene den Satz zu Ende.

Johannes lachte. »Genau. Denen auch nicht. Nein, im Ernst.« Er wandte sich an Hedi und Erika. »So gerne ich auch singe, ich liebe meinen Beruf. Den würde ich nur ungern aufgeben. Und ich liebe meine Heimat.«

»Zumal ja bald deine Beförderung zum Stellvertretenden Leiter des Pressebüros ansteht«, fügte Karl hinzu, worüber Johannes elegant hinwegging, indem er Hedi erklärte: »Ja, das steht im Raum.«

»Schreibst du eigentlich noch Zeitungsartikel?«, erkundigte sich Erika.

Johannes schüttelte den Kopf. »Ich mache nur noch Verwaltungsarbeit. Die Redaktionsarbeiten erledigen inzwischen andere.«

»Und da er Karriere machen will, kann er auch nicht in die USA gehen«, meinte Karl schulterzuckend.

»Ich fände es schade, wenn ihr auswandern würdet«, sagte Erika, bevor sie sich beherzt eine Gabel Kartoffelgurkensalat in den Mund schob.

»Ich auch«, schloss sich Hedi ihr an. »Was würde ich denn ohne dich machen?«, fragte sie Johannes mit liebevollem Lächeln.

Da strich er ihr über die Wange. »Keine Sorge. Und Karl ist auch gar nicht so ungern hier. Nicht wahr, mein Lieber?« Jovial stieß er seinen Freund in die Seite, woraufhin dieser in gespielter Verzweiflung seufzte und erwiderte: »Wenn ich nicht gerade mit meinem Vater zu tun habe …«

»Das war doch ein wunderschöner Tag«, schwärmte Erika, nachdem Johannes und Karl die beiden Freundinnen zu Erikas Cousine Rosa nach Schwabing gebracht hatten, die bereits im Bett lag. »Und was hältst du jetzt von Karl und mir?«

Hedi lächelte sie an. »Er mag dich. Da kannst du ganz sicher sein.«

»Und dreimal hat er mich auf den Mund geküsst.«

»Das ist mir nicht entgangen. Gib ihm einfach noch etwas Zeit.«

»Werde ich auch. So einen klugen und schönen Mann finde ich nämlich nicht noch einmal.«

»Karl ist wirklich sehr sympathisch«, bestätigte Hedi ihrer Freundin.

»Weißt du …« Erika sah sie weich an. »Vielleicht wird aus dir und Johannes ja auch irgendwann noch ein Paar. Ich glaube, er mag dich sehr. Und ihr wärt so ein schönes Paar.«

»Also bitte … Seit wann achtest du auf solche Äußerlichkeiten? Ja, Johannes und ich verstehen uns gut. Das war schon immer so. Aber als Mann hat mir halt Thomas immer besser gefallen. So schöne Männer sind mir irgendwie suspekt. Ich weiß auch nicht …« Sie seufzte. »In meinem Herzen ist kein Platz für einen neuen Mann. Und in meinem Kopf auch nicht. Bitte, versteh das doch.«

»Das tu ich ja auch. Ich meine nur, vielleicht mal in einem Jahr oder so«, ruderte Erika zurück. »Also dann, schlaf gut.«

Hedi legte sich auf die Couch, zog die Decke über sich und versuchte zu schlafen. Erika hatte es sich auf der Chaiselongue gemütlich gemacht und begann bald schon leise zu schnarchen. Hedi lag noch lange wach und ließ den Tag Revue passieren. Für ein paar Stunden hatte die Trauer etwas weniger schwer auf ihr gelastet, aber jetzt dachte sie wieder an Thomas und fühlte sich umso einsamer. Mit Thomas war etwas von ihr gegangen, das durch nichts zu ersetzen war.

In der Mitte der fünften Ferienwoche bekam Hedi Besuch von Hias. Angesichts des vollbepackten Motorrads wusste sie sofort, dass er kam, um sich zu verabschieden. Als er auf sie zuging, bemerkte sie, dass er schon etwas zugenommen hatte.

»Mein Vater hat mich rausgeworfen«, erzählte er ihr, nachdem sie sich gesetzt hatten. »Heute Vormittag. Nachdem ich ihm gesagt habe, dass ich aus der Partei ausgetreten bin. Meine Mutter ist völlig verzweifelt.«

»Und jetzt willst du wirklich in die Schweiz fahren?«, fragte Hedi ungläubig.

Hias nickte entschlossen. »Wahrscheinlich leg ich auf der Hälfte der Strecke eine Pause ein und fahr dann morgen weiter.«

»Wo willst du denn da überhaupt hin? Ich meine, du kennst doch niemanden in diesem Land.«

»Fritz Steuri.«

»Du willst zu Steuri? Zur Eigernordwand?«

»Nach Grindelwald. Da wohnen die Steuris. Ich hoffe, dass er mir beruflich weiterhelfen kann. Vielleicht kann ich erst mal bei der Bergwacht arbeiten.«

»Ach Hias …« Hedi rückte auf der Holzbank an ihren Bergkameraden heran und nahm seine Hand in ihre. »Bitte, such nach Thomas. Wirst du das tun?«

Hias seufzte bedrückt auf. »Hedi, du weißt doch, dass es zurzeit verboten ist, in die Nordwand zu gehen.«

»Stimmt ja!«, fiel Hedi da wieder ein. Sie überlegte. »Aber vielleicht kannst du dich dort trotzdem mal umschauen. Am Wandfuß oder sogar im unteren Drittel. Vielleicht hat eine Lawine ihn mitgerissen.«

Hias drückte ihre Hand. »Dann hätten ihn bestimmt schon andere gefunden«, entgegnete er sanft. »Aber ich werde die Augen offen halten. Mir ist ja selbst dran gelegen. Nicht sofort morgen, aber sobald ich eine Möglichkeit sehe. Und du wirst mich besuchen?«, wechselte er das Thema.

Hedi lächelte schief. »Na ja, nicht morgen oder übermorgen. Aber ganz bestimmt, wenn ich ein bisschen weiter bin. Wenn du verstehst, was ich meine.«

»Freilich verstehe ich das.«

»Da fällt mir noch was ein«, sagte Hedi hastig. Sie merkte ihm an, dass er auf dem Sprung war, im Kopf schon auf dem Weg in sein neues Leben.

Hias stand auf. Fragend sah er sie an.

»Wenn du in Grindelwald bist, könntest du mir einen Gefallen tun?«

»Sag!«

»Bei dem Juwelier liegen immer noch unsere Trauringe. Thomas hatte sie im Voraus bezahlt. Könntest du sie vielleicht …« Hedi musste sich räuspern, um ihrer Stimme einen festen Klang zu geben, bevor sie weitersprach: »Könntest du sie abholen?«

Hias sah sie lange an. In seinen blauen Augen glaubte sie plötzlich einen feuchten Glanz zu erkennen. Dann nahm er sie spontan in die Arme und drückte sie. »Klar mach ich das. Ich bringe sie dir mit, wenn ich mal wieder in der Heimat bin. Aber das wird noch ein bisschen dauern«, fügte er hinzu, während er sie losließ.

»Das ist egal«, erwiderte sie lächelnd. »Der Gedanke, dass sie bei dir sind, ist mir angenehmer, als zu wissen, dass sie bei dem Juwelier herumliegen.«

Hedi begleitete Hias zum Motorrad, wo sie sich zum Abschied noch einmal umarmten wie zwei lebenslange Freunde. Und als Hias winkend vom Hof fuhr, wunderte Hedi sich darüber, wie leid es ihr tat, ihn nun auch noch zu verlieren. Dabei war er ihr bei ihrer allerersten Begegnung doch so unsympathisch gewesen. Aber die schrecklichsten Stunden ihres Lebens hatte sie mit ihm zusammen verbracht. Und die hatten sie nicht nur zusammengeschweißt, sondern sie hatten Hias auch geläutert. Unwillkürlich musste sie lächeln. Wie würde Thomas' Vater jetzt sagen? *Viele müssen erst durch Feuer und Wasser gejagt werden, damit sie die richtige Form bekommen.*

Am Sonntag war Hedi wieder mit Johannes zusammen. Wie stets sprachen sie zuerst über seine Eltern und seine Schwester.

»Mutter ist seit vorgestern wieder zu Hause«, erzählte er ihr. »Seitdem geht es auch Vater etwas besser.«

»Und wie geht es deiner Mutter?«

»Sie ist durch Tabletten ruhiggestellt und versucht sogar, sich ein bisschen im Hotelbetrieb einzubringen. Was für Eva natürlich eine Entlastung ist. Trotzdem ist sie irgendwie ein anderer Mensch geworden.« Er zog sein silbernes Etui aus der Sakkotasche und bot Hedi eine Zigarette an.

»Danke«, wehrte sie ab. »Mir wird immer noch schlecht davon.«

»Darf ich denn?«

»Natürlich.«

Nachdem er einen tiefen Zug genommen hatte, sah er sie bedeutsam an. »Vorgestern war der 31. Juli.«

Sie lachte auf. »Ich weiß. Ich habe den Antrag schon vor einer Woche zerrissen.«

»Oje! Da bin ich aber mal gespannt, was als Nächstes passiert.«

»Ich auch.«

»Du weißt, dass ich dir da nicht mehr helfen kann. So lang ist mein Arm nicht, nicht mal mit Beförderung.«

»Ich weiß. Wann steht denn eigentlich deine Beförderung an?«

»Irgendwann in den kommenden Wochen. Wahrscheinlich noch vor dem Reichsparteitag.«

Nachdem Hedi erneut Kaffee nachgeschenkt hatte, sagte Johannes:

»Gestern hat Hitler in Berlin vor hunderttausend Zuschauern die Olympischen Spiele eröffnet.«

»Ich hab's im Radio gehört. Allein schon die Stimme dieses Mannes …« Hedi verstummte. Sie wusste ja, wie Johannes zu Hitler stand.

»Diese Spiele sind eine riesige Propagandaschau für das nationalsozialistische Deutschland. Ein Bekannter von mir – Wilfrid Bade –, der gerade in der Reichspressestelle in Berlin Karriere macht, ist als Ansprechpartner für die in Deutschland akkreditierten ausländischen Korrespondenten dabei.«

»Und warum bist du jetzt nicht dort?«

»Weil Mutter am Freitag zurückgekommen ist.«

»Weißt du noch …?« Plötzlich wurde Hedi der Hals eng. »Wenn das alles nicht passiert wäre, würde Anderl vielleicht jetzt in Berlin sein. Er wollte so gerne die Medaille für den Alpinsport entgegennehmen.«

»Unser Anderl …« Johannes senkte den Kopf. Nach ein paar Sekunden hatte er sich wieder gefangen und sah Hedi an. »Leni Riefenstahl wird einen Dokumentarfilm über die Spiele drehen. Du kennst doch die Riefenstahl, oder?«

»Freilich.« Sie lächelte. »Hias hat mich bei unserer ersten Begegnung mit ihr verglichen.«

»Da hatte er ganz recht. Nur dass dein Haar ein bisschen blonder ist.«

Wieder hingen sie eine Weile schweigend ihren Gedanken nach. Schließlich stand Johannes auf. »Sei mir nicht böse, aber ich muss jetzt fahren. Ich muss Karl noch bei seinen Eltern abholen. Ich hatte ihm versprochen, ihn bis Miesbach mitzunehmen.«

»Er ist bei seinen Eltern?«

»Bei seiner Mutter. Sein Vater ist übers Wochenende bei irgendeiner Parteiveranstaltung.«

»Liebe Grüße an Karl«, gab Hedi Johannes mit auf den Weg, als sie ihn zum Auto begleitete. »Was denkst du eigentlich über ihn und Erika? Ich hatte vergangenen Samstag den Eindruck, als würde er Erika sehr mögen.«

Johannes zuckte mit den Schultern. »Keine Ahnung. Wir Männer reden über so was nicht.«

Mit diesen Worten stieg er in seinen Wagen und fuhr vom Hof. Plötzlich fiel Hedi ein, was ihre Freundin einmal über Karl Huber gesagt hatte. *Mit ihm kann ich reden wie mit einer Frau.* Vielleicht kannte Johannes seinen engen Freund gar nicht richtig.

Kurz nachdem Hedi am Montagmorgen aufgewacht war, wurde ihr schlecht. Schon als sie am Abend zu Bett gegangen war, hatte sie eine leichte Übelkeit verspürt. Wahrscheinlich hatte sie bei Johannes' Besuch zu viel Kuchen gegessen. Seit langer Zeit war sie gestern wieder einmal hungrig gewesen. Davon konnte an diesem Morgen jedoch keine Rede mehr sein. Zum Frühstück trank sie nur eine Tasse Kaffee und aß ein weich gekochtes Ei. Doch schon nach den ersten Bissen stand sie abrupt auf und lief zum stillen Örtchen nach draußen. Als sie an den Frühstückstisch zurückkehrte, sahen ihre Großeltern ihr voller Sorge entgegen.

»Du stirbst irgendwann noch mal an Unterernährung«, sagte ihre Großmutter unverblümt. »Du kannst ja jetzt schon den kleinsten Happen nicht mehr bei dir behalten.«

»Wenn der Magen keine Nahrung mehr kennt, rebelliert er schon bei einem halben Ei«, pflichtete ihr Großvater seiner Frau bei.

»Ich habe gestern, als Johannes da war, einfach zu viel Kuchen gegessen«, erklärte Hedi den beiden. »Das wird schon wieder.«

Da an diesem Vormittag das Wetter durchwachsen war, verzichtete Hedi auf die Bergtour, die sie sich eigentlich für diesen Montag vorgenommen hatte, und wanderte zum Spitzingsee. Tatsächlich ging es ihr durch die Bewegung in der frischen Luft auch bald wieder besser. Auf dem Rückweg kam ihr der Briefträger auf dem Fahrrad entgegen. Sie wechselte ein paar Worte mit ihm übers Wetter, das in den kommenden Tagen wieder aufklaren sollte, und nahm die Post entgegen. Ein Brief war vom Bienenzuchtverein, der andere vom Wasserwerk und der dritte … Hedi hielt den Atem an, als sie den Absender las. Er kam von der Schulbehörde.

Auf dem Wiesenweg, der zum Hof führte, setzte sie sich auf einen Stein und riss den Umschlag auf. Während sie den Inhalt las, begann sie innerlich zu zittern – vor Wut und blankem Entsetzen. Sie brauchte ein paar Minuten, um sich zu beruhigen. Dann holte sie, ohne zuvor ins Haus zu gehen, den Traktor aus der Scheune und fuhr zu Erika – inständig hoffend, dass ihre Freundin zu Hause sein würde.

Erika saß in der Stube und las die Tageszeitung. »Was machst du denn hier?«, fragte sie gleichermaßen erstaunt wie erfreut.

»Schau mal!« Hedi legte den Brief von der Schulbehörde auf die rot-weiß karierte Tischdecke.

Während ihre Freundin ihn las, entglitten ihr die Gesichtszüge. Schließlich sah sie Hedi an. »Das ist jetzt deren Rache.«

Hedi bekam kaum mehr Luft. Ein dicker Knoten saß ihr in der Brust. »Ich fasse es nicht! Da versetzen die mich doch tatsächlich zum neuen Schuljahr nach Augsburg und besetzen hier meine Stelle mit einem Familienvater! Weißt du, was das heißt? Ich muss mir dort ein Zimmer mieten und kann bestenfalls noch zum Wochenende nach Hause. Augsburg liegt etwa

einhundertzwanzig Kilometer von uns entfernt. Niemals!«
Heftig schüttelte sie den Kopf. »Dagegen werde ich Beschwerde einlegen. Ich muss meinen Großeltern auf dem Hof helfen. So was können die nicht mit mir machen!«

»Da hast du keine Chance«, erwiderte Erika sachlich. »Wir wissen doch, dass Familienväter bei der Vergabe von Stellen Frauen gegenüber stets Vorrang haben. Wir werden ja auch vom Arbeitsmarkt genommen, wenn wir heiraten, damit die Stelle, die wir bekleidet haben, wieder frei wird für einen Mann.«

»Das ist doch ungerecht!«, rief Hedi wütend aus.

»Natürlich ist das ungerecht, aber was willst du machen? Wenn du Krankenschwester oder Verkäuferin wärst, würde dir das nicht passieren. Das sind typische Frauenberufe, die wollen die Männer gar nicht ausüben.« Erika klopfte zwei Ramses aus der Packung und hielt ihrer Freundin eine entgegen. Dieses Mal griff Hedi zu. Nachdem die beiden den Rauch gegen die Holzdecke gestoßen hatten, sagte Hedi:

»Auf dem Weg hierher habe ich mir überlegt, dass ich lieber kündigen werde, bevor ich die Stelle in Augsburg annehme.«

»Und wovon willst du dann leben?« Erika sah sie durch die grauen Kringel forschend an.

Hedi hob die Schultern. »Ich weiß es noch nicht.«

»Sollte es mit dem alpinen Frauenclub tatsächlich klappen, hättest du zwar eine Aufgabe, aber die wird dir kein Geld einbringen.«

»Hast du eigentlich schon eine Rückmeldung von unseren Aushängen bekommen?«, fragte Hedi.

Erika schüttelte den Kopf. »Du?«

»Auch nicht.« Hedi seufzte und kam zum Thema zurück. »Vielleicht könnte ich als Bergführerin arbeiten.«

»Du hast keine Ausbildung. Und du weißt, dass es meistens Männer sind, die auf die Gipfel steigen. Und die trauen einer Frau nicht zu, dass sie was vom Bergsteigen versteht.« Erika pustete sich den Pony aus der Stirn. »Und was ist mit Johannes? Kann er da vielleicht was machen?«

Hedi schüttelte den Kopf. »Ganz bestimmt nicht.« Sie drückte die angerauchte Zigarette aus, von der ihr wieder leicht übel wurde. »Wenn ich daran denke, dass heute in zwei Wochen die Schule wieder anfängt und ich irgendwo in Augsburg sitzen soll ... Unmöglich! Egal, wie es weitergeht, aber diese Stelle nehme ich nicht an.«

»Wenn es wenigstens mit eurer Pension besser laufen würde ...«

Eine Weile blickten beide durchs Stubenfenster nach draußen in den verhangenen Himmel, der so gut zu Hedis gegenwärtiger Stimmung passte.

»Hast du Karl am Wochenende gesehen?«, wechselte Hedi das Thema, um auf andere Gedanken zu kommen.

»Der war bei seinen Eltern.«

Sie tippte sich an die Stirn. »Stimmt ja. Das hat Johannes mir gestern erzählt.«

»Wann willst du es deinen Großeltern sagen?«

»Heute Abend.«

Durch den Versetzungsbescheid war Hedi jeder Appetit vergangen. Beim Abendessen nahm sie wieder kaum einen Bissen zu sich.

»Dann musst du dich zwingen, etwas zu essen«, sagte Johanna mit Nachdruck. »Du wirst ja immer dünner und machst deine Gesundheit kaputt.«

»Pscht. Lasst mich mal die Nachrichten hören«, bat Hans und zeigte aufs Radio, in dem gerade ein Sprecher von den Olympischen Spielen berichtete. *Mit dem Gewinn von vier Goldmedaillen ist Jesse Owens ein überragender Sportler bei den Olympischen Spielen. Um Glückwünsche an den farbigen Leichtathleten zu vermeiden, verließ Hitler heute vorzeitig das Stadion.*

»Dieser Mann ist einfach unmöglich«, murmelte Johanna vor sich hin.

»Diese ganze Partei ist das Letzte. Nein, unser ganzer nationalsozialistischer Staat«, korrigierte sich Hedi erregt. »Stellt euch vor ...«

Nachdem sie zu Ende erzählt hatte, sahen ihre Großeltern sie betroffen an.

»Und jetzt?«, fragten sie nach ein paar Sekunden gleichzeitig.

Hedi setzte sich gerade hin. »Ich weiß es noch nicht. Ich weiß nur eins: Diese Stelle nehme ich nicht an. Eher kündige ich.«

Johanna biss sich auf die Lippe und schwieg. Ebenso ihr Mann. Hedi sah ihnen ihre Bedenken an. Sie wusste nur zu gut, was die beiden innerlich umtrieb: die Angst vor der Zukunft. Mit ihrem Verdienst würde auch die Existenzgrundlage ihrer Großeltern wegfallen.

Als Hedi im Bett lag, brach alles über ihr zusammen und sie begann haltlos zu schluchzen. Seit einem Jahr verfolgte sie eine Katastrophe nach der anderen. Mit dem Tod ihrer Eltern hatte es angefangen. Dann verstarb ihr Schäferhund, der sie so lange als treuer Gefährte begleitet hatte. Dann die Trennung von Thomas. Schließlich nach einer kurzen Zeit des Glücks Thomas' und Anderls Tod und jetzt diese Versetzung in einer Zeit, in der auch die Pension kein Geld abwarf. Sie wusste zwar, dass sich auch andere Menschen in solchen Lagen befanden, dass sie um einen geliebten Menschen trauerten, kein Geld hatten, keine Arbeit, eine völlig unsichere Zukunft, aber dieses Wissen konnte sie nicht trösten. Es bedeutete für sie lediglich, dass auch andere gänzlich verzweifelt und hilflos waren.

Am Dienstagvormittag kam Erika auf dem Roller angebraust.

»Ich wollte nur mal sehen, wie es dir geht«, sagte sie mit besorgtem Blick.

Hedi seufzte. »Nicht anders als gestern.«

»Du siehst schlecht aus.«

»Mir ist auch schlecht. Heute Morgen habe ich mich schon wieder übergeben.«

Wie von einer Natter gebissen fuhr Erika zurück. »Du bist schwanger.«

Die Feststellung versetzte Hedi einen Stich. Sie hatte schon selbst daran gedacht.

»Hast du deine Periode gehabt?«

»Nein, aber so was kommt bei Sportlern schon mal vor. Außerdem hatte mein Körper noch vor sieben Wochen mit extremen Bedingungen zu kämpfen.«

Erika hielt inne. Hedi sah, wie es hinter ihrer Stirn arbeitete. »Dann hast du sie bereits zweimal nicht gehabt?«

Hedi verdrehte die Augen. »So ungefähr.«

»Und da machst du dir keine Gedanken, dass du eventuell schwanger sein könntest?«

»Thomas hat aufgepasst.«

»Da kann immer was passieren«, erklärte Erika ihr mit so sachkundiger Miene, dass Hedi unwillkürlich lächeln musste.

»Und woher weißt du das?«, fragte sie.

»Weil ich diesbezüglich theoretisch sehr viel Ahnung habe.«

»Glaub mir, das ist bei mir die Psyche.«

»Das glaub ich eben nicht. Willst du nicht mal zum Arzt gehen? In Miesbach haben wir einen Gynäkologen, der ist sehr nett. Da war ich mal als junges Mädchen. Bei dem brauchst du gar keine Hemmungen zu haben. Ich begleite dich auch.«

Vierundzwanzig Stunden später saß Hedi mit klopfendem Herzen im Wartezimmer der gynäkologischen Praxis in Miesbach. Es dauerte nicht lange, bis sie ins Untersuchungszimmer gerufen wurde. Dr. Grün war tatsächlich so freundlich und warmherzig, wie Erika ihn beschrieben hatte. Mit großem Interesse hörte er ihr zu, als sie ihm erzählte:

»Ich bin Bergsteigerin und war vor sieben Wochen in der Eigernordwand, wo es zu einem Unfall kam, der mir immer noch psychisch zu schaffen macht. Seither ist meine Periode ausgeblieben.«

»Durch schwere körperliche oder seelische Belastungen kann das durchaus vorkommen«, beruhigte er sie mit väterlichem Lächeln. »Am besten, wir sehen gleich mal nach, ob bei Ihnen körperlich alles in Ordnung ist.«

Während Hedi hilflos ausgeliefert in dem Behandlungsstuhl lag und den kalten, glatten Untersuchungsgegenstand in sich spürte, versuchte Dr. Grün, sie durch Fragen zur Eigernordwand abzulenken. Es fiel ihr jedoch schwer, sich auf die Antworten zu konzentrieren. Nach schier unendlich langer Zeit richtete sich Dr. Grün wieder auf und lächelte sie an. »Sie dürfen sich jetzt wieder anziehen.«

Mit klammen Händen und hämmerndem Herzen schlüpfte sie hinter dem Umkleidevorhang in ihre Sachen.

»Ich kann Ihnen gratulieren«, sagte Dr. Grün strahlend, als sie ihm gegenüber an dem wuchtigen Schreibtisch Platz nahm. »Sie sind kerngesund und Ihr Kind auch. Da werden Sie Ihren Ehemann aber heute glücklich machen«, fügte er mit Beifall heischendem Nicken hinzu.

Der Glückwunsch traf Hedi wie ein Hammerschlag. Sie schüttelte den Kopf, als könnte sie so den Nebel vertreiben, der sie mit einem Mal umfing. Sie war tatsächlich schwanger? Das durfte nicht sein! Voller Entsetzen sah sie den grauhaarigen Mann an.

Da veränderte sich dessen Gesicht, und der zuvor so herzliche Mann wirkte plötzlich distanziert. »Sie haben doch einen Ehemann, oder etwa nicht?«

Hedi musste sich räuspern, um ihrer Stimme einen festen Klang zu geben. »Ich habe keinen«, erwiderte sie knapp. Nur, um bei ihm einen besseren Eindruck zu machen, wollte sie ihm ihre tragische Liebesgeschichte nicht anvertrauen.

Da schüttelte Dr. Grün sichtlich angewidert den Kopf. »Ein Kind ohne Vater? Wie können Sie nur!« Abrupt stand er auf. »Nun gut, wenigstens scheint die Schwangerschaft bis jetzt gut zu verlaufen. Aber für weitere Untersuchungen stehe ich nicht mehr zur Verfügung. Für Frauen wie Sie gibt es Kollegen, die es mit Anstand und Sitte nicht so ernst nehmen.« Ohne ihr zum Abschied die Hand zu reichen, bedeutete er ihr durch eine knappe Kopfbewegung zur Tür, dass sie gehen sollte.

Immer noch in Gedanken daran, was ihr gerade widerfahren war, ging Hedi mit weichen Knien auf den Marktplatz zu, wo Erika im *Frohsinn* vor einem Stück Eierlikörtorte saß und auf sie wartete.

»Und? Was hat Dr. Grün gesagt?«, fragte sie erwartungsvoll.

»Er hat mir einen Vorgeschmack darauf gegeben, was mich in Zukunft in unserem Deutschen Reich erwartet«, erwiderte Hedi voller Sarkasmus.

»Wie meinst du das?«

»Ich bin schwanger.«

»Ach, du liebes bisschen!«

»Genau. So entsetzt war Dr. Grün auch. Weil ich nämlich unverheiratet bin.« Hedi setzte sich ihr gegenüber. Da kam auch schon die Kellnerin, bei der sie eine Tasse Kaffee bestellte.

»Und jetzt?«, fragte ihre Freundin verstört.

»Jetzt bekomme ich ein Kind.«

Erika legte die Kuchengabel auf den Teller und beugte sich über den Tisch. »Bitte versteh mich nicht falsch«, begann sie mit unterdrückter Stimme, damit die Frauen am Nebentisch sie nicht hören konnten, »aber in dieser Situation ... Was machst du denn jetzt? Du kannst doch jetzt auf keinen Fall kündigen. Eine alleinerziehende Mutter hat es schon schwer genug, aber ein uneheliches Kind und kein Geld ... Willst du das Kind denn wirklich behalten?«

Hedi fuhr zurück. »Das fragst du mich allen Ernstes als Pfarrerstochter?«

»Nun ja …« Erika wirkte plötzlich verunsichert, was nur selten vorkam. »Die Möglichkeit gibt es ja zumindest.«

»Niemals. Das Kind ist von Thomas. In ihm wird er für mich weiterleben. Niemals würde ich an so etwas auch nur denken.«

Als die Kellnerin den Kaffee servierte, war Hedi froh, ein paar Schlucke trinken zu können. Das Koffein belebte sie im Nu, und sie fühlte sich wieder ein bisschen besser.

»Dann war Dr. Grün nicht nett zu dir?«, fragte Erika betroffen.

»Eine Straftäterin hätte er nicht unfreundlicher behandeln können.«

»Das tut mir leid.«

Hedi zuckte nur mit den Schultern.

»Wann wirst du es deinen Großeltern sagen?«

»Erst, wenn ich es verinnerlicht habe. Das ist doch auch für mich alles noch so wenig greifbar. So, als wenn es eine andere Frau betreffen würde.«

»Hoffentlich reagieren sie nicht genauso wie Dr. Grün.«

Vielleicht meine Großmutter, wollte Hedi schon antworten, doch ihr schlechtes Gewissen ließ sie noch früh genug innehalten. Vielleicht freute sie sich ja sogar …

»Und was machst du jetzt mit Augsburg?«

»Ach, Erika … Gib mir doch erst mal Zeit, um über alles nachzudenken, alles im Kopf zu sortieren.«

»In welchem Monat bist du überhaupt?«

»Anfang des dritten.«

»Dann wird man ja bald was sehen. Oh mei! Da werden die Leute was zu reden haben.«

»Das wird wahrscheinlich so sein.«

»Jetzt kannst du auch nicht mehr in die Berge steigen.«

»So ein Schmarrn! Ich bin doch nicht krank. Natürlich

würde ich nicht in irgendeine Nordwand einsteigen, aber auf die hier umliegenden Gipfel kann ich auch im sechsten Monat noch klettern.« Sie lächelte ihre Freundin aufmunternd an. »Das nur für dich zur Information, falls wir in der nächsten Zeit doch noch unseren alpinen Frauenclub gründen. An mir soll er nicht scheitern.«

Hedi atmete auf, als dieser Tag endlich vorüber war. Das Abendessen war eine einzige Qual gewesen. Wie viel Kraft hatte es sie gekostet, ihren Großeltern Ruhe und Gelassenheit vorzuspielen! Ihnen in die Augen zu sehen! Sie hatte sich eingebildet, der prüfende Blick ihrer Großmutter wäre bis auf den Grund ihrer Seele gedrungen.

Als sie dann endlich auf ihrem Balkon saß, entspannte sie sich ein wenig. Der Geruch des Waldes, der zu ihr herunterwehte, wirkte beruhigend. Zu dieser Dämmerstunde war es beinahe vollkommen still im Tal. Eine Weile sah Hedi den Schwalben zu, die über dem Hof ihre Runden flogen, und beobachtete die weißen Wolken, mit denen der laue Abendwind am Himmel sein Spiel trieb. Wie sollte es nun weitergehen, fragte sie sich mit schwerem Herzen. Ach Thomas! Wieder loderte der Schmerz in ihr hoch. Gerade in ruhigen Stunden wie diesen verzehrte sie sich vor Sehnsucht nach ihm. Dann sah sie sein Gesicht vor sich, seine seegrünen Augen, die jedes Mal aufgeleuchtet hatten, wenn er sie angeschaut hatte. Beinahe konnte sie seine Lippen spüren, die auf ihren lagen, und ihr Herz zog sich zusammen.

Sie schloss die Augen und versuchte, die Erinnerungen zurückzudrängen. Sich in ihnen zu verlieren, bedeutete nichts als Trauer und Leid. Jetzt zählten die Gegenwart und die Zukunft – ihr Kind, das sie unter dem Herzen trug. Es würde ohne Vater aufwachsen. Und das in einer Zeit, in der die Politik das Familienglück als höchstes Gut propagierte. Ohne Vater und mit finanziellen Sorgen, fügte sie in Gedanken hinzu.

Ein Kind mit einer alleinerziehenden Mutter, die von der Gesellschaft verurteilt wurde. Ein Kind, das wahrscheinlich in der Schule gehänselt und benachteiligt wurde … Hedi schnappte nach Luft. Verzweiflung breitete sich in ihr aus. Instinktiv legte sie die Hände auf ihren noch flachen Bauch, als wollte sie dem winzigen Wesen in ihr versichern, dass wenigstens sie es immer beschützen würde. Da entdeckte sie vor ihren Füßen einen winzigen, goldschimmernden Käfer, der sich über eine der Holzschwellen kämpfte. Das kleine Insekt kippte mehrmals zur Seite, richtete sich wieder auf, stellte die Fühler auf, tastete unsicher herum und entschied sich für ein stures Weiterkrabbeln bis zum nächsten Widerstand. So arbeitete es sich wacker weiter und weiter bis zum Balkongeländer. Hedi begann zu lächeln. Ja, genau das war die Botschaft, die ihr dieser kleine Käfer mit auf den Weg gab: nur nicht aufgeben, weitermachen!

Am nächsten Abend erzählte Hedi ihren Großeltern, dass sie von Thomas schwanger war. Ihre Großmutter sah sie nur stumm an, als würde sie sich endlich in ihrem Verdacht bestätigt sehen. Auch ihr Großvater schwieg zunächst ein paar Augenblicke. Dann stand er entschlossen auf und holte die Kruke mit dem Selbstgebrannten. »Da es jetzt so ist, wie es ist, wollen wir auf diese schöne Nachricht anstoßen.« Er schenkte drei Stamperl ein, wobei er seiner Enkelin das Glas reichte, das er nur bis zur Hälfte gefüllt hatte. »Auf den Familienzuwachs. Unser Alois wäre glücklich. Er war ganz vernarrt in Kinder. Gell, Johanna?« Auffordernd nickte er seiner Frau zu.

Da hob auch Johanna ihr Glas und lächelte Hedi an. »Trinken wir auf eine gut verlaufende Schwangerschaft und darauf, dass du uns ein gesundes Urenkelkindl schenkst. So haben wir es auch gehalten, als deine Mutter von unserem Alois schwanger geworden ist.«

Hedi presste die Lippen zusammen, doch sie konnte den Schluchzer nicht unterdrücken. Während ihr die erste Träne die Wange hinunterlief, brachte sie nur stammelnd hervor: »Ich danke euch.«

Nachdem der alte Landauer sich und seiner Frau noch ein zweites Schnapsl gegönnt hatte, überlegten die drei, wie es weitergehen sollte.

»Jetzt musst du auch gar nicht mehr überlegen, ob du die Stelle in Augsburg annehmen sollst«, sagte Johanna. »Wahrscheinlich kündigen sie dir sowieso, wenn sie erfahren, dass du ein uneheliches Kind bekommst.«

Hedi nickte. »Das denke ich auch. Deshalb habe ich beschlossen, morgen selbst zu kündigen.«

»Wir könnten ein oder zwei Weiden verkaufen«, schlug Hans vor. »Da wir kein Vieh mehr haben, brauchen wir sie eigentlich nicht mehr.«

»Das hätte Vater niemals gewollt«, widersprach Hedi ihm energisch. »Ihm war es wichtig, immer genug Land für schlechte Zeiten zu haben.«

»Wie es aussieht, bricht eine solche jetzt an«, erwiderte Johanna. »Wir haben keine Gäste mehr, du keine Arbeitsstelle und wir müssen bald vier Personen ernähren … Da wäre der Verkauf einer der Weiden zunächst einmal hilfreich.«

»Ich werde Eva fragen, ob ich im Hotel arbeiten kann. Als Zimmermädchen oder als Bedienung. Vielleicht könnte ich auch in einem der beiden Gasthöfe im Ort aushelfen.«

»Das wirst du ganz bestimmt nicht tun«, begehrte da ihr Großvater mit blitzenden Augen auf. »Und dann noch hochschwanger! Wir waren immer eine der reichsten Bauernfamilien im Tal. Da geht unsere Enkeltochter nicht bei anderen Leuten arbeiten. Basta!«

Hedi musste lachen. »Großvater, dafür bin ich mir aber nicht zu schade. Mir ist es egal, was die Leute denken.«

Jetzt sprühten auch die dunklen Augen ihrer Großmutter Funken. »Uns aber nicht, mein Kind. Und das wäre auch niemals im Sinne deiner Eltern. Ich bin dafür, eine der Weiden zu verkaufen. Vielleicht bietet sich mit der Zeit dann noch eine andere Möglichkeit. Das Leben ist doch ständig im Wandel. Womöglich wandelt sich alles bald schon zum Besseren.«

»So schlecht ist es aber auch jetzt nicht«, widersprach Hans seiner Frau. »Wir sind alle gesund und bekommen bald Familienzuwachs. Das sind doch zwei gute Gründe, um zufrieden zu sein. Und das Kleine bekommen wir auch noch satt.«

Als Hedi an diesem Abend im Bett lag, liefen ihr vor Dankbarkeit die Tränen über die Wangen. Mit der moralischen und tatkräftigen Unterstützung ihrer Großeltern würde ihr schon eine Lösung einfallen, die Familie zu ernähren. Da war sie sich ganz sicher.

Tags darauf bekam Hedi am frühen Abend Besuch. Sie machte große Augen, als der Guggenberger Willi in forschem Tempo auf den Hof gefahren kam.

»Ich wollte dir mein Motorrad vorstellen. Ich habe es gestern in Garmisch abgeholt.«

»Gratuliere«, erwiderte Hedi. »Es sieht sehr schnittig aus. Magst was trinken?«

Nachdem sie zwei Gläser Roten aus der Küche nach draußen getragen hatte, stießen sie miteinander an. »Auf dein neues Motorrad und darauf, dass du allzeit eine gute Fahrt hast«, sagte sie.

»Da kann ich noch einen Beiwagen dranmachen«, erklärte Willi ihr mit der eifrigen Miene eines kleinen Jungen. »Für den Fall, dass ich mal jemanden mitnehme …«

»Der könnte doch auch hinter dir auf dem Bock sitzen.«

»Frauen mögen das meistens nicht. Die fühlen sich sicherer in einem Beiwagen.«

Bei seinen Worten überfiel Hedi wieder die Erinnerung an ihre Ausflüge auf Thomas' Motorrad. Wie hatte sie es genossen, sich ganz eng an seinen Rücken zu schmiegen!

»Hast du das auch gelesen? Die Regierung in Bern hat Ende Juli ein Verbot zur Durchsteigung der Nordwand ausgesprochen«, erzählte Willi. »Was ich nach dem letzten Drama mit Toni Kurz auch völlig richtig finde.«

Hedi nickte nur. Sie wollte nicht mit Willi übers Bergsteigen reden – schließlich wusste sie nur zu gut, dass er diesbezüglich ganz anderer Meinung war als sie.

»Und was machst du sonst so? Wie geht es deinen Eltern?«, erkundigte sie sich, um dem Gespräch eine andere Wende zu geben.

Offensichtlich froh darüber, dass sie sich immer noch für ihn und seine Familie interessierte, plauderte er munter los. Er erzählte von seinen Nichten und Neffen, von seinem ältesten Bruder, der in München als Straßenbahnfahrer arbeitete, von seiner Schwester, die wieder schwanger war. Hedi hörte ihm nur mit halbem Ohr zu.

»Und ich habe mit meiner Freundin Schluss gemacht«, fügte er letztendlich stolz hinzu, was sie dann doch aufhorchen ließ.

»Du hattest eine Freundin?«, fragte sie erstaunt. »Davon habe ich ja gar nichts gehört.«

»In Berchtesgaden.«

»Dann bist du also immer nach Berchtesgaden gefahren, um sie zu treffen?«

Willi nickte zustimmend, bevor er einen großen Schluck Rotwein trank.

»Wie lange seid ihr denn zusammen gewesen?«

»Vier Jahre.«

»Oh. Dabei habe ich dich auf den Dorffesten doch immer allein gesehen.«

»Sie ist sehr viel jünger als ich, und ihre Eltern wollten nicht …« Er machte eine wegwerfende Handbewegung. »Ach, was soll's. Ich habe jedenfalls für mich festgestellt, dass ich eine reifere Frau brauche. Eine, die genauso alt ist wie ich.«

»Und vielleicht auch eine, die näher wohnt. Obwohl du ja jetzt ein Motorrad besitzt«, fügte Hedi zwinkernd hinzu.

»Genau.« Er strahlte sie an. »Jetzt bin ich wieder frei und kann mich umsehen.«

»Das sollte dir ja nicht schwerfallen. Du bist doch fesch und sehr sympathisch und als Sohn eines Großbauern auch eine gute Partie.«

Verlegen drehte Willi das Weinglas auf dem Holztisch. Dann hob er entschlossen den Kopf und sah Hedi geradewegs in die Augen. »Findest du?«

Sein Blick irritierte sie. Für ihr lockeres Gespräch war er viel zu ernst. Da regte sich eine Ahnung in ihr, die sie innerlich schauern ließ.

»Weißt du, Hedi, wir beide haben uns doch immer gut verstanden«, begann Willi jetzt prompt. »Vielleicht waren wir damals nur zu jung, um was fürs Leben draus zu machen. Jetzt haben wir beide Erfahrungen gesammelt. Ich bin frei, und du bist ja auch wieder ungebunden. Und an dem Abend vor einem Jahr – du weißt schon –, da hast du ganz schön mit mir geschäkert, daher dachte ich, dass du mich vielleicht auch noch magst. Wollen wir es nicht noch mal miteinander versuchen?« Seine blauen Augen sahen sie vertrauensvoll an und es tat ihr im Herzen weh, ihm eine abschlägige Antwort geben zu müssen. Sie räusperte sich und sprach so langsam, als würde sie mit einem Kind reden:

»Schau, Willi, ich bin nicht frei. Ich liebe den Thomas immer noch. Er sitzt ganz tief in meinem Herzen. Ein anderer Mann hat dort keinen Platz. Nimm das bitte nicht persönlich.«

Sie sah ihm an, dass sie gerade eine große Hoffnung in ihm zerstört hatte. Dann jedoch begann er wieder zu lächeln. »Das verstehe ich natürlich. Es ist ja auch alles noch so frisch. Aber vielleicht später. In einem halben Jahr oder so …«

Soll ich ihm erzählen, dass ich schwanger bin? Dieser Gedanke schoss ihr wie ein Blitz durch den Kopf. Lieber nicht, sagte sie sich. Willi war dafür bekannt, Neuigkeiten nicht lange für sich behalten zu können. Das Tal würde noch früh genug davon erfahren.

»Willi …« Liebevoll sah sie ihn an. »Thomas war meine große Liebe. Ich kann mir keinen anderen Mann an meiner Seite vorstellen. Auch in Zukunft nicht.«

»*Die Zeit heilt alle Wunden*, das sagt meine Mutter immer.« Mit diesen Worten kippte er den Rest Rotwein hinunter und stand auf. »Wenn es dir recht ist, komm ich mal wieder vorbei.«

»Sicher«, erwiderte sie matt.

Sie bemerkte, wie er die blonden Brauen zusammenzog. Offensichtlich war ihm ihre Antwort zu wenig enthusiastisch.

»Also dann – servus«, erwiderte er übertrieben munter. Ein paar Sekunden später brauste er mit heulendem Motor davon.

Am Freitagabend trieb Hedi wieder die Sorge um ihre Zukunft um. Auch während dieses Tages hatte sie sich immer wieder gefragt, ob sie es sich in ihrer Situation tatsächlich leisten konnte, die sichere Stelle als Lehrerin in Augsburg auszuschlagen. Doch dann hatte sie sich erneut vor Augen geführt, dass ihr die Schulbehörde, sobald man ihr ihre Schwangerschaft ansah, Schwierigkeiten machen würde. Zumal sie dort durch ihre Weigerung, in die Partei einzutreten, sowieso bereits schlecht angesehen war.

Kurz vor Mitternacht beschloss sie, unwiderruflich zu kündigen. Erst wenn sie diese Tür endgültig zuschlug, konnte sie eine andere öffnen.

»Und wenn du Willi heiraten würdest? Dann hätte dein Kind einen Vater – vorausgesetzt natürlich, Willi würde es als sein eigenes Kind akzeptieren«, schlug Erika am nächsten Tag vor.

»Niemals! Thomas ist der Vater meines Kindes«, erwiderte Hedi erregt. »Und das soll er auch bleiben. Außerdem könnte ich meinen ehelichen Pflichten gar nicht nachkommen. Wahrscheinlich kann ich überhaupt nicht mehr mit einem Mann schlafen. Ich würde mich immer an die Intimität erinnern, die ich mit Thomas erlebt habe.«

Die beiden saßen im Garten des Pfarrhauses unter einem der Holunderbäume, die bereits grüne Früchte trugen. An diesem Samstagnachmittag war es sehr heiß. Erikas Mutter hatte eiskalte Zitronenlimonade gemacht, die die beiden sich schmecken ließen.

»Dann hättest du aber keine finanziellen Sorgen mehr«, fuhr Erika ungerührt fort. Ihr Blick gewann an Intensität. »Hast du übrigens schon gekündigt? Montag in einer Woche beginnt die Schule wieder.«

»Heute Morgen habe ich das Kündigungsschreiben zur Post gebracht. Und soll ich dir was sagen?« Hedi lächelte ihre Freundin an. »Ich fühlte mich danach wie befreit. Irgendwie war ich auch stolz, mich den Nationalsozialisten nicht gebeugt zu haben.«

»Das kann ich gut verstehen. Aber wie soll es denn jetzt weitergehen?« Bevor Hedi antworten konnte, fuhr Erika lebhaft fort: »Mir ist übrigens etwas dazu eingefallen. Wie wäre es, wenn du Privatunterricht geben würdest? In München zum Beispiel, bei einer vermögenden Familie. Solche Leute zahlen viel. Dann könntest du sogar hier wohnen bleiben und jeden Tag mit dem Zug fahren. Und deine Großeltern würden tagsüber auf das Baby aufpassen.«

Hedi sah sie skeptisch an. »Dafür muss ich erst einmal eine solche Familie finden. Außerdem bin ich nicht in der Partei. In dieser Zeit wird das schon von vornherein ein Hindernis sein.«

Erika stieß den Rauch scharf aus. »Stimmt.«

»Ich habe auch nachgedacht«, erzählte Hedi ihr. »Ich könnte

die Zimmer modernisieren lassen. Wasserbecken auf den Zimmern, Toilette und Dusche auf der Etage ... So was halt. Außerdem könnten wir auch noch die Zimmerzahl erhöhen. Die Wohnung meiner Eltern ist ja sehr groß.« Sie seufzte. »Nur dafür brauchen wir Geld. Ich habe zwar etwas gespart, aber das möchte ich nur ungern dafür ausgeben. Mit dem Kind hätte ich gerne eine Rücklage.«

»Woher willst du das Geld dann nehmen?«, fragte Erika sachlich.

»Mein Großvater hat schon vorgeschlagen, eine der Weiden zu verkaufen. Oder auch zwei. Aber dann würde sich mein Vater im Grabe umdrehen.«

»Das ist jetzt eine Notsituation«, erwiderte Erika energisch. »Da kannst du keine Rücksicht auf die Lebensvorstellungen deines Vaters nehmen.«

Hedi seufzte.

»Ich finde diese Idee gar nicht schlecht«, fuhr ihre Freundin fort. »Sie erscheint mir am besten und schnellsten umsetzbar. Der Tourismus nimmt ja immer mehr zu. Auch in Bayern. Dank Hitlers Politik sind die Deutschen schließlich wieder in Lohn und Brot. Das muss man ihm leider lassen«, fügte sie mit bitterer Miene hinzu.

»Ich könnte die alten Gäste anschreiben und unsere neue Pension bewerben. Und es gibt ja auch Reisebüros, die Urlaube vermitteln. Da könnte ich nachfragen, ob sie uns in ihr Angebot aufnehmen.«

»Das klingt doch gut!«, rief Erika begeistert aus. »Da bleibt jetzt nur noch die Frage, woher du das Geld nimmst.«

»Morgen werde ich Johannes fragen. Er kennt sehr viele Leute. Vielleicht kennt er auch einen Bankdirektor, der mir das Geld zu günstigen Konditionen leiht. Die Weiden könnten ja dann für die Bank als Sicherheit dienen.«

Erika lächelte zufrieden. »Das klingt doch alles erst mal sehr gut.« Dann ging ein Erkennen über ihr Gesicht. »Ach, da ist noch etwas Wichtiges. Bei mir haben sich zwei junge Frauen hier aus Fischbachau gemeldet. Die Hinterhofer Petra und die Mayer Vroni. Ich kenne sie von früher, obwohl ich zehn Jahre älter bin. Sie studieren beide in München Medizin und interessieren sich für unseren Club.«

»Das ist ja wunderbar! Und?«

»Ich habe sie für kommenden Mittwoch zu unserem Informationsabend bei euch in die Scheune eingeladen.« Erika sah Hedi bedeutsam an. »So hatten wir es ja geplant.«

Plötzlich fühlte Hedi ihre Energie wieder fließen. »Das heißt, dass ich in den nächsten Tagen meinen Einführungsvortrag ausarbeiten muss.«

»Und ich werde mich um die Fotos ehemaliger und zeitgenössischer Bergsteigerinnen kümmern und zu ihnen jeweils eine Kurzbiografie schreiben«, erwiderte Erika voller Eifer. »Dafür fahre ich am Montag nach München in die Bibliothek.«

»Apropos München … Triffst du Karl morgen?«

Mit bedauernder Miene schüttelte Erika den Kopf. »Er kann nicht.«

»Warum nicht?«

»Weiß ich nicht. Hat er mir nicht gesagt.«

»Glaubst du, dass da eine andere Frau im Spiel ist?«

Erika seufzte. »Möglich. Vielleicht eine hübschere und weiblichere als ich.«

»Das glaube ich eigentlich nicht. Ich hatte den Eindruck, dass er dich sehr mag.«

»Vielleicht nur als Freundin, aber nicht als Frau.«

Hedi biss sich auf die Lippe. »Ich werde Johannes morgen noch einmal darauf ansprechen«, sagte sie entschlossen.

»Du hast also tatsächlich gekündigt«, murmelte Johannes kopfschüttelnd. »Obwohl … Eigentlich habe ich ja fast schon damit gerechnet«, fügte er mit schiefem Lächeln hinzu. »Und wie soll es jetzt finanziell weitergehen?«

Hedi hielt seinem forschenden Blick stand. »Ich werde die Pensionszimmer renovieren und zusätzlich neue bauen lassen. Wenn wir wieder Gäste haben, nehmen wir auch wieder Geld ein. Und vielleicht sind unter diesen Gästen auch Bergbegeisterte, die ich auf unsere Gipfel führen kann.«

Johannes zündete sich eine Zigarette an. Mit nachdenklicher Miene stieß er den Rauch unter die Stubendecke. Da es in der Nacht von Samstag auf Sonntag einen Wetterumschwung mit starken Gewittern gegeben hatte und jetzt immer noch regnete, saßen die beiden drinnen. Hedi beobachtete Johannes' Miene, die ihr verriet, dass es hinter seiner Stirn arbeitete. Schließlich sagte er sachlich: »Dafür brauchst du Geld.«

»Genau darüber wollte ich mit dir sprechen.«

Er hob die blonden Brauen und sah sie abwartend an.

»Ich möchte auf zwei Weiden von uns einen Kredit aufnehmen. Was hältst du davon?«

»Das ist keine schlechte Idee.«

Eifrig unterbreitete sie ihm ihren Plan. Am Ende fragte sie: »Kennst du vielleicht einen Bankdirektor, der mir günstig einen Kredit geben würde?«

Johannes lachte amüsiert auf. »Noch billiger? Seit 1932 sind die Zinsen der Privatbanken ohnehin stark gefallen, sie liegen bei unter drei Prozent. Möchtest du es noch billiger haben?«

Sie lächelte ihn an. »Ja.«

»Warum gehst du nicht zu eurer Sparkasse in Miesbach? Die kennen dich doch.«

»Ich hatte gehofft, dass ich durch deine Beziehungen vielleicht bessere Konditionen bekommen könnte.«

Da lachte er sein tiefes, warmes Lachen, das sie so sehr an Thomas erinnerte. »In dir steckt ja eine richtige Geschäftsfrau.«

Sie zwinkerte ihm zu. »Vielleicht. Leider sind Geschäftsfrauen noch nicht so gefragt in unserer Gesellschaft. Aber das wird sich hoffentlich in Zukunft ändern. Und ich will schon mal den Anfang machen.«

»Gut«, bot Johannes sich an. »Ich kenne da tatsächlich jemanden, der ein kleines Bankhaus in München besitzt. Den kann ich fragen. Der wird einer schönen Frau wie dir vielleicht keine Absage geben. Und mir zuliebe wird er dir womöglich ein besseres Angebot machen als die Miesbacher Sparkasse.«

»Das klingt ja wunderbar!«, rief Hedi erleichtert aus. »Dann kann ich gleich meinen Großeltern von meinem Plan erzählen. Sie werden bestimmt erleichtert sein.« Doch im nächsten Moment fiel schon wieder ein Schatten über ihr Herz. Damit war, wenn überhaupt, nur eines ihrer Probleme gelöst – das finanzielle. Sie holte tief Luft. »Du, da ist noch etwas.«

»Sag! Wenn ich dir helfen kann, helfe ich dir. Das weißt du doch.«

Nach einem tiefen Seufzer fuhr sie fort: »In dieser Sache kannst du mir nicht helfen. Ich möchte nur, dass du es weißt. Oder vielmehr einer derjenigen bist, die es als Erste erfahren. Denn im weitesten Sinne hast auch du damit zu tun.«

Johannes zog die Brauen zusammen. »Jetzt bin ich aber gespannt.«

»Du wirst Onkel.«

»Wie meinst du das?«

»Ich bekomme ein Kind.«

Während Johannes schwieg, beobachtete sie, wie sich die unterschiedlichsten Regungen auf seinen attraktiven Zügen abzeichneten – Verwirrung, Schreck, Bedenken und Skepsis. Aber dann entspannte sich seine Miene, ein Lächeln erhellte sein Gesicht, und darin lagen so viel Freude und Zärtlichkeit, dass es Hedi die Tränen in die Augen trieb. Johannes stand auf, zog sie vom Stuhl hoch und nahm sie in die Arme. Sie ließ es geschehen, schmiegte sich sogar in seine Arme und genoss ein paar Herzschläge lang die Geborgenheit und Wärme, die sie ihr gaben.

»Damit machst du meiner Mutter das schönste Geschenk«, raunte er mit belegter Stimme nah an ihrem Ohr. »In diesem Kind wird mein Bruder weiterleben. Das ist ganz wunderbar.«

Viel zu schnell ließ er sie wieder los und setzte sich zurück auf die Eckbank. Sein ernster Blick fing ihren ein. »Dir ist aber auch klar, dass du es als ledige Mutter nicht leicht haben wirst.«

»Dessen bin ich mir bewusst. Das hat mir der Gynäkologe in Miesbach bereits beigebracht. Er hat mich wie eine Aussätzige behandelt, als er erfuhr, dass es keinen Vater für das Kind gibt.«

Johannes seufzte. »Das wird natürlich auch für das Kind nicht leicht werden.«

Hedi streckte das Kinn vor. »Ich weiß. Dennoch.« Ihre Stimme schwankte bedenklich, als sie leise hinzufügte: »Du glaubst ja gar nicht, wie sehr ich mich freue. Ich werde für mein Kind kämpfen wie eine Löwin. Es soll eine wunderschöne Kindheit und Jugend haben. Niemand soll ihm jemals Schaden zufügen.«

»Ach Hedi …« Johannes sah sie mit mitleidiger Miene an. »Hoffentlich überschätzt du nicht deine Kraft. Auch wenn Hitler selbst das Ansehen der ledigen Mütter verbessern will, weil auch die unverheirateten Frauen ihm zwecks Steigerung der Geburtenrate Kinder schenken sollen, gilt die ledige Mutter in der öffentlichen Meinung – und auch bei den meisten Parteigenossen – immer noch als sozial geächtet. Daran wird auch der Führer nichts ändern können.«

Hedi blickte schweigend in den Regen, der vor dem Stubenfenster in Strömen niederging. Tief im Herzen wusste sie, wie recht Johannes hatte.

»Deshalb ist es ganz gut, dass du gekündigt hast«, fuhr er entschlossen fort. »Mit fortschreitender Schwangerschaft wäre der Schuldienst für dich eine Tortur geworden.« Wie zur Betonung, dass das Thema damit beendet war, drückte er seine

272

Zigarette aus. »Ich fahre jetzt. Ich bin mit Karl in München verabredet.«

»Dann bist du also die Verabredung, wegen der Karl Erika abgesagt hat.«

Johannes zuckte mit den Schultern. »Keine Ahnung. Ich weiß nicht, mit wem er heute sonst noch verabredet ist. Er hat ja einen großen Freundeskreis.«

»Gehören zu diesem Kreis auch Frauen?«

»Natürlich!«

Hedi biss sich auf die Lippe. Dann sagte sie entschlossen: »Erika mag Karl sehr. Glaubst du, sie hat Chancen bei ihm? Ich meine, Chancen auf eine richtige Beziehung. Es täte mir sehr leid für sie, wenn sie sich da in irgendwas verrennt.«

»Das hast du mich schon einmal gefragt. Und ich habe dir da schon geantwortet, dass ich es nicht weiß.«

Da Johannes ziemlich unwirsch geklungen hatte, beschloss Hedi, ihn kein drittes Mal auf dieses Thema anzusprechen. Er schien tatsächlich Schwierigkeiten zu haben, über Gefühle zu reden. Typisch Mann ...

Bevor Johannes in seinen Wagen stieg, drehte er sich noch einmal zu ihr um und lächelte sie liebevoll an. »Eines sollst du wissen: Ganz gleich, was passiert – du bist nicht allein mit dem Kind. Meine Familie und ich werden dich immer unterstützen, sei es finanziell oder moralisch oder beides. Das bin ich meinem Bruder schuldig.«

In der letzten Ferienwoche setzte sich Hedi am Montagmorgen an den Schreibtisch, um mit der Ausarbeitung des Vortrages zu beginnen, den sie Mittwochabend vor den Frauen halten wollte. Das Stöbern in den Büchern ihres Vaters und das Formulieren des Textes bereiteten ihr so viel Freude, dass sie tagsüber ihre Probleme vergaß. Erst abends nach getaner Arbeit kehrten all die schweren Gedanken in ihren Kopf zurück. Mit ihnen zog auch wieder der Schmerz in ihr Herz ein. Dann begann sie zu träumen – von einer kleinen, glücklichen Familie. Es war Sommer, der Himmel wolkenlos, die Wälder und die Wiesen grün. Vor ihrem inneren Auge sah sie einen dunkelhaarigen Jungen. Er saß vor seinem Vater auf dem Bock einer BMW, die Hände fest um den Lenker, seine seegrünen Augen strahlten sie begeistert an. Oder da war ein kleines Mädchen. Es ließ seine Händchen von den großen seines Vaters führen, um aus einem Fichtenholzstück eine kleine Puppe zu schnitzen. Die Glücksgefühle, die diese Wunschträume in ihr auslösten, entschädigten sie für die Angstattacken, die sie befielen, wenn sie ihre Zukunft realistisch vor sich sah. Ein Leben als alleinerziehende Mutter, ein Kind ohne Vater, ständige Zielscheibe der Gesellschaft. Und was das Allerschlimmste war: ein Leben ohne Thomas' Liebe. Es gab jedoch auch immer noch kurze Augenblicke, in denen sie hoffte, dass er noch lebte. Dann lachte sie bitter in sich hinein. Ja, so war das mit der Hoffnung. Die Menschen klammerten sich an sie, selbst noch in den allerschwärzesten Zeiten.

Mittwochabend saßen sieben junge Frauen vor der Scheune des Landauer Hofes und taten sich zuerst etwas schwer mit der Unterhaltung. Bereits seit siebzehn Uhr hatten Hedi und Erika ganz aufgeregt auf die ersten Vortragsteilnehmerinnen gewartet. Als Erste radelten die Medizinstudentinnen aus Fischbachau auf den Hof. Hedi stellte fest, dass sie die beiden noch von früher kannte – so, wie im Tal eigentlich jeder jeden kannte. Kurz darauf folgten zwei junge Bäuerinnen aus Bayrischzell – Agnes und Katharina. Als Letztes traf eine blonde Frau mit scharfen Gesichtszügen auf einem Traktor ein. Hedi und Erika hatten sie noch nie gesehen. Sie stellte sich als Hias' Schwester vor. Hedi versuchte, ihre Verblüffung zu verbergen. Sie wusste gar nicht, dass Hias auch eine Schwester hatte. Einige Male hatte er von einem Bruder gesprochen, aber nie von einer Schwester.

Bei dem schönen Wetter saßen alle auf Strohballen vor dem Scheunentor. Johanna hatte Apfelsaft und eine Karaffe Roten bereitgestellt. Nachdem sich die Frauen gegenseitig vorgestellt hatten, stand Erika auf und übernahm das Wort.

»Zuerst einmal möchten Hedi und ich euch ganz herzlich begrüßen und euch für das Interesse an unserer Idee danken, einen alpinen Club zu gründen, der nur aus Frauen besteht. Hedi wird euch gleich darlegen, wie wir überhaupt auf diese Idee gekommen sind. Aber zuvor würden wir gerne erfahren, was euch bewogen hat, mit uns heute hier zusammenzukommen.« Erika lächelte auffordernd in die Runde.

»Petra und ich machen sowieso gerne Sport. Schon seit der Schulzeit«, sagte die Mayer Vroni. »Die körperliche Bewegung ist ein guter Ausgleich zur Kopfarbeit in unserem Studium. Und da wir ja zwischen so schönen Gipfeln leben, liegt es doch nahe, auf die Berge zu kraxeln. Das ist natürlich in einer reinen Frauengruppe, die auch noch begleitet wird durch eine so bekannte Bergsteigerin wie die Hedi, besonders reizvoll«, fügte Vroni mit verschmitztem Blick auf die Genannte hinzu, woraufhin Hedi sich mit einem Lächeln bedankte.

»Katharina und ich sind schon als kleine Madln mit unseren Brüdern hier herumgeklettert«, ergriff nun Agnes das Wort. »Körperliche Betätigung haben wir auf unseren Höfen zwar genug, aber trotzdem lieben wir es, auf die Gipfel zu steigen. Dort droben kann man alle Alltagspflichten vergessen!«

»Wir würden auch gerne mal längere Touren unternehmen. Über Nacht«, fuhr Katharina fort. »Was unsere Männer auch gut finden. Sie steigen selbst in die Berge, aber sie haben natürlich ein anderes Tempo als wir und gehen den Felsen ganz anders an.«

Erika nickte der Brandler Resi, Hias' Schwester, auffordernd zu. »Und du?«

»Wie es ausschaut, bin ich leider die Einzige von euch, die noch keine Erfahrung im Bergsteigen hat«, erwiderte Resi mit verlegenem Lächeln. »Aber ich glaube, dass ich mich schnell trainieren kann, sodass ich euch nicht zur Last falle.« Sie strahlte in die Runde. »Warum ich hier bin? Da ist eigentlich mein Vater schuld. Er meinte, was mein Bruder, der Hias, kann, sollte auch ich schaffen können. Außerdem ist der Alpinsport ja auch Hitlers Lieblingssport«, fügte sie mit bedeutsamer Miene hinzu, woraufhin die anderen schwiegen. Hedi schloss daraus, dass außer Resi niemand den Führer in dieser Runde haben wollte. Sie wechselte einen schnellen Blick mit Erika. *Oh weia, das kann ja noch was werden*, las sie in deren dunklen Augen.

»Gut«, erwiderte Erika mit verbindlichem Lächeln. »Dann schlage ich vor, dass ich jetzt das Wort an Hedi übergebe.«

Die kleine Runde klatschte, als Hedi Erikas Platz einnahm. Hedi kannte ihren Vortrag inzwischen auswendig. Aufrecht und frei stehend begann sie zu reden:

»Wie vielleicht die eine oder andere von euch weiß, ist mir das Bergsteigen durch meinen Vater sozusagen in die Wiege gelegt worden. Bergsteigen war und ist für mich ein gutes Training, um im Leben klarzukommen. Beim Bergsteigen geht es darum, durch große Mühen und natürlich ein bisschen Glück ein klar definiertes Ziel zu erreichen – den Gipfel. Dabei trainiert man seine Geduld, die Geistesgegenwart, die Ausdauer und den Ehrgeiz. Die Überwindung der Angst beim Klettern kann auch bei der Bewältigung der Ängste in Alltagssituationen helfen. Weiterhin übt man sich besonders in der Konzentration. Schweift man nämlich mit den Gedanken ab, wie es so oft im Alltag passiert, kann dies für einen am Berg tödlich enden. Außerdem fördert das kameradschaftliche Verhältnis in der Seilschaft das Sozialverhalten. Neben dieser Schulung fürs Leben geht es mir persönlich – wie Agnes ja auch schon erwähnt hat – um die wunderschönen Naturerlebnisse.« Hedi lächelte in die Runde und fuhr fort:

»In die Berge ist man schon seit Jahrtausenden gestiegen, Männer wie Frauen, aber seit wann haben Frauen eigentlich den Bergsport für sich entdeckt? Das war bereits zu Beginn des 19. Jahrhunderts. Hier einige Beispiele: 1808 bestieg die Französin Marie Paradis als erste Frau den Mont Blanc. Henriette d'Angeville war 1838 als zweite Frau auf dem Mont Blanc, und Lucy Walker erklomm 1871 das Matterhorn, trank auf dem Gipfel Champagner und ...«

An dieser Stelle meldete sich Petra zu Wort. »Du sprichst aber wahrscheinlich hier von Frauen, die gebildet und finanziell unabhängig waren, oder?«

»Ja, leider«, antwortete Hedi. »Frauen aus den unteren Schichten, die oft zehn oder mehr Kindern hatten, hatten ja gar nicht die Möglichkeit, in die Berge zu reisen. Außerdem galt der Bergsport zu dieser Zeit für Frauen gemeinhin als unschicklich. Im 19. Jahrhundert erwartete man, dass sich Frauen auf ihre privaten Verpflichtungen in Ehe und Mutterschaft konzentrierten – daran hat sich bis heute ja leider nicht viel geändert«, fügte Hedi hinzu und alle lachten. Sie fuhr fort:

»Anfang dieses Jahrhunderts fanden dann immer mehr Frauen zum alpinen Sport. Nachdem 1857 in London der allererste Bergsteigerclub entstanden war, zu dem Frauen natürlich keinen Zugang hatten, gründeten die Engländerinnen bereits 1909 den ersten *Ladies' Alpine Club*. In diesen Jahren beschrieb die Schriftstellerin Mary Crawford den Wert des Bergsports für uns Frauen wie folgt: *Nehmen Sie die Frau, ... deren tägliches Leben Routine ist und die ständig ihre nervöse Energie an andere abgibt, setzen Sie sie in den Zug und schicken Sie sie in die Berge ... Sie wird sich selbst besser kennenlernen als je zuvor – körperlich, geistig, emotional ...*

In den vergangenen drei Jahrzehnten erkannten tatsächlich immer mehr Frauen, auch aus weniger begüterten Verhältnissen, dass ihnen das Bergsteigen die Möglichkeit gibt, der Enge des fremdbestimmten bürgerlichen Lebens zu entkommen.

Es ist ein Weg zu mehr Unabhängigkeit, Selbstbewusstsein und Freiheit. Denn in den Bergen sind wir auf uns allein gestellt, hier müssen wir allein entscheiden.«

»Wie haben denn eigentlich die Männer auf den Vorstoß der Frauen im Bergsport reagiert?«, erkundigte sich Vroni neugierig.

Hedi lachte. »Sagt euch der Name Franz Nieberl was?«

»Ja klar«, erwiderte Katharina. »Der wohnt doch gleich hier um die Ecke in Kufstein. Der ist ein bekannter Bergsteiger und schreibt auch Bergbücher.«

»Genau.« Hedi nickte. »Stellt euch vor: Der hat noch vor vierzehn Jahren, also 1922, Folgendes geschrieben. Moment, ich zitiere …«, sie blickte in ihre Unterlagen, »*Liebes ehemals schwaches, seit neuestem gleichberechtigtes Geschlecht … Sie mögen den Rucksack selbst tragen, auf Hütten hausfrauliche Gaben entfalten und nicht mit den Männern anbandeln … Werde um des Himmels willen kein wildes Bergweib. Eine Zottelhexe mit wirrem Haar und nachlässiger Gewandung ist keine Verkörperung weiblicher Reize.*«

»Das ist ja ein Ding!«, empörte sich Katharina. »Da ist mein Mann Gott sei Dank viel offener.«

Hedi lachte. »Damit noch nicht genug. Auch heute gelten noch Routen, die von Frauen begangen worden sind, für viele Männer als uninteressant. Dazu habe ich in der Literatur auch etwas gefunden. 1929, also noch vor sieben Jahren, schrieb der Schriftsteller Etienne Bruhl: *Den Grépon gibt es nicht mehr … Nun, da er von zwei Frauen allein begangen wurde, kann kein Mann mit Selbstachtung ihn noch besteigen.*«

»Das gibt's doch net!«, riefen Agnes und Katharina gleichzeitig ungläubig aus.

»Diese Einstellung herrscht immer noch bei vielen Mannsbildern vor, obwohl inzwischen immer mehr Frauen auf die Gipfel steigen«, sagte Hedi. »Denkt an Paula Wiesinger, die die schwersten Routen in den Dolomiten als erste Frau im sechsten Grad und im Vorstieg geht, oder Hettie Dyhrenfurth, die vor zwei Jahren mit ihrem Mann den Westgipfel des Sia Kangri bestieg und damit einen bisherigen Höhenrekord für Frauen aufstellte. Wir Frauen sind inzwischen beim Bergsteigen auf dem Vormarsch. Deshalb auch unsere Idee, uns zu organisieren – auf rein privater Basis ohne jeden politischen Hintergrund. Denn in der Gruppe sind wir stärker. Wir können uns gegenseitig austauschen, unterstützen und uns bei den Mannsbildern besser Respekt verschaffen. Als Gruppe bekommen wir Rabatt in den Hütten und genießen andere Vorteile. Aber abgesehen davon wollen wir dadurch auch unseren Freiheitswillen bekunden – und das besonders in einer Zeit, in der wir nach den gesellschaftlichen Lockerungen in der Weimarer Republik durch die Nationalsozialisten wieder zurück in den häuslichen Bereich gedrängt werden. Seid ihr dabei?« Hedi blickte in die Runde und bemerkte, wie ein Zucken über Resis Gesicht ging. Ihre letzten Sätze schienen Hias' Schwester missfallen zu haben. In dem Moment ahnte Hedi, dass sie in ihrer Euphorie gerade einen Fehler gemacht hatte. Die Nationalsozialisten hätte sie besser aus dem Spiel gelassen ...

»Wir sind dabei«, erwiderten alle im Chor. Nur Resi nickte stumm und betrachtete dabei ihre Hände im Schoß.

»Ich danke euch fürs Zuhören.« Mit diesen Worten setzte sich Hedi wieder auf ihren Strohballen.

Nun übernahm Erika wieder das Wort, und alle einigten sich darauf, am Samstag zu einer Bergtour aufzubrechen, um sich gegenseitig besser kennenzulernen. Sie wählten dafür die leichte Route zum Taubenstein, die Hedi mit ihren Schülern gegangen war. Am Ende dieser Bergtour wollten sie dann besprechen, wo und wie oft sie sich versammeln würden, ob es Mitgliederbeiträge geben sollte, und wenn, in welcher Höhe, wer der Clubvorstand sein sollte und so fort.

»Ich schlage vor, dass wir uns bis Samstag alle etwas dazu überlegen«, sagte Erika abschließend.

»Vielleicht sollten wir einen richtigen Sportverein gründen, der auch ins Vereinsregister eingetragen wird«, schlug Resi vor.

Erika und Hedi wechselten einen Blick.

»Das können wir ja am Samstag besprechen«, wiegelte Erika den Vorschlag freundlich ab.

Gegen zwanzig Uhr gingen alle auseinander. Nur Hias' Schwester blieb noch sitzen.

»Ich wollte dir noch danken, dass du meinem Bruder das Leben gerettet hast«, sagte sie zu Hedi. »Obwohl Hias und ich uns nicht besonders gut verstehen, bin ich glücklich, dass er das schreckliche Unglück so gut überstanden hat.« Sie lächelte Hedi voller Mitgefühl an. »Und dir möchte ich mein Beileid aussprechen. Hias hat erzählt, dass deine beiden Jugendfreunde dabei ums Leben gekommen sind.«

Hedi schluckte. »Danke.« Da Resi keine Anstalten machte, aufzustehen, fragte sie schließlich aus reiner Höflichkeit: »Möchtest du noch ein Glas?«

Resi nickte eifrig. Bald kamen die drei Frauen ins Plaudern und saßen so noch eine weitere Stunde vor der Scheune zusammen. Hias' Schwester stellte sich wider Erwarten als sehr lustige Person heraus. Schnell fanden die drei heraus, dass sie einige gemeinsame Bekannte hatten.

»Habt ihr das von der Grashofer Lene aus dem Sudelfeld gehört?« Resi sah Hedi und Erika bedeutsam an. »Sie ist im fünften Monat schwanger. Vom Wirt der Hirschalm. Und der ist verheiratet. Natürlich wird er sich nicht trennen. Ja mei, die Arme tut mir leid. Die wird heut schon von den meisten schief angesehen. Und das arme Kindl erst, wenn's mal in der Schule ist. Mit so einem Bankert wollen die anderen doch nichts zu tun haben.«

Bei ihren Worten zuckte Hedi innerlich zusammen. Ihr Magen sackte nach unten.

Erika stand abrupt auf. »So, ich muss jetzt nach Hause. Ich muss noch Stunden vorbereiten.«

»Ich bin auch schon spät dran«, sagte Resi und sprang auf. »Ich freue mich auf Samstag.«

Während sie auf den Traktor stieg, sammelten Hedi und Erika die Gläser ein und brachten sie ins Haus. Dort atmeten sie beide tief aus.

»Was sagst du dazu?«, fragte Erika mit Grabesstimme.

»Mit Resi könnte es Schwierigkeiten geben«, antwortete Hedi mit besorgter Miene. »Sie scheint ein überzeugter Nazi zu sein.«

»Scheint? Das war ja wohl eindeutig.«

»Ich glaube jedoch, dass die anderen unsere Gruppe auch lieber parteilos halten wollen.«

»Bestimmt«, erwiderte Erika.

Hedi seufzte bekümmert auf. »Mist, dass ich eben die Nationalsozialisten erwähnt habe. Damit muss für Resi klar sein, wie wir zu ihnen stehen. Ist mit ihr unsere Idee jetzt überhaupt noch durchführbar? Hoffentlich wird sie uns nicht ihre Partei auf den Hals schicken.«

»Vielleicht verliert sie ja die Lust, wenn sie merkt, dass sie von ihrer Kondition her mit den anderen nicht mithalten kann.«

»Ihr Vater weiß bereits von unserem Plan. Selbst wenn Resi abspringen sollte, wird der alte Brandler uns im Auge behalten. Die Nazis wollen doch über alles die Kontrolle haben.«

Erika verzog bedenklich das Gesicht. »Das könnte natürlich sein ...«

Als Hedi an diesem Abend noch eine Weile auf dem Balkon saß, fühlte sie sich unwohl. Nicht nur, weil ihr alpiner Frauenverein durch Resi schon direkt den ersten Wermutstropfen bekommen hatte, sondern vielmehr noch durch Resis Bemerkung: *Mit so einem Bankert wollen die anderen doch nichts zu tun haben.* Ihr Kind, Thomas' Kind, würde auch so ein *Bankert* sein. Hedis Herz krampfte sich zusammen. Was die Menschen über sie redeten oder ihr antaten, damit kam sie zurecht. Sie war stark. Aber würde es ihr gelingen, ihr Kind vor allem Unbill zu beschützen? Doch was war die Alternative? *Willst du das Kind wirklich behalten?*, hatte Erika sie nach dem Arztbesuch gefragt. Heftig schüttelte Hedi den Kopf. Welch eine Frage! Das war nun wirklich keine Alternative.

In den nächsten Tagen nistete sich das Wort *Bankert* in der hintersten Nische ihres Gehirns ein. Hedi wurde es einfach nicht mehr los – und damit auch nicht die beklemmenden Gefühle, die es in ihr auslöste. Selbst als Johannes am Sonntagnachmittag kam, trug sie die schweren Gedanken noch mit sich herum.

»Lass uns ein bisschen spazieren gehen«, schlug sie vor. Die Zweisamkeit mit ihm beruhigte sie und gab ihr ein Gefühl von Geborgenheit. Um sich ihre Befindlichkeit nicht anmerken zu lassen, erzählte sie ihm von Mittwochabend und dem gestrigen Ausflug auf den Taubenstein.

»Und stell dir vor: Erika und ich dachten ja, Resi allein sei schon ein Problem für die Zukunft unseres Frauenclubs, aber weit gefehlt. Gestern brachte sie dann auch noch eine Freundin mit. Die Auer Gertrud aus Kiefersfelden. Eine BDM-Führerin. Allerdings muss man Gertrud lassen, dass sie eine gute Bergsteigerin ist. Erika war Gott sei Dank so geschickt und hat die anschließende Besprechung auf kommenden Mittwoch verlegt – in der Hoffnung, dass Resi und ihre Freundin dann nicht kommen.«

Johannes sah sie an. »Und wenn sie kommen?«

Hedi seufzte. »Weißt du, ich bekomme so langsam das Gefühl, dass die NSDAP alle Lebensbereiche infiziert. Dass es gar nichts Unpolitisches mehr gibt. Resi und Gertrud bringen einen Geist in unsere Gruppe, den wir dort nicht haben wollen. Aber wenn wir ihnen das sagen, wird die NSDAP unsere Treffen wahrscheinlich in Bälde verbieten, obwohl wir völlig unpolitisch sind.«

»Na ja, so ganz unpolitisch seid ihr ja auch wieder nicht. Aus Sicht der Partei seid ihr eine Keimzelle, in der ein Frauenbild gezüchtet wird, das dem ihren widerspricht. Du hast mir doch selbst erzählt, dass ihr die Frauen und Mädchen zu mehr Selbstbewusstsein anleiten wollt, damit sie die politische Entwicklung Deutschlands kritischer verfolgen.«

»Das stimmt«, musste Hedi zugeben.

»Wenn du mich fragst, gibt es nur zwei Möglichkeiten«, fuhr Johannes fort, während er weiterging. »Entweder ihr schlagt euch die Idee aus dem Kopf, oder ihr gründet tatsächlich eine Sektion des DAV für Frauen, die dann aber natürlich dem Zugriff der Nationalsozialisten ausgesetzt sein wird.«

Hedi seufzte laut. »Wie schwierig das alles ist! Aber heute bin ich sowieso irgendwie schlecht beisammen.« Sie lachte bitter auf. »Eigentlich schon die ganzen vergangenen Tage …«

Johannes legte den Arm um ihre Schulter und drückte sie an sich. »Erzähl's mir!«

Schließlich sprach sie sich ihre Sorgen von der Seele. »*Bankert* … Ich bekomme das Wort nicht mehr aus dem Kopf. Ich habe keine Angst wegen mir, aber jede Mutter will doch ihrem Kind die besten Voraussetzungen für sein Leben schaffen. Inzwischen denke ich manchmal, dass ich bereits jetzt schon eine Rabenmutter bin, da ich ja genau weiß, welche Probleme auf mein Kind zukommen werden, wenn ich es in diese Welt setze.«

Johannes nahm den Arm von ihrer Schulter und steckte sich, wie immer, wenn er nachdachte, eine Zigarette an. Eine Weile gingen sie schweigend nebeneinander her – Hedi mit dem Gefühl, dass es ihr bereits gutgetan hatte, sich Johannes anvertraut zu haben. Sie schätzte seinen logischen Verstand und seine Sachlichkeit, mit der er Probleme anging. In dieser Hinsicht war er Thomas sehr ähnlich.

Nach ein paar Zügen blieb er stehen, trat die Zigarette aus und führte sie zu der Bank, die einen unverstellten Blick auf

Bayrischzell bot. Als sie nebeneinandersaßen, spürte Hedi mit einem Mal, dass zwischen ihnen etwas in der Luft lag – eine eigenartige Atmosphäre, die sie nicht benennen konnte. Von Johannes ging eine Ernsthaftigkeit aus, die sie nicht von ihm kannte.

»Hedi, ich habe nachgedacht und möchte mit dir über etwas reden.«

Plötzlich floss ihr das Blut schneller durch die Adern.

»Ich möchte dich heiraten. Ich will, dass Thomas' Kind eine Familie hat – Mutter und Vater. Ich werde für euch sorgen. Finanziell und in allen anderen Belangen. Das ist für uns alle gut. Für dich, für dein Kind und – ich hoffe, meine Offenheit schreckt dich nicht ab – auch für meine Karriere. Ich habe meiner Familie noch nichts von deiner Schwangerschaft erzählt, weil es doch eine viel elegantere Lösung wäre, wenn das Kind in unserer Ehe geboren würde und dem Gesetz nach mein Kind wäre. Thomas und ich haben uns immer gut verstanden. Er hat meine tiefsten Geheimnisse gekannt. Deshalb bin ich sicher, dass das auch in seinem Sinne wäre.«

Hedi hatte seinem Monolog bis zum Ende zugehört. Doch nur der eine Satz – *Ich möchte dich heiraten* – kreiste in ihrem Kopf herum, setzte sich darin fest, ohne dass sie die nachfolgenden Worte aufnehmen konnte. Eine Ehe mit Johannes? Dem größten Hallodri aus dem Tal, der bei der NSDAP Karriere machen wollte? Ihrem Kind einen anderen Vater unterschieben? Und wie sollte sie ihre ehelichen Pflichten erfüllen, wenn ihr Herz immer noch an Thomas hing? Unmöglich!

Sie spürte, wie Johannes ihre Hände in seine nahm.

»Versuch, es einmal sachlich zu sehen«, fuhr er fort. »Natürlich ist das keine Liebesheirat. Eher eine Vernunftehe. Aber diese Ehen gibt es schon seit Jahrhunderten, und sie haben sich bewährt. Beide Parteien kennen die Spielregeln. Es hätte für uns beide Vorteile.«

Hedi fühlte sich außerstande, etwas darauf zu erwidern.

Johannes drückte sanft ihre Hände. »Bitte, sag etwas.«

Sie sah ihn an. »Was soll ich sagen? Das kommt so überraschend ...«

Er lächelte sie liebevoll an. »Natürlich brauchst du Zeit, um darüber nachzudenken. Aber vielleicht kommst du tatsächlich nach ein paar Tagen zu dem Schluss, dass diese Lösung die beste wäre. Besonders im Sinne des Kindes. Ein Kind braucht geordnete Verhältnisse. Es wird Thomas' Namen tragen. Wir Leitners sind eine angesehene Familie in Schliersee und ich habe ein gutes Einkommen. Dir und dem Kind wird es an nichts mangeln.«

»Aber wie stellst du dir das vor?«, fragte sie hilflos.

Da zwinkerte er ihr zu. »Überleg dir, wie du es haben willst. Dann reden wir darüber. Mein Wunsch wäre, es möglichst schnell zu machen – bevor man dir die Schwangerschaft ansieht.«

Montag, 17. August – Sonntag, 23. August 1936

Es war zwischen vier und fünf Uhr, als Hedi am Montagmorgen aufwachte. Der Mond war inzwischen verblasst, und die Sonne kündigte sich im Osten durch einen rosig gefärbten Wolkenschleier an. Die Vögel begannen zu zwitschern und ein leiser Wind bewegte die Zweige der Obstbäume unterhalb des Balkons. Hedi hatte in der Nacht kaum geschlafen. Mit geschlossenen Augen blieb sie im Bett liegen. Wie vieles hatte sich während der letzten sechs Wochen in ihrem Leben verändert! Normalerweise würde sie in wenigen Stunden wieder vor ihrer Klasse stehen. Doch dieses Kapitel war endgültig abgeschlossen. Gestern hatte Johannes ihr den Heiratsantrag gemacht. Wie sollte sie damit umgehen? Vielleicht würde Thomas diese Lösung für sein Kind tatsächlich als die beste ansehen. *Überleg dir, wie du es haben willst. Dann reden wir darüber*, hatte Johannes gesagt. Keinesfalls wollte sie zukünftig von Johannes finanziell abhängig sein – was bedeutete, dass mit einer Heirat die Renovierung der Pension nicht vom Tisch wäre. Bei dieser Ehe ging es einzig und allein darum, Thomas' Kind einen Vater zu geben. Und dass Johannes ihm ein guter Vater sein würde, davon war sie überzeugt.

Am frühen Nachmittag saß Hedi mit Erika unter den Holunderbäumen im Pfarrhausgarten.

»Heirate ihn«, riet ihr ihre Freundin. »Das ist die beste Lösung. Du hast Resi ja gehört. Wie sie denken die meisten. Und Johannes hat recht, wenn er es schnell haben möchte. Dann wird …«, Erika malte jeweils mit Zeige- und Mittelfinger zwei Anführungsstriche in die warme Luft, »… euer Kind eben ein Frühchen werden.«

Während Hedi mit nach innen gekehrtem Blick schwieg, fuhr Erika fort: »Schau mal, du heiratest ja keinen Fremden. Johannes ist Thomas' Bruder, der Onkel deines Kindes. Und Thomas war ein sachlicher Mensch. Er würde dieser Lösung bestimmt zustimmen.«

»Für mich gibt es dabei aber auch noch ein anderes Problem«, wandte Hedi ein.

»Kann ich mir denken. Du willst keine richtige Ehe mit ihm führen, gell?«

Hedi nickte. »Ich kann es nicht. Zumindest jetzt noch nicht. Aber du kennst Johannes. Er ist für seine Frauengeschichten bekannt. Wenn er bei mir nicht bekommt, was er braucht, wird er über kurz oder lang fremdgehen.«

Gelassen zuckte Erika die Schultern. »Das kann dir doch egal sein. Du liebst ihn doch nicht.«

»Dann werden alle Leute mit dem Finger auf mich zeigen – was ich ja eigentlich durch die Heirat vermeiden will.«

»Irrtum! Du willst vermeiden, dass sie mit dem Finger auf dein Kind zeigen. Du gibst doch sonst nichts auf die Meinung der Leute.«

Hedi sah sie an, als hätte Erika ihr gerade die Erleuchtung zuteilwerden lassen. »Das stimmt!«, rief sie aus und lachte ihre Freundin an. »Ach, Erika, wie schön ist es doch, eine Freundin wie dich zu haben, mit der man über alles reden kann. Ich muss zugeben, dass mir zurzeit manchmal der klare Blick fehlt. Irgendwie ist mir alles zu viel.«

Erika beugte sich zu ihr hinüber und küsste sie auf die Wange. »Dann wende dich einfach an mich. Was Mann-Frau-Beziehungen angeht, bin ich in der Theorie einsame Klasse.«

»Apropos Beziehungen … Hast du Karl am Wochenende gesehen?«

»Wir haben uns am Samstagnachmittag im *Frohsinn* getroffen, haben ein bisschen über Bücher und Musik geredet, und dann habe ich ihn spätnachmittags zum Zug gebracht.«

»Ist er wieder nach München gefahren?«

»Hmm.« Erika seufzte. »Wenn du mich fragst, das gibt nichts mehr mit uns. Karl hat an mir als Frau einfach kein Interesse. Wahrscheinlich gibt es in seinem großen Bekanntenkreis in München eine Hübschere.«

Hedi presste die Lippen aufeinander. Wie sehr hätte sie ihrer Freundin gewünscht, dass wenigstens sie Glück in der Liebe fand!

»Dass er so einen großen Freundeskreis hat«, wunderte sie sich.

»Das wundert mich auch. Aber warum nicht? Er ist sehr sympathisch, interessant und weltoffen. Mein Fehler war, ihn fasch einzuschätzen. Ich habe halt noch das kontaktlose Muttersöhnchen von früher in ihm gesehen und wollte ihm ein bisschen auf die Sprünge helfen. Dass er mir mehrere Sprünge voraus ist, dämmert mir erst jetzt.«

Als Hedi zwei Tage später das *Karoline* am Karolinenplatz in München betrat, zitterten ihr die Knie. Morgens hatte sie Johannes spontan im Braunen Haus angerufen, und er hatte diesen Treffpunkt unweit seiner Arbeitsstelle vorgeschlagen.

Ihre Augen brauchten ein paar Sekunden, um sich nach dem strahlenden Sonnenschein, der über der Stadt lag, an das gedämpfte Licht in dem alteingesessenen Kaffeehaus zu gewöhnen. Blinzelnd sah sie sich um. Mooreiche an Wänden und Decken, schwere weinrote Samtvorhänge mit goldenen Troddeln, eine Messingtheke, weiße Spitzengardinen. Das Café war gut besucht von Damen aus der gehobeneren Gesellschaft und Männern mit Parteiabzeichen. Es war Mittagszeit. Johannes war noch nicht da.

Nachdem Hedi einmal tief durchgeatmet hatte, steuerte sie entschlossen auf einen freien Tisch in der Mitte des Kaffeehauses zu. Bei dem betagten Ober im schwarzen Frack bestellte sie eine Schokolade mit Schlagsahne. Gerade als sie das Gewünschte serviert bekam, betrat Johannes den Raum. Alle Frauen sahen sich nach ihm um. Und nicht nur die Frauen. Johannes besaß eine Präsenz, eine Aura, die jeden in den Bann zog. Bevor er sich ihr gegenübersetzte, küsste er sie auf beide Wangen.

»Ich war überrascht, als du heute Morgen angerufen hast«, sagte er ernst. »Was ist passiert?«

Sie suchte seinen Blick und hielt ihn fest. »Ich nehme deinen Antrag an.«

In seinen Mundwinkeln spielte ein amüsiertes Lächeln. »Das klingt sehr geschäftlich.«

»Du hast mir dieses Geschäft vorgeschlagen«, entgegnete sie sachlich. »Hast du nicht damit gerechnet, dass ich einwilligen würde?«

Da lachte er. »Ich war mir nicht sicher, aber ich freue mich. Nach wie vor denke ich, dass das für alle die beste Lösung ist.«

»Für alle?« Unwillig sah sie ihn an.

»Nun ja, natürlich auch für mich. Mein Konkurrent bei der Besetzung der Stelle des Stellvertretenden Pressebüroleiters ist ein solider Familienvater aus Nürnburg, der jedoch weit weniger qualifiziert ist als ich. Mit einer eigenen Familie wäre mir der Zuschlag absolut sicher.«

Hedi schluckte. »Das verstehe ich sogar. Jeder von uns hat seine guten Gründe.«

Über den Tisch hinweg nahm Johannes ihre eiskalten Hände in seine warmen. »Hast du dir denn schon Gedanken darüber gemacht, wie diese Ehe aussehen soll?«, fragte er weich.

Sie entzog ihm ihre Hände und lehnte sich zurück. »Zuerst möchte ich klarstellen, dass ich diesem … Arrangement niemals zustimmen würde, wenn du nicht der Onkel meines Kindes wärst. Aber so ist es wahrscheinlich tatsächlich das Beste für das Kleine.«

Johannes lächelte feinsinnig. »Damit hast du mir aber meine Frage noch nicht beantwortet.«

In diesem Augenblick kam der Ober und fragte nach seinen Wünschen.

»Kaffee und Cognac«, erwiderte Johannes knapp, während sein forschender Blick auf Hedis Gesicht liegen blieb.

Hedi biss sich auf die Lippe. Dann straffte sie sich. »Ja, ich habe ein paar Bedingungen.«

Wieder spielte das amüsierte Lächeln um Johannes' Mund, was ihr den Eindruck vermittelte, er fühlte sich ganz Herr der Lage. Das forderte sie heraus und half ihr, die letzten Hemmungen zu überwinden.

»Da diese Ehe ein Geschäft ist, musst du wissen, dass ich meine ehelichen Pflichten nicht erfüllen kann«, begann sie ruhig und entschlossen. »Ich liebe Thomas noch immer, und es wäre für mich unmöglich, das Ehebett mit einem anderen Mann zu teilen.«

»Akzeptiert«, kam es da überraschend schnell über Johannes' Lippen.

Verdutzt sah sie ihn an. »Das klingt ja fast so, als wärst du darüber froh«, erwiderte sie spontan.

Er lachte herzhaft. »Davon bin ich ja schon ausgegangen.«

»Natürlich verstehe ich, dass ein Mann wie du nicht als Mönch leben kann. Aber ich bitte dich, es so diskret zu tun, dass du mich nicht bloßstellst und kein Gerede entsteht.«

»Das verspreche ich dir. Es würde ja auch mir schaden.« Johannes sah sie liebevoll lächelnd an. »Ich habe mir überlegt, dass wir sowieso zwei getrennte Wohnungen haben werden«, fuhr er fort. »Du solltest während der Woche bei deinen Großeltern wohnen bleiben, die dich ja immer mehr brauchen werden, zumal du ja eure Pension ausbauen möchtest. Außerdem finde ich es sowieso besser, wenn Kinder in den ersten Jahren auf dem Land aufwachsen. Und in Bayrischzell seid ihr auch nah bei meiner Familie, was mir sehr wichtig ist.«

Hedi nickte erleichtert. »So machen wir es. Und ich freue mich ja, dass mein Kind so liebe Großeltern und eine Tante bekommt.«

Johannes kippte den Cognac in einem Zug hinunter und stellte das Glas mit Nachdruck zurück auf den Tisch. »Eine Bedingung jedoch möchte ich auch stellen.«

Sie hob die Brauen.

»Ich will, dass wir – du, ich und das Kind – in meiner Wohnung hier in München gemeldet sind und dass wir uns als Familie auch ab und zu am Wochenende zusammen hier sehen lassen.«

»Wegen deiner Karriere bei der Partei«, kam es ihr viel zu schnell über die Lippen.

»Genau«, erwiderte er mit einem entwaffnenden Lächeln. »Und da wir gerade beim Thema sind, möchte ich noch hinzufügen, dass ich es als selbstverständlich ansehe, dass du mich als Ehefrau auch bei offiziellen Anlässen, die meine neue Stellung mit sich bringt, begleiten wirst. Du musst selbstverständlich kein Parteimitglied werden.«

Das hatte sie schon befürchtet, aber bevor sich Widerstand in ihr regen konnte, rief sie sich in Erinnerung, dass sie gerade dabei war, einen Handel abzuschließen. Dabei musste jeder Partner etwas einbringen.

Hedi hielt Johannes' prüfendem Blick stand und nickte entschlossen. »Ich werde dich nicht enttäuschen. Versprochen.«

Das entspannte Lächeln auf seinen Zügen verriet ihr, dass er sich über diesen Punkt Sorgen gemacht hatte. Während er zwei Stücke Zucker in seinem Kaffee verrührte, fuhr er fort: »Hast du dir schon Gedanken über eine Hochzeitsreise gemacht?«

»Hochzeitsreise?«

Er hob den Blick. »Nun ja ... der Glaubwürdigkeit wegen. Vielleicht drei oder vier Tage irgendwohin.«

Die Vorstellung, mit Johannes ein paar Nächte in einem Hotelzimmer, in einem Doppelbett, schlafen zu müssen, ließ ihr die Hitze in die Wangen steigen. Johannes war ein Frauenheld. Würde er sein Versprechen unter solchen Umständen tatsächlich halten?

»Keine Sorge, ich werde dich nicht anrühren. Du hast mein Wort«, beruhigte er sie mit ironischem Schmunzeln.

Als ihre Blicke sich trafen, regte sich ganz tief in Hedi ein Gefühl tiefer Zuneigung für ihren zukünftigen Ehemann. Auch wenn er ein Hallodri war, hatte er stets zu seinem Wort gestanden, nicht nur ihr gegenüber. Das wusste sie von Thomas. Und mit einem Mal erschien ihr ihr Entschluss richtig. Eine tiefe Ruhe überkam sie.

»Eine Hochzeitsreise muss sein«, stimmte sie ihm zu. »Aber was ist mit einer Feier?«

»Wie möchtest du es denn haben?«

»Am liebsten wäre mir, du und ich würden im Beisein von Trauzeugen in aller Stille hier in München heiraten.«

Da funkelten Johannes' blaue Augen sie belustigt an. »Kenne ich die Trauzeugen schon?«

Als Hedi an diesem Nachmittag in Bayrischzell ankam, wartete bereits ihr Großvater mit dem Traktor auf sie. Da sie wieder ihre Pumps zu ihrem hellen Kostüm trug, hatte sie ihn gebeten, sie vom Bahnhof abzuholen.

»Na, wie ist es ausgegangen?«, erkundigte sich der alte Landauer mit besorgtem Blick, nachdem er seiner Enkelin auf den Bock geholfen hatte.

»Wir sind uns einig geworden«, antwortete Hedi.

»Und wie fühlst du dich jetzt?«

Sie lachte leise. »Nun ja … Mir selbst fremd. Aber für das Kind ist es das Beste, und ich bin eigentlich sicher, dass Johannes und ich mit dieser Regelung zurechtkommen.«

Ihr Großvater nahm ihre Hand in seine und drückte sie. »Da wird die Johanna glücklich sein. Sie hatte schon befürchtet, dass du schließlich doch nicht einwilligen würdest.«

Hedi sah ihn von der Seite an. »Und was meinst du dazu?«, fragte sie leise.

In seinem Lächeln stand all seine Liebe zu ihr geschrieben. »Ich hätte dir von Herzen eine Liebesheirat gewünscht, so wie bei deiner Großmutter und mir. Aber es ist bestimmt gut so. Der Johannes ist ein feiner Kerl.«

Johanna empfing die beiden mit gefalteten Händen vor der Tür. Auf ihrem Gesicht stand die Sorge um die Zukunft ihrer Enkelin geschrieben.

»Und?« Ihre dunklen Augen sahen Hedi bis tief in die Seele.

»Johannes und ich werden heiraten«, antwortete Hedi lächelnd.

Johanna fiel ihr um den Hals. »Das ist ja wunderbar!«

Schnell machte sich Hedi aus ihrer innigen Umarmung los. »Ich erzähle euch alles heute Abend. Jetzt muss ich mich umziehen. In einer Stunde haben wir doch unsere Versammlung.«

»Und wann heiratet ihr?«

»Recht bald. Johannes will seine Beziehungen bei der Stadt spielen lassen, damit es noch vor dem Parteitag der NSDAP Anfang September sein wird.«

»Wirst du jetzt etwa auch in die Partei eintreten?«, fragte Johanna erschrocken.

Hedi musste wegen ihrer entsetzten Miene lachen. »Nein, das werde ich ganz bestimmt nicht. Das erwartet Johannes auch nicht.«

Eine Dreiviertelstunde später kam Erika. Hedi erzählte ihrer Freundin in groben Zügen von dem Gespräch mit Johannes.

»Dann ist es ja spruchreif«, sagte Erika zufrieden, bevor sie genüsslich kleine Rauchschwaden in den wolkenlosen Himmel blies. »Ich freue mich für das Kind, dass es in einer geordneten Familie aufwächst. Und dass ihr getrennt wohnt, ist ja nichts Außergewöhnliches. Darüber werden die Leute auch nicht tratschen. Du musst deinen Großeltern helfen und Johannes arbeitet in München. Er kann ja schließlich nicht jeden Tag hin- und zurückfahren.«

Den beiden blieb keine Zeit mehr, ausführlicher zu reden, denn da kamen auch schon die anderen. Allen voran Resi und Gertrud.

»So ein Mist«, hörte Hedi ihre Freundin murmeln. »Was machen wir denn jetzt?«

Nach der Begrüßung sagten die beiden Studentinnen aus Fischbachau: »Können wir noch etwas warten, bis wir beginnen? Wir haben zwei Bekannten aus München von unserer Gruppe erzählt. Die würden auch gern mitmachen, aber ihr Zug kommt erst in zehn Minuten an.«

Da fiel Hedi ein Stein vom Herzen. Sie lächelte Erika zu, die sichtlich erleichtert zurücklächelte. Beiden war klar, dass die beiden Münchnerinnen bestimmt keine NSDAP-Anhängerinnen waren, wenn sie mit Vroni und Petra bekannt waren.

Tatsächlich stellten sich Marlene und Betti, zwei Krankenschwestern, als naturverbundene, sportliche und unpolitische Frauen heraus, die gerne in die Berge stiegen.

An diesem Abend bekam der Frauenclub eine Verordnung. Bis auf Resi und Gertrud waren sich alle einig, dass sie weiterhin auf privater Basis zusammenkommen wollten. Marlene sprach es freiweg aus: »Als offizieller Sportverein würden wir über kurz oder lang gleichgeschaltet werden. Ich glaube nicht, dass jemand aus dieser Runde Bergsteigen mit Politik verbinden will, oder?«

Resi und Gertrud schwiegen. Man einigte sich darauf, sich zweimal im Monat zu treffen. Als neuer Versammlungsort wurde der Gasthof *Zur Tenne* in Miesbach, der etwa auf der Hälfte zwischen Bayrischzell und München lag, vorgeschlagen. Auch sollte nach mehrheitlichem Beschluss ein monatlicher Beitrag gezahlt werden. Als sogenannter Vorstand wurde Hedi gewählt, als Schriftführerin Erika. Agnes und Katharina aus Bayrischzell wollten sich um die Mitgliederwerbung kümmern.

Resi und Gertrud waren die Einzigen, die keine Aufgabe übernahmen.

»Wahrscheinlich kümmern sich Resi und Getrud darum, dass wir uns über kurz oder lang vor der Partei zu verantworten haben«, sagte Erika voller Sarkasmus, nachdem alle weg waren.

Hedi seufzte bekümmert. »Ganz ehrlich?« Sie sah ihre Freundin an. »Ich sehe schwarz für unseren Club. Aber nicht nur aus politischen Gründen. Indem wir die Frauen ans Bergsteigen heranführen, wollen wir dem zurzeit vorherrschenden Frauenbild entgegenwirken. Diejenigen jedoch, die sich bis jetzt bei uns gemeldet haben, sind ja ohnehin schon alle selbstbewusst und kritisch. Die brauchen ja gar keine Bewusstseinsmachung. Außer Resi und Gertrud, die nationalsozialistische Mitläufer sind und eh nicht bekehrbar.«

»Stimmt.« Erika stieß den Rauch scharf aus. »Deshalb ist es vielleicht ganz gut, dass wir uns zukünftig in Miesbach versammeln. Da habe ich mehr Möglichkeiten, Schülerinnen für uns zu gewinnen.«

»Und ich werde für mehr Fachliteratur sorgen. Die Frauen sollen auch etwas zu lesen bekommen. Darüber, was Bergsteigen bewirkt. Bücher übers Bergsteigen, von Frauen geschrieben – obwohl ich da wahrscheinlich kaum fündig werde«, fügte sie bitter hinzu.

»Es können doch auch Bücher von Männern sein, die die Frauen am Berg verteufeln. So wie der Preuß«, schlug Erika vor.

»Ja, genau!«, rief Hedi aus. »Solche dummen Sprüche reizen dazu, es den Mannsbildern zeigen zu wollen.«

Erika trank ihr Wasser aus. »Weißt du«, meinte sie abschließend. »Ich glaube, wir müssen uns Zeit lassen. Das Ganze muss wachsen. Wir beide müssen ja auch lernen, wie wir einen solchen Club leiten und zu dem Ziel führen, das wir uns vorgenommen haben.«

Drei Tage später traf sich die Frauengruppe um acht Uhr morgens am Wendelstein. An diesem Samstag galt es nicht, den Gipfel zu besteigen. Hedi hatte ein Training vorgeschlagen, bei dem sie den Frauen nicht nur Theorie vermitteln, sondern auch ihre Kondition fördern wollte. Agnes kam in Begleitung ihrer achtzehnjährigen Nichte Gabi, die noch keine Erfahrung im Bergsteigen hatte. Gabi versprach, beim nächsten Mal ihre beiden Freundinnen mitzubringen.

»Sichst du«, sagte Hedi später zufrieden zu Erika. »So muss es sein. Diese Mädchen werden schon bald den Unterschied zwischen unserer Gruppe und dem BDM erkennen. Und ich wette mit dir, dass sie sich bei uns sehr viel wohler fühlen.«

Am Sonntag kam wie immer Johannes zum Nachmittagskaffee. Dieses Mal saßen Hedi und er mit Hedis Großeltern zusammen vor dem Haus in der Sonne und aßen Johannas Apfelkuchen. Johanna und Hans behandelten Johannes wie ihren zukünftigen Schwiegersohn.

Johanna sah ihn erwartungsvoll an. »Hast du es schon deiner Familie gesagt?«

»Heute beim Mittagessen.« Johannes lächelte Hedi zu. »Ich habe ihnen natürlich reinen Wein eingeschenkt. Sie finden diese Lösung auch sehr gut. Meine Mutter und Eva freuen sich schon bärig auf das Kindl. Sie haben vorgeschlagen, dass wir – und auch ihr beide natürlich«, er sah Johanna und Hans bedeutsam an, »nach der Hochzeit alle zusammen im Familienkreis eine kleine Feier haben sollten. Was haltet ihr davon?«

»So muss es sein«, erwiderte der alte Landauer mit zufriedenem Lächeln. »Darauf freuen wir uns schon.«

Johannes zwinkerte Hedi liebevoll zu. »Ich habe mit dem Standesamt in München gesprochen. Ist es dir recht, mich am Dienstag, den 1. September, um 11 Uhr zu ehelichen?«

Sie lächelte ihn an. »Es wird mir eine Freude sein.«

»Darauf müssen wir anstoßen.« Hans stand auf und holte die Kruke mit dem Selbstgebrannten und vier Stamperln.

»Für Hedi aber nur ein halbes Glas«, bemerkte Johannes streng, als Hans einschenkte.

»Die Ehe fängt ja gut an!«, rief Hedi mit gespieltem Entsetzen aus, woraufhin alle lachten.

Johanna beugte sich zu ihrer Enkelin hinüber und sagte mit verschwörerischem Blick: »Du musst gut aufpassen, mein Kind, die Männer haben in der Ehe gern die Hosen an.«

Hedi lachte. »Keine Sorge. Ich glaube, Johannes weiß genau, wen er da heiratet, oder, mein Lieber?«

»Die schönste Frau aus dem Tal«, lautete Johannes prompte Antwort.

Hedi stutzte. »Das meinte ich nicht.«

»Ich weiß.« Er nickte ernst. »Ich heirate eine Frau, die genau weiß, was sie will, und die meinetwegen auch gerne die Hosen anbehalten kann.«

Als die beiden nach dem Kaffeetrinken spazieren gingen, fragte Johannes:

»Hast du dir mal Gedanken darüber gemacht, wohin unsere Hochzeitsreise gehen könnte?«

Hedi lächelte entschuldigend. »Noch nicht.«

»Ich aber. Was hältst du von ein paar Tagen an der Côte d'Azur?«

Wie vom Blitz getroffen blieb sie stehen. »Südfrankreich?«

Er nickte vergnügt. »Nizza, Cannes, vielleicht Monte Carlo. Blaues Wasser, Lavendelfelder, gutes Essen, Wein ...« Erwartungsvoll sah er sie an.

Südfrankreich ... Mit einem Mal sah sie sich zurückversetzt in ein kleines Café in Grindelwald. Der Regen rann die Fensterscheiben herunter, doch in ihrem Herzen schien die Sonne. Thomas und sie hatten gerade die Ringe gekauft und träumten sich in ihre gemeinsame Zukunft. *Und unsere Hochzeitsreise machen wir nach Südfrankreich*, hatte er gesagt ... Bei dieser Erinnerung schoss wieder dieser unerträgliche Schmerz in ihr Herz, und sie glaubte, keine Luft mehr zu bekommen.

»Was ist?«, fragte Johannes besorgt und hielt sie an den Armen fest.

Sie atmete tief durch und zwang sich zu einem Lächeln. »Es ist alles in Ordnung ...«

»Ist es wegen Thomas?«

Sie konnte nur nicken.

»Verzeih. Ich bin ein Idiot.« Er drückte sie an sich. »Ich hatte ganz vergessen, dass Thomas auch immer dorthin wollte.«

»Ist schon gut«, beruhigte sie ihn und straffte sich. »Es passiert oft, dass mich mitten im Alltag etwas an ihn erinnert. Ein Wort, ein Bild, ein Duft …« Spontan legte sie ihre Hand an seine glatt rasierte Wange. »Gib mir noch ein bisschen Zeit.«

Da küsste er sie zum ersten Mal auf den Mund. Es war ein keuscher Kuss, eine kurze, sanfte Berührung der Lippen, wie der Flügelschlag eines Schmetterlings. »Das verstehe ich doch«, erwiderte er weich. Dann trat er einen Schritt zurück und auf seinem Gesicht zeigte sich schon wieder sein draufgängerisches Lächeln. »Was hältst du davon, wenn wir an den Bodensee fahren? Da haben wir auch Wasser.«

»Das ist eine gute Idee«, stimmte sie ihm zu – viel beschwingter, als ihr zumute war. Nach wie vor hatte sie keine Lust auf eine Hochzeitsreise, aber sie war nun einmal einen Handel eingegangen, und Johannes war der äußere Anschein eben sehr wichtig.

»Da ist noch etwas …«, sagte ihr zukünftiger Ehemann beim Weitergehen. »Ich habe mich inzwischen um Thomas' Nachlass gekümmert. Er hat ein Sparbuch, auf dem eine ganz ansehnliche Summe liegt. Meine Familie und ich haben beschlossen, dass es auf den Namen des Kindes überschrieben wird und du als Treuhänder eingesetzt wirst.«

Erstaunt sah sie ihn von der Seite an. »Aber du bist doch offiziell der Vater.«

»Wir wissen es doch beide: Du bist der leibliche Elternteil. Deshalb sollst du das Geld auch verwalten, bis das Kind volljährig ist. Außerdem – wie haben wir eben besprochen? Du hast die Hosen an.«

Hedi wurde der Hals eng. »Danke«, brachte sie heiser hervor und streichelte dabei seinen Arm.

Johannes hakte sich bei ihr ein. »Natürlich ist es üblich, seiner Frau etwas zur Hochzeit zu schenken. Ich habe mir da etwas ausgedacht, was du dringend gebrauchen kannst.«

Sie lachte kurz auf. »Das willst du mir doch nicht etwa jetzt schon verraten.«

»Doch. Und zwar, weil du in den kommenden Tagen bereits etwas damit anfangen kannst und dabei keine Zeit verlieren solltest. In vier Wochen haben wir Herbstanfang.«

Verständnislos blinzelte sie ihn an. »Du sprichst in Rätseln.«

»Da dies ja keine romantische Liebesheirat ist, sondern eher eine geschäftliche Vereinbarung, dachte ich, mein Geschenk darauf abzustimmen und dir einen Scheck zu schenken, der dir bei den Renovierungsarbeiten in der Pension helfen soll. Ab September kommen die Leute wieder vermehrt zum Wandern in die Berge. Da wäre es doch gut, wenn die Zimmer bis dahin tipptopp wären.«

Sprachlos blieb Hedi stehen. Sie kämpfte mit den Tränen.

»Johannes ...«, stammelte sie. »Das kann ich doch gar nicht annehmen.«

»Doch, kannst du.« Er legte die Hände auf ihre Schultern und sah ihr in die Augen. »Du heiratest ja schließlich keinen armen Mann. Außerdem habe ich dir versprochen, immer für dich da zu sein. Ich weiß, wie wichtig es dir ist, dein eigenes Geld zu verdienen, und die kleine Starthilfe dafür darf ich meiner Ehefrau doch schenken, oder?«

Da fiel sie ihm um den Hals. Ein paar Augenblicke blieben sie eng umschlungen stehen, und Hedi genoss die Wärme und Geborgenheit, die seine Arme ihr gaben. Johannes löste sich als Erster aus der Umarmung, zündete sich eine Zigarette an und schlenderte weiter. »Dann haben wir alles geklärt«, meinte er frohgemut. »Übrigens – auch Karl ist mit unserer Heirat einverstanden.«

»Karl? Aber was sollte er denn dagegen haben?«

»Immerhin ist er mein bester Freund. Da hat er doch ein Mitspracherecht«, erwiderte Johannes ganz selbstverständlich.

Hedi schüttelte innerlich den Kopf. Wenn er seiner Familie ein Mitspracherecht eingeräumt hätte, aber seinem Freund? Belustigt lächelte sie in sich hinein. Männer …, würde Erika jetzt sagen.

Montag, 24. August – Sonntag, 30. August 1936

Montagmittag erzählte Hedi ihren Großeltern beim Essen von ihrem vorzeitigen Hochzeitsgeschenk.

»Das ist aber nobel von ihm.« Ihre Großmutter nickte ihr bedeutsam zu. »Einen besseren Mann hättest du in deiner Situation nicht finden können.«

Doch, Thomas, hätte Hedi am liebsten geantwortet, doch stattdessen führte sie ihre Gabel mit Kaiserschmarrn in den Mund. Die Phase der Übelkeit lag inzwischen hinter ihr, und sie hatte wieder Appetit.

»Obwohl er bisher bei den Madln nichts hat anbrennen lassen, scheint er doch ein Familienmensch zu sein«, sagte der alte Landauer. »Wahrscheinlich war bei all den Frauen bisher nur noch nicht die Richtige dabei.«

»Vielleicht verliebt ihr euch ja doch mal irgendwann ineinander. Es gibt doch viele Ehen, die aus Vernunftgründen geschlossen wurden und in denen die beiden Partner dann noch glücklich geworden sind«, meinte seine Frau zuversichtlich.

»Dank Johannes' Geschenk können wir jetzt mit den Umbauarbeiten beginnen«, wechselte Hedi energisch das Thema. »Die Zeit bis zur Hochzeit möchte ich nutzen, um mich um alles zu kümmern. Je früher wir fertig sind, desto schneller können wir wieder vermieten.«

»Wenn es dir recht ist, geh ich heute Abend mal zum Schorscher Paul«, sagte ihr Großvater. »Der versteht sich auf sanitäre Arbeiten, und als Rentner hat er bestimmt kurzfristig Zeit. Der soll mal vorbeischauen, und du sagst ihm dann, was du dir vorstellst.«

Hedi nickte erfreut.

»Wir brauchen aber auch einen Maler«, sagte Johanna mit mahnendem Blick.

»Und einen Schreiner und einen Maurer, um die Wohnung der Eltern zu separaten Gästezimmern umzubauen«, fügte Hedi hinzu.

Ihre Großmutter machte große Augen. »Das willst du tun?«

»Natürlich. Die steht doch seit einem Jahr leer. Ich brauche mit dem Baby nicht mehr als meine beiden Zimmer, und je mehr Gästezimmer wir haben, desto mehr können wir verdienen. Und das wollen wir doch jetzt, da ich nicht mehr arbeite, oder?«

»Reicht denn das Geld dafür?«, erkundigte sich der Landauer Hans vorsichtig.

»Ich denke, ja. Der Schreiner aus Bayrischzell ist doch dein Spezi. Vielleicht kommt er uns ein bisschen im Preis entgegen.«

»Mein Vetter aus Miesbach hat viel auf dem Bau gearbeitet. Der würde uns bestimmt helfen«, fiel Johanna ein. »Immerhin sind wir Familie.«

Hedi atmete erleichtert aus. »Das klingt ja alles wunderbar.« Erwartungsvoll sah sie ihre Großeltern an. »Dann könntest du, Großvater, heute Abend auch gleich beim Schreiner nachfragen, und du, Großmutter, morgen zu Onkel Hubert und Tante Emilia nach Miesbach fahren. Was haltet ihr davon? Es wäre doch toll, wenn wir in dieser Woche schon loslegen könnten.«

»Aber nächste Woche ist doch dann die Hochzeit und danach seid ihr auf Hochzeitsreise«, wandte Johanna ein.

Hedi zögerte. »Doch nur drei Tage. Am Freitag komme ich zurück.« Sie überlegte kurz, bevor sie energisch fortfuhr: »Wenn wir alles vorher genau besprechen, passt das schon. Außerdem seid ihr ja da. Großvater hat von uns beiden bestimmt den größeren Sachverstand.« Sie lächelte den Genannten liebevoll an und fügte zwinkernd hinzu: »Du bist bestimmt ein guter Bauleiter.«

Da warf sich der alte Landauer in die Brust. »Da kannst du sicher sein, Madl. Fahr du mal beruhigt zum Bodensee.«

»Morgen werde ich unsere alten Gäste anschreiben und für unsere renovierte Pension werben, sodass wir im September das Haus wieder voll haben«, sagte Hedi.

»Aber du kannst ja jetzt gar nicht mehr mit denen auf die Gipfel steigen«, fiel Johanna ein.

»So ein Schmarrn«, widersprach ihre Enkelin ihr. »Inzwischen fühle ich mich körperlich doch wieder gut. Und ein kleiner Bauch hindert mich nicht daran zu klettern. Wenn ich dann im siebten Monat bin, wird das natürlich etwas schwieriger sein. Bitte, Großmutter …« Sie sah Johanna mahnend an. »Ich bin nicht krank. Nur schwanger.«

»Unsere Hedi ist wie du, Johanna«, sagte da der Landauer Hans mit liebevollem Zwinkern. »Du bist auch bei unseren Kindern noch bis kurz vor der Niederkunft ins Heu gegangen und hast schwer gearbeitet.«

Ohne etwas darauf zu erwidern, löffelte Johanna die Schale mit dem Waldbeerkompott aus, was Hedi schmunzeln ließ. Obwohl ihre Großmutter in dieser Ehe die Hosen anhatte, verstand sie es durch ihr Schweigen zu Belanglosigkeiten immer wieder geschickt, ihrem Mann das Gefühl zu geben, der Herr im Haus zu sein. Von ihr könnte manch eine Suffragette etwas lernen, dachte Hedi belustigt.

In den kommenden Tagen gingen im Landauer Hof die Handwerker ein und aus. Es wurde gehämmert, gesägt und gebohrt. Johanna kochte mittags für alle, und jeden Tag verzeichnete Hedi Baufortschritte. Zuerst wurden die bestehenden Gästezimmer renoviert. Hedi und Erika betätigten sich als Malerinnen, und Johanna nähte neue Vorhänge für die Fenster.

Mittwochabend kam Johannes mit einem kleinen Lastwagen vorgefahren und brachte Waschbecken und Toiletten, die er irgendwo preiswert erstanden hatte. Hedi und Erika saßen gerade mit der Frauengruppe vor der Scheune, als er auf den Hof fuhr. Chic wie immer stieg er aus dem schmutzigen Auto und ging strahlend auf die Runde zu. Die meisten der Frauen kannten ihn und himmelten ihn sofort unverhohlen an. Daher fielen ihnen auch die Augen aus den Köpfen, als Hedi ihn als ihren zukünftigen Ehemann vorstellte. Johannes genoss seinen kurzen Auftritt und plauderte charmant nach allen Seiten. Dabei hatte er besitzergreifend den Arm um Hedis Mitte gelegt. Nachdem er im Haus verschwunden war, herrschte helle Aufregung unter den Frauen. *Wir wussten gar nicht, dass ihr ein Paar seid. Ich beneide dich. Es hieß doch immer, du wärst mit seinem Bruder verbandelt. Auf einen solchen Mann kannst du stolz sein. Hoffentlich ist er dir treu* – das war Gertruds Kommentar.

Nachdem alle weg waren, sah Erika ihre Freundin forschend an. »Du bist so still. Wegen Gertrud?«

Hedi schüttelte den Kopf. »Heute habe ich Thomas zum ersten Mal verleugnet«, erwiderte sie mit belegter Stimme.

»Ach Hedi.« Erika legte ihr den Arm um die Schultern. »Das wird wahrscheinlich noch öfter passieren, wenn das Kindl erst einmal auf der Welt ist. Dann ist Johannes offiziell sein Vater. Das ist doch auch eine Verleugnung. Du hast dich nun einmal für diese Lösung entschieden, und wer A sagt, muss auch B sagen.«

Nachdem Erika weg war, hatte Hedi das Bedürfnis, allein zu sein. Wie so oft nach getaner Arbeit setzte sie sich auf den

Balkon und sah in Gedanken versunken dem scheidenden Tag nach. Die Berggipfel erglühten im Abendrot. Laue Luft strich über den Wald und trug den harzigen Duft über die Wiesen zu ihr hinunter. Während sie blicklos zum Horizont schaute, brannte der Schmerz der Trauer wieder glühend heiß in der alten Wunde. Sie hörte Thomas Liebeserklärungen flüstern, die längst verklungen waren, sah wieder Bilder vor sich von dem gemeinsam Erlebten. Gegen diese Erinnerungen konnte sie sich nicht wehren, obwohl sie doch genau wusste, dass diese Zeit voller Sonnenschein und Seligkeit für immer vorbei war. Irgendwann holte sie ein Geräusch wieder ins Hier und Jetzt zurück, das nicht zu denen der Natur passte. Sie lehnte sich vor und entdeckte durch die Ritzen des Balkongeländers ein Licht auf dem Wiesenweg, das immer näher kam. Ein Motorrad ... Sie stand auf. Im Schein der Hoflampe entdeckte sie den Guggenberger Willi. Den hatte sie in der letzten Zeit gänzlich vergessen. Wann war er zuletzt da gewesen? Ende Juli?

Während ihr diese Gedanken durch den Kopf gingen, sah sie, wie Willi energischen Schrittes zur Haustür ging und aus ihrem Blickfeld verschwand. Nur wenige Sekunden später rief ihre Großmutter nach ihr. Hedi seufzte, schloss die Balkontür und ging hinunter ins Erdgeschoss. Ob Willi von Johannes wusste? Bestimmt.

»Du hast Besuch. Der Guggenberger Willi ...«, sagte Johanna, die am Treppenabsatz stand, mit beredtem Blick. Etwas leiser fügte sie hinzu: »Ich lege mich jetzt hin. Schlaf schön.«

Hedi atmete einmal tief durch und betrat die Stube. »Grüß dich, Willi. Das ist ja eine Überraschung.«

Willi stand auf und reichte ihr die Hand. »Ich dacht, ich lass mich mal wieder bei euch blicken. Stör ich?«

Hedi lächelte ihn an. »Na, es ist doch erst acht. So früh geh ich nicht zu Bett. Magst was trinken?«

Als Willi eifrig nickte, schenkte sie zwei Vogelbeerschnäpse ein.

»Ich dacht, ich komm mal vorbei«, sagte Willi, nachdem er das Stamperl in einem Zug geleert hatte.

»Das ist lieb.« Hedi, die nur an ihrem Glas genippt hatte, lächelte ihn an. »Wie geht's dir denn?«

»Gut. Und dir?«

»Auch gut.«

Willi nickte und schwieg, den Blick angelegentlich auf den Herrgottswinkel gerichtet, den ihre Großmutter am Morgen mit frischen Zirbenzweigen geschmückt hatte. Ihr herber Duft hing in der ganzen Stube.

Hedi biss sich auf die Lippe. Und jetzt? Hoffentlich war er nicht gekommen, um ihr Vorwürfe zu machen, dass sie sich für einen anderen Mann als ihn entschieden hatte. Sie wollte ihn nicht verletzen.

»Wahrscheinlich wirst du es schon wissen …«, begann sie.

»Dass du den Leitner Johannes heiraten wirst?«

Sie nickte.

»So was spricht sich schnell rum.«

»Stimmt.«

»Natürlich war ich überrascht. Es hatte doch geheißen, dass du und der Thomas …« Willi sah sie mit hochgezogenen Brauen an.

Sie schluckte und schwieg.

»Dann ging das ja sehr schnell. Das hätt ich dir gar nicht zugetraut. So rasch nach Thomas' Tod.«

Willis Worte schnitten ihr wie ein Messer in die Brust. Wie gerne hätte sie sich gerechtfertigt, hätte ihm den Grund für diese Ehe verraten. Stattdessen hob sie die Schultern und sah ihn entwaffnend an. »Tja, so ist das manchmal.«

»Das hat alle im Ort überrascht«, setzte Willi nach.

»Das ist mir egal«, entgegnete sie mit gespielter Gelassenheit. Sollten die Leute doch über sie reden. Für sie zählte nur, dass sie nicht über ihr Kind redeten.

305

Willi lächelte sie versöhnlich an. »Hauptsache ist, dass du glücklich bist.«

Hedi lächelte zurück. »Und du? Wie geht es dir?«, wiederholte sie, weil ihr nichts anderes einfiel. »Wir haben uns bestimmt zwei Monate nicht mehr gesehen.«

»Ich?« Willi grinste sie breit an und lehnte sich zufrieden zurück. »Mir geht es so gut wie nie zuvor.«

»Lass mich raten … Du hast dich verliebt.«

»Genau.« Ihr Jugendfreund lachte. »Ich hab mich ganz närrisch verliebt. Und dieses Mal ist es die Richtige.«

»Merkwürdig. Das hat sich aber noch nicht rumgesprochen.«

»Ich halt damit auch noch zurück. Aber meine Familie hat sie schon kennengelernt. Sie wohnt in Miesbach und ist Frisöse. Bildhübsch, lieb, lustig, und das Schönste ist, dass sie genauso alt ist wie ich. Das passt.«

»Ich freue mich für dich, Willi«, kam es Hedi da herzlich über die Lippen. Mit verlegenem Lächeln fügte sie hinzu: »Ich hatte schon Sorge, du wärst gekommen, weil du mir böse bist. Wegen der Heirat. Weil du ja beim letzten Mal davon gesprochen hattest …«

Willi winkte ab. »Schmarrn, genauso ist es richtig. Du bist wieder verbandelt und ich auch. Weißt du, wenn's beim ersten Mal nicht geklappt hat, dann passt es auch beim zweiten Mal nicht.«

Erleichtert griff sie über den Tisch hinweg nach seiner Hand und drückte sie. »Recht hast du.«

Willi sah sie ernst an. »Eines musst du mir versprechen.«

»Sag's.«

»Dass du mit dem Johannes zu unserer Hochzeit kommst – wenn es dann so weit ist.«

»Versprochen.«

Als Johannes am Sonntagnachmittag aus seinem DKW stieg, nahm er Hedi in die Arme und wirbelte sie einmal im Kreis herum. Dann setzte er sie vorsichtig auf dem Boden ab und strahlte sie an. »Stell dir vor! Vorgestern bin ich befördert worden. Dass es so schnell gehen würde, hätte ich mir nicht träumen lassen. Das kommt bestimmt, weil ich vergangenen Montag das Aufgebot für uns bestellt habe. Das habe ich natürlich meinem Chef erzählt, und der hat sich daraufhin ganz sicher an die entsprechende Stelle gewandt, die dann die Entscheidung gegen meinen Nürnberger Kollegen gefällt hat.« Johannes hatte so schnell gesprochen, dass er jetzt nach Luft schnappte.

Hedi lachte ihn an. »Ich gratuliere dir von Herzen. Ich weiß ja, wie wichtig das für dich ist.« Während sie aufs Haus zugingen, hakte sie sich bei ihm unter. »Wissen es deine Eltern schon?«

»Noch nicht. Ich wollte eigentlich gleich mit dir zu ihnen fahren und es ihnen sagen.«

»Warst du heute nicht zum Mittagessen bei ihnen?«, fragte sie erstaunt.

Johannes lächelte verlegen. »Ich habe heute sehr lange geschlafen. Karl und ich haben gestern Abend mit noch ein paar anderen meine Beförderung gefeiert.«

»Gut, dann fahren wir zu ihnen. Ich freu mich«, willigte Hedi ein.

Auf der Fahrt zum Leitner Hotel sagte Johannes: »Als neuer Stellvertretender Leiter des Pressebüros in München bin ich am letzten Septemberwochenende mit meiner Frau nach Berlin eingeladen. In die Reichspressekammer, dort hält Max Amann, der Präsident der Kammer, einen Vortrag.«

Berlin ... Wo Thomas eine Zeit lang gelebt hatte, schoss es Hedi durch den Kopf.

»Nach dem Reichsparteitag in vierzehn Tagen wird das unser zweiter öffentlicher Auftritt als Ehepaar sein.«

Hedi schluckte. Da waren sie wieder – die Situationen, in denen sie Thomas verleugnen würde.

»Ich habe mir überlegt, ob wir Karl und Erika nach Berlin mitnehmen sollten. Das könnten doch drei schöne Tage werden.«

»Ja, das ist eine gute Idee«, erwiderte Hedi sofort. Der Gedanke, Erika an ihrer Seite zu haben, machte ihr diesen Auftritt angenehmer. »Erika war noch nie in Berlin.«

»Karl auch nicht.«

»Dann passt es ja.« Und vielleicht kommen die beiden sich dort dann endlich näher, hätte sie am liebsten hinzugefügt, doch sie wusste ja inzwischen, dass sie mit Johannes nicht über Beziehungsthemen zu sprechen brauchte.

Montag, 31. August – Sonntag, 6. September 1936

Am Montagabend regnete es in Strömen. »Hoffentlich habt ihr morgen nicht so schlechtes Wetter«, sagte Johanna zu Hedi in das Schweigen hinein. Die beiden saßen nach dem Abendessen in der Stube und hörten Musik. Hans half dem Schorscher Paul noch beim Anbringen der Waschbecken in den neuen Gästezimmern.

»Dann ist es halt so«, erwiderte Hedi schulterzuckend. Für sie war der Hochzeitstermin gefühlsmäßig noch weit weg, auch wenn eigentlich nur noch wenige Stunden sie davon trennten. Morgen, spätestens um fünfzehn Uhr dreißig, würde sie Hedi Leitner heißen.

»Das muss ja nichts zu bedeuten haben«, fuhr ihre Großmutter aufmunternd fort, die zurzeit über nichts lieber sprach als über das bevorstehende Ereignis. »Dennoch kann die Ehe sehr glücklich werden.«

Hedi seufzte in sich hinein und stand auf. »Ich leg mich hin. Morgen muss ich ja ausgeruht sein.«

»Wann kommt Johannes?«

»Um zwölf. Dann holen wir Erika ab, danach Karl in Miesbach, und dann fahren wir nach München.«

»Ab fünfzehn Uhr werden Großvater und ich an euch denken«, versprach Johanna ihrer Enkelin.

Hedi lächelte sie liebevoll an. »Gute Nacht, Großmutter.«

»Wenn du morgen Hilfe beim Ankleiden brauchst, sag mir Bescheid.«

Hedi nickte. »Wenn ich nicht klarkomme, rufe ich dich.«

Sie atmete auf, als sie allein in ihrem Zimmer saß. Entgegen den Erwartungen der anderen würde der morgige Tag kein Freudentag für sie sein. Im Gegenteil. Die Heirat war ein endgültiger Abschied von dem Leben, das sie sich einst erträumt hatte. Ab morgen Nachmittag gehörte sie offiziell einem anderen Mann als dem, den sie liebte.

Schweren Herzens öffnete sie die Balkontür und trat nach draußen. Inzwischen wurde es schon früher dunkel. Über den Bergen erlosch gerade der letzte Schein des Tages. Hedi richtete ihren Blick auf den Horizont, dorthin, wo die schwarzen Tannen spitz in den violettfarbenen Himmel ragten. Und wieder überfiel sie die Erinnerung. Ihr war, als würde sie Thomas' Nähe spüren, und sie sehnte sich mit jeder Faser ihres Körpers nach ihm. Mit wehem Herzen erinnerte sie sich daran, was ihnen geschenkt worden war, an die kostbaren Stunden ihres Beisammenseins. Nichts würde diesen Stunden ihren Wert für ihr Leben nehmen können. Diese Liebe würde immer Gültigkeit haben und alles, was sie noch erleben würde, eine Spur anders färben.

Während sie blicklos in die aufsteigende Nacht sah, meldete sich wieder diese leise Stimme in ihr, die ihr in den vergangenen Tagen erneut Zweifel an Thomas' Tod eingeflüstert hatte. Dass man seine Leiche noch nicht gefunden hatte, ließ ihr immer wieder Raum zu glauben, er könnte doch noch leben. Doch diese Hoffnung fesselte sie an die Vergangenheit und versperrte ihr den Blick in die Zukunft. Hedi schüttelte den Kopf. Sie musste diese Zweifel endgültig aus der Welt schaffen, um der Ehe mit Johannes wenigstens eine Chance zu geben. Und mit einem Mal wusste sie, was sie zu tun hatte. Mit dem festen Vorsatz, am nächsten Morgen noch einmal in Grindelwald anzurufen, legte sie sich schließlich schlafen.

»Es tut mir leid, Fräulein Landauer, aber ich kann Ihnen nichts anderes sagen als bei den letzten Malen«, teilte ihr der Bürgermeister von Grindelwald hörbar genervt mit.

Hedi schluckte. Sie sah aus dem Fenster des Postamtes. Die Sonne am blauweißen Himmel versprach einen schönen Spätsommertag.

»Vielleicht hat die Bergwacht ihn ja gefunden, und Sie wissen nur nichts davon«, wandte Hedi vorsichtig ein. »Wen könnte ich denn mal anrufen, um …« Sie verstummte. Mit einem Mal fühlte sie sich völlig erschöpft. Was hatte sie sich eigentlich von diesem Anruf erhofft? Die Mitteilung, dass man Thomas gestern unversehrt geborgen hatte und er bereits auf dem Weg zu ihr war?

»Sie können mir glauben, Fräulein Landauer, davon wüsste ich«, erwiderte der Bürgermeister säuerlich. »Durch Ihre Anrufe haben Sie mich schließlich immer wieder an den Unglücksfall erinnert und dadurch besonders hellhörig gemacht.«

Hedi verabschiedete sich schnell. Zweieinhalb Monate, ging ihr durch den Sinn, als sie nach Hause radelte. Sie musste endlich mit dem Thema abschließen. Thomas kam nicht mehr wieder, ganz egal, was ihr diese innere Stimme einflüsterte. Sie musste ihren Verstand einschalten. In ein paar Stunden fing ein neues Leben für sie an. Ein Leben als Ehefrau eines anderen Mannes – und bald auch als Mutter. Dafür hatte sie sich entschieden.

»Wo warst du denn?«, fragte Johanna voller Sorge, als Hedi auf dem Hof vom Fahrrad stieg.

»Ich hatte noch was zu erledigen«, antwortete Hedi matt, ohne sie anzusehen.

»Ja, aber …« Ihre Großmutter schwieg. Ob sie ahnte, was sie gemacht hatte, fragte Hedi sich.

»Du musst dich jetzt ankleiden«, erinnerte Johanna sie mit zärtlichem Blick. »Du willst doch bestimmt schön aussehen, oder nicht?«

Hedi lächelte sie beruhigend an. »Natürlich. Ich mache mich jetzt fertig.«

Als sie eine halbe Stunde später vor ihrem Zimmerspiegel stand, sah sie eine schmale junge Frau im cremeweißen Kleid, einer gleichfarbigen Jacke und Pumps. Unter der Krempe des beigen Glockenhutes sahen ihr zwei blaue Augen entgegen, die von dunklen Schatten umwoben waren. Eigentlich schade, sagte sie sich. Der Hochzeitstag sollte doch der schönste Tag im Leben sein. Sie lächelte sich wehmütig zu. Niemals hätte sie sich vorstellen können, nur zu heiraten, um ihrem Kind einen Vater zu geben. Vielleicht wird es einmal eine Zeit geben, in der die Frauen das nicht mehr müssen, sagte sie sich, während sie sich über den Bauch strich. Noch konnte man von dem Leben, das in ihr wuchs, nichts sehen. Dennoch war es da, und sie selbst spürte bereits die sanfte Wölbung unter der kühlen Seide. Manchmal glaubte sie sogar ein leichtes Flattern in sich zu spüren, wie die Flügel eines Schmetterlings.

Hedi warf einen Blick auf das Foto ihrer Eltern auf ihrer Frisierkommode. Welch behütete, glückliche Kindheit sie gehabt hatte! Von Mutter wie Vater gleichermaßen geliebt. In den Gedanken daran verspürte sie mit einem Mal einen Ruck durch sich gehen. Ja, das wollte sie ihrem Kind auch schenken – Elternliebe, Geborgenheit und Sicherheit. Dafür war ihr jedes Mittel recht, auch die Ehe mit einem Mann, den sie zwar nicht lieben konnte, aber durchaus schätzte.

Als Hedi eine Stunde später in Johannes' Wagen stieg, war sie sich zum ersten Mal völlig sicher, genau das Richtige zu tun. Erika, die zu ihrer schwarzen Hose und weißen Spitzenbluse ein streng geschnittenes, schwarzes Jackett trug, tat alles, um auf der Fahrt nach München eine unbeschwerte Stimmung zu versprühen. Karl dagegen hielt sich zurück. Ob ihr Gerede ihm vielleicht zu viel ist?, fragte sich Hedi, die sich ebenfalls bemühte, gute Laune zu verbreiten. Johannes pfiff vor sich hin und warf ihr immer wieder einen bewundernden Blick zu.

Plaudernd und scherzend gingen die vier vom Parkplatz zum Rathaus. In dem Vorzimmer des Standesamtes saß bereits ein anderes Paar. Die beiden jungen Leute hatten hochrote Wangen und küssten sich unentwegt vor den Augen ihrer Eltern und Trauzeugen, die das mit verständnisvollem Lächeln quittierten.

»Wir sind viel zu früh«, sagte die Braut kichernd.

»Sie können es einfach nicht abwarten«, fügte ein vierschrötiger Mann mit Parteiabzeichen, offensichtlich einer der Väter des Brautpaares, breit grinsend hinzu.

»Was habe ich nur für eine schöne Frau«, flüsterte Johannes Hedi ins Ohr, als er ihr aus der Jacke half.

Mit einem Zwinkern drückte sie seinen Arm und raunte zurück: »Na ja, der Ehemann sieht ja auch nicht übel aus.«

»Ihr seid ein wunderschönes Paar!«, schwärmte Erika neidlos und laut. »Gell, Karl?« Dabei sah sie den Freund aufmunternd an.

Karl lächelte und nickte nur.

»Jetzt sei mal nicht so grantig«, sagte Johannes mit unterdrückter Stimme zu ihm und versetzte ihm einen jovialen Stoß in die Seite. An Hedi gewandt fügte er erklärend hinzu: »Er hat mal wieder Theater mit seinem Vater.«

Karl verzog nur säuerlich das Gesicht. Im nächsten Moment öffnete sich die Tür des Trauzimmers.

»Das Paar Landauer-Leitner mit den Trauzeugen bitte«, forderte die ältere Frau die vier auf.

Das Trauungszeremoniell war kurz und nüchtern. Das Ja-Wort kam Hedi völlig natürlich über die Lippen, genauso wie Johannes. Danach nahmen sie sich in die Arme und gaben sich einen kurzen Kuss auf den Mund. Erika applaudierte übermütig, woraufhin Karl sie höchst befremdet ansah. Nachdem sie alle die Heiratsurkunde unterschrieben hatten, reichte der Standesbeamte Hedi eine Ausgabe von Hitlers *Mein Kampf.* Irritiert nahm sie das Geschenk entgegen. Noch während sie den Raum verließen, drückte sie das Buch Johannes in die Hand, der es umgehend an Karl weiterreichte.

»Und was soll ich damit?«, fragte der mit steiler Falte in der Stirn.

Johannes zuckte nur mit den Schultern und lachte. »Weitergeben.«

»Ich nehme es«, sagte da Erika mit vorgestrecktem Kinn. »Ich will mir mal ein objektives Bild von diesem Herrn machen.«

Nach einem Mittagessen im Hofbräuhaus, bei dem sich Karls Laune wieder besserte, fuhren sie zurück.

»Hast du schon gepackt?«, fragte Erika, die mit Hedi auf dem Rücksitz saß.

»Das geht schnell«, erwiderte Hedi. »Wir fahren doch erst morgen früh. Und es sind ja auch nur ein paar Tage.«

Am liebsten wäre ihr gewesen, die Hochzeitsreise hätte gar nicht stattgefunden. Mit der gerade vollzogenen Trauung war für sie die Sache erledigt. Johannes jedoch freute sich auf den Bodensee. Im besten Hotel in Konstanz hatte er eine Suite mit zwei Zimmern gebucht. Aber wie viel lieber hätte sie weiterhin den Umbau betreut! Die Arbeit tat ihr gut, lenkte sie von so manchen Stimmungsschwankungen ab.

»Lass uns kurz in Schliersee vorbeifahren und uns von meiner Familie gratulieren lassen«, schlug Johannes vor, nachdem sie Karl und Erika abgesetzt hatten.

Als sie vor dem Hotel hielten, kamen Johannes' Eltern und seine Schwester schon freudig strahlend aus der Tür und gratulierten dem frischgebackenen Ehepaar. Quirin Leitner nahm seine Schwiegertochter in die Arme. »Willkommen in unserer Familie. Das ist für uns heute ein schöner und versöhnender Tag.«

Hedi hatte Mühe, die Tränen zurückzuhalten. Nur kurz kam ihr der Gedanke, wie es gewesen wäre, wenn sie an diesem Tag Thomas geheiratet hätte. Nach einem gemeinsamen Essen, das sehr harmonisch und entspannt verlief, sagte Maria zum Abschied zu Hedi:

»Wenn ihr vom Bodensee zurück seid, feiern wir mit deinen Großeltern.«

Hedi atmete auf, als sie wieder im Wagen saßen und Richtung Bayrischzell fuhren. Als sie jedoch auf den Hof kamen, stutzte sie. »Was ist denn das?«

»Ein Krankenwagen«, murmelte Johannes irritiert.

»Um Himmels willen!« Hedis Herz begann zu rasen. »Da muss was passiert sein.«

Johannes griff nach ihrer Hand. »Vielleicht mit einem der Handwerker.«

Als er anhielt, sprang Hedi aus dem DKW und lief aufs Haus zu. Kurz vor der Haustür kam ihre Großmutter ihr entgegen, mit verweintem Gesicht und aufgelöster Miene.

»Hans ist von der Leiter gefallen, wahrscheinlich hat er einen Schädelbasisbruch. Er muss sofort ins Krankenhaus.« Mit verzweifeltem Blick sah sie ihre Enkelin an. »Und das an eurem Hochzeitstag und vor eurer Reise.«

»Die ist jetzt nicht wichtig«, hörte Hedi da Johannes sagen. »Wir bleiben hier. Hedi kann dich doch jetzt nicht allein lassen.«

Hedi drehte sich zu ihm um. »Wirklich?«

Da lächelte er sie liebevoll an. »Wirklich, mein Schatz. Die Reise können wir nachholen, wenn es Hans wieder besser geht. Wo ist er denn jetzt?«

»Hinterm Haus. Der Notarzt untersucht ihn gerade.« Kaum hatte Johanna die Worte ausgesprochen, da trugen auch schon zwei Sanitäter den Großvater um die Ecke.

»Opa …!« Hedi stürzte auf die Trage zu. Doch ihr Großvater schien sie nicht wahrzunehmen. Sie sah den Arzt an. »Ist er ohnmächtig?«

»Ich habe ihm ein Schmerzmittel gegeben. Verdacht auf Schädelbasisbruch, ganz sicher eine schwere Gehirnerschütterung und ein Kieferbruch. Er ist geradewegs mit dem Kopf auf den Brunnenstock gefallen.«

Unfähig, etwas zu sagen, starrte sie den Arzt an. Ihre Großmutter schluchzte auf und griff nach ihrer Hand.

»Wie sind seine Chancen?«, fragte Johannes ruhig.

»Bei einem Schädelbasisbruch ist die Prognose je nach Bruchart unterschiedlich. Eine Längsfraktur hat in der Regel eine gute Prognose und zieht selten Folgeschäden nach sich. Das Röntgenbild wird es zeigen«, antwortete der Mediziner und schickte sich an, in den Krankenwagen zu steigen.

»Ich fahre mit«, sagte Hedi entschlossen, doch der Arzt schüttelte den Kopf.

»Das hat keinen Sinn. Kommen Sie morgen. Dann ist er vielleicht wieder ansprechbar.«

Mit schwerem Herzen sah Hedi dem Krankenwagen nach. Dabei hielt sie die Hand ihrer Großmutter in ihrer. Johannes hatte den Arm fest um ihre Schultern gelegt. Dankbar lächelte sie ihn unter Tränen an.

»Soll ich diese Nacht hierbleiben?«, fragte er leise.

Sie zögerte kurz, dann schüttelte sie den Kopf. »Das ist nicht nötig. Vielleicht können wir morgen zusammen ins Krankenhaus fahren.«

Er drückte sie an sich. »Das machen wir auf alle Fälle. Soll ich denn jetzt fahren?«

Sie nickte. »Ich kümmere mich um Großmutter.«

Johannes ließ sie los. »Ich hole dich morgen gegen zwölf Uhr ab. Einverstanden?«

Sie sah ihm nach, wie er zum Wagen ging. »Danke für alles!«, rief sie ihm mit vor Dankbarkeit bewegter Stimme nach, woraufhin er sich umdrehte und ihr zuwinkte.

»Er wollte unbedingt beim Reparieren des Dachfirsts helfen«, erzählte Johanna, nachdem die Handwerker gegangen waren und die beiden Frauen in der Stube saßen. Draußen war es bereits dunkel. »Und dann ... ein Schrei. Da bin ich sofort rausgestürzt, und da lag er dann. Bewusstlos. Ich war nicht in der Lage, den Krankenwagen zu rufen. Das hat der Grashof Hubert, der Schreiner, gemacht.« Johanna trank einen Schluck heißen Tee, dem Hedi ein paar Tropfen Baldrian zugefügt hatte. Sie selbst hatte sich eine heiße Milch gekocht.

»Aber jetzt sag – wie war denn die Trauung?«, erkundigte sich ihre Großmutter nach einer Weile mit fragilem Lächeln.

»Schön war's. Nachdem wir Erika und Karl nach Hause gebracht haben, waren wir noch bei den Leitners essen. Ich soll euch grüßen. Sie freuen sich schon darauf, unsere Hochzeit mit euch zu feiern.«

Johanna seufzte. »Das wird sicher noch dauern. Im Alter heilen die Knochen nicht mehr so schnell wie in der Jugend.«

Hedi streichelte ihre Hand. »Morgen um diese Zeit wissen wir mehr. Der Arzt klang doch eigentlich zuversichtlich.«

Mit Blick auf den Herrgottswinkel über der Eckbank schlug Johanna ein Kreuz vor der Brust. »Gott wird es schon richten«, sagte sie leise.

Die beiden blieben noch eine Weile sitzen, lauschten dem Knistern des Kachelofens, sprachen hin und wieder leise ein Wort und hingen dann wieder schweigend ihren Gedanken nach. Irgendwann wirkte der Baldrian, und Johanna ging zu Bett. Hedi lehnte sich auf der Ofenbank zurück. Welch ein Tag! Wie hatte ihre Großmutter einmal gesagt? *Das Leben passiert, während wir damit beschäftigt sind, andere Pläne zu schmieden.*

Die nächsten Tage gingen für Hedi nahtlos ineinander über. Sie kümmerte sich um die Baumaßnahmen auf dem Hof und pendelte zwischen Bayrischzell und dem Miesbacher Krankenhaus. Ihr Großvater hatte das sprichwörtliche Glück im Unglück gehabt. Der Schädelbasisbruch stellte sich als Längsfraktur heraus, die nicht operiert wurde, sondern durch wochenlange Bettruhe ausheilen sollte.

In diesen Tagen fiel Hedi abends müde ins Bett. Viel zu müde, um über Vergangenes nachzugrübeln. Vielmehr lebte sie jetzt ganz in der Gegenwart. Die viele Arbeit tat ihr gut und schien ihrem Kind nicht zu schaden. Dass Johannes ihr in dieser Situation als verlässlicher Partner zur Seite stand, gab ihr zusätzliche Kraft.

Am Ende der Woche waren die Bauarbeiten erledigt. Die Wasserrohre waren verlegt und verputzt, Waschbecken in den Zimmern sowie Toiletten auf der Etage angebracht, und die Räume erstrahlten im neuen Glanz. Inzwischen hatte Hedi auch schon drei briefliche Anfragen von Stammgästen erhalten, die Mitte September zum Wandern kommen wollten.

Nachdem sie am Sonntagnachmittag aus dem Krankenhaus zurück waren, legte sich Johanna hin. Die Sorge um ihren Mann und die Arbeiten im Haus hatten sie angestrengt. Da es regnete, setzten sich Hedi und Johannes in die Stube.

»Apfelkuchen!« Johannes strahlte, als er den Kuchen auf der rot-weiß karierten Tischdecke stehen sah.

Hedi lächelte ihn an. »Den habe ich heute Morgen noch schnell gebacken.«

»Was habe ich doch für eine fleißige Ehefrau!«, rief er aus und verneigte sich vor ihr, als stünde er auf der Bühne.

Sie musste lachen. »Ich weiß doch, wie gerne du den isst.«

»Aber nur euren. Bei uns im Hotel schmeckt er mir längst nicht so gut.«

»Setz dich«, forderte sie ihn auf, während sie Kaffee einschenkte.

»Warte. Ich muss noch mal zum Wagen.« Mit diesen Worten eilte er aus der Stubentür, um nur eine Minute später mit einem großen Paket wiederzukommen.

»Das ist für dich, mein Schatz.« Er stellte den Karton auf die Eckbank und nickte Hedi auffordernd zu.

Mit großen Augen sah sie ihn an. »Für mich? Was ist denn da drin?«

»Mach es auf.«

Vorsichtig löste sie die Schnüre und klappte den Deckel auf. »Johannes ...« Ihr fehlten die Worte.

»Schau mal.« Johannes entnahm dem Paket einen schmalen, königsblauen Rock, eine farblich passende, weiblich geschnittene Jacke und ein paar schwarze Pumps, drapierte das Kostüm über den Stuhl und stellte die Schuhe darunter. Dann sah er Hedi erwartungsvoll an. »Gefällt's dir?«

»Das ist wun-der-schön.« Sie betonte jede einzelne Silbe. »Aber ... Da werde ich doch bald gar nicht mehr reinpassen«, fügte sie bedauernd hinzu.

»Es gibt ja auch noch ein Leben nach der Geburt«, tat Johannes ihren Einwand ab. »Ich dachte, dass du es am Mittwoch auf dem Reichsparteitag tragen kannst. Hast du einen schwarzen Hut? Der würde gut dazu passen.«

»Auf dem Reichsparteitag in Nürnberg?«, wiederholte sie. Oje, dieser Auftritt stand ihr ja auch noch bevor. Den hatte sie schon ganz vergessen.

»Ich möchte mit meiner Frau so richtig angeben«, gestand Johannes ihr und lächelte dabei so verschmitzt wie ein kleiner

Junge, der sich darauf freut, seinen Spielkameraden sein schönstes Spielzeug vorzuführen.

Hedi lachte unsicher. »Ja, dann …« Was sollte sie darauf sagen? Johannes hatte in den vergangenen Tagen so viel für sie und ihre Großmutter getan, dass sie es nicht über sich brachte, ihm diese Freude zu verderben.

»Ich hoffe, dass Erika und Karl auch wirklich mitgehen«, sagte sie stattdessen. »Ich habe am Freitag ganz vergessen, Erika danach zu fragen.«

»Karl hat mir gesagt, dass sie beide hingehen. Erika hat den Mittwoch in der Schule freibekommen. Und Karl muss an diesem Tag auch nicht arbeiten.« Johannes strahlte sie an, als er weitersprach: »Das ist eine ganz große Sache. Da muss ich mich unbedingt sehen lassen. Presse, Rundfunk und Wochenschau werden davon berichten. Via Kurzwelle werden sogar die Auslandsdeutschen in aller Welt mit Berichten vom Reichsparteitag versorgt.«

»Donnerwetter. Dafür habe ich mich nie interessiert.« Und Thomas auch nicht, fügte Hedi in Gedanken hinzu. Zwei, drei Sekunden lang fühlte sie den Schmerz wieder so stark, dass sie am liebsten aufgeschrien hätte. Stattdessen drehte sie sich um und zupfte an dem rot-weiß karierten Fenstervorhang herum, als müsste sie dort etwas richten.

»Karl hat vorgeschlagen, dass ihr mit dem Zug nach München kommt, und ich hole euch dort am Bahnhof ab«, hörte sie Johannes in ihrem Rücken weiterreden. »Dann fahren wir zusammen mit dem Auto weiter nach Nürnberg.«

Hedi schluckte. »Gute Idee.« Sie drehte sich wieder zu ihm um. »Sag mal, der Reichsparteitag beginnt doch schon am Dienstag, oder nicht?«

»Stimmt. Aber der erste Tag ist nicht so wichtig für mich. Da trifft Hitler in Nürnberg ein und fährt im offenen Wagen zum Rathaus, wo er von den führenden Persönlichkeiten Nürnbergs begrüßt wird. Danach bezieht er Quartier im Hotel

Deutscher Hof.« Johannes nippte an seinem Kaffee, bevor er fortfuhr: »Mir geht es nur darum, bei der Eröffnung des Parteitages auf dem Parteigelände gesehen zu werden, ich habe für uns vier Plätze auf der Tribüne reserviert. Den ganzen Zauber drum herum brauche ich auch nicht. Deshalb fahren wir erst Mittwoch.«

Voller Erleichterung atmete Hedi aus.

»Außerdem wären zwei Tage zu viel für dich«, fügte Johannes mit zärtlichem Lächeln hinzu. »Immerhin bist du schwanger und hast dich vergangene Woche mit dem Bau schon genug verausgabt. Und dann noch dein Großvater …«

Montag, 7. September – Sonntag, 13. September 1936

Als Johanna ihre Enkelin am Mittwochmorgen zum Bahnhof fuhr, war es noch dunkel.

»Heute soll es wieder schön werden«, sagte Hedis Großmutter.

»Zu Ehren Hitlers«, erwiderte Hedi trocken und beide lachten.

»Soll ich dich heute Abend wieder abholen?«

»Lass nur. Ich weiß ja gar nicht, wann wir von Nürnberg zurückfahren. Wenn es spät wird, übernachte ich bei Erika. Ihr Vater fährt mich bestimmt morgen früh heim.« Sie sah ihre Großmutter zweifelnd an. »Oder macht es dir etwas aus, diese Nacht allein im Haus zu sein?«

Johanna lachte. »Ach wo! Mich stiehlt schon niemand.«

»Sollte Johannes uns nicht zurückbringen, geh ich vom Bahnhof aus um die Ecke zum Sepp. Der hat sich doch gerade mit einem Taxigeschäft selbstständig gemacht und wird froh um jede Kundin sein.«

Hedi musste nicht lange auf den Zug warten. Zu dieser frühen Stunde saß sie allein im Abteil. Als die Bahn in Fischbachau hielt, staunte sie nicht schlecht. Die einzige Person auf dem Bahnsteig war weiblich, schwarzhaarig und trug ein tailliert geschnittenes, anthrazitfarbenes Kostüm mit hohen Pumps.

»Erika?«, staunte Hedi, als sich ihre Freundin zu ihr setzte.

Erika lachte. »Letzter Versuch.«

»Bitte?«

»Karl zu gefallen. Das Kostüm ist von der Rosa. Dass es mir passt, ist ein Wunder.«

»Und die hohen Schuhe?«

»Auch von ihr. Mir fehlte nur ein Hut.«

Hedi lachte. »Meiner ist noch von meiner Mutter.«

»Sieht todschick an dir aus.«

»Und? Wie fühlst du dich?«

»Du meinst wegen unseres Ausflugs?« Erika verdrehte die schwarzen Augen. »Ich hab inzwischen *Mein Kampf* gelesen. Viele, die nicht mit Hitler sympathisieren, tun das Buch ja als Spinnerei ab, aber ich weiß nicht … Der Text ist logisch aufgebaut und sachlich. Ich glaube, Hitler meint das ernst mit der Weltherrschaft, die er anstrebt. Der gute Mann wird uns in Zukunft noch einiges bescheren.« Erika schlug die Beine übereinander, zog den Rock sittsam über die Knie und lehnte sich rauchend zurück. »Ich finde es gut, dass wir ihn uns heute mal von Nahem ansehen«, fuhr sie fort. »Eigentlich haben wir bisher ja noch gar nichts mit ihm zu tun gehabt.«

»Nur mit seinem Wirken.«

»Aber wir gehören doch zu denjenigen, die diesem entgegenwirken wollen, gell?«

In Miesbach stieg Karl Huber dazu. Auch er machte große Augen, als er Erika sah.

»Du siehst fantastisch aus«, sagte er und küsste sie auf die Wange. »So habe ich dich noch nie gesehen.«

Erika warf ihm von unten einen koketten Blick zu. »Wir Frauen haben halt viele Seiten.«

»Diese Seite gefällt mir besonders an dir«, gab er charmant zurück.

Die Fahrt bis München verlief kurzweilig. Karl hatte sprühende Laune und zeigte sich wieder einmal als unterhaltsamer Erzähler. Vor dem Bahnhof wartete bereits Johannes.

»Wie lange werden wir bis Nürnberg brauchen?«, fragte Erika.

»Mindestens eineinhalb Stunden«, wusste Karl.

Erika seufzte, streifte ihre Schuhe ab und machte es sich auf der Rückbank bequem. »Na dann, auffi geht's …«

Hedi tat es ihr gleich.

»Kann mir einer von euch sagen, warum die Reichsparteitage der NSDAP eigentlich in Nürnberg stattfinden?«, wollte Erika wissen, als sie aus der Stadt in Richtung Autobahn fuhren.

»Das kann Karl dir bestimmt sagen«, erwiderte Johannes mit einem Augenzwinkern zu seinem Freund.

»Das kann Karl tatsächlich«, erwiderte dieser lachend. »Das hat propagandistische Gründe. 1933 bestimmte Hitler Nürnberg zur *Stadt der Reichsparteitage*, weil er damit eine Verbindung zwischen der NS-Bewegung und der Vergangenheit herstellen wollte. Nürnberg galt als ehemalige Reichsstadt als ein Ort der Kaiserherrlichkeit.«

»Und warum überhaupt diese pompösen Parteitage?«

»Zur Selbstdarstellung des NS-Staats«, erwiderte Karl. »Sie sollen die Volksgemeinschaft, den Führermythos und die Geschlossenheit der Nation demonstrieren.«

»Führermythos … Dieses Wort allein schon!« Erika lachte spöttisch auf. »Dass der Mann unter Größenwahn leidet, habe ich ja schon in seinem Buch gelesen.«

»In welchem Buch?«, fragte Johannes.

»In dem, das ihr von dem Standesbeamten geschenkt bekommen habt. Habt ihr *Mein Kampf* etwa noch nicht gelesen?«

»Nein«, antworteten Johannes und Karl wie aus einem Mund.

»Ihr seid ja komisch«, plapperte Erika unverblümt weiter. »Ihr seid Nazis, tragt Parteiabzeichen, fahrt zu Parteitagen und kennt deren Grundlektüre nicht mal?«

»Wir sind keine Nazis«, sagte Johannes ruhig und bestimmt.

»Was?« Erika lachte ungläubig auf. »Aber ihr …« Abrupt verstummte sie. Hedi hatte sie in die Seite gestoßen und schüttelte mit warnendem Blick den Kopf. Sie ahnte, dass es bei Erikas Temperament schnell zu Unfrieden im Wagen kommen konnte.

»Na ja, ich bin mal gespannt, was uns gleich erwartet«, meinte Erika mit nachlässigem Schulterzucken.

»Habt ihr den Film *Triumph des Willens* von Leni Riefenstahl gesehen?«, fragte Karl.

»Nein«, sagte Hedi.

»Schade, dann wüsstet ihr, was euch gleich erwartet. Die Riefenstahl hat den Film vor zwei Jahren auf dem sechsten Parteitag gedreht.«

»*Triumph des Willens* … Der Titel allein spricht ja schon Bände«, murmelte Erika in sich hinein.

Danach herrschte erst einmal tiefes Schweigen in dem grünen DKW. Johannes und Karl rauchten. Erika und Hedi schauten hinaus in die Landschaft, die an ihnen vorbeiglitt. Abgeerntete Hopfenfelder, Waldstücke, Felder …

»Warum seid ihr eigentlich mit uns gefahren?«, fragte Karl plötzlich angriffslustig.

»Weil ich meine Ehefrau an meiner Seite haben will«, nahm Johannes den beiden Frauen die Antwort ab. »Und Hedi wollte Erika gerne dabeihaben.« Hedi konnte von hinten sehen, wie seine Wangenmuskeln arbeiteten. »Das ist doch für dich kein Problem, oder?«, fügte er mit scharfem Blick auf Karl hinzu.

Karl schwieg. Hedi sah ihm an, wie sehr ihn die Zurechtweisung traf. Unwirsch rückte er seinen Krawattenknoten gerade und sah demonstrativ zum Seitenfenster hinaus.

Erika sah Hedi bedeutsam an und wedelte verstohlen mit der Hand, als wäre ihr heiß.

»Ich freue mich auf Nürnberg«, sagte Hedi nach einer Weile, weil sie das bedrückende Schweigen im Wagen schlecht ertragen konnte.

»Wenn du möchtest, können wir ja am Abend noch einen Bummel durch die Stadt machen«, schlug Johannes vor. Dabei schenkte er ihr im Rückspiegel ein liebevolles Lächeln. »Vorausgesetzt, du bist nicht zu erschöpft«, fügte er hinzu.

Nürnberg war ein einziges Volksfest. Karussells, Riesenräder, bunte Buden. Menschenmassen schoben sich an den Häusern vorbei, die mit Hakenkreuzfahnen geschmückt waren. In der Luft hing der Geruch von Sauerkraut und Nürnberger Rostbratwürsten.

»Bei dem Duft bekomme ich Hunger«, sagte Erika.

»Wir können anhalten und etwas essen«, schlug Johannes vor.

Hedi verspürte plötzlich auch Appetit. »Einverstanden.«

In einer Seitenstraße fanden sie eine Parkmöglichkeit und mischten sich unters Volk. Johannes hatte beschützend den Arm um Hedi gelegt, als hätte er Angst, sie könnte erdrückt werden. Erika hatte sich bei Karl untergehakt. An einem Stand aßen sie Nürnberger Bratwürste.

»Hier ist ja was los«, staunte Hedi.

»Alle wollen den Führer sehen«, erwiderte Karl, der sich wieder beruhigt hatte. »Wartet mal ab, bis wir auf dem Reichsparteitagsgelände sind. Vergangenes Jahr waren dort über eine halbe Million Teilnehmer und noch einmal dieselbe Anzahl von Besuchern.«

Erika schauerte zusammen. »Da bekommt man ja Panik.«

»Wir haben Plätze fernab der Masse«, beruhigte Johannes sie.

Das Reichsparteitagsgelände lag im Südosten von Nürnberg, wo der Luitpoldhain, eine ehemalige Parkanlage, nach der Machtergreifung Hitlers im Jahr 1933 zu einem befestigten Versammlungsareal mit Tribünen umgestaltet worden war. Als Stellvertretender Presseleiter durfte Johannes bis an die Luitpoldhalle heranfahren. Wie erschlagen blieben Hedi und Erika vor dem monumentalen Eingang des Bauwerks stehen und sahen sich um.

»Mein Gott, das ist ja alles hier so überdimensional«, murmelte Hedi. »Die Gebäude, die riesigen Flächen ...«

»Die Luitpoldarena ist vierundachtzigtausend Quadratmeter groß, und auf den Tribünen haben fünfzigtausend Zuschauer Platz«, erklärte Karl ihr.

Gegenüber der Halle, die unweit von der Kongresshalle lag, stand eine in schwindelerregender Höhe schwebende Rednertribüne, die mit der Halle durch einen breiten Granitweg verbunden war. Hedi fühlte sich von den vielen Menschen irritiert. Tausende liefen an ihnen vorbei zu den Tribünen. Musikkapellen schmetterten Marschlieder. Formationen von Wehrmacht, SS und SA, der Hitlerjugend und des BDM zogen in die Arena ein und nahmen auf der streng gegliederten Aufmarschfläche Aufstellung.

Johannes, der Hedis Stimmung bemerkte, schlang ihren Arm durch seine Armbeuge und ging mit ihr zielstrebig auf die Rednerbühne zu. Erika und Karl folgten ihnen. Dabei hielt Erika ihre Handtasche fest an die Brust gedrückt. Hinter der Rednertribüne hatten sich bereits hohe Parteimitglieder in Uniformen und mit goldenem Parteiabzeichen versammelt. Die Frauen trugen Pelzstolen und Füchse. Von hier oben hatte man einen Rundblick über das gesamte Areal und die Menschenmassen, die gekommen waren, um den Führer zu sehen. Zum ersten Mal gewann Hedi eine konkrete Vorstellung von dem Ausmaß und der Stärke der nationalsozialistischen Bewegung. Und sie und Erika wollten ihr mit einem alpinen Frauenclub entgegenwirken? Lächerlich!

Die Eröffnungsrede hielt Rudolf Heß, Hitlers Stellvertreter. Danach folgten einige kurze Ansprachen hoher Parteimitglieder, die von Sieg-Heil-Rufen begleitet wurden. Zwischendurch stellte Johannes seine Ehefrau immer wieder irgendwelchen Parteigenossen und deren Gattinnen vor, was Hedi lächelnd und plaudernd über sich ergehen ließ. Johannes platzte förmlich vor Stolz. Ab und zu bemerkte Hedi, wie Erika die Augen verdrehte, und sie musste ein Schmunzeln unterdrücken.

Dann war es so weit. Tausende von Menschen, die von nah und fern nach Nürnberg gereist waren, hielten den Atem an, als ihr Führer schließlich über einen verborgenen Aufgang die vorgelagerte Rednertribüne betrat. Überhöht wurde er nur noch durch ein riesiges Hakenkreuz, das auf der Spitze der Tribüne in den wolkenlosen Himmel ragte. Als er sich seinen Anhängern zeigte, brach ein frenetischer Beifall los. »Sieg Heil! Sieg Heil! Sieg Heil!«, klang es durch die Luitpoldarena. Vom Rausch beseelte Besucher jubelten, Mütter hielten ihre Kinder in die Höhe, junge Frauen weinten, Männer schwenkten Fahnen und Fähnchen. Mit einem einzigen Zeichen brachte Hitler die Massen zum Schweigen, und mit einem Mal war es mucksmäuschenstill auf dem Gelände. Dann erhob der Führer seine Stimme, sprach von der unzertrennlichen Einheit von Führer, Volk und Reich. Mit pointierter Schärfe peitschten seine Worte auf seine Zuhörer nieder. Während er sprach, beobachtete Hedi Johannes und Karl, die mit gesenkten Köpfen auf ihren Stühlen saßen, als wären sie mit ihren Gedanken ganz irgendwo anders. Und wieder fragte sie sich, warum die beiden überhaupt dieser Partei beigetreten waren. Der eine wegen seiner Karriere und der andere wegen seines Vaters? Irgendwie konnte sie das nicht glauben.

Nachdem Hitler seine Rede beendet hatte, brach wieder Jubel unter den Massen aus. Es folgten Aufmärsche, Paraden, Militärmusik.

»Habt ihr Lust, heute Abend auf die Festaufführung von Richard Wagners *Meistersinger* zu gehen?«, fragte Johannes.

»Ja, gerne«, erwiderte Karl sofort. »Wo hast du denn die Karten so plötzlich her?«

»Von einem Parteigenossen. Er hat sie mir eben angeboten. Was meint ihr?« Johannes sah Hedi und Erika an.

Hedi merkte ihrer Freundin an, wie gerne sie zugesagt hätte. Sie jedoch hatte jetzt bereits genug von dem Spektakel. Sie sehnte sich nach Ruhe.

»Du siehst erschöpft aus«, sagte Johannes liebevoll zu ihr. »Ich glaube, du möchtest nach Hause, gell?«

»Wenn ich ehrlich sein soll …«

»Meinetwegen können wir zurückfahren«, stimmte Erika da sofort zu. »Ich habe auch genug gesehen.«

»Das ist eine einmalige Gelegenheit … *Die Meistersinger* hier in Nürnberg …«, wandte Karl unwirsch ein.

»Wir stimmen ab«, schlug Johannes ruhig vor.

Da winkte Karl auch schon mit saurer Miene ab. »Lass! Wenn deine Ehefrau es so will …«, fügte er noch durch die Nase schnaubend hinzu, um sich dann die halbe Rückfahrt lang seiner schlechten Laune hinzugeben. Johannes sprach auch nur wenig. Erika und Hedi saßen wieder hinten und tauschten ab und zu beredte Blicke aus.

»Wie ein so kleiner, schmaler Mann so eine Omnipotenz haben kann«, sagte Erika irgendwann zu Hedi.

»Doch nur, weil die Menschen es zulassen«, erwiderte Hedi. »Nach dem Krieg und den Wirren der Weimarer Republik verspricht er allen ein besseres Leben. Die meisten sind ja auch jetzt tatsächlich in Lohn und Brot. Und das ist für die Menschen am wichtigsten.«

»Diese monumentalen Bauten, dieses riesige Areal …«

»Hitler ist ein guter Psychologe. Er gibt den Menschen das Gefühl, an etwas Großem teilzuhaben. Sie selbst sollen sich dabei jedoch klein und unbedeutend fühlen. So kann er sie besser manipulieren.«

Johannes und Karl schwiegen.

Als Johannes bei Miesbach von der Autobahn fuhr, fragte Karl ihn: »Fährst du heute noch nach München zurück?«

Johannes suchte im Rückspiegel Hedis Blick. »Möchtest du, dass ich bei dir bleibe?«

Hedi lächelte ihn an. »Musst du nicht. Ich bin ziemlich müde.«

»Du hast es gehört – ich fahre zurück«, lautete daraufhin Johannes' Antwort an seinen Freund.

»Dann musst du mich jetzt nicht in Miesbach rauslassen«, fuhr Karl fort. »Ich fahre mit bis Bayrischzell.«

»Warum?«

»Ich möchte noch kurz bei meiner Mutter reinschauen. Ich fahr dann am Abend mit dem Zug nach Hause.«

»Ich kann auch warten und dich dann wieder mitnehmen.«

»Machst du das?« Karl klang erfreut.

Als sie beim Pfarrhaus angekommen waren, öffnete Johannes – ganz Kavalier – die hintere Wagentür. Bevor Erika ausstieg, warf sie Hedi einen verschwörerischen Blick zu. »Ich komm morgen nach der Schule vorbei.«

Hedi zwinkerte ihr zu und nickte. Nach diesem Erlebnis hatte auch sie Redebedarf.

»Danke fürs Mitnehmen.« Mit festem Handschlag verabschiedete sich ihre Freundin von Johannes. »Aber ganz ehrlich, unser gemeinsamer Ausflug in den Englischen Garten hat mir besser gefallen. Das war außerdem nicht so weit.«

Johannes lachte. »Da hast du recht.«

Inzwischen war auch Karl ausgestiegen und um den Wagen herumgegangen. Erika sah zu ihm hoch – mit unsicherer Miene, wie Hedi bemerkte.

»Nochmals …« Karl lächelte sie versöhnlich an. »Du siehst fantastisch aus heute. Aber irgendwie war ich zuletzt schlecht beisammen. Ich hoffe, du verzeihst mir.«

Erikas schwarze Brauen schnellten hoch. »Ja, das haben wir gemerkt. Und ja, ich verzeihe dir. Aber warum nimmst du denn überhaupt an solchen Veranstaltungen teil, wenn sie dir schlechte Laune bereiten?«

Karl fuhr sich durch das blonde Haar und seufzte. »Manche Sachen müssen eben sein«, murmelte er, ohne sie anzusehen.

Da streckte sie ihm die Hand entgegen, doch Karl schlug nicht ein, sondern beugte sich zu ihr hinunter und küsste sie auf die Wange. »Hoffentlich bis bald.«

»Spätestens in Berlin«, fügte Johannes hinzu und klang dabei erleichtert.

»Du fährst doch noch mit nach Berlin, oder?« Karl sah Erika ernst an.

Da lachte Erika wieder über beide Wangen. »Klar. Ich freue mich schon auf das Nachtleben dort.«

Zehn Minuten später steuerte Johannes auf den Landauer Hof zu. Hedi schaute auf die Uhr. Fünf Uhr. Sie freute sich auf einen ruhigen Abend.

»Entschuldige bitte meine Laune von eben«, verabschiedete sich Karl mit betretenem Lächeln von ihr. »Ich werde es in Berlin wiedergutmachen.«

Sie lächelte ihn an. »Mach dir keine Gedanken. Ich entschuldige mich, dass ich nicht in die *Meistersinger* wollte. Aber heute war auch nicht so mein Tag.«

Johannes begleitete sie ins Haus, wo sie einen Zettel von ihrer Großmutter fand.

Liebes Kind,
ich fahre gleich zu Großvater ins Krankenhaus und übernachte bei Tante Emilia und Onkel Hubert. Kannst du mich morgen Vormittag um 12 Uhr am Bahnhof abholen? Ich hoffe, du hattest einen schönen Tag.
Liebe Grüße
Großmutter

Hedi lächelte versonnen und gab Johannes den Zettel.

»Wahrscheinlich wollte sie die Nacht doch nicht allein im Haus verbringen«, sagte er, nachdem er die Zeilen gelesen hatte.

»Mag sein. Sie konnte ja nicht ahnen, dass ich schon so früh wieder zurück sein würde.«

»Jetzt bist du diese Nacht allein. Soll ich vielleicht doch bleiben?«

»Schmarrn«, erwiderte Hedi energisch. »Außerdem sitzt Karl doch im Auto.«

»Stimmt. Ich weiß sowieso nicht, warum der unbedingt heute zu seiner Mutter will«, sagte Johannes kopfschüttelnd.

Als Allererstes schlüpfte Hedi aus ihrem königsblauen Kostüm und zog ihre Lederhose und einen grünen Pullover an. Dann kochte sie Kaffee. Sie hatte keinen Hunger. Die Rostbratwürstchen lagen ihr noch schwer im Magen. Nach dem

Kaffee fühlte sie sich erfrischt und beschloss, ein Stück spazieren zu gehen. Nach diesem Tag, der ihr so viele visuelle und akustische Eindrücke beschert hatte, sehnte sie sich nach der Ruhe in der Natur. »Das tut dir auch gut, gell?«, murmelte sie leise vor sich hin, während sie zärtlich über ihren Bauch streichelte.

Sie schlug den Wiesenweg zum Hochwald ein, den Weg, auf dem sie oft sonntags mit Johannes wanderte. In dem Fichtenwald drang ihr der Geruch von feuchtem Moos und nasser Erde in die Nase, der Geruch unverfälschter Natur. Rechterhand von ihr hämmerte ein Specht sein Lied in die Rinde. Über den schwarzen Wipfeln schien noch die Sonne, die ihre Strahlen wie leuchtende Bänder schräg zwischen den Stämmen hindurch auf den Weg warf. Hedi genoss den Frieden, der über dem Waldstück lag. Gemächlich schlenderte sie auf dem weichen Boden dahin. Als sie hochsah, entdeckte sie ein Auto. Es stand am Ende des Weges, mit der Vorderfront zur angrenzenden Wiese hin. Verwundert blieb sie stehen. Eigentlich durften hierher nur der Jäger und der Förster fahren. Vielleicht ein Liebespaar? Sie lächelte traurig. Wie oft hatten sie und Thomas sich hier zwischen den stummen Fichten geliebt!

Eigentlich wollte sie umkehren, doch ihre Beine gingen wie von selbst weiter. Als sie dem Wagen näher kam, erkannte sie ihn. Es war ein grüner DKW mit Miesbacher Nummer. Das Kennzeichen kannte sie gut. Es gehörte Johannes.

Wie vom Blitz getroffen blieb sie stehen. Das konnte nicht wahr sein! Was machte Johannes zu dieser Stunde hier im Wald? Darauf gab es nur eine Antwort. Er hatte ein Gspusi. Nachdem er Karl bei seinen Eltern abgesetzt hatte, war er zu diesem Stelldichein gefahren.

Hedi begann innerlich zu zittern. Kaum zwei Wochen waren sie verheiratet – und schon betrog er sie. Aber hätte sie sich das nicht denken können? Johannes war und blieb ein Hallodri, der die Hände einfach nicht von den Weibsbildern lassen konnte. Vielleicht kannte er die Frau ja auch schon länger. Hedi schnaubte durch die Nase. Unter diesen Voraussetzungen war es leicht für ihn gewesen, sie von ihren ehelichen Pflichten zu befreien. Wer mochte sie sein? Vielleicht die Moni von der Rezeption? In ihr ballte sich eine unbändige Wut zusammen. Sie hatten einen Handel geschlossen: Sie spielte bei offiziellen Anlässen die Ehefrau an seiner Seite und er hatte ihr zugesichert, sie nicht mit irgendwelchen Liebschaften bloßzustellen. An diesem Tag hatte sie ihre Zusage gehalten – und was machte er nur ein paar Stunden später? Wenn er seine Bedürfnisse wenigstens in München ausleben würde, einer Großstadt, wo nicht jeder jeden kannte! Aber hier konnte er doch jederzeit von irgendjemandem aus dem Tal in flagranti erwischt werden. So, wie sie ihn jetzt erwischt hatte. Nein, so einfach wollte sie es ihm nicht machen. Immerhin waren sie offiziell verheiratet.

In zehn Schritten hatte sie den Wagen erreicht. Sie stellte sich vors Beifahrerfenster. Johannes hatte den blonden Kopf der Frau mit beiden Händen zärtlich umfasst und küsste sie mit geschlossenen Augen wild und leidenschaftlich. Hedi spürte, wie ihr das Blut durch die Adern rauschte. Schier außer sich vor Zorn hob sie die Faust und hämmerte gegen die Scheibe. Johannes und sein Gspusi zuckten zusammen, fuhren auseinander. Mit aufgerissenen Augen drehte sich die Frau zu ihr um.

Im nächsten Augenblick begannen die Fichten um Hedi herum zu schwanken. In ihren Ohren surrte es. Sie fühlte, wie ein hysterisches Lachen in ihr aufsteigen wollte. Die Frau war Karl Huber. Sie starrte Karl an, so wie er sie anstarrte. Wie lange sie so dagestanden hatte, hätte sie im Nachhinein nicht mehr sagen können. Ein Teil ihres Gehirns war glasklar und eine Reihe wütender Gedanken schoss ihr durch den Kopf; der andere Teil war dunkel und voller Nebel. Dann kam Bewegung in die Szene. Johannes sprang aus dem Wagen, lief um ihn herum und fasste sie bei den Schultern. Er schüttelte sie leicht, als wolle er sie ins Hier und Jetzt zurückholen.

»Ich hätte es dir noch gesagt. Mir fehlte bis jetzt nur der Mut. Karl wollte nicht zu seiner Mutter, sondern mit mir reden. Wir sind seit vier Jahren ein Paar.« Nach diesen zusammenhanglosen Sätzen ließ er sie los. Seine Schultern sackten herab. Er senkte den Kopf, als würde er auf ihre Bestrafung warten. Doch was sollte sie sagen? Was tun? Sie starrte ihn immer noch fassungslos an, unfähig sich zu bewegen oder irgendetwas von sich zu geben. Als er sie wieder ansah und einen Schritt auf sie zumachte, streckte sie abwehrend beide Hände aus.

»Ich muss zurück«, sagte sie mit einer Stimme, die ihr nicht gehörte.

»Bitte, lass uns reden ...«, versuchte Johannes verzweifelt, sie aufzuhalten.

»Nicht jetzt.«

»Aber ...«

Mit einem Kopfschütteln drehte sie sich um und lief zurück in den Wald. Es dauerte eine Ewigkeit, bis sie wirklich begriff, was gerade geschehen war. Sie war entsetzt, hilflos, wütend, fühlte sich gedemütigt, alles gleichzeitig. Sie konnte nicht einmal mehr weinen.

Als sie auf dem Hof ankam, flammte über den Gipfeln das Abendrot auf. Vom Dorf schwebten die Klänge des Vesperläutens zu ihr herüber. Kraftlos sank sie auf die Holzbank. Wie konnte so etwas möglich sein? Wie konnte so etwas gerade ihr passieren? Sie wusste, dass es das gab, aber wer redete schon darüber? Hier im Tal sowieso niemand. Und wieder sah sie Johannes und Karl vor sich, wie sie sich leidenschaftlich küssten. Sie schnappte nach Luft.

Dann sprang sie auf, stieg auf den Traktor und fuhr nach Fischbachau.

Erika sah ihrer Freundin auf den ersten Blick an, dass etwas passiert sein musste. Als Hedi ihr von Johannes und Karl erzählte, wich auch Erika das Blut aus dem Gesicht. »Die beiden ... ein Liebespaar?«

»Seit vier Jahren.«

Aus der Kruke, die sie aus der Küche auf ihre Stube mitgenommen hatte, schenkte Erika ihnen zwei Schnäpse ein. »Das braucht's jetzt«, murmelte sie.

Wie ihre Freundin kippte auch Hedi den Vogelbeerbrand in einem Zug hinunter. »Der wird dem Kindl schon nicht schaden«, sagte sie danach.

»Ganz bestimmt nicht«, erwiderte Erika, die sich gleich noch einen einschenkte. »Ich fasse es nicht«, sagte sie dann, nachdem sie das Stamperl zurück auf den Tisch gestellt hatte. »Einfach unglaublich.«

»Das erklärt vieles. Zum Beispiel Karls schlechte Laune bei unserer Trauung ...«

Erika nickte wissend. »Eifersucht.«

»Liebe zwischen zwei Männern hat es ja schon immer gegeben«, sagte Hedi matt, die sich inzwischen etwas beruhigt hatte. »Nur weil wir damit noch nicht konfrontiert worden sind, heißt das ja nicht, dass es das nicht auch hier gibt.«

»In Berlin wird damit ganz offen umgegangen, habe ich gelesen. Da gilt es sogar als chic«, erwiderte Erika. »Es gibt viele Künstler, die Männer lieben, oder andersherum auch Künstlerinnen oder Schauspielerinnen, die Frauen lieben. Darüber habe ich gelesen, weil mich das Thema immer schon interessiert hat. Obwohl ...« Sie presste die Lippen aufeinander. »Ein bisschen enttäuscht bin ich schon, dass Karl sich mir nicht anvertraut hat. Dann wäre es für mich einfacher gewesen. Aber andererseits ...« Sie seufzte. »Ich war mir ja selbst manchmal nicht sicher, was ich von ihm wollte.«

»Vielleicht hat Johannes nicht gewollt, dass er dir was sagt«, mutmaßte Hedi.

»Willst du denn jetzt überhaupt noch nach Berlin? Ich meine, für Johannes bei seinen offiziellen Auftritten die Ehefrau spielen?«

Hedi schwieg. Diese Frage hatte sie sich noch gar nicht gestellt. Wie sollte es jetzt überhaupt weitergehen? Sie zuckte mit den Schultern, während sie aus dem Stubenfenster hinaus in die aufsteigende Dämmerung schaute.

»Eines wissen wir jetzt«, sagte Erika, nachdem sie sich eine Ramses angesteckt hatte. »Und zwar, warum die beiden in die NSDAP eingetreten sind. Sie wollen mit der großen Masse schwimmen, in der es offiziell keine Homosexuellen gibt.«

Hedi nickte. »Das ist der wirkliche Grund. Nicht allein Johannes' Karriere und auch nicht Karls Vater.«

»Aber wer sagt, dass sie nicht trotzdem auffliegen können?«

»Natürlich. Eben hätte auch der Förster aus dem Tal sie entdecken können.«

»Oh weia.« Erika blies den Rauch scharf aus. »In diesem Artikel habe ich auch gelesen, dass die Nationalsozialisten vor einem Jahr den Paragrafen 175 verschärft haben. Wusstest du das?«

Hedi schüttelte stumm den Kopf und sah Erika fragend an.

»Zur sittlichen Gesunderhaltung des Volkes. Wer erwischt wird, kommt für fünf Jahre hinter Gitter. Dafür braucht es heute noch nicht einmal mehr eine gegenseitige Berührung. Ein eindeutiger Blick genügt schon. Und ich sage dir, damit wird's noch nicht genug sein. Die Nazis werden bestimmt bald irgendeine bürokratische Verfolgungsinstanz schaffen, damit sie das Ganze besser kontrollieren können.«

»Wahrscheinlich ist das auch der Grund, warum Johannes mich geheiratet hat«, begann es Hedi zu dämmern. »Es ging gar nicht nur um mein Kind. Obwohl …« Sie zögerte und fügte dann leise hinzu: »Er hat ja auch nie einen Hehl daraus gemacht, dass es ihm um seine Karriere geht.«

Die beiden schwiegen eine Weile und beobachteten, wie es draußen immer dunkler wurde.

»Jetzt habe ich endlich eine Erklärung für Karls Verhalten mir gegenüber«, sagte Erika, nachdem sie ihre Zigarette in der kleinen Zinnschale ausgedrückt hatte. »Es liegt nicht daran, dass ich ihm zu klein, zu rund oder nicht hübsch genug bin.« Sie lachte auf. »Das ist doch eigentlich tröstlich für mich, oder?«

Da nahm Hedi ihre Hand und drückte sie. »Du *bist* hübsch. Rede dir da bloß nichts ein. Und viele Männer haben es gern ein bisschen molliger.«

»Ach …« Ihre Freundin winkte ab. »Ich weiß doch selbst nicht, was ich will. Ich bin ja auch irgendwie verkorkst. Vielleicht wäre für mich ja eine Frau besser.«

Hedi lächelte ihr liebevoll zu. »Das wirst du bestimmt noch in diesem Leben herausfinden.«

»Stimmt. Viel wichtiger ist jetzt, was wir mit den beiden machen?«

Hedi biss sich auf die Lippe. »Nachdem ich mich jetzt etwas beruhigt habe, denke ich, dass ich Johannes nicht im Stich lassen darf. Außerdem habe ich ihn wegen meines Kindes geheiratet. Und dieser Grund bleibt ja bestehen. Abgesehen davon – was hat sich geändert? Eigentlich doch nichts.«

»Im Gegenteil«, fiel Erika eifrig ein. »Jetzt ist vielmehr alles geklärt. Du musst dir keine Gedanken mehr darüber machen, ob er nicht doch irgendwann mal deine ehelichen Pflichten einfordern oder dich mit einer anderen Frau bloßstellen würde.«

»Er braucht mich als Alibi. Zumindest in diesen dunklen Zeiten.«

Erika nickte, während sie mit gedankenvoller Miene die Zigarettenschachtel auf ihrem Schreibtisch drehte. Schließlich sah sie Hedi an. »Und Karl braucht mich als Alibi. Immerhin verstehen wir uns ja auch gut. Und jetzt will ich natürlich auch nichts mehr von ihm.«

»Das solltest du ihm aber noch sagen.«

»Werde ich auch. Damit er ganz beruhigt sein kann, dass ich in Berlin nicht über ihn herfalle«, scherzte Erika.

Als Hedi nach Hause zurückfuhr, leuchtete am Himmel ein einziger Stern – wie wegweisend für ein neues Ziel. Sie fühlte sich erleichtert. Jetzt war sie in der Lage, vernünftig mit Johannes zu reden. Wie mochte er sich wohl fühlen? Ob er befürchtete, sie würde die Ehe auflösen wollen? Und plötzlich dachte sie wieder an Thomas. Ob er von der Neigung seines Bruders gewusst hatte? Er war nie eifersüchtig gewesen, wenn Johannes auf Festen mit ihr geschäkert hatte. Wie gut sich Johannes geschützt hatte durch den Ruf, der größte Hallodri im Tal zu sein!

Am Himmel hing eine honiggelbe Sichel, und die Schatten der Fichten malten bewegte Figuren an die Rotwand, unter der der Hof friedlich im Mondschein schlummerte. Als Hedi auf die Scheune zufuhr, entdeckte sie im Schein der Hoflaterne Johannes. Er saß vor dem Haus neben der alten Linde, die im Abendwind leise rauschte. Als sie vom Traktor sprang, kam er mit langen Schritten auf sie zu.

»Hedi …« Er berührte sie nicht, sah sie nur an. In seinen schönen männlichen Zügen stand geschrieben, wie verzweifelt er war. Eigentlich schade, dass ein solcher Mann nur den Männern vorbehalten ist, ging ihr unwillkürlich durch den Kopf.

»Wo ist Karl?«, fragte sie.

»Im Zug nach Miesbach. Ich möchte mit dir reden.«

Sie nickte. »Lass uns in die Stube gehen.«

»Karl und ich haben uns in Augsburg kennengelernt. Ich war damals wegen einer Reportage dort, und er arbeitete bei der Post«, erzählte Johannes, nachdem er einen Zirbenbrand hinuntergestürzt hatte. »Wir kannten uns ja noch flüchtig von früher, vom Sehen, aber dort haben wir uns wirklich erkannt – wenn du verstehst, was ich meine. Seither sind wir ein Paar. Ziemlich schnell sind wir in die Partei eingetreten, was mir den Posten im Braunen Haus beschert hat und Karl dann später die leitende Stelle in Miesbach. Wir waren immer vorsichtig. In München ist es leichter als hier im Tal. Natürlich war Karl eifersüchtig, als ich ihm mitgeteilt habe, dass ich dich heiraten würde. Er ist ziemlich labil, hat Gefühlsschwankungen und kann seine Laune schlecht verbergen – so wie heute. Aber ich liebe ihn. Ach, Hedi ...« Johannes lehnte sich auf der Eckbank zurück. »Was wird jetzt aus uns? Dir, dem Kind und mir? Bestimmt verabscheust du mich jetzt, gell?«

»Wie kannst du denn so etwas sagen!«, rief Hedi aus. »Natürlich nicht. Zuerst war ich natürlich geschockt, aber inzwischen habe ich mit Erika gesprochen und mich beruhigt. Von uns wird niemand etwas erfahren. Und was mich angeht ...« Sie lächelte verlegen. »Für mich ist es jetzt sogar leichter.«

Johannes lächelte sie wissend an. »Du musst dich jetzt nicht bemühen, Thomas zu vergessen, gell?«

»Auch das.«

»Liebst du ihn denn noch immer?«

»Natürlich liebe ich ihn noch. All das ist doch noch gar nicht so lange her.« Sie legte die Hand auf den Bauch, der sich kaum merklich unter ihrem Pullover abzeichnete. »Sein Kind wird mich auf ewig mit ihm verbinden«, fuhr sie fort. »Obwohl ich nach unserer Hochzeit versucht habe, ihn zu vergessen. Doch es gelingt mir nicht. Immer wieder taucht er in meinen Gedanken auf. Manchmal glaube ich, ihn in einer anderen Person auf der Straße zu sehen. Am liebsten würde ich meine Gefühle für ihn einfach ausradieren, um diesen schrecklichen Schmerz nicht mehr zu spüren. Doch sie sind unzerstörbar. Manchmal wird mir jeder neue Tag zum Feind. Jeden Augenblick kann ein Wort, ein Lied, ein Bild wie ein Stich ins Herz sein.«

Da stand Johannes auf, stellte sich neben sie und drückte sie liebevoll an sich. »Ich kann dich so gut verstehen«, sagte er leise und küsste sie aufs Haar. »Auch wenn es in deinen Ohren komisch klingen mag, aber ich liebe auch dich. Ich liebe dich, wie ich Eva liebe oder meine Mutter, und ich will, dass es dir und dem Kind gut geht.« Er drückte sie noch einmal an sich und setzte sich wieder ihr gegenüber auf die Eckbank. Dann atmete er erleichtert aus und griff zu seinem silbernen Zigarettenetui. Bevor er ein Zigarillo herausnahm, lächelte er sie zuversichtlich an. »Eine Sache ist jedenfalls sicher: Wegen mir musst du meinen Bruder nicht vergessen. Thomas wusste übrigens von meiner Neigung. Er war mein engster Vertrauter. Von ihm kam auch die Idee, in die NS-DAP einzutreten.«

Hedi sah ihn erstaunt an.

»Er wollte mich schützen.«

Sie lächelte versonnen, wusste sie doch, wie eng die beiden Brüder miteinander gewesen waren.

»Und was machen wir jetzt mit unserer Ehe?«, fragte Johannes, nachdem er den Rauch in Kringeln an die Zirbendecke gestoßen hatte.

»Von mir aus kann alles so bleiben, wie es ist«, antwortete Hedi fest.

Da begann er zu strahlen. »Das wäre gut.«

»Erika sieht das übrigens mit ihrer Beziehung zu Karl genauso«, fügte sie lächelnd hinzu. »Sie freut sich schon auf Berlin.«

»Das wird Karl freuen. Schließlich braucht auch er gewissermaßen ein Alibi.«

Am Samstagmorgen stand eine Trainingseinheit des alpinen Frauenclubs an, der sich um drei weitere Schülerinnen aus Miesbach vergrößert hatte. Das Ziel war der Wallberg mit einer Höhe von 1722 Metern. Der Aufstieg von Rottach-Egern aus dauerte fünf Stunden und stellte erst in der letzten Etappe höhere Anforderungen an die Frauen. Doch alle gelangten nach einigen Schrofen unversehrt zum Gipfel, der ihnen die Aussicht über den Tegernsee im Norden und die weite Bergwelt im Süden bot. Die Frauen waren begeistert. Doch Hedi und Erika zweifelten nach ihrem Erlebnis auf dem Reichsparteitag zum ersten Mal ernsthaft daran, ob sie durch die Gründung ihres Clubs den anderen Frauen tatsächlich zu mehr Stimmkraft gegen die nationalsozialistische Bewegung verhelfen konnten. In jedem Fall würde diese Entwicklung ein viel zu langer Prozess sein. Bis dahin hatte der Führer wahrscheinlich längst die Welt erobert.

Montag, 14. September – Donnerstag, 24. September 1936

Am Montag trafen die ersten Gäste auf dem renovierten Landauer Hof ein. Eine strahlende Frühherbstsonne hieß die beiden Frauen aus Bonn, zwei pensionierte Lehrerinnen, willkommen. Nachdem die beiden von Johanna erfahren hatten, dass ihre Enkelin Bergsteigerin war, buchten sie bei Hedi sofort für den nächsten Tag eine Wanderung. Hedi entschied sich für die leichte Tour auf den Taubenstein, und als die drei am späten Dienstagnachmittag zurückkamen, waren ihre Kundinnen begeistert. Hedi hatte ihnen Flora und Fauna ihrer Heimat erklärt: den Spitzwegerich mit seinen rosettenförmigen Blättern auf den Almen, den Gletscherhahnenfuß mit seinem roten Stiel und Blüten im Bergbach und die seltenen Hirschzungen im Hochwald; sie hatte die unterschiedlichen Baumzonen beschrieben, die Gesteinsarten, und sie hatten sogar einen Bartgeier auf seinem Beutezug beobachtet.

Am Mittwochabend traf sich die Frauengruppe im Gasthof *Zur Tenne* in Miesbach. Resi und Gertrud fehlten, ohne sich vorher entschuldigt zu haben. Dafür jedoch hatte sich die Gruppe wieder um vier Schülerinnen vergrößert, die zum Bund Deutscher Mädchen gehörten.

»Wir wollen mal sehen, wie es bei euch ist«, sagte die eine. »Beim BDM geht es immer um Politik. Dabei interessiert uns die gar nicht so sehr.«

»Bei uns gibt's keine Politik«, erwiderte Erika. »Bei uns geht's auf die Berge. Schließlich wollen wir den Burschen zeigen, dass wir das genauso gut können wie sie.«

Kaum hatte sie die Worte ausgesprochen, da öffnete sich die Tür des kleinen Hinterzimmers und zwei Männer traten ein. Graue Anzüge, Hut, Parteiabzeichen am Mantelrevers. Schneider und Hausmann – so stellten sie sich vor.

Hedi und Erika wechselten einen Blick. »Bitte schön?« Hedi zeigte ihnen ihr schönstes Lächeln.

»Hier soll eine Versammlung stattfinden«, begann der Mann namens Schneider mit finsterer Miene. »Wir prüfen, ob hier ein judenfreundlicher Geist herrscht.«

Die Frauen am Tisch sahen sich gegenseitig verwirrt an.

»Gibt es also hier in der Runde eine Jüdin?«, fragte Hausmann energischer.

Hedi erhob sich. »Wir sind privat hier. Was hat die Partei damit zu tun?«

Ohne auf ihren Einwand einzugehen, fragte Schneider zackig in die Runde: »Wer von Ihnen ist in der Partei?«

Die Schülerinnen, die zum ersten Mal da waren, hoben zögerlich die Hände. »Wir sind im BDM.«

»Und was macht ihr dann hier?«

»Wir wollen bergsteigen.«

»Und die anderen?«, fragte Hausmann.

»Die wollen auch bergsteigen«, erwiderte Erika frech.

»Sind Sie Mitglied der NSDAP, Fräulein?«

Erika reckte das Kinn. »Nein.«

Hedi straffte sich, wodurch sie noch ein bisschen größer wirkte. »Verzeihen Sie, aber haben Sie überhaupt die Befugnis, und wenn, von wem, hier hereinzuplatzen und unser Treffen zu stören? Mein Mann ist Stellvertretender Presseleiter im Braunen Haus. Ihn würde es bestimmt interessieren, wenn in den Reihen seiner Partei Unkorrektheiten passierten.«

Die beiden Männer wechselten einen kurzen Blick.

»Es gibt genug subversive Gruppen, die wir gerne im Auge behalten wollen«, erwiderte Schneider schon etwas freundlicher.

»Dann fragen Sie sich mal, warum es die gibt«, gab Erika unerschrocken zurück.

»Wir haben nichts mit Politik zu tun«, sagte Hedi rasch. »Wir reden über Rettungstechniken am Berg und planen unsere nächste Tour. Wir wollen nur zusammen auf die Gipfel steigen, weil wir ein anderes Tempo haben als unsere Männer. Das müsste dem Führer doch eigentlich gefallen. Er hat doch eine starke Affinität zum alpinen Bergsport«, fügte sie mit charmantem Lächeln hinzu.

Wieder sahen sich die Männer an.

»Wir werden Sie beobachten«, drohte Hausmann. »Aber noch einmal: Gibt es in der Gruppe hier jemanden, der jüdischen Glaubens ist?«

Alle schüttelten den Kopf.

»Darf ich fragen, von wem Sie eigentlich wissen, dass wir heute Abend hier sind?«, fragte Hedi liebenswürdig.

»Von einem Parteigenossen, der sich um unsere Bewegung sehr verdient macht«, lautete Schneiders Antwort.

»Brandler aus Kiefersfelden«, kam es da Erika halblaut über die Lippen.

Die Männer schwiegen, schienen nicht so recht zu wissen, wie es jetzt weitergehen sollte. Dann machte Schneider eine zackige Verbeugung. »Wir empfehlen uns.«

Nachdem sich die Tür hinter den beiden geschlossen hatte, war die Stimmung im Raum dahin. Die Schülerinnen saßen nur noch eingeschüchtert da, ohne etwas zu sagen. Die anderen jungen Frauen ließen ihrem Ärger freien Lauf.

»Das hat uns bestimmt die Brandler Resi eingebrockt.« »Und die BDM-Tante.« »Deshalb sind die beiden auch heute nicht gekommen.« »Wir lassen uns doch nicht von diesen Nazis einschüchtern!« »Wir können schließlich machen, was wir wollen.« So scholl es durcheinander.

»Wer weiß, wie lange noch«, sagte Erika mit Grabesstimme und blass vor Wut.

Als Johannes am Sonntagmittag kam, lautete seine erste Frage wie immer: »Wie geht's Hans?«

»Besser«, antwortete Hedi. »Vielleicht kann er kommende Woche schon entlassen werden. Allerdings muss er dann noch das Bett hüten.«

»Dann ist Johanna wenigstens nicht allein im Haus, wenn wir nächstes Wochenende nach Berlin fahren.« Johannes zog sein Zigarettenetui aus der Jacketttasche, hielt dann jedoch inne und sah Hedi forschend an. »Ist was?«

»Lass uns bei dem schönen Wetter spazieren gehen, dann erzähle ich es dir.« Untergehakt wie ein normales Ehepaar wanderten die beiden durch die Wiesen zum Wald.

»Erika sollte sich ein bisschen zurückhalten«, sagte Johannes besorgt, nachdem Hedi zu Ende erzählt hatte. »Die könnten euch ganz schön Ärger machen. Die Brandler Resi hat wahrscheinlich ihrem Vater von euren Zielen erzählt – Alpinbergsport für mehr Unabhängigkeit und Selbstbewusstsein, um dadurch ein kritisches Bewusstsein zu entwickeln. Klar, dass die Nazis einen solchen Club, und sei er noch so klein, im Keim ersticken wollen.«

»Irgendwo haben sie ja recht, wir wollen anderen Frauen zu einer kritischen politischen und gesellschaftlichen Haltung verhelfen.«

»Bitte, verzeih, aber damit werdet ihr keinen Erfolg haben.«

»Und warum nicht?« Hedi blieb stehen und sah Johannes herausfordernd an.

»Alle bisherigen Widersacher der Nazis sind kläglich gescheitert. Schau dir doch die kommunistischen Funktionäre aus den Anfangsjahren des Regimes an: alle im Gefängnis oder im Grab. Außerdem bezweifle ich stark, dass eine politische Opposition hier aus dem kleinen Tal überhaupt zu mobilisieren ist. Da müsstet ihr schon in Großstädten wie Berlin oder Gegenden wie dem Ruhrgebiet agieren. Abgesehen davon ist die Zeit noch nicht reif dafür. Hitler ist erst drei Jahre an der Macht und bis jetzt geht es allen gut, sehr viel besser als vor 1933.«

»Und was ist mit den Juden?«, fragte Hedi hitzig.

Johannes seufzte. »Wie gesagt, Hitler versteht es bis jetzt, die Massen durch Lohn und Brot ruhigzustellen. Das könnte sich ändern, wenn er einen Krieg anzettelt oder noch stärker gegen Minderheiten vorgeht, die nicht ins Bild der Nazis passen.« Er strich Hedi liebevoll über die Wange und fügte hinzu: »Eure Idee ist gut, aber es wird nichts nutzen. Konzentriere dich lieber auf dein Kind und die Pension, statt dich mit den Nazis anzulegen.«

Am nächsten Tag fuhren die beiden Bonnerinnen nach Hause, und am Nachmittag kamen bereits wieder neue Gäste – zwei Ehepaare aus Baden-Württemberg. Da das schöne Frühherbstwetter anhielt, führte Hedi auch sie durch die Bayrischzeller Bergwelt. Inzwischen war sie Ende des vierten Monats und wenn man genau hinschaute, sah man ihr das schon an. Dennoch konnte sie sich nicht erinnern, sich jemals körperlich so wohlgefühlt zu haben. Durch die viele Bewegung an der frischen Luft sah sie rosig und gesund aus.

»Die Schwangerschaft steht dir gut zu Gesicht«, sagte Erika, als sich die beiden am Mittwochnachmittag im *Frohsinn* bei Eierlikörtorte und Kaffee gegenübersaßen. »Du hast noch nie so schön ausgesehen.«

»Danke.« Hedi strahlte ihre Freundin an. »Weißt du noch, als wir im Juli hier saßen und ich gerade von diesem schrecklichen Arzt kam?«

»Klar. Mein Gott ...« Erika verdrehte die Augen. »Was ist seitdem alles passiert! Du hast deinen Beruf aufgegeben, die Pension umgebaut, geheiratet, wir haben den Club ins Leben gerufen, der jedoch wahrscheinlich nicht von Erfolg gekrönt sein wird ... Alles in so kurzer Zeit.«

»Großvater hatte den schweren Unfall ...«, fügte Hedi hinzu.

»Und übermorgen fahren wir mit Johannes und Karl nach Berlin. Und kein Mensch wird denken, dass wir beide eigentlich nur ein Alibi für die beiden sind.«

Hedi lachte. »Mein Schwiegervater würde jetzt sagen: *Man schaut den Menschen nur vor den Kopf, aber nicht hinein.*«

Erika leckte genüsslich die Sahne von der Kuchengabel, die sie sich zur Eierlikörtorte bestellt hatte. »Die guten alten Volksweisheiten ...« Dann sah sie Hedi ernst an. »Karl war sehr glücklich, nachdem wir gestern offen miteinander gesprochen haben. Er hat mir auch gestanden, dass er am Anfang ziemlich eifersüchtig auf dich gewesen ist.«

Hedi lachte. »Traut er Johannes etwa nicht?«

Erika stimmte in ihr Lachen ein. »Scheint so.«

»Da muss er sich nun wirklich keine Sorgen machen. Ich fühle mich immer noch Thomas gegenüber zur Treue verpflichtet.«

»Da sieht man mal, dass Beziehungen eigentlich immer gleich ablaufen, ganz egal ob zwischen Mann und Frau oder zwei Männern.«

»Oder zwei Frauen«, fügte Hedi hinzu. »*Eifersüchtig sein heißt: nicht an seiner Frau, sondern an sich selbst zweifeln.* Das hat Honoré de Balzac gesagt. Ein Spruch meiner Mutter«, sagte Hedi mit zärtlichem Lächeln.

»Wahrscheinlich weiß Karl genau, dass er launisch und labil ist. Deshalb zweifelt er an sich. Johannes kommt mir dagegen wie ein Fels in der Brandung vor.«

»Er und Thomas sind sich sehr ähnlich«, sagte Hedi nachdenklich.

»Denkst du noch oft an ihn?«

»Immer.«

Als Hedi an diesem Spätnachmittag vom Bahnhof zurück zum Hof ging, hörte sie ein Motorrad hinter sich. Willi? Den hatte sie nun auch schon wieder ein paar Wochen nicht gesehen. Sie drehte sich um und staunte nicht schlecht. Auf der Maschine saß kein anderer als der Brandler Hias.

»Ja mei, dass ich dich hier treffe!«, rief er erfreut aus. »Ich bin gerade auf dem Weg zu dir.«

»Du bist also wieder im Land?« Hedi strahlte ihn an.

»Nur für zwei Tage. Steigst du auf? Dann fahr ich dich heim.«

Als sie vor der Scheune vom Motorrad stiegen, sah Hias sie bewundernd an. »Eins muss man sagen, Madl, du bist noch schöner geworden. Und zugenommen hast du, was dir gut zu Gesicht steht. Macht das die Ehe?«, fügte er mit hochgezogenen Brauen hinzu.

»Woher weißt du …?«

»Na, das pfeifen doch die Spatzen von den Dächern, dass du Thomas' Bruder geheiratet hast.«

Hedi biss sich auf die Lippe. »Und was denkst du jetzt?«

Hias zuckte mit ernster Miene mit den Schultern. »Dass es sehr schnell ging.«

Hedi räusperte sich. »Lass uns erst mal in die Stube gehen.«

Als sie sich am Tisch gegenübersaßen, sah Hedi ihn bedeutsam an. »Du weißt, wie das war in der Nordwand ...«

Hias nickte. »Du wärst am liebsten mit ihm gestorben. Deshalb hat's mich auch gewundert, dass du so schnell geheiratet hast.« Sein Blick bekam einen forschenden Ausdruck. »Oder hattest du einen besonderen Grund dafür?«

Sie musste lächeln. »So könnte man es sagen.«

Hias begriff sofort. »Aber den kennt keiner, oder?«

»Nur unsere Familien und du jetzt.« Sie sah ihm in die Augen und hielt seinen Blick fest.

»Verstehe.« Er nickte ihr beruhigend zu. »Von mir wird keiner was erfahren. Aber ich finde, du hast gut daran getan. Johannes ist schließlich sein Bruder und wird dem Kind bestimmt ein guter Vater sein.« Dann griff er in die Hosentasche und brachte eine kleine schwarze Dose mit Goldrand hervor, die er vorsichtig auf den Tisch legte. »Da sind sie.« Sein Lächeln wirkte traurig, als er auf ihren Ringfinger zeigte. »Aber jetzt hast du ja schon einen.«

Hedi schluckte. »Du hast mir heute den richtigen gebracht«, sagte sie leise mit feuchten Augen.

Ein paar Augenblicke lang hingen die beiden ihren Gedanken nach.

»Wie geht's denn deinem Großvater?«, erkundigte sich Hias dann. »Ich hab davon gehört.«

»Morgen holen wir ihn aus dem Krankenhaus. Ich hoffe, er ist so vernünftig und hört auf den Arzt. Er soll unbedingt Ruhe halten.«

»Das wird schon«, meinte Hias. »Dafür wird die Johanna schon sorgen.«

Hedi musste lachen. »Das denk ich auch. Aber sag – wie geht es dir denn?«

»Bestens. Ich habe Glück gehabt. Die Steuris haben mich zuerst mal aufgenommen und mir Arbeit gegeben. Seit Mitte August habe ich ein kleines Zimmer in Grindelwald und bin inzwischen gut beschäftigt. Dort sind ja viel mehr Touristen als hier bei uns. Viele Engländer und Amerikaner mit viel Geld. Die zahlen gut. Morgen fahr ich zurück, und in vier Tagen geht's mit einer englischen Gruppe aufs Matterhorn.«

»Und wo übernachtest du hier?«, fragte Hedi. »Du und dein Vater ...«

»Nix mein Vater«, wehrte Hias barsch ab. »Den will ich nimmer mehr sehen. Der hat mich rausgeschmissen. Ich hab nur die Mutter besucht und schlaf bei einem Spezi in Kiefersfelden. Ich hatte hier noch ein paar Sachen zu erledigen, um mit allem abzuschließen.«

»Und dann kommst du nie wieder?« Mit großen Augen sah sie ihn an.

»Ach Hedi, ich weiß net. Das wird man sehen. Deutschland gefällt mir nicht mehr. Die Schweiz ist ein sehr guter Platz, um zu leben.«

Hedi schwieg wieder eine Weile. So viele Gedanken gingen ihr durch den Kopf. Irgendwie fühlte sie sich mit Hias verbunden. Wie viel hatten sie miteinander durchgestanden! Sie räusperte sich, bevor sie fragte: »Hast du mal ...?«

Hias nickte. »Aber nix gefunden. Ich hab mich auch umgehört. Nachdem wir weg waren, sind kurz hintereinander drei weitere Bergsteiger in der Wand abgestürzt, noch vor dem Drama mit dem Toni Kurz. Die Japaner hatten übrigens auch einen Schwerverletzten und haben deshalb abgebrochen.«

»Das weiß ich. Ich habe mehrmals im Hotel Bellevue und beim Bürgermeister in Grindelwald angerufen.«

»Ich bin gespannt, wann es mal jemandem gelingen wird, die Wand zu durchsteigen. Ich werde es jedenfalls nimmer mehr versuchen.«

Es war noch dunkel, als Hedi am nächsten Morgen vom Hof radelte. Sie hatte nur wenig Zeit. Am Mittag musste sie in Miesbach sein, um ihren Großvater aus dem Krankenhaus zu holen. Dort traf sie sich mit Johannes, der sie dann nach Hause fahren würde.

Als sie an der Station der Wendelsteinbahn ankam, wechselte auf der Wetterstation gerade die Schicht. Hedi nahm den Wanderweg, der im Licht des nahenden Tages schon gut zu erkennen war. Ruhig und zielstrebig setzte sie einen Fuß vor den anderen. Es war kalt, die Luft klar. Während sie immer weiter aufstieg, erhoben die Vögel in den Latschenkiefern zu beiden Seiten des Weges ihre Stimmen. Ohne Pause erreichte sie das Gipfelkreuz. Inzwischen war die Sonne aufgegangen. Ihre Strahlen tauchten die umliegenden Bergspitzen in ein goldenes Licht. Über ihr spannte sich glasklar der Morgenhimmel, und vor ihr breitete sich die Welt mit ihren Almen und schneebedeckten Gipfeln aus. Ein neuer Tag war angebrochen. Hedi war zumute, als wenn mit ihm auch etwas Neues in ihrem Leben begann.

Sie ließ sich am Fuß des Gipfelkreuzes nieder, dort, wo sie und Thomas sich zum ersten Mal geküsst hatten. Mit versonnenem Lächeln zog sie den goldenen Ring aus dem Anorak. *Für immer Dein Thomas in Liebe und Treue* stand in seiner Innenseite. Sie betrachtete ihn, fuhr mit dem Zeigefinger zärtlich über seine glatte Form. Es kam ihr so vor, als hätte sie mit ihm einen Teil des geliebten Mannes wiedergefunden. Dann streifte sie den Ehering ab und steckte in innerer Andacht Thomas' Ring an seine Stelle. Der goldene Reif sprühte in der Sonne des neuen Tages Funken.

Freitag, 25. September –
Mittwoch, 30. September 1936

»Sei froh, dass du einen so großzügigen Schuldirektor hast«, sagte Hedi, während Erika auf dem Rücksitz aus der Thermoskanne Kaffee einschenkte.

Nachdem Johannes und Karl sie um zwei Uhr morgens abgeholt hatten, hatten die beiden im Auto erst einmal geschlafen. Jetzt waren sie hellwach und putzmunter.

»Großzügig?« Erika lachte auf. »Der ist halt auch ein Nazi und fand's ganz toll, dass ich in die Reichspressekammer eingeladen bin – so habe ich es ihm zumindest gesagt.«

»Das hätte mein Vater wahrscheinlich auch erlaubt«, sagte Karl vom Beifahrersitz zu den beiden. »Für die Partei tut er ja alles.«

»Gott sei Dank bin ich nicht mehr von ihm abhängig«, erwiderte Hedi erleichtert.

Karl seufzte theatralisch. »Ich beneide dich.«

»Wie lange noch?«, fragte Erika Johannes, der am Steuer saß.

»Nur noch hundert Kilometer«, antwortete er, bevor er herzhaft in eine der Semmeln mit Leberkäse biss, die Hedi am Abend für alle gemacht hatte.

»Fahren wir zuerst ins Hotel?«, erkundigte sich Karl mit vollem Mund.

»Hmm.«

»Wann fängt der Empfang noch mal an?«, wollte Hedi wissen.

»Um eins«, erwiderte Johannes und lächelte ihr im Rückspiegel zu. »Ihr habt also noch genügend Zeit, um euch hübsch zu machen.«

»Ich bin ja schon so gespannt …«, sagte Erika genüsslich kauend.

Als sie eine Stunde später über den Kurfürstendamm fuhren, drückten sich Hedi und Erika die Nasen an der Scheibe platt. Prachtbauten zu beiden Seiten der Straße, Geschäfte mit der neuesten Mode und kostbaren Auslagen, Cafés, Kinos, Theater, Tanzlokale …

»Wer wohnt denn hier?«, fragte Erika mit großen Augen.

»Reiche Leute«, erwiderte Karl. »Fabrikdirektoren, hohes Militär, Regierungsräte, aber genauso auch Hochstapler und korrupte Geschäftemacher. Berlin ist die Stadt der Gegensätze. Hier gibt es alles.«

»Ich will alles kennenlernen«, sagte Erika begeistert.

»Morgen haben wir genügend Zeit dafür«, erwiderte Hedi und lachte. »Morgen erobern wir Berlin.«

Ihre Unterkunft lag in der Fasanenstraße, einer Seitenstraße des Kurfürstendamms. Die kleine Pension, die Johannes von seinem Bekannten Wilfrid Bade empfohlen bekommen hatte, der gerade in der Reichspressestelle in Berlin Karriere machte, wurde von einer freundlichen älteren Dame geführt, die sehr verlegen dreinblickte, als Erika um den Zimmerschlüssel für das Doppelzimmer bat.

»Sie sind aber nicht verheiratet, nicht wahr?« Ihr Blick pendelte zwischen ihr und Karl. »Eigentlich darf ich …«

»Das ist gar kein Problem«, sprang Hedi ein. »Wir wissen um das Gesetz. Mein Mann und ich haben schon gesagt, dass ich mir mit meiner Freundin das Zimmer teile, und die beiden Männer schlafen in dem anderen.«

Die Pensionswirtin lächelte erleichtert. »Vielen Dank für Ihr Verständnis.«

Die beiden Doppelzimmer waren einfach, sauber und preiswert. Lachend packten Hedi und Erika ihre Reisetaschen aus.

»Wie würde dein Schwiegervater jetzt wieder sagen?«

»Man kann den Menschen nur vor den Kopf und nicht hineinschauen«, antwortete Hedi belustigt.

»Welch ein Schmarrn! In den beiden Nächten passiert doch jetzt hinter diesen Türen viel mehr Unzucht, als wenn Karl und ich uns ein Zimmer geteilt hätten«, amüsierte Erika sich.

Nachdem sich die vier frisch gemacht hatten, fuhren sie mit der Elektrischen bis zur Von-der-Heydt-Straße, wo sich die Reichspressekammer befand. Ein paar Augenblicke blieben sie vor dem klassizistischen Gebäude mit dem Säulenportal stehen. Der darüberliegende Balkon war mit der Hakenkreuzfahne geschmückt.

»Alles, was mit diesem Mann zu tun hat, ist monumental«, sagte Hedi kopfschüttelnd.

Johannes wies sich und seine Begleiter in der mit Marmor verkleideten Eingangshalle bei einem Mann in SS-Uniform aus. Daraufhin führte sie ein anderer Mann in einen mit dunklem Holz getäfelten Saal. Hier fanden sich die vier unter etwa dreißig bis vierzig Personen wieder. Die meisten Männer trugen SA- und SS-Uniformen, nur wenige waren in Zivil. Die Frauen trugen Pelze und Füchse, so wie auf der Rednertribüne in Nürnberg. Noch während sie sich verwirrt umsahen, kam ein stattlicher Mann in SS-Uniform auf sie zu. Max Amann, der Präsident der Reichspressekammer, ein ehemaliger Münchner Journalist, beglückwünschte Johannes formgemäß zu seiner Beförderung, plauderte mit bayrischem Akzent aufgeräumt mit Hedi und Erika und bot an, sie am Nachmittag zur Reichspresseschule zu begleiten, wo er einen Vortrag hielt. Hedi bemerkte, dass sie unter den Gästen auffiel. In dem smaragdgrünen, glockig geschnittenen Umstandskleid mit kurzer Jacke, die eine tiefe Kellerfalte im Rücken sowie Pelzbesatz an Kragen und Ärmelaufschlägen hatte, fühlte sie sich sicher. Dazu trug sie braune Pumps und einen braunen Glockenhut, unter dem ihr die blonden Haare in großen Wellen auf die Schultern fielen. Sie wusste, dass sie sehr hübsch aussah. Johannes wich nicht von ihrer Seite. Jedem, der es hören wollte – oder vielleicht auch nicht –, erzählte er, dass sie ein Kind erwarteten. Nachdem Champagner und Schnittchen herumgereicht worden waren, hielt Dr. Joseph Goebbels eine Rede. Er trug Zivil. Hedi war der schwarzhaarige, schmächtige Mann – Reichsminister für Volksaufklärung und Propaganda, dem auch die Reichspressekammer unterstand – höchst unsympathisch. Sein intensiver, leidenschaftlicher Blick streifte sie einige Male und erinnerte sie daran, dass Goebbels nicht nur für seinen Zynismus, sondern auch für seine Frauengeschichten bekannt war.

Zu Beginn seiner Rede zitierte er aus *Mein Kampf*:

»Der Presseeinfluss auf die Masse ist der weitaus stärkste und eindringlichste, da er nicht vorübergehend, sondern fortgesetzt zur Anwendung kommt.« Mit diesem Zitat begründete Goebbels das Thema seiner Rede – die Notwendigkeit der Gleichschaltung aller Presseorgane, um die Feinde im Inneren zu neutralisieren und die Meinung des Auslandes über das Dritte Reich zum Nutzen der NSDAP zu steuern.

Hedi hörte gar nicht zu. Ein Seitenblick auf Erika verriet ihr, dass ihre Freundin es genauso wenig tat.

Nach dem Empfang wurden sie in einer schwarzen Limousine mit Standarte zur Reichspresseschule in Dahlem gefahren. Die Gründung dieser Einrichtung war von Goebbels initiiert worden. Seit Januar 1935 wurden hier die angehenden Journalisten darauf eingeschworen, wie sie die NS-Ideologie zu verbreiten und zu unterstützen hatten.

»Diese Villa hat übrigens einmal einem jüdischen Ehepaar gehört«, erzählte Amann freiweg, als sie das herrschaftliche Anwesen betraten. »Hermann und Johanna Ploschitzki. Sie besaßen in Potsdam ein großes Warenhaus.«

Jeder konnte sich denken, was dann passiert war: Enteignung, weil sie Juden waren.

Hedi fiel es schwer, sich ihre Abscheu nicht anmerken zu lassen – und sie war erleichtert, dass Erika klug genug war, sich jeder Kritik zu enthalten.

Auch hier quälten sich die vier durch die Zeit. Nachdem Amanns Limousine sie zurück nach Berlin-Mitte gebracht hatte, sagte Johannes erleichtert:

»Und jetzt gehen wir ins *Horcher* essen. Ich muss auf meine Beförderung ja noch einen ausgeben.«

Obwohl die vier gut gekleidet waren, fühlten sie sich in dem Restaurant unwohl. Alle anderen Gäste trugen Abendgarderobe. Livrierte Kellner mit weißen Handschuhen bewegten sich lautlos zwischen den weiß eingedeckten Tischen, die mit Blumen und Kerzen geschmückt waren. Wandlampen an den holzgetäfelten Wänden verströmten ein behagliches Licht. In der Luft lag der Duft von Parfüm. Die Atmosphäre erinnerte Hedi ans *Bellevue* auf der Kleinen Scheidegg. Und wieder verspürte sie einen Stich im Herzen.

»Wie bist du auf dieses Lokal gekommen?«, fragte sie Johannes mit leiser Stimme, um sich von ihrem Schmerz abzulenken.

»Wilfrid Bade …« Verunsichert sah er sie an. »Ich dachte, es würde dir gefallen.«

»Na ja, schlecht ist es ja nicht«, wandte Erika burschikos ein. »Wollen mal sehen, was die Karte zu bieten hat.«

Die Mockturtlesuppe mit Madeira, das zarte Rinderfilet, der Champagner und zum Abschluss der Courvoisier beflügelten schnell die Laune. Nachdem Johannes, Karl und Erika eine Cohiba geraucht hatten, sagte Erika unternehmungslustig:

»Und jetzt geht's auffi ins Berliner Nachtleben. Ich will alles sehen. Nachtlokale, Spielhöllen, Bordelle, das ganze verruchte Berlin.«

Johannes hob mit gespieltem Entsetzen die Brauen. »Bordelle? Könnten wir uns vielleicht erst mal auf Nachtlokale und Spielhöllen einigen?«

»Was, bittschön, wollen wir vier in einem Bordell?«, fragte Hedi, und alle lachten.

Der Taxifahrer fuhr sie zur Friedrichstraße, wo das Leben pulsierte wie am hellen Tag. Leuchtreklamen, flanierende Menschen, hupende Autos, Taxis … Unter die feinen Herrschaften mischten sich bunte Vögel und Dirnen. Zuerst gingen die vier Freunde in den Admiralspalast, wo es auch ein riesiges Tanzlokal mit Orchestern auf mehreren Etagen, Shows, viel Spiegelglas und Plüsch gab. Erika und Karl mischten sich unter die Tanzenden. Hoochie Coochie war einer der angesagten Tänze, bei dem man den Körper schüttelte, mit dem Hinterteil wackelte, den Oberkörper vor- und zurückbeugte und mit Armen und Beinen wirbelte. Hedi und Johannes schauten den beiden belustigt zu. Doch bald hatten sie alle genug von dem Lärm. Eingehakt schlenderten sie weiter die Friedrichstraße hinunter und tauchten in eine ihrer Seitenstraßen ein. Hier war es ruhiger – und schummriger. In der Nähe eines Lokals blieb Erika stehen. »Hier gehen wir rein«, entschied sie in Champagnerlaune.

Neben dem Eingang lehnten rechts und links ein paar Paare und küssten sich im Schein der Gaslaternen, sichtlich beschwipst und mit derangierten Kleidern – Frauen und Männer, aber auch nur Frauen oder nur Männer.

Hedi lachte. »Meinetwegen. Hier erlebst du bestimmt das ganze Berlin.«

Sie schickten sich an weiterzugehen, doch dann hielt Johannes im Schritt inne. Auch Karl und Erika blieben stehen. Auf dem schmalen Bürgersteig kamen ihnen in geschlossener Front sechs grölende, angetrunkene junge Männer entgegen. Armbinde mit Hakenkreuz, schwarzes Tuch mit Lederring, Messer in der Seitennaht der braunen Hose. Johannes zog Hedi zur Straßenmitte, Karl und Erika folgten ihnen.

»Schaut mal, die Fatzken dort haben Angst vor uns!«, rief einer der sechs aus, woraufhin die anderen lachten. Die Gruppe blieb vor ihnen stehen, schwankend und feixend. »Lass sie in Ruhe«, sagte der Kleinste von allen. »Das sind welche von uns. Siehst du nicht die Parteiabzeichen?«

Der Angesprochene überhörte den Einwand. Sein stieriger Blick richtete sich auf Karl und Erika. »Führst du heute dein jüdisches Liebchen aus?«, fragte er lallend. »Das ist Rassenschande.«

Torkelnd zeigte ein anderer auf das Lokal. »Wahrscheinlich will die Trulla in diesen Schuppen da.«

Der Erste trat schwankend an Karl heran. »Schämst du dich eigentlich nicht? Mit deiner Judenbraut?«

»Sag mal, bist du deppert?«, fuhr Erika ihn an, holte aus und versetzte ihm eine solche Ohrfeige, dass er den Stand verlor und nach hinten wankte.

»Weg hier«, befahl Johannes Hedi und schob sie in einer einzigen Bewegung auf die andere Straßenseite. Da sah Hedi auch schon, wie der Größte von den sechsen seine Faust vorschießen ließ. Sie traf Erika am Kopf und ihre Freundin fiel hin. Eine Sekunde später stürzten sich Johannes und Karl gleichzeitig auf den Schläger, streckten ihn zu Boden, und Hedi sah sich einem Knäuel von Körpern gegenüber. Arme schlugen, Füße traten. Innerlich zitternd, beide Hände schützend vor ihren Bauch gelegt, lief sie zu Erika hinüber, die sich gerade wieder aufrichtete. Ihre rechte Wange war aufgesprungen, und aus der Wunde lief Blut.

»Um Himmels willen«, flüsterte Hedi, während sie ihre Freundin zu dem Lokal zog, dessen Eingang jetzt wie leer gefegt war. Hilflos sah sie sich um. Währenddessen schlugen und traten die sechs jungen Männer brutal auf Johannes und Karl ein.

»Hilfe! Hilfe!«, schrie Hedi aus Leibeskräften, rüttelte an der Tür, die fest verschlossen war.

Dann hörte sie ein durchdringendes Hupen, gefolgt von Pfiffen. Eine schwarze, überlange Limousine mit Standarte hielt an, und zwei Männer in schwarzen Uniformen sprangen heraus. Sie liefen auf die Prügelnden zu, rissen sie zurück, brüllten sie an, woraufhin sich die sechs von dannen trollten. Hedi ließ Erika stehen und rannte zu Johannes und Karl, die gekrümmt und reglos auf dem Asphalt lagen. Während ihr die Tränen über die Wangen liefen, beugte sie sich über sie.

»Sie sind bewusstlos«, hörte sie da eine ruhige Stimme mit bayrischem Akzent neben sich.

Sie schaute auf und dem SS-Mann ins Gesicht.

»Gehören Sie zu den beiden?«

»Mein Ehemann …«, stammelte sie unter Tränen. »Und der Verlobte meiner Freundin.« Sie zeigte auf Erika, die inzwischen neben ihr stand und sich mit schmerzverzerrter Miene die Wange hielt.

Der SS-Mann wandte sich an seinen Kameraden. »Das sind Parteigenossen. Die sollten ins Krankenhaus.«

»Wir bringen sie in die Charité. Die ist ja ganz in der Nähe«, schlug dieser vor.

Der andere nickte. Dann sah er Hedi an. »Was machen Sie überhaupt hier in diesem Viertel?«

»Das ist doch wohl jetzt egal«, fauchte sie ihn an. »Tun Sie bitte was. Nicht, dass sie sterben.«

»So schnell stirbt man nicht«, meinte er mit glattem Lächeln, schlug die Hacken zusammen und deutete eine Verbeugung an. »SS-Brigadeführer Mayer, auch aus Bayern, wie man bestimmt hört.«

Sie nickte. Was sollte sie sagen? Sie wusste, was die SS war. Die Schutzstaffel wurde von Hitler und der NSDAP als Herrschafts- und Unterdrückungsinstrument eingesetzt und war eine der mächtigsten Organisationen der Nationalsozialisten, mit der man sich lieber nicht anlegte. Natürlich war ihr der Mann unangenehm, aber sie brauchten jetzt seine Hilfe.

»Wir kommen aus München«, erwiderte sie mit zittriger Stimme. »Mein Mann war heute in die Reichspressekammer eingeladen, und heute Abend wollten wir halt das Nachtleben hier etwas kennenlernen …«

»Tut uns leid, dass es so geendet ist«, sagte Mayer. »Also …« Er sah seinen Kameraden auffordernd an. »Tragen wir sie in den Wagen. Und Sie? Geht es Ihnen gut?« Er wandte sich an Erika, die leichenblass dastand und aussah, als würde sie die ganze Situation noch gar nicht richtig begreifen.

Erika nickte nur stumm. Hedi wollte helfen, als die beiden zuerst Johannes vom Boden aufhoben.

»Lassen Sie bitte, Sie sind schwanger«, sagte der Brigadeoffizier abwehrend. »Das schaffen wir allein.«

Nacheinander schleiften die SS-Männer die Bewusstlosen zum Auto und verfrachteten sie auf die Rückbank. »Sie können mit uns fahren.« Mayer machte eine auffordernde Geste. »Hier haben sechs Personen Platz.«

Die kurze Fahrt verlief weitgehend schweigend. Hedi und Erika kümmerten sich um Johannes und Karl, die inzwischen beide wieder bei Bewusstsein waren. Sie hatten Platzwunden am Kopf, ihre Kleidung war völlig durcheinander. Beide klagten über Schmerzen im linken Oberbauch.

»Vielleicht innere Verletzungen?«, flüsterte Erika Hedi erschrocken ins Ohr.

»Sie haben bisher zum Glück kein Blut erbrochen«, raunte Hedi zurück. »Wir sind gleich in der Charité«, sagte sie laut und lächelte beruhigend. Johannes nickte stumm, griff nach ihrer Hand und hielt sie fest. Karl lag halb in Erikas Armen und stöhnte bei jeder Unebenheit im Asphalt.

»Es tut mir so leid«, murmelte er mehrmals. »Und dabei wollten wir doch eine schöne Zeit haben.«

»Das wird schon wieder«, tröstete Erika ihn tapfer lächelnd.

Er berührte ihre Wange. »Tut es weh?«

»Schmarrn. Nur eine kleine Wunde«, tat sie die Schmerzen ab, die Hedi ihr ansah.

Nachdem zwei Sanitäter die beiden Verletzten auf Rolltragen ins Krankenhaus gefahren hatten, fragte der Brigadeoffizier höflich:

»Können wir Sie irgendwo hinbringen?«

»Danke«, verneinte Hedi genauso höflich. »Wir bleiben erst mal hier in der Klinik.« Sie lächelte ihn verbindlich an. »Haben Sie herzlichen Dank für Ihre Hilfe.«

»Ja, vielen Dank«, pflichtete Erika ihr bei. »Was hätten wir ohne Ihr Eingreifen gemacht?« Auch sie zwang sich zu einem freundlichen Lächeln.

»Sieg Heil«, verabschiedeten sich die beiden und ließen den rechten Arm hochschnellen.

Hedi und Erika nickten nur, drehten sich um und liefen in die Charité hinein wie in einen sicheren Hafen.

Hedi und Erika mussten eine Stunde auf dem Gang der Notfallstation warten, bis ihnen ein Arzt die Diagnose überbrachte. Währenddessen versorgte eine Schwester Erikas Platzwunde, die inzwischen stark angeschwollen war.

»Herr Huber hat sich Prellungen an Bauch und Rücken, drei Rippenbrüche und eine Gehirnerschütterung zugezogen. Hirnblutungen konnten wir nicht feststellen. Herr Leitner hat ebenfalls eine Gehirnerschütterung sowie Prellungen und Blutergüsse im Bauchbereich. Und zusätzlich einen Milzriss.«

»Muss er operiert werden?«, fragte Hedi erschrocken.

»Wir neigen momentan zu einer konservativen Behandlung. Er liegt jetzt auf der Intensivstation, wo er engmaschig überwacht wird. In vielen Fällen sinkt das Risiko für einen schweren Verlauf nach zweiundsiebzig Stunden deutlich ab. Das wollen wir erst mal abwarten.«.

»Dürfen wir zu ihnen?«, fragte Erika.

Da schüttelte der Arzt energisch den Kopf. »Meine Damen, wir haben mitten in der Nacht. Die anderen Patienten brauchen ihre Bettruhe. Kommen Sie morgen wieder. Dann werden die beiden auch schon besser ansprechbar sein.«

Hedi und Erika ließen sich mit einem Taxi durch das nächtliche, immer noch quirlige Berlin zu ihrer Pension fahren. Erschöpft fielen sie aufs Bett.

»Jesus Maria!«, stieß Erika aus. »Was für ein Tag! Jetzt sind wir bald vierundzwanzig Stunden auf den Beinen und ich fühle mich immer noch hellwach.«

Hedi lachte bitter auf. »Die vielen Eindrücke und das Erlebte tragen ja auch nicht gerade dazu bei, in einen geruhsamen und friedlichen Schlaf zu fallen.« Sie atmete tief durch. »Jetzt kann ich verstehen, warum Thomas diese Stadt nicht mochte. Zu groß, zu kalt und zu gefährlich hat er immer gesagt.«

»Also ich habe die Nase erst mal voll vom Nachtleben«, erwiderte Erika mit Grabesstimme. Sie stützte sich auf den Ellbogen und sah Hedi an. »Jetzt stell dir mal vor, ich wäre tatsächlich Jüdin. Welche Angst muss man haben, dann als solche erkannt zu werden! Ich glaube, ich würde mir als Erstes die Haare blond färben.« Sie hob die Schultern. »Obwohl das einen wahrscheinlich auf Dauer auch nicht vor diesen Ungeheuern rettet.«

Hedi seufzte. »Was sind das nur für Zeiten! Diesen Mann und seine Anhänger müsste man einsperren.«

»Dann wäre unser Land wahrscheinlich bald leer.«

»Dieser Mayer eben und der andere waren ja eigentlich sogar nett«, fuhr Hedi nachdenklich fort. »Wie können solche Leute einer solchen Organisation angehören?«

Erika gähnte laut. »Ich weiß es auch nicht.«

»Was sie in der Straße wohl wollten? Normalerweise haben Leute von so hohem militärischem Rang doch einen Fahrer.«

»Vielleicht waren sie auf Abwegen«, spekulierte Erika. »Vielleicht waren sie ja auch auf dem Weg in das Lokal, in das wir eigentlich wollten.«

Am Samstag und Sonntag besuchten die beiden Johannes und Karl in der Charité. Den Verletzten ging es schon etwas besser. Der Arzt stellte in Aussicht, dass Karl bereits am Montag und Johannes Mitte der Woche entlassen werden konnte. Da Erika am Montag wieder unterrichten musste, fuhr sie am späten Sonntagnachmittag mit dem Zug zurück. Für Hedi stand fest, dass sie Johannes und Karl Mittwoch mit dem Auto nach Hause fahren würde.

»Ich fahre seit meiner Jugend den Traktor«, sagte sie auf Johannes' Widerspruch hin energisch. »Da werde ich auch den DKW fahren können.«

Karl täuschte noch Schmerzen vor und blieb Johannes zuliebe noch bis Mittwochmorgen in der Charité. Hedi besuchte die beiden jeden Tag für zwei Stunden. Den Rest des Tages verbrachte sie mit Lesen und Schlafen in dem Pensionszimmer. Ihr war die Neugier auf Berlin vergangen.

Johannes ging es im Vergleich zu Karl noch schlecht, als die drei am Mittwochmittag Berlin verließen. Hedi hatte sich schnell an die Kupplung und das Gas gewöhnt, die bei Johannes' Auto sehr viel sensibler reagierten als beim Traktor.

Sie sprachen nur wenig. Über lange Strecken hinweg schlief Johannes, und Karl sah nur stumm aus dem Fenster. Was mochte in seinem Kopf vor sich gehen? Hedi hatte vorgeschlagen, die beiden erst einmal zu ihren Großeltern auf den Hof zu bringen, wo sie zwei Pensionszimmer bezogen. Am nächsten Tag wollte sie Karl dann nach Miesbach zurückfahren, und Johannes sollte noch ein paar Tage Ruhe haben, die der Arzt ihm eindringlich verordnet hatte.

»Ja mei«, sagte Johanna Mittwochabend mit einem Stoßseufzer. »Jetzt haben wir hier ein richtiges Lazarett. Der Großvater und die beiden oben …«

»Gott sei Dank sind alle drei auf dem Weg der Besserung.« Hedi lächelte sie beruhigend an. »Es hätte alles viel schlimmer kommen können.«

»Aber wie es so ist im Leben – alles Unglück kommt immer zuhauf.«

»Aber danach kommt auch immer wieder ein bisschen Glück«, erwiderte Hedi aufmunternd. »Das ist wie mit Regen und Sonne.«

Donnerstag, 1. Oktober – Samstag, 31. Oktober 1936

Am Donnerstagmittag wartete Hedi vor dem Lyzeum in Miesbach auf Erika.

»Was machst du denn hier?«, fragte ihre Freundin mit großen Augen.

»Ich habe Karl gerade nach Hause gebracht, und da fiel mir ein, dass du jetzt Schulschluss haben müsstest. Wollen wir einen Kaffee trinken, und danach fahre ich dich heim?«

Erika nickte. »Gute Idee, dann muss ich nicht mit dem Zug fahren.«

Als sie sich im *Frohsinn* gegenübersaßen, erzählte Hedi ihrer Freundin von den vergangenen Tagen.

»Darauf kannst stolz sein. Die weite Strecke von Berlin bis hierher ...« Erika lachte sie an. »Ich werde meinen Vater überreden, auch ein Auto zu kaufen. Muss ja nicht so ein großes sein. Aber damit ist man doch viel beweglicher und man fährt komfortabler als mit dem blöden Krupp-Roller.«

»Habt ihr euch eigentlich gestern Abend in der *Tenne* getroffen?«, erkundigte sich Hedi.

»Ich war da, aber außer mir waren nur noch die Hinterhofer Petra und die Mayer Vroni da. Die Schülerinnen dürfen wahrscheinlich von ihren Eltern aus nicht mehr kommen. Resi und Gertrud werden es nicht mehr wagen, und was mit Katharina und Agnes ist, weiß ich nicht.« Erika seufzte bekümmert auf, bevor sie hinzufügte: »Ich befürchte, das war's dann. Hausmann und Schneider haben ganze Arbeit geleistet. Die Frauen haben einfach Angst vor Schwierigkeiten. Wie die meisten bei uns.«

»Nach dem, was wir gerade erlebt haben, können wir doch nicht einfach aufgeben«, sagte Hedi energisch. »Wenn es uns nicht gelingt, bei den Frauen eine Bewusstseinsveränderung gegenüber der nationalsozialistischen Bewegung zu bewirken, müssen wir uns etwas anderes einfallen lassen. Wir können doch nicht nichts tun.«

»Wie meinst du das?«

»Auf der Rückfahrt von Berlin habe ich mir überlegt, dass wir hier in den Bergen die besten Örtlichkeiten haben, um Menschen, die von den Nazis verfolgt werden, zu verstecken. Das ist ja auch eine Art von Widerstand. Und ich sage dir, eine solche Hilfe werden in Zukunft viele Menschen bei uns brauchen. Es wird nicht besser werden, sondern eher schlechter.«

»Das befürchte ich auch.« Erika drückte entschlossen die Zigarette im Aschenbecher aus und sah Hedi an. »Ich sag dir was: Ich bin dabei. Und wenn es mit Hitler so weitergeht, wird es bestimmt nicht mehr lange dauern, bis wir da etwas tun können.«

Nachdem Hedi ihre Freundin vor dem Pfarrhaus abgesetzt hatte, fuhr sie nach Hause. Dieser erste Oktober war ein sonniger, trockener Tag. Die Sonne gab noch einmal alles, was sie an Kraft zu bieten hatte. Sie fand Johannes hinterm Haus neben dem Brunnenstock. Einer der Gäste hatte ihm dort einen Sessel hingestellt, in dem er ruhte.

Er lächelte ihr entgegen. »Da bist du ja wieder.«

Hedi setzte sich auf die Holzbank neben ihn. »Noch Schmerzen?«

»Ich habe Tabletten genommen. Der Arzt sagte, die würden auch noch eine Weile anhalten.« Er nahm ihre Hand in seine und hielt sie fest. So saßen sie eine Weile zusammen, beide mit geschlossenen Augen, das Gesicht der Sonne zugewandt.

»Ich habe mich eben mit Hans unterhalten«, brach Johannes nach einer Weile das Schweigen zwischen ihnen. »Er hat mich gefragt, warum ich überhaupt in die Partei eingetreten bin.«

Hedi sah ihn an. »Und was hast du geantwortet?«

»Natürlich das Gleiche wie immer. Karriere in der Reichspressestelle …« Er seufzte. »Was sollte ich denn sonst sagen?«

»Das ist doch in Ordnung.«

»Er war sichtlich froh, als ich andeutete, dass ich wahrscheinlich aus der Partei austreten werde.«

Sie hob die Brauen. »Wirst du?«

»Karl und ich haben in den vergangenen Tagen darüber gesprochen.«

Hedi schluckte. Aber der wahre Grund für euren Eintritt besteht doch immer noch, wollte sie schon antworten, doch sie schwieg erst einmal.

»Hedi …« Johannes sah sie beschwörend an. »In der Charité habe ich in der Zeitung gelesen, dass Heinrich Himmler am 10. Oktober, also in neun Tagen, die *Reichszentrale zu Bekämpfung von Homosexualität und Abtreibung* gründen will. Ihre Hauptaufgabe wird es sein, Daten von homosexuellen Männern zu sammeln, damit diese gezielt durch Kriminalpolizei und Gestapo verfolgt werden können. Weißt du, was das heißt?«

Hedi schlug die Hand vor den Mund. »Mein Gott ...«, flüsterte sie. *Es ist nichts so fein gesponnen, es kommt doch ans Licht der Sonnen,* hörte sie plötzlich im Geiste den alten Leitner sagen.

Johannes nahm ihre Hand in beide Hände. Mit eindringlichem Blick fuhr er fort: »Karl und ich überlegen, ob wir Karls Traum wahr machen und in die USA gehen sollen.«

Unwillkürlich zuckte sie zusammen. Sie räusperte sich. »Aber du hast doch gesagt, dass du deiner Mutter das nicht antun könntest.«

»Das meine ich auch immer noch. Nur ...« Er seufzte in sich hinein. »Ich weiß nicht, ob es ihr nicht letztendlich lieber wäre, ich würde in den USA leben, als hier vielleicht umgebracht zu werden.«

»Das würde ihr bestimmt lieber sein.«

»Und was würde dir lieber sein?« Sein Blick schien in ihre Seele zu tauchen.

Sie lächelte verzerrt. »Welch eine Frage! Ich möchte natürlich auch, dass du lebst.«

»Würdest du allein mit dem Kind zurechtkommen? Ich meine, man könnte ja erst einmal sagen, ich müsste beruflich ein paar Jahre in die USA. Du würdest dann immer noch eine verheiratete, ehrbare Frau sein. Bis jetzt weiß ja noch niemand von meiner ...«, Johannes suchte sichtlich nach dem treffenden Wort, »... meiner Veranlagung.«

Sie nickte benommen. »Ja, so könnte es gehen.«

»Wirst du mal darüber nachdenken?« Bittend sah er sie an.

»Natürlich. Aber das müsste ja dann schon bald sein, oder?«

Er nickte stumm und betrachtete ihre Hand, die vertrauensvoll in seiner lag. Sie merkte ihm an, wie sehr ihn diese Gedanken quälten. Da entzog sie ihm ihre Hand und richtete sich auf. »Johannes, auf mich musst du keine Rücksicht nehmen. Ich kann für mich allein kämpfen. Und für mein Kind selbstverständlich auch. Wichtig ist euer beider Sicherheit in einer Zeit, die alle ehemaligen Werte des Deutschen Reiches in Grund und Boden stampft. Und die Idee, eine solche Ausreise mit deinem Beruf zu begründen, finde ich sehr gut. Für alle Beteiligten.«

Da bemerkte sie den feuchten Glanz in seinen blauen Augen. »Ich danke dir, aber wir werden darüber noch einmal reden, gell?«

Am Ende dieser Woche wollte Johannes unbedingt wieder in seine Wohnung zurück. »Ich muss nachdenken«, sagte er zu Hedi. »Bitte versteh das. Ich verspreche dir auch, dass ich mich schonen werde.«

»Wird Karl bei dir sein?«, fragte Hedi unsicher.

»Das wäre zu riskant. Er braucht auch Zeit zum Nachdenken. So haben wir es in der Charité besprochen. Er will mich anrufen.« Johannes lächelte sie aufmunternd an. »Hast du Lust, mich zu bringen? Wir könnten vorher bei meinen Eltern vorbeifahren, um ihnen zu erzählen, was in Berlin passiert ist.«

»Das ist eine gute Idee.«

»Sollten wir Deutschland verlassen, kannst du den Wagen behalten. Ich brauche ihn ja dann nicht mehr. Und meine Eltern würden sich bestimmt freuen, wenn du sie ab und zu besuchst.«

»Das kann ich genauso mit dem Traktor.«

»Denk an das Kleine. Es fährt bestimmt lieber im DKW.«

Sie musste lachen. »Gut, dann machen wir es so.«

Die alten Leitners waren in heller Freude, als die beiden sie besuchten. Nachdem sie von Berlin erzählt hatten, wetterten sie gegen die Nazis los. Eva konnte sich gar nicht mehr beruhigen. Hochrot im Gesicht schimpfte sie wie ein Rohrspatz auf die Nationalsozialisten.

»Aus diesem Haufen wirst du doch hoffentlich schnellstens austreten«, wetterte sie gegen ihren Bruder. »Karriere hin oder her. Dann arbeitest du eben wieder als freier Journalist.«

Johannes lächelte sie sanft an. »Freie Journalisten gibt es nicht mehr.«

»Dann eben ...« Ihr fiel nichts ein. Stattdessen trank sie zwei kräftige Schlucke von dem Lagreiner.

»Wenn der Bub jetzt aus der Partei austritt, wird er bestimmt von den Nazis bestraft«, wandte Maria besorgt ein.

»Dann muss er auswandern«, legte der Leitner Quirin Johannes die Worte in den Mund.

»Ach ...« Seine Frau sah ihren letzten verbliebenen Sohn mit bebenden Lippen an. »Ja, wenn's dann keine andere Lösung gibt. Besser auswandern als in die Hände dieser Nazis geraten«, fügte sie schließlich leise hinzu. Dann wandte sie sich an Hedi. »Aber was ist dann mit dir und dem Kind?«

Hedi lächelte sie beruhigend an. »Ich kann nicht mit. Wegen der Großeltern. Aber ich komm schon zurecht. Und vielleicht ist es ja auch nur für eine kurze Zeit.«

Da schlug ihre Schwiegermutter die Hände vors Gesicht. »Ach, warum musste auch der Thomas gehen?«, jammerte sie schluchzend.

Hedi sah Johannes an, wie schwer es ihm fiel, die Fassung zu bewahren.

»Geh in die USA und berichte dort darüber, was hier in Deutschland los ist«, empfahl Eva ihrem Bruder in entschiedenem Ton. »Damit könntest du als Journalist auch Karriere machen.«

»Wir werden sehen …«, brach Johannes die Unterhaltung ab. Er sah auf die Uhr. »Ich glaube, wir müssen fahren …«

An den nächsten vier Wochenenden fuhren Hedi und Erika mit Karl zusammen nach München. Sie übernachteten bei Erikas Cousine, Karl mietete sich in einem Pensionszimmer ein. Jeden Samstag und jeden Sonntag redeten sie sich die Köpfe heiß, diskutierten die Vor- und Nachteile einer solchen Ausreise, und ein manches Mal gerieten Johannes und Karl in Streit darüber. Für Karl gab es keinen Grund, von der Idee Abstand zu nehmen. Selbst seine Mutter nicht. Er wollte in den Staaten Musik machen. Johannes schwankte in seiner Meinung. Er hing an seiner Heimat und an seiner Familie. Nicht zuletzt fühlte er sich Hedi gegenüber verpflichtet.

An dem letzten Samstag im Oktober fuhren die vier mittags in den Englischen Garten und saßen dort unter einer der alten Kastanien, die ihre braunroten Blätter auf sie niederrieseln ließ. Über dem Biergarten lag eine seltsame Atmosphäre, was nicht nur daran lag, dass nur wenige Gäste da waren. Schon am Morgen hatte sich der Föhn am südlichen Himmel mit feinen Wolkenstreifen angekündigt. Er brachte die weißen Gipfel hinter den Dächern der Stadt zum Greifen nahe. Die Luft war unnatürlich warm, und das Sonnenlicht drang nur noch durch einen Dunstschleier auf die Erde.

Die vier saßen am Tisch, tranken eine Maß und aßen Brezeln.

»Spürt ihr auch diese merkwürdige Stimmung?«, sprach Karl schließlich aus, was alle gleichermaßen empfanden.

Die anderen nickten.

»Wir haben ja auch eine Entscheidung zu fällen«, erwiderte Johannes sachlich. »Und das möglichst bald.«

»Nicht nur das«, widersprach Karl ihm. »Das ist auch der Föhn. Meine Mutter nennt ihn den *schmeichelnden warmen Atem*. Sie sagt, er würde die Herzen der Menschen seltsam beunruhigen, sie bedrücken oder zu Taten treiben, die sonst niemals geschehen würden.«

»Das hat meine Großmutter auch immer gesagt«, erzählte Erika. »Er soll die Menschen auf eine wunderliche Weise anrühren, sie verwirren oder verzaubern. Und nach ihm ist nichts mehr so, wie es vorher war.«

»Und diesen Unsinn glaubst du?«, fragte Hedi ihre Freundin und lachte belustigt. »Gerade du, die du doch stets so nüchtern denkst.«

»Ich weiß nicht.« Erika zuckte mit den Schultern. »An so alten Volksweisheiten ist meistens was dran.«

»Ich glaube nicht, dass nach dem Föhn morgen alles anders ist als vorher, wenn wir zu keiner Entscheidung kommen«, sagte Johannes entschieden.

»Da stimme ich zu«, pflichtete Hedi ihm bei, wobei sie tief im Herzen nicht so sicher war. Auch sie spürte, dass irgendetwas in der Luft war. Als würde das Schicksal hinter den Kulissen bei der Arbeit sein.

Nach zwei Stunden brachen die vier wieder auf. Sie beschlossen einstimmig, dass Hedi, Erika und Karl wieder zurückfahren würden.

»Ich muss morgen mal wieder meine Mutter besuchen«, sagte Karl.

»Und ich muss heute noch Rechnungen für die Gäste schreiben, die morgen abreisen«, erwiderte Hedi. »Morgen Mittag kommen wieder neue.«

Johannes drückte ihre Hand. »Ich freue mich, dass ihr jetzt schon seit Wochen ein volles Haus habt.«

»Dank deines Hochzeitsgeschenks«, erwiderte sie mit liebevollem Blick.

Auf der Rückfahrt sprachen die drei wenig. Karl stieg in Miesbach aus, Erika in Fischbachau. Als Hedi auf den Hof fuhr, kamen gerade ein paar Gäste von einer Wanderung zurück. Man wechselte ein paar Worte, dann zog sich Hedi auf ihre beiden Zimmer zurück, um sich an die Rechnungen zu begeben.

Irgendwann hörte sie ihre Großmutter rufen. »Hedi!«

Hedi hörte ihrer Stimme an, das irgendetwas passiert sein musste, das Johanna in helle Aufregung versetzt hatte. Sie stürzte aus der Zimmertür und lehnte sich übers Geländer. »Was ist?«

Mit verweinten Augen blickte Johanna zu ihr hoch. »Ich … Da …« Ihre Stimme brach. Sie zitterte am ganzen Leibe.

Hedis Blick folgte ihrer Hand, die auf die Haustür zeigte.

Der Mann stand im Gegenlicht der untergehenden Sonne. Seine große, kräftige Gestalt zeichnete sich wie ein Scherenschnitt ab, sein Gesicht lag im Dunkeln des Flurs. Hedi erstarrte, blinzelte. Vielleicht träumte sie. Vielleicht halluzinierte sie. Vielleicht hatte der Föhnwind sie verwirrt und beschwor die Bilder in ihr herauf, nach denen sie sich am meisten sehnte.

Da stieg Thomas langsam die Treppe hinauf. Hedi begann zu zittern, schlang die Arme um sich. Nein, sie durfte sich nicht freuen, kein Glücksgefühl zulassen, solange sie nicht sicher war, dass sie sich diese Situation nicht nur einbildete. Wahrscheinlich würde er sich in eine Fata Morgana auflösen, sobald sie ihn berühren würde.

Dann stand er vor ihr. »Hedi …«

Das waren seine Stimme und sein Lächeln. Seine schönen Hände, die ihr immer ein Gefühl von Sicherheit, von Geborgenheit, gegeben hatten. Sie griffen nach ihren, hielten sie fest. Ihre Lippen formten seinen Namen, doch sie brachte keinen Ton heraus. Dafür hörte sie Thomas jetzt mit seiner tiefen, leicht rauen Stimme sagen:

»Ich werde dir alles erzählen. Jetzt sollst du nur wissen, dass ich dich liebe. Dass ich endlich zurückgekommen bin. Für immer.«

Seine Worte, sein Timbre, das ihre wunde Seele streichelte, sein offener, aufrichtiger Blick, der ihr das Herz öffnete … Da wusste sie, dass er sie immer noch liebte, ganz gleich, was in den vergangenen Monaten passiert sein mochte.

Erschöpft, am ganzen Körper bebend, schluchzte sie auf. Sie fühlte seine Arme um sich. Ihre Kraft und Wärme durchfluteten sie, und das Zittern hörte auf. Thomas hielt sie fest, drückte sie an sich, die Hände in ihrem Haar, auf ihrem Rücken, ihrer Taille, als wollte er alles an ihr auf einmal fühlen. »Hedi, mein Gott …« Hedi überließ sich seinen Küssen, die Arme um seinen Hals geschlungen, ihr Mund auf seinen gepresst. Ihre Küsse schmeckten nach der Sehnsucht, die sie beide umgetrieben hatte, aber auch nach der Vertrautheit, die zwischen ihnen bestanden hatte, und der großen Leidenschaft, die sie immer noch verband. Hedi wollte nicht wissen, welch höhere Macht ihr ihn wiedergegeben hatte, wo er so lange gewesen war, was er erlebt oder erlitten hatte. In diesen Minuten, in denen sie hier am Geländer standen, zählte für sie nur, dass er lebte und wieder da war.

Später saßen die beiden eng aneinandergeschmiegt auf der Bank neben dem murmelnden Brunnenstock und betrachteten das grandiose Schauspiel, das ihnen die Natur bot. Es begann, dunkler zu werden. Die Sonne war hinter den Bergspitzen verschwunden und der Himmel von einem feurigen Rot überstrahlt. Noch einmal leuchteten die Gipfel golden auf. Dann erlosch eine Felszinne nach der anderen, als würde Licht um Licht ausgeblasen, bis alle Berge schwarz in den rot beleuchteten Himmel ragten. Sie hatten bisher kaum miteinander gesprochen, sich nur immer wieder umarmt, gegenseitig berührt und sich flüsternd ihrer Liebe versichert. Endlich sagte Hedi:

»Ich habe immer tief im Herzen gewusst, dass du noch lebst. Nur, wo warst du? Warum bist du erst jetzt gekommen?«

Thomas sah sie an, so als könnte er noch gar nicht glauben, dass sie leibhaftig neben ihm saß. Dann schluckte er und antwortete:

»Die Japaner haben mich gefunden, schwer verletzt und fast am Ende. Sie wussten nicht, wer ich war, und sprachen kein Deutsch. Noch nicht einmal Englisch. Als ich dann in dem Krankenhaus in Thun aus einem wochenlangen Koma erwachte, stellte ich fest, dass ich mein Gedächtnis verloren hatte. Ich wusste nicht mehr, wer ich war, woher ich kam … Eine Amnesie.«

»Eine Amnesie?«, wiederholte Hedi verständnislos.

»So was kann nach einem traumatischen Erlebnis passieren, wie nach einem solchen Absturz«, erzählte er ihr. »Die Amnesie ist eine Schutzfunktion der Psyche vor einer wiederholten Auseinandersetzung mit dem Erlebten. So hochgestochen haben es mir die Ärzte erklärt. Dabei sind nur die Hirnregionen deaktiviert, die für die Erinnerung autobiografischer Inhalte gebraucht werden. Alle anderen Erinnerungssysteme funktionieren.«

»Mein Gott«, flüsterte sie, während sie ihn fassungslos ansah. Was er ihr gerade erklärt hatte, überstieg ihr Vorstellungsvermögen. »Aber warum haben die Ärzte denn nicht versucht herauszubekommen, wer du bist?«

»Wie hätten sie das herausfinden sollen? Die hatten doch keine Anhaltspunkte.«

»Aber du hattest doch bestimmt noch Bergsteigerkleidung an, als du eingeliefert wurdest.«

»Weißt du, wie viele Berge es in der Umgebung von Thun gibt? Ich hätte überall abgestürzt sein können. Und wer hätte sich darum kümmern sollen? Die hatten alle Hände voll damit zu tun, mich ins Leben zurückzuholen.« Er seufzte tief, bevor er weitererzählte. »Nachdem man die Amnesie festgestellt hat, bin ich dann nach Bern verlegt worden. Dort hat man ein paar hirnorganische Untersuchungen gemacht, aber da war alles in

Ordnung. Die Ärzte trösteten mich damit, dass das Gedächtnis bei manchen Unfallopfern von selbst zurückkommen würde. Richtige Therapien gibt es nicht. Diese Krankheit ist noch gar nicht richtig erforscht. Da kannst du nichts machen. Es gab ja auch keine Verwandten, keine Angehörigen, ich war in einer völlig fremden Umgebung – nichts, was vielleicht meinem Gedächtnis auf die Sprünge geholfen hätte.«

»Das muss ja furchtbar gewesen sein«, sagte Hedi betroffen. Sie hielt Thomas' Hand fest in ihrer.

»Ich hatte Glück. Einer der Ärzte nahm sich meiner an und vermittelte mich an seine Familie im Berner Oberland. Dort habe ich auf dem Hof gearbeitet.« Thomas hielt inne, strich sich über die Stirn, auf der ein dünner Schweißfilm lag – so sehr strengte ihn das Erzählen an. »Gestern dann war ich mal wieder mit einem der Söhne des Bauern in den Bergen klettern und wäre fast abgestürzt, wenn mein Kamerad mich letztendlich nicht gehalten hätte. Da passierte es: Mitten im Fall konnte ich mich wieder an alles erinnern. Von jetzt auf gleich. Als wenn jemand einen Vorhang weggezogen hätte. Ich durchlebte noch einmal das gleiche Trauma. Plötzlich war alles wieder da, die Ängste, das Entsetzen, diese Hilflosigkeit. Die Ärzte hatten mir vorher schon gesagt, dass ich durch einen neuen Unfall vielleicht mein Gedächtnis wiedererlangen könnte. Aber für diese vage Möglichkeit hätte ich mich doch schlecht freiwillig vom nächsten Berg stürzen können«, fügte er mit einem schiefen Lächeln hinzu. »Als wir zurück auf dem Hof waren, wollte ich sofort bei den Eltern anrufen, sagte mir dann jedoch, dass meine Geschichte am Telefon schlecht zu erzählen war. Da habe ich heute Morgen den ersten Zug genommen und war am Spätnachmittag in Schliersee.« Er atmete tief ein und lächelte sie zärtlich an. »Und jetzt bin ich hier, bei dir.«

»Und deine Eltern?«, fragte sie. In ihrem Kopf herrschte ein einziges Chaos. Wusste er bereits, dass sie und Johannes verheiratet waren?

»Du kannst dir vorstellen, wie meine Eltern und Eva reagiert haben«, fuhr Thomas fort. »Sie dachten, ich wäre ein Geist. Mutter hatte fast einen Zusammenbruch. Nachdem ich ihnen alles erzählt habe, erzählten sie mir von dir und Johannes. Und davon …« Thomas lächelte sie an und legte zaghaft die Hand auf ihren Bauch, »dass wir ein Kindl bekommen. Ich …« Seine Stimme brach. Tränen traten in seine schönen grünen Augen. Er zog Hedi wieder an sich. »Ich kann das alles selbst noch nicht glauben …«, flüsterte er in ihr Haar.

Hedi wurde der Hals eng. Was hatte er durchgestanden! »Ich fass es nicht«, flüsterte sie tief berührt, während ihr die Tränen über die Wangen liefen. Sie schluchzte, konnte einfach nicht mehr aufhören. Doch dieses Mal waren es Tränen des Glücks, die sie an Thomas' Brust weinte.

Noch am gleichen Abend richteten sich Thomas und Hedi in ihrem ehemaligen Liebesnest auf der Niederalm ein. Sie hatten sich so viel zu erzählen, hatten so viel nachzuholen. Die nächsten Tage verbrachten sie ganz allein in der Abgeschiedenheit der Natur und bei herrlichem Wetter. Sie lebten in einem eigenen kleinen Kosmos, in dem es nur sie und ihre Liebe gab.

Auch am Samstagmorgen frühstückten sie wieder draußen vor der Hütte im hellen Sonnenschein. Ihre Vorräte, die sie vom Landauer-Hof mitgebracht hatten, gingen jedoch inzwischen zur Neige. Auf dem langen Holztisch lagen nur noch ein kleines Stück Käse, eine Kaminwurzen und ein paar Stücke Schüttelbrot.

»Wir müssen uns heute mal wieder in die Welt hinausbegeben«, sagte Hedi mit Blick auf das karge Frühstück.

Thomas gab ihr einen Kuss auf die Wange. »Genau daran habe ich auch gerade gedacht. Aber weißt du, was das Schöne dabei ist? Ab heute werden wir alles gemeinsam machen. Und zwar als Ehepaar.«

»Ich werde Montag sofort zum Anwalt gehen und die Scheidung einreichen«, erwiderte Hedi, während sie ihren Kopf an seine Schultern schmiegte. »Da Johannes bestimmt einverstanden sein wird, ganz gleich, ob er mit Karl auswandert oder nicht, müsste das sehr schnell gehen. Dann können wir noch vor der Niederkunft heiraten, und unser Kindl wird in unserer Ehe geboren. Damit wird es auch juristisch gesehen dein Kind sein.«

Thomas sah sie erstaunt an. »Woher weißt du das so genau?«

»Das habe ich irgendwann mal in der Zeitung gelesen. Da gab es einen Fall: Ein Mann hat eine von einem anderen Mann schwangere Frau geheiratet, was er nicht wusste. Die Frau wollte ihm das Kind unterschieben. Da das Kind in der Ehe geboren wurde, war es laut Gesetz auch automatisch sein Kind. Als der Betrug herauskam, hat der Ehemann dagegen prozessiert. Eine Blutanalyse hat dann festgestellt, dass er tatsächlich nicht der leibliche Vater war. Daraufhin musste der richtige Vater für den Unterhalt des Kindes sorgen. Ob die Ehe gehalten hat, stand nicht mehr in dem Artikel.«

»Diese Probleme haben wir ja Gott sei Dank nicht«, sagte Thomas erleichtert. »Sogar dein jetziger Ehename ändert sich nicht.«

Mit versonnenem Blick schaute Hedi über die Almwiesen hinweg, die bereits ihre Blumen und ihr sattes Grün verloren hatten. Die Luft roch nach feuchter Erde und Pilzen – nach Herbst. Am Horizont breiteten sich die bunt gefärbten Wälder unterhalb der grauen Felsen aus. Und das Blau des Himmels verblasste mit jedem neuen Tag etwas mehr.

»Man hört gar keine Murmeltiere mehr pfeifen«, sagte Thomas in ihr harmonisches Schweigen hinein. »Ist dir das auch aufgefallen?«

Hedi lächelte verträumt vor sich hin. »Stimmt. Die treffen jetzt ihre letzten Vorbereitungen für einen gemütlichen Bau, in dem sie den Winter verbringen.«

»Apropos Bau …« Thomas wandte sich ihr zu. »Ich habe in den vergangenen Tagen nachgedacht.«

Hedi nahm seine Hand in ihre und nickte ihm aufmunternd zu. »Erzähl!«

»Ich rechne es dir hoch an, dass du, bis wir uns einen eigenen Bau leisten können, zu uns ins Hotel ziehen willst, aber ich bin zu dem Schluss gekommen, dass so ein Hotelbetrieb keine Umgebung ist, in der unser Kindl aufwachsen sollte. Deshalb schlage ich vor, dass wir erst mal auf dem Landauer Hof leben sollten.«

»Aber du willst dich doch ums Hotel kümmern, um Eva, Mutter und Vater zu entlasten«, wandte sie erstaunt ein.

Thomas zuckte mit den Schultern. »Das kann ich doch trotzdem. Die paar Kilometer kann ich doch fahren.« Er sah sie mit all seiner Liebe in den Augen an. »Und wenn wir alles geregelt haben, werde ich mich darum kümmern, mich selbstständig zu machen. Was hältst du davon?«

Da umarmte Hedi ihn stürmisch. »Darüber werden sich meine Großeltern freuen.«

Thomas wollte sie gerade küssen, als sie ein Motorengeräusch hörten. Auf dem Wiesenweg kam ein Auto direkt auf die Hütte zugefahren. Es war ein grüner DKW.

»Wir bekommen Besuch«, sagte Thomas und stand auf.

Hedi erhob sich ebenfalls. »Na ja, immerhin hat man uns ein paar Tage allein gegönnt.«

Der Wagen hielt und Johannes, Karl und Erika stiegen aus. Es gab eine herzliche Begrüßung und als Begrüßungsschluck ein Schnapsl vom Landauer Hof. Für Hedi hatte Erika eine Kruke frische Milch mitgebracht. »Für nach dem Schnapsl, wenn wir einen Roten trinken«, sagte sie augenzwinkernd.

Hedi freute sich, die drei zu sehen. Nachdem sie mit dem Enzianbrand angestoßen hatten, forderte Thomas die drei auf:

»Jetzt erzählt mal, was sich in den vergangenen Tagen in der Welt so getan hat.«

Johannes und Karl wechselten einen Blick. Dann sagte Johannes:

»Wir haben uns entschieden. Die Tickets haben wir schon gekauft. Nächste Woche geht es los.«

Thomas und Hedi sahen sich an. Ein paar Sekunden verbrachten alle in tiefem Schweigen. Jeder hing seinen Gedanken nach. Dann sagte Erika energisch:

»Also ich finde das gut und richtig.« Sie nickte Johannes und Karl entschlossen zu. »Ihr beide werdet es drüben schon schaffen.«

»Wisst ihr schon, wie es dann dort weitergehen soll?«, erkundigte sich Thomas ernst.

»Ich werde als Journalist tätig sein«, antwortete Johannes mit selbstbewusstem Lächeln. »Evas Idee war gar nicht schlecht. Ich werde den Amerikanern die Augen darüber öffnen, was zurzeit hier bei uns vor sich geht. Und Karl …«

»Und ich werde versuchen, irgendwas mit Musik zu machen«, übernahm Karl das Wort. »Wobei mir Johannes in seiner Freizeit helfen will.«

»Und wo werdet ihr leben?«, fragte Hedi.

»Unser Ziel ist New York. Dort wollen wir erst mal Fuß fassen«, erwiderte Johannes.

Alle fünf schwiegen wieder. Erika nahm einen Schluck von dem Roten, Hedi nippte an ihrer Milch, und die drei Männer steckten sich eine Zigarette an.

»Und wie geht es hier weiter?«, fragte Thomas, nachdem er den Rauch ausgestoßen hatte.

Johannes sah ihn fragend an. »Du meinst, mit unserer Arbeit hier?«

»Hmm.«

»Wir haben unsere Kündigungen schon geschrieben«, antwortete Karl. »Fristlos. Ob das rechtens ist, interessiert ja nicht mehr, wenn wir erst mal den großen Teich überquert haben.«

»Aber ihr habt die doch etwa noch nicht abgeschickt«, sagte Thomas erschrocken.

»Natürlich nicht«, beruhigte ihn sein Bruder. »Das machen wir erst am Tag unserer Abreise am Dienstag. Wenn die die erhalten, sind wir längst weg.«

Thomas nickte zufrieden. »Das ist gut so. Denn ihr würdet hier keine ruhige Minute mehr haben. Man würde euch verhören und vielleicht sogar in Untersuchungshaft stecken. Das kann die Partei nicht akzeptieren – ein Stellvertretender Presseleiter im Braunen Haus und ein Poststellenleiter, die plötzlich alles hinschmeißen, der Partei den Rücken kehren und auch noch anders sind, als man es von guten Deutschen erwartet.«

»Keine Sorge, wir haben an alles gedacht«, beruhigte Johannes ihn. Dann sah er Hedi lächelnd an. »Dir scheint es richtig gut zu gehen. Du siehst wunderschön aus.«

Hedi errötete und lachte.

»Erzählt mal, wie es mit euch beiden jetzt weitergeht«, forderte Karl Hedi und Thomas auf.

Hedi berichtete, worüber sie und Thomas gerade vorher gesprochen hatten. Dann wandte sie sich an Erika, die auffallend schweigsam in der Runde saß. Wahrscheinlich beschäftigte sie der bevorstehende Abschied von Karl, der zwar nicht ihr Liebhaber, aber ein guter Freund geworden war.

»Und natürlich werde ich, wenn das Kindl da ist, auch weiterhin in die Berge steigen. Auch mit Thomas zusammen«, fügte sie hinzu. Dabei ergriff sie seine Hand und streichelte sie. »Und ich werde mit Erika zusammen versuchen, Menschen, die von den Nazis verfolgt werden, zu helfen. Eine solche Hilfe werden bei uns in Zukunft viele Menschen brauchen. Es wird nicht besser werden, sondern eher schlechter.«

Erika, Johannes und Karl blieben noch bis zum Nachmittag. Sie plauderten und scherzten wie immer – und dennoch fühlte sich ihr Zusammensein für alle nicht mehr so an wie früher. Allen waren die Veränderungen, die die nahe Zukunft bringen würde, nur allzu sehr bewusst.

Ein paar Tage später dann standen fünf junge Menschen in der großen, kalten Halle des Münchner Hauptbahnhofes und warteten auf die Abfahrt des Zuges nach Hamburg. Nur zwei von ihnen hatten Gepäck bei sich.

Als die ersten Fahrgäste die Abteile bestiegen, sagte Johannes mit brüchiger Stimme: »Jetzt ist es so weit.« Er lächelte schief. »Ob ihr's glaubt oder nicht – ich werde meine Heimat vermissen. Trotz allem.«

Hedi schluckte schwer. »Und wir werden euch vermissen.«

»Es ist der beste Weg«, entgegnete Thomas ruhig.

Johannes nickte. »Ich weiß, es gibt keinen anderen.«

Hedi und Erika hielten sich an den Händen. Hedi sah, dass ihre Freundin – genau wie sie – mit den Tränen kämpfte.

»Danke für alles«, sagte Karl und nahm Erika fest in die Arme.

»Ich danke *dir*«, erwiderte sie mit bewegter Stimme, als sie sich wieder losließen. »Es war eine schöne Zeit mit dir.«

Hedi verabschiedete sich von Karl ebenfalls mit einer innigen Umarmung. Dann trat Johannes auf sie zu.

»Nun denn …«, sagte er leise mit feuchtem Blick.

Sie nickte und lächelte ihn unter Tränen an. »Keine Sorge, wir kommen schon durch«, scherzte sie halbherzig, schlang die Arme um ihn und flüsterte ihm ins Ohr: »Ich danke dir für das, was du für mich getan hast – und noch tun wolltest.«

»Ich habe zu danken«, gab er genauso leise zurück und drückte sie an sich.

Auch die beiden Brüder umarmten sich herzlich.

»Pass auf die Eltern auf«, gab Johannes dem jüngeren mit auf den Weg.

»Das habe ich dir versprochen, großer Bruder.« Thomas schlug ihm jovial auf die Schulter. »So, und jetzt nichts wie weg mit euch. Sonst verpasst ihr noch den Zug. Das Schiff im Hamburger Hafen wartet nicht auf euch.«

»Oder die Nazis halten uns doch noch zurück«, fügte Karl sichtlich aufgeregt hinzu, bevor er und sein Freund sich das Gepäck schnappten und in den Zug sprangen. Ein paar Sekunden später erschienen ihre Köpfe im Abteilfenster.

Hedi hatte sich bei Thomas eingehakt und lächelte aufmunternd zu den beiden hoch. »Denkt immer daran, falls es dort drüben in der anderen Welt zu Anfang nicht so rund laufen sollte – unsere Zukunft hier ist auch nicht viel klarer und sicherer. Wer weiß, was hier noch alles passieren wird.«

»Wenn man zusammen ist und sich liebt, ist alles leichter«, erwiderte Karl voller Zuversicht, während der Zug sich langsam und schnaufend in Bewegung setzte.

Hedi, Erika und Thomas winkten ihm so lange nach, bis er aus ihrem Sichtfeld verschwunden war. Als sie schließlich die Bahnhofshalle verließen, musste Hedi an Karls letzten Satz denken. Sie und Thomas hatten einander, aber wen hatte Erika – außer ihr? Ihre Freundin tat ihr leid, wusste sie doch, dass sie Karl eng verbunden gewesen war. Nun hatte sie den Freund verloren. Als sie über den Bahnhofsvorplatz gingen, hakte sie sich bei Erika ein.

»Es tut mir sehr leid für dich«, sagte sie und drückte die Freundin fest an sich.

»Muss nicht«, antwortete Erika. »Ich habe doch noch dich.«

»Mich wirst du immer haben«, versicherte Hedi ihr. »Aber mit Karl war es ja doch noch etwas anderes.«

Erika sah sie verschmitzt an. »Klar tut es weh, wenn man einen Freund verliert ...« Sie blieb stehen und lächelte Hedi mit feuchten Augen an. Dann jedoch hellte sich ihre Miene auf und sie sprach weiter: »Aber da ist etwas, das habe ich dir bei allen Turbulenzen in den vergangenen Wochen noch nicht erzählt.«

Erstaunt sah Hedi sie an.

»Wir haben eine neue Lehrerin an unserer Schule.« Erika zwinkerte ihr zu. »Ich glaube, ich könnte mich mit ihr gut verstehen. Und ich habe den Eindruck, dass es ihrerseits genauso ist ...«

NACHTRAG

Bergsteigen ist so alt wie die Welt. Für Menschen, die in den Bergen leben, gehörte es immer schon zum Leben. Der Alpinismus, wie wir ihn heute verstehen, begann im 18. Jahrhundert. Zu dieser Zeit stiegen die ersten auf die Gipfel, um wissenschaftliche Studien durchzuführen (barometrische Messungen, geologische Bestimmungen etc.). Einen großen Aufschwung erfuhr der Alpinismus in der ersten Hälfte des 19. Jahrhunderts durch den aufkommenden Alpentourismus reicher Briten, die aus Pioniergeist und Abenteuerlust die Gipfel der österreichischen, italienischen und Schweizer Alpen eroberten. Unter ihnen waren auch wenige Frauen. Die Bergsteigerinnen aus dem 19. Jahrhundert stammten meistens aus der höheren Bildungsschicht. Ihre sportlichen Leistungen fanden jedoch selten den Weg in die Öffentlichkeit, nicht nur, weil sie von den Männern nicht anerkannt wurden, sondern weil sie selbst auch nicht das Bedürfnis hatten, sich öffentlich darzustellen. Für sie war das Bergsteigen vielmehr ein Weg aus ihrer festgeschriebenen Rolle als Ehefrau und Mutter zu mehr Unabhängigkeit, Selbstbewusstsein und Freiheit.

Anfang des 20. Jahrhunderts nahm der Frauen-Alpinismus Fahrt auf. Kletterten Frauen bis dahin mit einem lokalen Führer, ihrem Ehemann oder Bruder, bildeten sich um 1920 die ersten Frauenseilschaften. Ab den 30er-Jahren fanden immer mehr Frauen zum Bergsport. Der Nationalsozialismus förderte den Bergsport aufgrund seiner kräftigenden und abhärtenden Wirkung. Obwohl die Nationalsozialisten das Idealbild der deutschen Mutter propagierten, erfuhr bei ihnen auch die heroische Sportlerin eine große Verehrung, deren Erfolge sich die Partei auf ihre Fahne schrieb.

Die Heldin dieses Romans ist von mir frei erfunden. Sie steht für die vielen mutigen Bergsteigerinnen ihrer Zeit, die in dem männerdominierten Sport den Weg in die Öffentlichkeit nur selten gefunden haben.

Die Schweizerin Loulou Boulaz unternahm 1937 als erste Frau einen Begehungsversuch der Eigernordwand, wurde aber auf 2.700 Metern Höhe durch schlechte Witterungsbedingungen zum Rückzug gezwungen.

Im Jahre 1938 gelang dem deutsch-österreichischen Männerquartett Andreas Heckmair, Heinrich Harrer, Ludwig Vörg und Fritz Kasparek zum ersten Mal in der Geschichte der erfolgreiche Durchstieg der Wand.

Es sollte noch gut ein Vierteljahrhundert dauern, bis die estnisch-deutsche Bergsteigerin Daisy Voog 1964 als erste Frau die Eigernordwand bezwang. Danach durchkletterten alle paar Jahre immer wieder Frauen erfolgreich die Wand, teils in gemischter Seilschaft, teils in reinen Frauenseilschaften und sogar solo – im Sommer wie im Winter.